KB248614

경상국립대학교 SSK 연구단 연구총서 제2권

동아시아 마르크스주의: 과거, 현재, 미래

정성진 엮음

박노자
김덕민
사요네 마줌다르
안잔 차크라바티
정성진
권정임
임춘성
장대업
에하라 케이
사이토 고헤이
사사키 류지
한상원
김현강 지음

김미경
김민정
김종현
권오범 옮김

진인진

동아시아 마르크스주의: 과거, 현재, 미래

초판 1쇄 발행 | 2023년 6월 28일

엮은이 | 정성진
지은이 | 박노자, 김덕민, 사요네 마줌다르, 안잔 차크라바티, 정성진, 권정임, 임춘성, 장대업,
　　　　에하라 케이, 사이토 고헤이, 사사키 류지, 한상원, 김현강
옮긴이 | 김미경, 김민정, 김종현, 권오범
편　　집 | 배원일, 김민경
발행인 | 김태진
발행처 | 진인진
등　　록 | 제25100-2005-000003호
주　　소 | 경기도 과천시 관문로 92 101동 1818호(힐스테이트 과천중앙)
전　　화 | 02-507-3077-8
팩　　스 | 02-507-3079
홈페이지 | http://www.zininzin.co.kr
이메일 | pub@zininzin.co.kr

* 책값은 표지 뒤에 있습니다.

* 이 저서는 2021년 대한민국 교육부와 한국연구재단의 지원을 받아 수행된 연구임(NRF-2021S1A3A
2A02096299).

． ． ． ． ．

머리말

마르크스 이후 마르크스주의의 역사는 흔히 서구 마르크스주의와 소비에트 마르크스주의의 대립구도로 전개되어온 것으로 이해되어 왔다. 반면 마오주의를 비롯한 동아시아 마르크스주의는 소비에트 마르크스주의의 실천적 적용으로 간주되었을 뿐 그 이론적·정치적인 독자성은 거의 인정되지 않았다. 하지만 이는 서구 마르크스주의뿐만 아니라 소비에트 마르크스주의도 공유했던 유럽중심주의의 편견이며, 사실과 다르다. 1883년 마르크스 死後 마르크스주의는 '서(West)'보다 '동(East)'으로, 즉 유라시아와 동아시아로 확산되었다. 그 실상이 어쨌든, 마르크스주의를 자임했던 체제가 들어섰던 지역은 러시아(1917-1991)와 중국(1949-), 북한(1948-) 등 동양이었다. 게다가 지난 세기말 이후 소비에트 마르크스주의가 소멸하고 서구 마르크스주의도 상아탑 일각으로 고립·주변화되고 있는 것과 달리, 동아시아 마르크스주의는, 최근 '중화 마르크스주의(Sinicized Marxism)'의 대두에서 보듯이, 21세기의 지배적 사회 이념의 하나로 부상하고 있다. 따라서 '중화 마르크스주의'를 포함한 동아시아 마르크스주의의 기여와 한계, 전망과 과제 등 쟁점들을 본격적으로 연구하는 것은 학술적 차원에서뿐만 아니라 국가 정책과 사회운동의 관점에서도 긴급하게 요구된다. 이는 동아시아에서 중국과 북한의 지배계급이,

그 실제 내용과 상관없이, 어쨌든 마르크스주의를 자신들 체제의 지도 이념으로 표방하고 있으며, 특히 중국의 경우 시진핑 이후 G2로의 국가적 위상의 제고에 힘입어 마르크스주의 담론과 연구에서 새로운 세계적 중심으로 부상하고 있기 때문이기도 하다. 동아시아 마르크스주의의 과거와 현재 및 미래의 가능성을 정확하게 파악하는 것은 21세기 동아시아 역내의 동반자로서 한국의 정치 주체들이 중국, 북한을 이해하고 이들과 관계를 재정립하는 데 도움이 될 것이다. 이 책은 이처럼 최근 고조되고 있는 동아시아 마르크스주의에 대한 사회적 관심에 부응하기 위해 기획되었으며, 이 분야 국내외 전문 연구자들의 논문 10편을 동아시아 마르크스주의의 역사(1부), 현재(2부), 미래(3부)로 나누어 실었다.

동아시아 마르크스주의의 역사를 다룬 1부에서는 식민지 시기 한국의 마르크스주의자들의 식민주의 분석, 한국 마르크스주의자들의 신자유주의 논쟁, 중국의 농업 개혁을 다루었다. 먼저 박노자는 "조선적 특색을 가진 마르크스주의: 1920-30년대 소련의 조선인 디아스포라 혁명가들의 조선에서의 일본 식민주의에 대한 마르크스주의적 분석을 다시 읽기"에서 식민지 시대 조선에서 일본 제국주의의 성격과 역할에 대한 마르크스주의적 이론화의 역사를 검토한다. 박노자에 따르면 1920-30년대 옛소련에 거주했던 코민테른 계열의 조선 혁명가들은 레닌의 제국주의론과 식민지론의 관점에서 당시 일본 제국주의의 식민지 수탈에 대해 매우 수준 높은 연구를 수행했으며, 이는 다시 코민테른을 중심으로 한 당대 마르크스주의의 제국주의론과 식민지론의 발전에 중요한 영향을 미쳤다. 박노자는 특히 1920년대 말 이후 조선에서 대규모 식민지 공업화, 1920년대의 쌀 수출 장려 정책의 정치적 맥락등을 논의한 박진순, 남만춘, 박애, 김-세레브랴코프 등 소련계 조선인 디아스포라 혁명가들의 연구는 식민지 조선 사회경제에 대한 최초의 마르크스주의적 분석이었다고 평가한다. 하지만 이들 소련계 조선인 혁명가들의 식민지 수탈에 대한 마르크스주의적 연구는 1945년 이후 망각되었다. 이는 이여성, 박문규 등 1930년대 중반 조선 국내 마르크스주의 연구자들의 식민지 수탈론이 1945년 이후 남북한 관련 학계에서 계승된 것과 대비된다. 박노자의 논문을 계기로 마르크스주의적 식민지 수탈론의 성립에서 조선인 디아스포라 혁명가들의 기여가 정당하게 평가될 수 있기를 기대한다.

김덕민은 "한국 마르크스주의의 신자유주의 논쟁"에서 김성구, 윤소영, 정성진의 신자유주의에 관한 논의를 소개·평가하고, 뒤메닐(G. Duménil)과 레비(D. Lévy)의 신자유주의론으로 이를 보충한다. 김덕민에 따르면 김성구는 1930년대 독일 오이켄(W. Eucken)의 사회적 시장경제론에서 비롯된 신자유주의와 1980년대 이후 국가독점자본주의 하에서 복원된 현대 신자유주의를 구별하는데, 이는 최근 통치성으로서 질서자유주의를 강조하는 푸코의 신자유주의론을 비판하는 이론적 자원이될 수 있다. 김덕민에 따르면 윤소영은 브뤼노프(S. Brunhoff)를 따라 신자유주의를 1970년대의 위기에 대한 자유주의적·개량주의적 대안의 부새 속에 세출된 보수주의적 대안으로 이해하면서도, 레이건·대처의 신보수주의와 동일시하지 않는데, 이는 신자유주의가 새케인스주의(New Keynesianism)와 문민화, 워싱턴 컨센서스 등을 포괄하기 때문이다. 김덕민에 따르면 정성진은, 자본주의 일반과 구별하여 신자유주의의 이론화를 추구한 김성구, 윤소영과 달리, 신자유주의 문제설정의 독자적 의의를 인정하는 데 인색한데, 이는 정성진이 1997년 위기 및 이후 한국자본주의의 변화를 노동 착취 강화를 통한 자본의 이윤율 회복 시도로 설명하려 하기 때문이다. 김덕민에 따르면 김성구, 윤소영, 정성진 등 한국의 신자유주의 논의가 1997년 위기 해석을 중심으로 이뤄진 것에 비해, 뒤메닐과 레비는 2008년 글로벌 금융위기를 신자유주의의 위기로 해석한다. 김덕민에 따르면 뒤메닐과 레비는 신자유주의를 이윤율의 추이를 중심으로 한 기술과 분배의 장기적 변화의 맥락에서 설명하면서도, 이를 정치사회 질서의 변화 및 계급투쟁과 관련 짓는다는 점에서 장점이 있다. 뒤메닐과 레비에 따르면, 신자유주의는 전후의 사회민주주의적 타협이 1970년대 구조적 위기 이후 해체되면서 1980년대 이후 새롭게 나타난 사회질서로서 상위계급의 고소득 추구, 금융화, 세계화, 미국의 세계적 헤게모니를 주요 특징으로 하지만, 이는 2008년 금융위기 이후 와해되고 있다. 김덕민의 논문은 신자유주의에 대한 한국의 주요 마르크스주의적 연구들을 뒤메닐과 레비의 관점에서 비교·평가하는 작업을 통해 21세기 한국 마르크스주의의 가능성을 탐색했다는 점에서 중요한 의미가 있다.

사요네 마줌다르(Sayonne Majumdar)와 안잔 차크라바티(Anjan Chakrabarti)는 "계급적 시각에서 본 사회주의 농업개혁: 중국의 실험적 시도(1949-1984)에 대한 분석"에서 마르크스적 계급과정 분석 방법을 적용하여 1949-1984 중국의 농업개혁 과정을 분석한다. 저자들에 따르면 마오주의 시기 농업개혁의 핵심인 인민공사는 잉여노동의 수행 주체와 전유 주체가 일치하지 않았으며, 당·국가가 농민이 수행한 잉여 노동을 경제외적 강제 (호구제도에 의거한 농민의 이동 제한)에 의해 전유해 갔기 때문에, 사회주의, 공산주의는커녕 자본주의도 아니고, 봉건제의 한 유형인 국가 봉건제로 규정될 수 있다고 주장한다. 저자들에 따르면 중국공산당이 사회주의 농업개혁에서 실패한 것은 이들이 사회주의를 마르크스적 계급과정 분석이 아니라 소유권 중심으로 접근했기 때문이다. 마오주의 중국공산당은 생산수단의 소유권의 국유화를 사회주의와 동일시한 반면, 마르크스적 의미의 계급과정의 변혁, 즉 잉여노동의 수행과 전유, 분배 과정의 변혁 문제는 부차적인 것으로 간주했다는 것이다. 게다가

1978년 개혁개방 이후에는 생산관계 변화를 통해서 사회주의를 재구축하는 것은 더 이상 중국공산당의 주요 관심사가 아니게 되었다. 인민공사를 중심으로 한 마오주의 시기 중국의 인민공사의 성격과 관련하여 그동안 많은 논쟁이 있었지만, 사요네 마줌다르와 안잔 차크라바티는 마르크스적 의미의 계급과정, 즉 잉여노동의 수행과 전유 및 분배 과정에 대한 정밀한 분석에 의거하여, 인민공사가 국가 봉건제적 착취적 생산관계임을 입증했다는 점에서 새롭고 중요한 기여이다. 또 저자들이 채택하는 마르크스적 계급과정 분석은 포스트자본주의의 기획에 대해서도 귀중한 시사를 제공한다.

동아시아 마르크스주의의 현재를 다룬 2부에는 마르크스주의적 관점에서 중국 자본주의, 중국의 여성해방, 왕더웨이(王德威)의 사이노폰(Sinophone) 문학, 아시아의 노동을 다룬 4편의 논문을 실었다. 먼저 정성진은 "21세기 중국 자본주의: 마르크스주의적 분석"에서 개혁개방 이후 중국 사회는 마르크스가 지향했던 사회주의와 거리가 멀며, 마르크스 자신의 정의에 의거할 경우, 자본주의의 한 형태로 규정될 수 있다고 주장한다. 정성진은 개혁개방 이후 중국경제의 고도성장의 메커니즘을 글로벌 자본주의의 불균등결합발전과 자본의 원시적 축적의 동학으로 설명하고 중국 사회에서 작동하고 있는 '자본주의적 축적의 절대적 일반적 법칙' 즉 자본주의의 모순과 위기의 동학과 제국주의적 경향을 확인한다. 또 이에 기초하여 이른바 '중국 특색 사회주의' 담론은 개혁개방 이후 중국 사회의 자본주의적 · 국가자본주의적 · 제국주의적 현실을 부정하고 호도하는 중국의 당 · 국가 지배계급의 공식 이데올로기라고 주장한다. 정성진의 논문은 마르크스의 자본주의론과 사회주의론을 적용하여 개혁개방 이후 중국 사회가 자본주의, 국가자본주의 및 제국주의임을 입증하고, 오늘날 중국 체제에 대한 중국 정부의 공식 규정인 '중국 특색 사회주의’는 중국 지배계급의 민중에 대한 착취와 억압을 은폐·호도하는 공식 이데올로기임을 밝혔다는 점에서 중요한 의미가 있다.

권정임은 “중국의 여성해방과 성평등: 개혁개방 이전과 이후의 비교 연구”에서 1978년 개혁개방을 전후한 중국의 여성해방과 성평등을 비교 검토한다. 권정임은 먼저 개혁개방 이전 중국에서 사회적 재생산의 사회화 기획은 여성해방과 양성평등이 아니라 경제성장을 위해 생산노동자로서 여성 노동력 동원을 극대화하기 위한 것이었음을 보여준다. 권정임에 따르면 마오주의 중국에서는 여성의 생산노동 참여를 여성의 발전, 여성해방이라고 호도하여 여성에게 무리한 중노동을 강요했다. 실제로 중국공산당은 여성을 ‘모성’으로 대변되는 무상의 재생산 노동자로 간주하는 전통적인 가부장적 여성관 및 이와 연계된 위계적인 성별 분업구조와 단절하지 못했다. 실제로 개혁개방 이전 중국의 ‘사회주의 대가정’ 기획은 일종의 유사 강제노동수용소의 오웰적 어법이었다. 권정임은 1978년 이후 개혁개방 과정에서 이전의 복지 체제가 약화·해체되었고, 중국공산당은 이를 전통적인 가정과 재생산 노동자로서 여성의 역할 증대를 통해, 즉 돌봄노동의 가정화를 통해 메꾸려 했으며, 이 과정에서 전통적 성별 분업으로의 회귀와 양성 평등의 퇴보가 진행되고 있는 것에 주목한다. 권정임의 논문은 개혁개방 이전은 물론 이후에도 중국에서 여성해방과 양성 평등은 중국 정부가 추구하는 주요 목표가 아니었으며, 중국 정부는 경제성장을 최우선했다는 점을 입증함으로써, 소위 ‘마오주의 페미니즘’ 혹은 ‘중국 특색 페미니즘’에 대한 진보진영 일각의 환상을 깼다는 점에서 중요한 의미가 있다.

임춘성의 “이중적 타자의 ‘통합의 정치학’ 비판”은 타이완 출신의 하버드대 비교문학 교수 왕더웨이(王德威)의 『시노폰 담론, 중국문학』(2018)에 대한 비판적 서평이다. 사이노폰 문학(Sinophone literature)이란 동남아 등 해외로 이주한 중국인이 중국어로 창작한 문학을 가리키는데, 임춘성에 따르면 왕더웨이의 사이노폰 담론은 지구적 차원에서 한인(漢人)과 화인(華人)을 아울러 한어(漢語)와 화어(華語), 중국문학(漢語文學)과 중국의 해외문학(literature in Chinese. 華語文學)을 통합하려는 기획이다. 하지만 임춘성은 왕더웨이가 사이노폰 담론을 통해 미국 학계의 타자인 동시에 중국의 타자라는 '이중적 타자'로서 자신의 위치를 활용하여, 미국 내 담론 지형에서 소수 에스닉의 특권을 활용해 주류 담론에 들어가려 하고, 다른 한편에서는 미국 담론의 헤게모니를 등에 업고 출신지에서 영향력을 확대하려는 한다는 점에서, 제3세계 출신 디아스포라 지식인의 이중성을 보이고 있다고 비판한다. 즉 제1세계인 미국에서는 소수자 '코스프레'를 하고, 중국에서는 강자의 모습을 연출함으로써 '가면 쓴 헤게모니'를 적절하게 활용하고 있다는 것이다. 왕더웨이의 사이노폰 담론에 대한 임춘성의 비판적 분석은 최근 중국의 G2로의 부상과 함께 대두하고 있는 중화제국주의의 언어적 측면과 관련하여 유용한 시사점을 제공한다.

장대업은 "퇴행하는 신자유주의 시대의 아시아 노농"에서 최근 글로벌 신자유주의가 후퇴하면서 아시아에서 대두하고 있는 권위주의적 신자유주의에 주목하고, 이를 타개하기 위해 노동운동의 국제연대를 제안한다. 장대업에 따르면 글로벌 신자유주의 시대 아시아에서는 초국적 기업이 아시아 전역을 지역 생산네트워크에 통합하면서 해당 지역 노동체제 관리에 개입하는 초국적 노동체제가 형성되었다. 장대업에 따르면 글로벌 신자유주의 시대 아시아의 초국적 노동체제에는 재생산 영역의 여성노동자, 다양한 형태의 불안정 고용에 처한 비정규직·비공식 노동자, 플랫폼 노동자, 국내외 이주노동자, 계절 농업노동자 등 새로운 주체들이 등장했는데, 아시아의 기존 노동조합들은 이러한 주변적 노동자들과 연대하기보다, 이들이 신흥 우파 포퓰리즘의 먹이감이 되도록 방치했으며, 이와 같은 양상은 2008년 글로벌 금융위기 이후 글로벌 신자유주의가 후퇴하고 권위주의적 신자유주의와 국가자본주의가 확산되면서 오히려 더 심화되고 있다. 장대업은 이와 같은 아시아에서 신자유주의의 퇴행적 양상에 대처하기 위해서는 분절된 노동계급의 권리와 요구에 응답하는 새로운 조직 노동운동과 아시아 각지의 분절된 노동계급들을 연결하는 국제연대가 시급하다고 주장한다. 장대업이 이 논문에서 제안하는 아시아 노동운동의 국제연대는 아시아 각국 노동계급들이 권위주의적 신자유주의 국가들 간의 경제적·지정학적 경쟁과 전쟁에 동원되어 서로를 살육하는 21세기 야만의 도래를 저지하기 위해서도, 즉 반전평화 국제주의 차원에서도 긴급하다.

동아시아 마르크스주의의 미래를 다룬 3부에는 일본 마르크스주의의 부흥, 동아시아 연대, 한국 기후운동을 다룬 3편의 논문을 실었다. 먼저 에하라 케이(江原慶)·사이토 고헤이(斎藤幸平)·사사키 류지(佐々木隆治)는 "21세기 일본 마르크스주의의 부흥"에서 일본 마르크스주의 연구의 논의를 개관·평가한다. 이들에 따르면 일본의 마르크스주의 연구는 戰前의 강좌파와 노농파 간의 논쟁, 전후 시민사회 학파 등 다양한 흐름들 간의 논쟁으로 특징지워지며, 양과 질 면에서 세계 최고 수준이다. 이들에 따르면 일본의 마르크스주의 연구는 경제학 분야에서 다양한 독창적 성과들을 산출했는데, 그 중 우노 고조(宇野弘蔵)에서 기원한 우노 학파와 구루마 사메조(久留間鮫造)에서 비롯된 구루마 학파, 모리시마 미치오(森嶋通夫)와 오키시오 노부오(置塩信雄)를 비롯한 數理마르크스주의 경제학파의 연구들이 중요하다. 이들에 따르면 특히 구루마 학파의 다이라코 토모나가(平子友長), 사사키 류지, 사이토 고헤이는 晩年의 마르크스의 발췌노트를 비롯한 新MEGA 연구에 기초하여 마르크스 사상의 핵심을 형태규정과 물질대사 및 어소시에이션과 탈성장 공산주의론으로 재해석했는데, 이는 일반 대중에게도 크게 어필하면서 마르크스 사상의 현재적 유효성을 입증했다. 저자들이 세계 최고 수준이라고 자평한 일본의 마르크스주의가 향후 일본을 넘어 동아시아와 세계로 확산되면서 21세기 포스트자본주의 구상을 실현하는 데 중요한 기여를 할 것을 기대한다.

한상원의 "혐오에 맞서는 동아시아 연대가 필요한 이유: 량영성(梁英聖)과 재일조선인 시민권 문제"는 재일조선인 시민운동 활동가인 량영성의 저서『혐오표현은 왜 재일조선인을 겨냥하는가』(2018)에 대한 저자의 서평 및 대담으로 구성되어 있다. 한상원은 동아시아에서 민족주의를 넘어서는 공통언어로서 '시민권(citizenship)'을 확립하고 이에 기초하여 차별과 혐오에 맞서는 동아시아 연대를 구축해야 한다는 량영성의 주장에 적극 공감한다. 즉 상품 계약의 주체도 아니고 국가 구성원의 공적인 인권주체인 '공민'도 아닌, 공동체적 시민성의 자발적 연대, 결합, 투쟁 속에 형성되는 시민성 개념이 필요하다는 것이다. 한상원은 혐오와 차별에 대한 규제는 시장 차원에서의 규제나 국가 강제적 규제가 아니라, 사회적·자율적 규제, 즉 어소시에이션에 의한 규제가 되어야 하며, 운동 속에 반차별 규범을 국가가 시행하도록 하고, 사회가 국가를 흡수하는 방향으로 나아가야 한다는 량영성의 주장에도 공감한다. 이로부터 한상원은 동아시아에서 차별, 혐오, 폭력을 근절시키기 위해 차별금지법 제정 운동을 발전시켜 동아시아에서 반차별 규범을 제정하는 것을 시민운동의 당면 과제로 제시한다. 한상원의 동아시아 시민권에 기초한 국제연대 구축 제안은 동아시아의 포스트자본주의 기획과도 관련하여 중요한 의미를 갖는다.

김현강은 "기후정의와 한국 기후운동에 대한 마르크스주의적 고찰"에서 마르크스주의적 관점에서 기후정의와 환경정의의 관계 및 환경정의에서 기후정의로의 이행의 철학적·정치적 의미를 검토하고, 이에 기초하여 한국의 기후운동의 성격을 논의한다. 김현강에 따르면 기후정의는 주체와 객체의 분리가 불가능한 생태계적 지각, '초객체적' 현실에 기반하여 주로 생산적 정의 차원과 글로벌 수준에서 논의된다. 반면. 환경정의는 주체와 객체의 이분법에 근거하여 주로 국가 경계내에서 분배적 정의 차원에서 접근된다. 김현강에 따르면 기후정의에 대한 마르크스주의적 접근은 여러 측면의 기후정의를 전체적인 맥락 속에서 종합적으로 분석하면서도, 생산적 정의의 근본적 의의를 강조하여, 기후 불의의 근원을 자본주의 계급모순에서 찾고, 노동자운동을 기후정의의 실현 주체로 설정한다. 김현강은 현재 한국의 기후운동에는 불의와 불공정의 측면을 강조하는 개혁적 기후정의 접근과 사회구조적 문제를 중시하는 급진적 기후정의 접근이 공존하고 있는데, 법안 개정, 정책 개발 위주의 개혁적 기후정의 접근으로는 현재 가속적으로 심화되고 있는 글로벌 기후위기에 대처하는 데 역부족이며, 아직 소수 세력인 급진적 기후정의 접근에 근거한 혁명적 기후운동이 성장 확산될 필요가 있다고 주장한다. 김현강의 논문은 마르크스의 정의론에 기초하여 기후정의 운동을 철학적으로 기초 짓고 한국 기후운동의 현황과 과제를 검토했다는 점에서 새롭고 중요한 기여이다.

이 책은 경상국립대학교(GNU) 한국사회과학연구(SSK) 연구단이 교육부와 한국연구재단의 지원을 받아 수행하고 있는 연구과제인 '포스트자본주의와 마르크스주의의 혁신: 글로벌 맥락에서 동아시아의 미래'(NRF-2021S1A3A2A02096299)의 2차년도 연구성과 일부를 단행본으로 묶은 것이다. 1차년도 연구성과 일부는 『동아시아 자본주의: 마르크스주의적 접근』(진인진, 2023)로 이 책과 동시에 출판되있다. 멸종 위기에 처한 소외 분야 연구를 지원해 준 한국연구재단에 감사드린다. 이 책에 수록된 논문 중 김덕민, 사요네 마줌다르·안잔 차크라바티, 권정임, 에하라 케이·사이토 고헤이·사사키 류지, 김현강의 논문은 이 책에 처음 출판되는 것들이며, 박노자, 정성진, 임춘성, 장대업, 한상원의 논문은 기존 출판물을 이 책을 위해 수정 보완한 것이다. 옥고를 기고하신 저자들과 기존 출판물 일부를 재활용할 수 있도록 해준 원저작권자들께 감사드린다. 또 이 책이 전문 학술서적임에도 흔쾌히 출판을 맡아 주신 진인진의 김태진 사장님, 이 책에 수록된 일부 논문을 번역하고 교열해 주신 김미경, 김민정, 김종현, 권오범, 정구현 선생님, 이 책의 원고를 훌륭하게 편집하고 교열해 주신 진인진의 배원일, 김민경 선생님과 경상국립대 SSK 연구단의 오병헌 선생님께 감사드린다. 하지만 이 책에 있을 수 있는 오류는 모두 이 책의 저·역자들과 엮은이의 몫이며, 기회가 닿는 대로 바로잡을 것을 약속한다.

2023년 6월 28일
경상국립대학교 한국사회과학연구(SSK) 연구단장 정성진

목차

제1부

동아시아 마르크스주의의 역사

제1장

조선적 특색을 가진 마르크스주의:
1920–30년대 소련의 조선인 디아스포라 혁명가들의 조선에서의 일본 식민주의에 대한 마르크스주의적 분석을 다시 읽기[1]

박노자(블라디미르 티코노프, 오슬로대학교 문화연구 및 동양언어학과 교수)

1. 서론

이 장에서 필자의 목표는 식민지화된 조선(1910-45)에서 일본 제국주의의 성격과 역할에 대한 마르크스주의적 이론화의 역사를 논하려는 것이다. 이러한 이론적 발전은 1920년대와 1930년대에 소련에 거주하거나 머물렀던 코민테른 계열의 조선 혁명가들에 의해서 이루어졌는데 일본 제국주의에 관한 마르크스주의 이론의 타당성의 검증이 주로 이루어 질 것이다. 이 장은 따라서 식민착취와 관련된 마르크스주의 이론의 발전

---

[1] 이 장은 Tikhonov(2021)를 국역하여 수정, 보완한 것이다.

을 위해 지금까지 충분히 연구되지 않은 자료를 검토할 것이다. 이런 이론화 작업은 아래에서 알 수 있듯이 1930년대에 이미 조선 내부의 선구적인 마르크스주의자들에 의한 식민지 수탈과 부의 유출에 관한 다소 정교한 논의의 발전이 있었다. 마르크스주의는 1948년(Kraft, 2006)에 대한민국에서 엄격한 반공법이 도입된 이후 탄압을 받아왔다. 하지만 식민지 부의 유출에 대한 마르크스주의적 이론화는 북한의 역사학 전통에서 식민지 역사의 형상을 결정지웠고, 남한의 역사적 서사에서도 완전히 사라진 적이 없었다. 이 장은 1920-30년대 조선의 마르크스주의자들의 글과 동시기 소련에서 러시아어로 출판된 방대한 분량의 소련계 조선인들의 출판물(1990년대 이후 재인쇄되기도 함. 예를 들어 2007년 Vanin을 참조)을 모두 활용할 것이다. 또한 현재 모스크바에 위치한 러시아 사회정치사 국가기록원(RGASPI)에 보관되어 있는 코민테른의 기록물도 활용한다.

지금까지 소련 내 한반도출신 디아스포라 혁명가에 대한 연구는 주로 한국과 러시아 학계에 국한되어 왔다. 이 장에서 다루는 주요인물 중의 한 명인 박진순(1897~1938)에 대한 최초의 논문은 1987~88년 한국의 민주화를 계기로 이런 연구가 허용된 직후인 1989년에 발표되었다(권희영, 1989). 1920년 코민테른 제2차 회의 기간과 그 이후의 박진순의 활동에 대한 선구적인 분석은 전명혁(2006)에 의해 이루어졌고, 본고에서도 분석될 것이다. 1920년대 중반의 조선의 정기간행물에 대한 박진순의 공헌, 미래 조선의 혁명에서 농민들의 중요한 역할, 그리고 그의 경쟁자인 남만춘(1892-1938)을 상대로 벌인 박진순의 논쟁 등에 관해서는 조선공산주의역사의 전문가인 임경석(2016)이 분석한 바가 있다. 조선 내에서 조선어로 출판을 한 적이 없는 남만춘은 한국학계의 주목을 덜 받았으나 1921년 코민테른 제3차 대회에서 조선 농민들의 빈곤과 저임금 노동착취로 인한 식민지 특수이익에 관한 그의 연설은 한국어로 번역되어 1989년 한국 학술지에 실린 적이 있다(박재만 1989). 1920-30년대 소련 내 조선인들의 상황과 스탈린 대숙청(1936-1938) 시대의 조선인 혁명가들의 운명에 대한 광범위한 연구가 현대 러시아의 고려인 학자들에 의해 수행되었는데(Son 2013 참조), 중요한 것은 남만춘의 학술적 업적에 관한 논평과 함께 그의 상세한 전기와 글 모음집이 최근에 출판되었다는 것이다(Pak 2017). 이 책은 최근 출간된 소련 내 조선 혁명가들의 문집(Pak 2007)과 마찬가지로 이 장의 주요 분석 자료이다. 한국과 러시아의 학자들은 소련 내 조선 공산주의자들이 레닌주의적 식민지 이론을 조선의 현실에 적용한 방법론과 이론화 작업이 조선에서의 초기 마르크스주의에 미친 영향에 대해 구체적으로 분석하지 않았다. 이에 이 장은 식민지 부의 유출, 엄청난 '초과이윤', 제국 자본의 재정 침투가 1920-30년대 조선 내 제국주의와 식민주의 이론 형성에 어떤 영향을 미쳤는지를 분석하여 기존 연구에서 제대로 다루어지지 않은 부분의 보완을 그 목적으로 한다.

소비에트 연방의 코민테른 계열의 조선 혁명가들이 조선의 경우에 적용하려고 시도했던 식민주의에 대한 공산주의 이론은, 주로 존 홉슨(John Hobson, 1858-1940)의 자유주의적 반제국주의 비판에 기초를 두었던 레닌(1870-1924)에 의해서 애당초 정리된 것이있다. 1916년에 출판된 레닌의 저작, 『제국주의, 자본주의의 최고 단계』에서는 '선진' 자본주의 국가들의 잉여이익을 풍부한 자원, 더 저렴한 노동력, 노동 착취에 대한 법적 제약이 없는 식민지에 재투자를 하면 더 큰 수익이 발생한다는 것을 그 주요 논지로 했다. 식민지는 주로 원자재 공급지의 역할과 식민종주국의 공산품 판매를 위한 시장의 역할을 강제로 강요받았다는 논리이었다. 동시에, 식민지 착취의 메커니즘을 통해 발생한 '초과이윤'은 '선진국'에서 고임금 노동자 계층('노동귀족')이 혁명 대신에 개혁을 지향하도록 매수하기 위해 그들에게 더 높은 임금을 지불하는데 사용되었다

(Lenin 1963 [1916]). 레닌의 제국주의 이론은 식민주의를 주변부의 자원과 시장에 대한 통제와 제국주의 국가 내부의 결속과 연관시켰고 바로 이것이 마르크스주의의 발전에 레닌이 공헌한 매우 큰 부분이다. 레닌의 이런 이론은 1970년대 중반 이후 월러스타인(Wallerstein)이 세계체제론을 더욱 발전시킬 수 있는 토대가 되었고, 실제로 '세계체제'라는 용어는 레닌의 주요 논문들에서 이미 사용되고 있다(Baylis 2020, 121). 또한 이는 식민지 주변부를 국제적 억압과 착취 체제의 '약한 고리'로 규정한 1919년 이후 코민테른 전략의 토대가 되었다. 제국주의에 의한 식민지의 과잉 착취는 식민지 원주민 부르주아 계급에게서 '선진국'의 패턴을 따라 산업자본주의를 발전시킬 어떠한 싹도 잘라버렸기 때문에, 코민테른은 식민지 내의 '부르주아 민족주의자'조차도 반제국주의 투쟁의 잠재적 동지로 간주했다. 그리고 '세계혁명'의 과정과 병행한 민족해방의 희망과 성취를 위한 투쟁은 사회주의 혁명으로 발전해 나갔다. 물론 코민테른은 결코 단일 조직이 아니었고(그 소속의 여러 정당들은 시기에 따라 다양한 전략과 전술을 지지했으며, 그 정당들의 궤도 또한 소련이라는 국가의 희망사항과 꼭 일치하지는 않았다), 그 전략은 소련 지도부 내부의 권력 투쟁의 역학에 영향을 받아 변화했다. 코민테른은 1927년 이전과 1935년 이후에 반식민지 지역 민족주의자들과 일시적인 연합("통일전선")을 강조한 경향이 있은 반면, 1927년과 1935년 사이에는 중국 민족주의자들에 의한 반공산주의 쿠데타와 소비에트 정책 결정권자들 사이에서 높아진 전쟁에 대한 공포의 영향을 받아 식민지와 종속국에서 발생한 반제국주의 운동의 급진화와 '프롤레타리아 헤게모니'를 동시에 강조했다(1920년대 코민테른 전략의 변화와 소련의 국가 이익 사이의 관계에 관하여는 Jacobson 1994, 51-272을 참조; 1920년대와 1930년대의 코민테른의 중국 혁명에 관여에 관하여는 Weiner 1996 참조; 코민테른 정책의 부침에 관하여는 Haithcox 1959; 1971를 참조). 1929년 이후

의 세계 공황과 1931년 이후의 일본의 만주침략은 세계 자본주의 체제의 붕괴에 대한 코민테른의 예측과 급진적 투쟁에 대한 호소에 힘을 실어주게 된다(세계 불황의 결과에 대한 초급진적 코민테른 분석의 조선어 번역은 마누일쓰끼 1934, 9-30 참조). 그러나 상당히 잦은 정책 변화에도 불구하고 근본적인 이론적 근거는 일반적으로 동일했는데 물품의 시장, 자원 공급원, 값싼 노동력의 창고로서의 악착같은 식민지 '착취'는 세계 제국주의 체제의 핵심 요소로 간주되었다. 이 장은 1920-30년대 소련에 거주했던 조선의 혁명가들이 이 이론을 조선의 상황에 적용한 사례를 분석하려고 하며 북한, 특히 남한의 식민지 착취 이론의 후기 발전에 비추어 식민지주의, 식민지 자본주의, 반식민지 혁명에 관한 그들의 마르크스주의 이론에 대한 선구적 기여의 중요성을 평가하려고 시도할 것이다.

2. 일제 치하의 조선: '저발전의 발전'?

러시아 극동으로 이주한 조선인의 아들인 박진순(1897~1938)은 1919년 코민테른에서 조선인 대표가 됐다. 그는 1920년 코민테른 집행위원으로 선출되었으며 코민테른의 지도기구의 멤버가 된 유일한 조선인이었다. 1920년 코민테른 제2차 대회에서 그의 발언은 그의 모국의 토착 부르주아 계급에 대한 그의 입장을 보여준다. 그에 의하면 시골 지주들뿐만 아니라 조선의 부르주아 계급도 매우 모호한 입장을 가지고 있었다.

> 일제는 식민지 정책을 통해 조선의 부르주아 계급으로부터 조선에 공장을 짓고 일자리를 만들 수 있는 가능성을 박탈했다. 그것이 조선 부르주아 계급이 일본에 적대적인 이유 중 하나이기도 하다. 이러

한 이유들 때문에 조선 부르주아 계급은 노동자 대중들과 연합하여 저항했고 지난 2, 3년 동안 우리는 그 두 집단 사이의 차이를 알 수가 없었다. 그리고 경제적 상황이 두 집단의 구별을 불가능하게 만드는 한 그에 관해서 우리가 할 수 있을 일은 없다. 그러나 우리 당은 계급 차별화를 실행하고 조선에서 농민 운동을 그 전위로 하는 혁명운동을 이끌기 위해 노력할 것이다. 조선의 모든 지주와 소작농들은 이제 조선의 민족 해방 운동이 무엇인지 알고 있다. 그것은 일본 제국주의뿐만 아니라 조선에서 주로 대지주들로 구성된 그들 자신의 부르주아 계급에 대항하는 운동이다. 마지막으로, 조선이 국가적 멍에를 벗을 때가 오면, 아마도 2, 3년 내에 부르주아 계급이 독립된 조선이 기대했던 행복을 가져다 줄 수 없다는 것을 알게 될 것이다. 부르주아 계급은 독립된 조선에서 그들의 모든 물질적 이익이 사라진다는 것을 알기에 조선 혁명에 반대하고 일본 제국주의와 결탁할 것이다(Archer 1977, 142)

박진순의 경쟁자인 러시아 태생의 이민 혁명가 남만춘(1892-1938)은 조선 부르주아 계급이 자본주의 발전에 참여할 기회를 '박탈'당했다는 이론을 더욱 발전시켰다. 1923년에 치타(Chita)에 본부를 둔 공산당 기관지에 조선 상황을 분석한 그의 첫 긴 글이 실렸다. 이 분석에서 남만춘은 조선의 부르주아 계급이 일본 부르주아 계급과의 불평등한 경쟁에서 '눌리고 있다'고 강조했다. 남만춘이 보기에는 구조적으로 불평등한 일본 부르주아들과의 경쟁은 조선 '민족 부르주아'의 일부가 1922년에 조선 생산 운동(물산장려운동)을 일으킨 이유였다. 남만춘은 조선의 유산자 계급이 동포들에게 '자국산 물건을 사도록' 설득한 동기에 대해서 환상을 갖지 않았다. 그의 분석에 따르면 조선의 유산자 계급은 조선의 국내 시장을 장악하기를 원했다. 하지만 그는 조선의 유산자 계급이 경제적으로 '혁명분자들을 지원'할 것이라고 믿었으며, '통일전선'에 대한 당시 코민테른 테제를 적절하게 옹호했다. 조선의 혁명가들도 부르주아 계급과 전략적 동맹을 맺되 조직의 독립성을 희생하지 않고 코민테른의 통일전선론을 지지할 것이라 주장하였다. 흥미롭게도 남만춘은 조선 부르주아 계급의 가장 권위 있는 대변자인《동아일보》가 식민지 정부로부터 비밀리에 보조금을 받고 있다고 지적했다. 따라서 그 신문이 사실상 식민지 당국의 많은 정책을 추진하고 지원하였다고 본 것이다.(Nam, 2017[1923]). 그러나《동아일보》가 아니라《조선일보》의 대주주들과 편집진들이 일본 당국과 긴밀히 접촉하고 있었고 1920년대 초 일본 총독부가 비밀리에 지원한 언론사는 사실상《조선일보》였다(박용규 2018). 당시의 코민테른의 원칙을 엄격하게 받아들인 남만춘의 논리에 따르면, 조선의 부르주아 계급이 식민지 지배자들에게 의존을 하고 있었지만 식민지의 사회에 불평등한 위치에 있었던 한 여전히 코민테른의 동맹이었다.

그럼에도 불구하고 식민지 상황에 대한 현실적인 관찰자였던 남만춘은 조선의 부르주아 계급이 분열되어 있고 그 충성심이 모호하다는 것을 간파하고 있었다. 1925년에 그는 조선의 상황에 대한 보다 상세한 분석을 책으로 출판했다. 모스크바 혁명운동희생자구원회(MOPR) 출판사에서 나온 그의 러시아어 저서『우그네테나야 코레야』(*Ugnetennaya Koreya*, 『압박받는 고려』)'는 이듬해 하바로프스크에서 조선어로 번역·출판되었다. 이 책은 1920년대 코민테른의 조선 상황에 관한 이해와 분석을 담고 있다. 남만춘에 의하면 1910년 한일합방은 급속하게 팽창하는 일본 자본이 조선에서 생산되는 원자재와 식료품(철광석, 석탄, 금, 광물, 쌀)을 필요로 했기 때문에 일어났다. 일본은 또한 조선을 공산품, 특히 섬유의 독과점 시장으로 활용하기를 원했는데, 남만춘에 따르면 1924년 당

시, 식민지 소재 1,358개의 공장 중 대다수는 기껏해야 조선산 면화 가
공, 쌀의 정미(精米), 가죽의 가공, 맥주 생산 등처럼 조선 현지의 1차 생
산물을 가공하고 있었다. 일본에서 수입된 도자기, 담배, 소금과 경쟁할
수 있는 조선의 산업은 인위적으로 억제되었다고 남만춘은 분석했다. 일
본 자본은 주로 1차 산업(농업과 광업)에 투자되었고, 일본 금융 기관들은
조선의 채무자들의 담보로 잡혀진 조선의 농지를 최대한 많이 전유하기
위해 최선을 다하고 있었다. 조선인이 소유한 산업자본의 비율이 15%정
도밖에 되지 않았지만, 조선 부르주아 계급은 일본인 식민주의자들의 하
위 파트너가 되었고, 부유한 조선인들은 지방 선거에 참여할 수도 있었
고 지방 의회에서 의석을 차지할 수도 있었다. 이에 남만춘은 일본 제국
주의가 조선이 독자적인 자본주의적 발전을 할 수 없도록 방해를 하면서
지역 기업가와 토지 소유 엘리트를 포섭하는 정책을 펼치고 있다는 것
을 알아챘다(Nam 2017[1925]). 실제로 1920년 11월에 23,838명의 조선
인 지주(간혹은 기업가와 지식인들)들이 '지역 여론'을 대변하는 각종 지방
평의회나 협의회 등에서의 선출직이나(대부분의 경우) 정부 임명직에 발
탁되었다. 일본 당국은 기꺼이 협력하는 국내 엘리트들로 구성된 대표자
들과 최소한의 지역차원의 의사결정권을 공유함으로써 조선에서의 통치
기반을 공고히 하려고 시도하고 있었다(김동명 2006, 79).

　　1920년대 후반 들어 러시아 태생의 소련 내 조선혁명가들은 점차
곁으로 밀려났다. 당시 급진적인 단계(1927-1935)에 접어든 코민테른은
조선 내부의 혁명역량을 발전시키는 데 일차적인 강조를 했다. 국내 혁
명가들은 공부나 코민테른에서의 업무 종사, 또는 둘 다를 위해 모스크
바에 와서 장기 체류하는 경향이 있었고 1925년 4월 조선공산당 창당 멤
버 중 한 명인 박헌영(1900~1955)도 당시 다소 허술했던 조-소 국경을 불
법적으로 넘은 후 1928년 정치적 망명자로 소련에 왔다. 러시아 사회정

치사 국가기록원의 코민테른 아카이브에는 박헌영이 '세계 프롤레타리아들의 조국'에 도착했을 때 기고한 신문 기사의 사본이 들어 있다 "우리의 길은 혁명, 아니면 죽음"라는 제목이 충분히 극적으로 들리지만, 1925년부터 1927년까지 일제 강점기의 감옥에서 고문을 당한 박헌영이 일시적으로 심각한 정신건강문제를 겪고 몇 번의 자살시도를 했다는 점을 고려할 때, 그 극적인 어투는 어느 정도 이해가 될 수 있을 것이다(조선일보, 1927). 그의 첫 소련 신문 기고는 1920년대 식민지 조선의 사회와 경제 문제에 대한 조선공산주의자들 사이의 "통념"을 보여준다. 박헌영은 소련 독자들에게 조선에 있는 '사실상 모든' 산업 기업과 조선 농민 토지의 20%가 일본인에 의해 점령되었고 일본 금융 자본이 조선 경제를 완전히 통제하고 있다고 알리고 있다. 혁명은 결국 식민지 주민들이 겪게 될 '파산과 죽음'에 대한 유일한 대안이었다(Pak 1928).

국제 레닌 학교에 입학한 박헌영은 1929년 12월 13일부터 19일까지 1주일동안 동방노력자공산대학(KUTV)에서 열린 조선 상황에 대한 주요 토론회를 포함하여 여러 차례에 걸쳐 조선에 관해 코민테른 지도부의 정통파와 접촉을 가졌다. 이 행사에는 재소련 교포들과 조선에서 온 유학생들 40명이 참석했고 이들은 코민테른 산하 여러 기관에서 일하거나 유학 중이었다. 주요 발표자는 당시 코민테른 집행부 동방사무국 부국장이자 코민테른의 중국 사회와 경제 전문가인 라조스 마자르(Lajos Magyar, 1891~1937)였는데, 그에 따르면 조선은 제국주의자들이 산업경제의 대부분을 통제한다는 점에서 전형적인 식민지 형태를 보이고 있었는데 경공업(가장 중요하게는 섬유산업)조차 일본인들에 의해 부분적으로 지배당하고 있었고, 중공업에서는 이미 완전하게 통제당하고 있었다. 조선의 지주와 부르주아 계급은 일본에 종속된 '하인'에 지나지 않았지만, 중소 부르주아 계급은(예를 들어 부르주아 계급 출신의 학생들이 학교 파업을 조직했듯이), 어느 정도 일본 제국주의에 반대하는 입장이었다. 그럼에도 불구하고, 이러한 '쁘띠 부르주아 민족 개혁주의자들'조차도 독립적인 역할을 수행할 수는 없었다. 조선에서의 혁명은 무산계급이 토지가 없고 가난한 농민들과 연합하여 이끌어야 했고, 부르주아 계급은 농촌의 '반(半)봉건적' 토지 소유관계에 깊이 뿌리박고 있었기 때문에 급진적인 토지 재분배를 통해 소작농민의 고충을 해결할 위치에 있지 않았다. 결국 라조스 마자르가 보기에 조선은 1905년 러시아와 마찬가지로 '부르주아 혁명'의 패턴을 따를 운명이었고, 프롤레타리아 계급의 주도하에 프롤레타리아와 농민의 동맹에 의한 '반(反)봉건적 토지 개혁'을 강조하였다. 박헌영은 마자르의 말에 거의 전적으로 동의하며, 조선공산당의 과제를 '반(反)봉건 반(反)제국주의 부르주아 민주혁명을 사회주의 혁명으로 발전시킬 잠재력을 갖추는 것'으로 규정하였다. 대자본가들의 계층을 완전한 '반(反)혁명'세력으로 치부하는 동시에, 마자르는 조선의 소자산계급을 잠재적인 혁명 세력의 우군으로 간주했다. 물론, 이 논의의 전제는 조선이 '프롤레타리아 헤게모니'를 기꺼이 따른다는 것이었다(1929년(《Stenogram-maSoveshchaniya Koreiskoi i Yaponskoi Sektsii KUTV》 1929; 한국어 번역본은 박헌영 2004, 176-382을 참조). 앞서 살펴본 바와 같이 남만춘의 1925년의 발언에 의하면 조선의 부르주아 계급은 혁명가들을 재정적으로 지원하려는 의지를 가지고 있다고 보았지만, 레닌과 코민테른이 원래 전 세계 프롤레타리아의 잠재적 동지로 본 '식민지 내 부르주아 민족주의자'와 '식민지 부르주아'에 대해 1920년대말에 강경한 입장이 뚜렷이 강화되고 있음을 알 수 있다. 식민주의를 자원과 시장의 착취로 보는 레닌의 논리에 따라, 마자르도 박헌영처럼 식민지 조선에서 '정상적인' 산업자본주의가 발전할 가능성은 전혀 없다고 보았다. 게다가 그들은 코민테른의 1927-1935년 동안의 초급진적인 '제3기' 이론의 새로운 정통성을 고수하고 있었는데 이 초좌파적 이론에 따르면 세계공황과 프롤레타리아 혁명의 그 날이 다가오면서 그 식민지적 아류를 포함한 전 세계 부르주아계급은 '반(反)혁명 진영'에 완전히 편입돼 있었다고 믿었다(Poulantzas 2018, 44-48). 1929년 대공황이 시작되면서 이 이론은 특히 설득력을 가진 것처럼 들리기 시작했는데 만약 최종적인 체제 붕괴와 혁명의 성공이 바로 눈앞에 있었다면, '구세계'의 세력, 심지어 식민주의자들에게 민족적 차별을 받았던 '민족적' 세력이라 해도, 과연 그들과의 동맹이 필요했을까?

논의에 참여한 소련계 조선인 인사들은 마자르나 박헌영보다 조선 부르주아 계급 전체에 대해 훨씬 더 비판적이었다. 당시 대학원생이었으며 훗날 코민테른의 핵심 간부가 된 최성우(1898~1937)는 조선 부르주아 계급을 최대한 신랄하게 비판했다. 그에 의하면 《동아일보》와 《조선일보》는 '반(反)소련 신문'으로 장제스와 그의 '반혁명 정권'을 '찬양'하는 동시에 무산자를 포함한 '모든 중국인'과 화교 노동자들에게 만주에서 발생한 장쉐량(張學良)의 조선인 이주자 박해의 책임을 지게 함으로써 중국인과 조선인들을 이간, 대립시키려 하였다. 그러나 비난을 받아야만 하는 쪽은 오직 일본 제국주의자들로, 그들이 조선인들을 전쟁 준비를 위해 이용하기 위해 중국의 동북지방으로 이주시킨 당사자들이기 때문이다(박헌영 2004, 228-239에서 인용). 최성우의 비판은 사실 부분적으로만 정당하다. 《동아일보》는 '중국의 만주 동포 탄압'을 비난하면서도 만주거주 동포들의 중국 국적 선택이(일본 영사경찰에 '보호'를 호소하기보다는) 그들의 문제해결에 최선책이 될 수 있음을 동시에 시사하고 있었다(주효뢰 2020, 161-188). 이 논의에 참여한 또 다른 주목할 만한 소련계 조선인 박애(1896-1937)는 조선에서 공산주의가 전파되는 과정에서 코민테른의 멤버로서 중요한 역할을 한 디아스포라 지식인이었다(박애, ca 1930년).

코민테른의 아카이브에 보존된 토론의 속기 보고서가 보여주듯이, 박애는 참석자들에게 그들이 최종적이고 돌이킬 수 없는 자본주의 위기의 '제3기'를 살고 있다는 것을 상기시켰다. 조선은 미래의 격변에서 중요한 역할을 할 것인데 그 이유는 일본 제국주의가 증가하는 인구를 위해 조선산 쌀을 더 싸게 조달하고 식민지로의 이주를 장려함으로써 인구과잉의 위기를 부분적으로 해결하려고 할 것이기 때문이라는 분석을 내놓았다. 그러나 박애는 또한 질적으로도 다른 새로운 발전에 대해서도 언급했는데, 조선에서 화학공장이 설립되었으며 KUTV의 학생 한 명도 그 화학 공장의 노동자였다는 것이다. 더불어 전기도 빠르게 보급되고 있었고, 새로운 항만 시설도 빠른 속도로 건설되고 있다며 박애는 일본 제국주의가 조선에서 일정 수준의 산업화를 목표로 하고 있으며, 표면적으로는 식민지가 오로지 자원 공급자이자 시장이라는 레닌과 코민테른의 믿음과는 모순될 수 있는 식민지 산업화가 일본의 군사적인 계획과 관련이 있었을 것이라는 결론을 내렸다(박헌영 2004, 301-308).

3. KUTV대학의 반식민주의 비평

KUTV대학은 1930년대와 1938년 스탈린주의 당국에 의해 폐쇄될 때까지 식민지 문제에 대한 교육 기관과 주요 연구 센터의 역할을 계속했다. 그 교수들 중 일부는 제국주의와 식민주의에 관한 레닌의 이론을 근현대 아시아에 적용하기 위해 진심어린 노력을 기울인 진정한 학자들이었다. 예를 들어 KUTV 교수 중에 소련의 동남아시아 연구의 창시자인 알렉산더 구베르(Alexander Guber, 1902-1971)를 들 수 있겠다(Levinson 1973). 몇몇 러시아 태생의 조선인들도 KUTV 대학원(*aspirantura*)을 졸업하고 그

곳에서 교수직을 받았는데 위에서 언급한 최성우도 그들 중 한 명이었다. 또 한 분 손꼽을 수 있는 훌륭한 학자로는 콘스탄틴 알렉산드로비치 황동륙(Konstantin Alexandrovich Hwang Tong'yuk, 黃東六, 1903-1938)이 있었는데, 그는 나중에 대숙청 당시 스탈린이 직접 서명한 처형자 명단에 최성우, 박진순과 같이 올랐다. 이들과 함께 KUTV 대학원에는 김만겸-세레브랴코프(Kim Man'gyŏm-Serebryakov, 1886~1938)의 아들 발렌틴 킴-세레브랴코프(Valentin Kim-Serebryakov, 1905~1986)가 다녔다. 1917년 이전에 이미 다작의 조선계 러시아 언론인으로 알려진 김만겸은 특히 1920-21년에 그리고리 보이틴스키(Grigory Voitinsky, 1893-1953)와 함께 상하이를 여행한 것으로 잘 알려져 있다. 그들의 활동은 상하이에 근거지를 둔 조선 망명혁명주의자들의 공산주의 전향에 결정적인 역할을 했고 이 과정에서 중국 공산당이 창당되었다(Pak 2007, 19-20). 아버지는 조선 공산주의의 선구자들 중 한 명이었고, 그 아들은 레닌주의적 식민주의 이론의 관점을 통해 한반도에서 일어나고 있던 산업변화에 대한 일관된 분석을 시도한 1930년대 최초의 조선계 소련인 연구자가 되었다. 불행히도 발렌틴 킴-세레브랴코프는 1935년 스탈린 시대의 정치 경찰에 체포되었고 그의 아버지도 결국 처형되었다. 발렌틴은 20년이 넘는 시베리아 수용소 노동과 유배 생활을 견뎌내고 결국 모스크바로 돌아왔지만, 조선에 관한 연구는 다시는 하지 않았다(Kim 2004, 115-9).

발렌틴 킴-세레브랴코프가 1934년 KUTV 학술집에 발표한 글은 소련계 조선인 연구자의 시각으로 식민지 조선의 사회경제적 상황에 대한 최고 수준의 마르크스주의적 비판을 한 것이다. 킴-세레브랴코프에 의하면, 조선은 무엇보다도 일본의 값싼 쌀의 생산지 기능을 하고 있었다. 그에 따르면, 조선의 쌀 생산에서(대일) 수출이 차지하는 비중은 1923년 10%에서 1932년 50%로 증가했고, 이로 인해 조선 농촌의 쌀 소비 자체가 희생되는 결과로 이어졌다. 1930년대 초 일본 정부가 쌀 경작지를 희생하여 면화 재배를 장려하는 움직임을 보이기는 했으나 식민지 자원 이용의 기본적 성격에는 아무런 변화가 없었다. 킴-세레브랴코프의 견해로는 철광석, 알루미늄, 마그네사이트, 텅스텐, 납과 같은 광물들이 가장 활발한 식민지형 자원 개발과 경제적 수탈의 대상이 되었다. 일본의 '독점적 재벌' 가운데 미쓰비시는 조선의 광물 채취 산업에 공격적으로 침투하고 있었고, 미쓰이는 조선의 고무신 공장에 대한 고무 공급을 장악하면서 그 시장 영향력을 이용해 조선인 소유의 중소기업들을 파산시켰다. 킴-세레브랴코프에 의하면, 1930년대 초 조선의 공업화는 매우 빠른 속도로 진행되고 있었지만, 조선에서 일본의 산업정책 대부분이 군사 주도적이었고 만주 점령과 중국 그리고 아마도 소련과의 더 큰 전쟁 계획과도 연결되어 있었던 것으로 보였다. 조선의 북부지역에는 군수공장이 건설되었고, 조선질소비료 회사의 함흥 공장은 일본 제국의 황산암모늄 총생산량의 28%를 생산하고 있었다. 킴-세레브랴코프에 따르면, 군사·전략적 공업화 드라이브는 조선 자본가 계층의 정치적 태도의 양극화를 결과시켰다. 대자본가들의 경우 부유한 조선인도 종종 진출한 지방의회의 권한 강화를 통해 적극적으로 식민지주의에 포섭되고 있었다. 반면, 경제적으로 어려움을 겪고 있던 소자산가 계층은 비록 '민족개량주의자'의 부류로 분류되기는 했지만 저항행위에 능동적으로 참여하는 경향이 더 강했다(Serebryakov 1934).

킴-세레브랴코프의 분석은 조선공산당 안팎의 환경을 지배했던 식민지 조선의 상황에 대한 코민테른 등의 전형적인 이해와 매우 비슷했다고 볼 수 있다. 코민테른은 1930년대 초의 세계 자본주의가 점점 더 '기생적'으로 변화하고 있다고 보았고(조선어로 번역된 이 이론은 꾸시넨 1933, 55-58쪽을 참조), 식민지에 대한 착취의 심화는 주변부에서 반(反)식민 봉기를 촉발할 것으로 기대되었기 때문에 '기생성'은 특별한 연구가 필요한 현상으로 인식되었다. 1931~32년 조선공산당에 소속된 다작으로 잘 알려진 분석가·이론가인 양명(일명 Li Kang, 1902~?)은 조선공산당을 코민테른 원칙을 엄격히 준수하는 보다 더 동질적인 조직으로 만들고자 했던 정통파 당 간부들로 구성된 이른바 'ML(마르크스-레닌주의) 파'와 관련된 조선 출신 공산주의 운동가였다. 이 그룹은 코민테른의 1927~1935년간의 초급진주의 노선에 따라 독립을 찬성한 조선 부르주아지와의 '통일 전선' 형성의 가능성에 대해서도 회의적이었다. 1930년 모스크바에 도착한 양명은 1935년 '반혁명' 혐의로 체포되었고, 그에 앞서 '트로츠키주의'의 혐의를 받았지만 그 당시에는 관련 혐의를 반박하기 위해 최선을 다한 것으로 알려져 있다(RGASPI 1933). 1930년에서 1935년 사이에 양명은 조선과 일본의 정기간행물에 나온 경제 통계와 인용문으로 가득 찬 조선의 각종 정치, 경제적 상황에 대해 다소 학술적인 장문의 글을 여러 편 썼다. 조선 부르주아지의 '민족개량주의'가 점점 '반혁명적'으로 변해가는 이유를 설명하기 위해, 양명은 대일 수출이 조선 전체 수출의 90% 이상을 차지하는 반면, 조선 경제 전체 투자 중 조선인의 소유는 4%에 불과하고 나머지는 주로 일본 자본이 소유하고 있다는 통계를 인용했다. 이처럼 식민지 권력과 자본에 대한 '전적인 의존'과 농업 투자와 산업 투자의 미발달(조선의 산업 자본가들은 농촌의 대지주 출신였던 경향이 있었다) 상황에서, 양명이 보기에 조선의 부르주아지는 농업 부문의 '봉건적 잔재'(소작인이 경작하는 대토지)와 식민주의를 모두 지지하는 '객관적인 전제 조건'을 갖추고 있었다. 또한 조선의 유산자 계급은 산업발전에 새로운 시장을 제공할 수도 있는 일본 제국주의의 만주 침략 정책을 열렬히 환영한 것도 양명의 분석에 영향을 끼쳤다(Li 2007[1933]). 1년 후, 양명은 일본의 조선 경제정책의 군사전략적인 측면을 강조한 새로운 논문을 발표하였는데 그 주요 내용은 일본제국이 중국에서의 대규모 침략 전쟁과 소련 원동 침략을 준비하면서 철광석, 무연탄, 마그네슘, 알루미늄, 수력 발전 등 전쟁과 군수 산업에 잠재적으로 유용한 조선자원의 개발을 강화하고 있었다는 관찰이었다. 동시에 자원 추출과 값싼 노동력 착취에 초점을 맞춘 식민자본주의의 영역은 점점 더 국가주도로 바뀌어가고 관료적으로 관리되는 상호 연결된 하나의 시스템으로 재창조되고 있었다는 것이다. 은행, 운송 회사, 발전소의 강제적인 '통합'과 그에 따른 국가통제 강화는 양명이 보기에 전시 국가주도 자본주의 경제로의 전환을 의미했으며, 일본 제국주의 정부는 조선 경제의 중추 산업의 장악을 위한 일본의 독점을 강화해 나갔다(Li 2007[1934]). 양명은 식민지 자원 추출과 식민지 '초과이윤'의 논리에 대한 레닌주의적 분석을 적용하여(주로 북부) 조선에서 성급하게 진행된 산업화가 전쟁 준비를 위해 주도된 것처럼 보이는 것을 지정학적 관찰과 융합하여 상당히 설득력있는 분석을 내놓았다(Chung 2006, 242-245). 1934년 출간된 양명의 논문은 병참기지 조성 본위의 조선 산업화를 러시아어라는 유럽의 언어로 분석한 선구적인 논문으로, 1930년대 중반 당시로서는 획기적인 연구 성과이었다고 인정할 수 있다.

코민테른의 정책은 마르크스-레닌주의적 사회주의가 주장한 것처럼 '과학적'이어야 했고, 정치 강령은 종종 통계와 연구 결과를 인용했다. 이에 조선 공산주의자들의 정치 강령도 예외는 아니었다. 조선공산당이 레닌주의 식민주의 이론에 매몰되어 있었음을 보여주는 한 가지 사례는 1934년 익명의 '이니셔티브 그룹'이 작성한 조선공산당 재건을 위한 정치 강령이다. 당시 코민테른의 조선 관련 주요 전문가였던 최성우가 이 그룹을 주도한 것으로 추정된다. 이 단체는 김-세레브랴코프와 양명이 발표한 것과 비슷한 내용으로 조선 상황에 대한 '과학적 연구'의 결과를 발표했고 서문에서 식민지 산업 경제의 '완전한 일본 지배'를 전제하고, 조선 민족 기업은 기껏해야 원자재를 가공하는 '구멍가게'에 지나지 않으며 생산품의 대부분은 일본 수출을 목적으로 한다고 언급했다. 이 논리대로라면, 조선의 부르주아지는 국내 시장에서 독자적 지배력을 확립하는 데 관심이 있었기 때문에 '잠재적으로는 반(反)식민지적'이었지만, 동시에 일본 자본과 너무 밀접하게 얽혀 있고 식민지 법률 체계의 보호를 받는 토지 재산의 수입, 즉 소작료에 너무 의존적이어서 민족 해방 운동에서 적극적인 역할을 맡기에는 역부족이었다. 모스크바의 한인 공산주의자들에 따르면 조선 부르주아지의 반식민지 운동이 절정에 달했던 시기는 1919년경이었는데 1919년 3.1운동 이후 그 궤도는 하향곡선을 그리며 제국주의와 협력하는 양상이 점점 더 뚜렷해지고 있었다. 반면 도시의 쁘띠 부르주아지는 잠재적인 동맹세력으로 간주되었다. 이들은 첫 단계의 혁명인 민족민주 혁명이 성공하여 조선이 독립한 후 국제 경쟁력이 없는 자국 농산물을 파멸적인 글로벌 경쟁으로부터 보호하기 위해 관세 장벽을 약속하기도 했다(Initsiativnaya Gruppa Koreiskikh Kommunistov 1934).

4. 식민지 조선 내부의 식민지 수탈론

조선 공산주의자들은 《동아일보》와 《조선일보》 사설의 '반혁명적' 논조를 비난했지만, 사실 두 신문은 1920년대 초부터 독자적인 반(反)식민지 비평을 전개하고 있었다. 이 두 신문의 비판적 논조를 조선의 많은 독자들이 요구하고 기대했기 때문이다. 그러나 비판적 논조의 강조점은 식민지 지배의 틀 안에서 진정한 발전 자체가 불가능하다는 것보다는 식민지적 조건 하에서 겪게 되는 차별적 경제 발전의 성격에 있었다. 예를 들어, 오하이오 주립대학을 졸업하고 《동아일보》의 창간 주역 중의 한 명인 김동성(1890-1969)은 1922년 조선에서 일본인 기업가와 조선인 기업가의 지위를 비교한 영향력 있는 논문을 신문에 발표했는데 그는 일본인들이 은행업과 근대 산업 부문 모두에서 특혜를 누리고 있음을 통계적으로 증명했다(김동성 1922; 김윤희 2018, 43-45 참조). 《동아일보》의 편집자들은 '조선인 경제'를 위해 민족을 기반으로 한 계급 간 동맹에서 조선인의 경제적 곤경을 타파할 해법을 찾았고, 조선인 소비자는 조선인이 생산한 제품을 구매하고 조선인 자본가는 이윤보다는 공익을 기준으로 투자를 배분하는 "민족 경제"의 비전을 구상했다(김윤희 2018, 56-59). 그러나 1920년대와(부분적으로) 1930년대에도 《동아일보》와 《조선일보》는 식민지가 겪던 경제적 부정의에 대해 박진순, 남만춘, 최성우, 양명 또는 김-세레브랴코프와 매우 유사한 마르크스주의 경제학자들의 비전을 담은 기고도 환영했다. 그러한 기고자의 예로는 마르크스주의 경제학자이자 1925-1928년 공산당원이었던 배성룡(1896-1964)이 있는데, 그는 박헌영과 같은 화요파의 멤버로 활동을 했다. 배성룡은 1926년 5월부터 6월까지 《동아일보》에 영향력 있는 경제 정책 관련 에세이를 연재하며 식민지 조선이 실제로 일본 제조업의 덤핑장이 되었다는 레닌주의적 관점을 피력했는데 일본의 조선에서의 경제적 지배는 일본 산업 및 은행 자본의 우월성(조선 자본에 비해)과 식민지 정책이 일본 기업의 조선 산업·시장 독점의 확대를 초래했다고 보았다. 조선의 빈곤은 산업화를 통해서만 완화될 수 있었지만, 배성룡은 식민지 당국이 경제정책의 의사결정을 장악하고 있는 한 조선인 소유의 산업 자본이 성장할 가능성은 거의 없다고 보았다(배성룡 1926; 김윤희 2018, 200-204). 박진순, 남만춘 등이 주도한 식민지 조선 경제에 대한 코민테른의 비판에 영향을 받았을 가능성이 큰 배성룡은 조선 내 경제비평 분야에서 선구적인 마르크스주의자였다. 그러나 1928년 '공산주의 활동'으로 잠시 투옥된 이후 배성룡은 급진주의적 성향을 일부 상실했고, 1930년대에 나온 그의 경제관련 저술은 구체적인 사안에 대한 정책 비판의 형식을 취했다(예를 들어, 조선에서 생산된 쌀을 일본에 시장가격이하로 '과도하게 수출'하는 것에 대한 비판으로 배성룡 1931 참조).

1930년대에는 KUTV 출신을 포함한 다른 이들도 경제적 수탈 비판의 영역에 진입했다. 한 가지 좋은 예로 1926년 모스크바 KUTV대학에서 공부를 마치고 돌아온 것으로 알려진 의사 김세용(1907-1966)이 있다. 현재 러시아 기록보관소에는 김세용이 KUTV에 머물렀음을 증명하는 문서가 없지만, 모스크바에서의 경험을 직접 기록한 그 회상의 내용에 의하면 그가 KUTV출신이었다(김세용 1932), 1930년부터 김세용은 점차 체제 옹호로 기울어져가고 있었던 《조선일보》의 기자로 일했고 처남인 경제학자이자 역사학자인 이여성(1901-?)과 함께 일제 식민 통치하에서 조선의 저(低)발전 참상에 관한 통계 자료인 『숫자 조선연구』(1931-1935)를 5권으로 발표하면서 유명해졌다. 총독부 자체 통계를 바탕으로 한 이 연구는 1920년대 초부터 박진순, 남만춘 그리고 모스크바에 기반을 둔 다른 한인 레닌주의자들이 주장했던 내용을 구체화하기 위한 것이었다. 식민지 통치 하에서의 "근대화"는 본질적으로 조선을 일본 상품의 시장과 일본 기업의 '투자처'로 만들어버리는 것으로 요약된다(이여성, 김세용 1992[1931-1935]). 최근 이 책의 요약본과 영인본이 서울에서 출간되어 80년이 지난 지금도 통계 자료로서의 가치를 잃지 않았음을 생생하게 보여주고 있다(이계형, 전병무 2014; 이여성, 김세용 1992[1931-1935]). 통계자료를 바탕으로 김세용과 이여성은 1934년 조선의 초기 산업은 식료품 가공업(전체 생산량의 46%)이 주를 이루었고, 화학공업과 같은 기술 및 자본 집약적인 공업 부문은 전체 산업 생산량의 16%에 불과했음을 설득력 있게 보여준다. 600만 가구 이상이 여전히 가내 수공업에 종사하고 있었으며, 이는 산업 낙후도가 놀라울 정도로 심각하고 빈곤한 농촌의 유효 수요가 매우 낮다는 것을 반증했다. 산업 경제 구조의 이중구조가 분명해진 것이다. 조선의 산업 부문은 일본 대기업과 조선인 소유의 중소 내지 영세업체 등 두 가지 서로 이질적인 부분의 집합체였는데 1931년 통계에 따르면 평균적으로 조선 내 조선인 소유 공장의 생산량은 일본에 위치한 일본인 소유 공장의 평균 생산량의 절반에 불과했다. 일본 대기업은 조선 산업 경제의 대부분을 지배했으며, 기술, 자본, 에너지 집약적인 부문일수록 일본의 과점적 지배 패턴이 더 강했다. 예를 들어 시멘트 생산에서 오노다의 삼척 공장은 1934년까지 일본 내지로부터의 시멘트 수입의 유일한 대안이었기 때문에 사실상 독점적 지위를 가지고 있었다(이계형, 전병무 2014, 288-328). 근대 식민주의를 금융 자본 확장의 정치적 형태로 이해한 레닌의 관점과 완전히 일치하는 방식으로 일본의 금융 자본은 조선의 자본 시장을 완전히 지배하게 되었다(이계형, 전병무 2014, 91-92).

김세용과 이여성, 두 사람은 꼼꼼한 통계 연구를 바탕으로 상인 자본의 점진적 축적과 근대 산업으로의 투자 전환을 통해 조선 자본주의 발전의 '정상적' 경로가 1910년에 조선이 일본 제국주의의 시장으로 강제 통합되면서 좌절되었다는 결론에 도달했다(원시적 축적 과정에서 상인 자본의 역할에 대한 마르크스주의적 견해에 관하여는 Kay 1982, 96-104 참조). 값싸고 질 좋은 일본 상품의 유입으로부터 조선의 초기 산업을 보호하는 데 필요한 관세 장벽의 결여, 자본의 부족(부분적으로는 재조선 일본 은행의 극도로 엄격한 신용 정책 때문), 기술 및 경영 노하우의 부족 등으로 인해서 조선의 초기 산업 부르주아지는 막강한 일본과 경쟁할 수 있는 위치에 있지 못했다. 조선인들이 스스로의 이익을 보호하기 위해 조선의 산업을 발전시키지 못한 것은 '기형적인 산업혁명'을 초래했고, 이는 식민지의 소외된 현지민들을 더욱더 곤궁하게 만들 뿐이었다(이계형, 전병무 2014, 331-340). 이것은 종주국과 식민지 지역의 자원 수급 및 시장 간의 불평등한 교역 패턴에 대한 레닌의 비판을 1930년대 중반의 조선에 적용한 매우 훌륭한 연구이다. 김세용과 이여성은 박진순, 남만춘, 김-세레브랴코프 등 소련계 조선인 혁명가들과 레닌주의 분석의 기본 구도를 공유했지만, 김세용과 이여성의 비판은 통계적 근거가 더 탄탄했고 소련계 조선인 마르크스주의자들이 주목하지 않았던 식민지 현실의 이면까지를 포함한 보다 다면적인 분석이었다. 예를 들어, 조선계 소련인 관찰자들은 농업경제에서 지대 징수에 비해 조선의 세금 징수에 관해서는 별로 관심이 없었다. 이와는 대조적으로, 김세용과 이여성이 식민지 정부의 조세 재정 구조를 파헤친 결과, 1911~1930년 기간 동안 부유층과 도시 중상류층을 대상으로 한 소득세는 전체 조세의 1.9%에 불과한 반면, 생필품 소비에 대한 간접세는 전체 조세 부담의 무려 45퍼센트에 달한다는 사실을 발견했다. 재산세에는 누진세율이 적용되지 않아 소규모 소유주에게는 부담이 컸기 때문에 이들의 몰락으로 이어졌고 결국은 대규모 대도시 부호들의 토지 및 기타 재산 축적이 가속화되었다(이여성, 김세용, 1992[1931-1935], 3권, 40-52쪽). 통계자료에 대한 접근이 용이하고 응용경제분석에 대한 경험이 풍부했던 조선 국내 마르크스주의자들은 소련계 조선인들의 레닌주의 식민지경제론 선구자들에게는 잘 알려지지 않았던 통계분석의 분야에서도 레닌주의적 반제국주의의 비판적 방법론을 사용할 수 있었다.

　1920년대 초부터 모스크바에 기반을 둔 조선 혁명가들에 의해 개척된 식민지 시대 경제 발전에 대한 레닌주의적 분석 방법은 1930년대 조선의 마르크스주의자들과 일반적으로 진보적 지식인들 사이에서 어느 정도 정설로 자리를 잡게 되었다. 1939년 일본으로 건너가 사회주의를 포기한 후에도 조선 농업 문제에 계속 천착한 인정식(1907-?)은(김경일 2011, 267) 조선을 여전히 전기 발전(發電)과 같은 가장 기술적으로 진보되고 자본 집약적인 부문에 대해 일본이 사실상 완전한 통제권을 행사하는 이중 식민지 경제로 묘사했다(인정식 1940). 인정식은 1930년대 일련의 저술을 통해 식민지 시대의 조선 농업 관계의 본질을 '봉건적'(전근대적)인 것으로 이해하도록 영향력을 행사한 저자이기도 하다. 이 봉건적인 생산관계는 식민 종주국의 대도시로 쌀을 수출한다는 근대적 방식의 성장(교환관계 영역에서의 자본주의)과 농산물 생산 영역에서의 전(前)자본주의적 관계의 지속적 지배(화폐가 아닌 현물로 지급되는 높은 소작료, 독립적 시장 접근성이 낮은 소작인과 반소작인의 소규모 경작)의 공존으로 특징지어진다. 이 논리에 따르면 식민지 자본주의는 조선의 자원(쌀 등)을 싼값에 수탈하면서 조선의 '근대화'를 이루기보다는 전근대적인 사회경제적 형태들의 영속화를 꾀하였다(印貞植 1937). 전시 검열 상황에서 레닌의 글을 인용할 수 있는 입장이 아니었지만, 그 논리는 분명 레닌의 『제국주의, 자본주의의 최고 단계』의 논리임에 틀림없었다. 해방 후 1945년 8월 전시 검열이 사라진 후 조선의 진보 진영이 식민지 경험을 역사적으로 서술하는 작업에 착수했을 때, 그 시도의 기본 분석 틀을 제공한 것도 레닌주의 이론이었다. 예를 들어, 유명한 마르크스주의 역사학자 전석담(1916-?)이 1948년에 쓴 조선사 교과서 『조선사교정』(1989년 『민중조선사』로 재출간, 전석담 1989[1948] 참조)는 식민지 시대의 조선을 일본의 식량 생산 기지로 규정했고, 동시에 조선은 자원 가용성과 저임금, 보호받지 못하는 노동력이라는 추가적인 이점을 가진 일본 기업 자본의 특권적인 투자처라고 기술했다. 전석담은 1939년 일본의 조선 섬유 산업에 대한 투자 수익률이 42%에 육박했다고 계산하고, '식민지 초과이윤'이 일본 자체의 자본 축적 과정에서 중요한 역할을 한 반면 조선은 자원 추출과 값싼 노동력 착취에 기반한 불균형 경제를 남겼다고 결론지었다(전석담 1989[1948], 94-103).

5. 결론: 탈식민지 시대의 식민지 수탈론과 소련계 조선인 연구자들의 공헌에 관하여

전석담이 월북한 후 북한학계에 합류한 뒤 북한의 학계도 그의 레닌주의적 견해에 동의했다는 것은 전혀 놀랍지 않다. 그러나 남한에서도 식민지 수탈론이 결국 레닌에 대한 공개적인 언급을 뺀 채 지적 헤게모니를 장악했다는 점은 흥미롭다. 1950-70년대 한국에서 가장 권위 있는 경제사학자였던 최호진(1914-2010)은 1973년 한국 근대 경제사 개론에서 다른 식민지와 마찬가지로 조선이 일본의 원자재 공급원이자 공산품 시장이었다는 것을 사실로 언급했다(최호진 1973, 106). 물론 최호진은 레닌에 대한 언급없이 이런 주장을 했다. 한데 이 주장은, 반공주의가 팽배한 한국에서도 추가적인 증명이 필요 없는 통념적인 진실로 받아들여졌다. 근대 경제사의 또 다른 권위자인 조기준(1917~2001)은 식민지 시대 조선인 지주와 상인이 '민족 자본가'로 변모하는 과정을 추적하기 위해 부단한 노력을 기울였다. 동시에 조기준 역시 레닌이나 식민지 시대의 조선 마르크스주의 경제학자들에 대한 공개적인 언급 없이 식민지 초기 조선을 '일본 제국주의의 쌀 생산 기지'로 정의했다. 또한 일본 금융자본의 식민지 자본시장 지배의 주요 패턴을 설명하고, 1910년대 후반부터 진행된 '일본 독점자본'의 조선 침투가 점차 확대되고 있었음을 주목했다. 그는

1920년대와 1930년대의 '일본 독점자본의 조선 투자'가 과잉 자본과 값 싼 전기, 광물, 식민지의 인적 자원을 모두 활용하기 위한 방편이었다고 설명했으며, 결국 일본 자체의 대규모 독점자본 형성 과정에서 조선이 수탈을 당했다고 결론지었다(조기준 1977, 351-404). 1930년대 인정식이 정립한 논리에 따라, 전근대적 뿌리를 가진 기성 엘리트들의 대규모 토 지 소유의 지속성, 높은 소작료 수탈을 통한 착취의 양상, 일본 시장이나 일본 제국주의의 수요에 대부분 묶여 있던 근대 자본주의 부문의 '이질 성' 등을 들어 식민지 시대 조선 사회를 '반(半)봉건적'으로 규정하는 것 도 일반적이었다(홍종욱 2014에서의 '반봉건제' 관련 논의의 개요 참조). 식민지 수탈론은 레닌주의적 기원에도 불구하고 1990년대 초까지 반공주의 한 국의 경제사 분야를 대체로 지배했다. 그러다가 1991년 소련 붕괴 이후 한국 자본주의의 '기적적인' 부상을 보고 우파로 돌아선 일군(一群)의 과 거의 마르크스주의 연구자들이 식민지 경험을 보다 긍정적으로 재평가 하는 관점을 지지하며 수탈론에 이의를 제기하기 시작했다. '수탈'의 현 실을 완전히 부정하지는 않았지만 조선인 소유 기업의 지속적인 성장과 가치 사슬을 따라 상향 이동하는 것이 이전의 연구보다 훨씬 더 강하게 강조되었다. 이 연구자들은 '식민지 산업화'를 한국의 외부 지향적 산업 경제의 선구적 경험으로 정의하게 되었고(예컨대, 이 견해의 초기 버전은 안 병직, 中村哲. 1993, 135-138 참조), 2004년에 이르러 이러한 수정주의 경제 사학자 중 일부는 명백히 친기업적인 보수적 의제를 가진 '뉴라이트'라 는 정치화된 지식인 집단을 형성하는 데에 중요한 역할을 하게 되었다. 그 시점부터 식민시대 조선에서의 '수탈'와 '개발'의 문제를 둘러싼 논의 는 강력하게 정치화되어 주기적으로 널리 읽히는 대중 매체로 퍼져 나가 게 되었다(Yoon 2020).

　박진순, 남만춘, 박애, 발렌틴 킴-세레브랴코프가 레닌주의 제국주의 이론을 조선에 적용하려고 시도한 방식을 현대적 시각으로 재평가하면 다소 지나치게 단순하게 보일 수 있다. 물론 식민주의 자체가 그 본래의 성질상 식민지 주변부에서 종주국의 대도시로의 부의 유출을 의도하고 이에 기여한 점이나, 일제 법률과 경찰에 의해 보호받는 식민지 시대의 농촌 엘리트들이 실제로 전근대적 뿌리를 가지고 있었고, 소작인들에 대해 어느 정도 경제 외적인 영역에서도 지배적 지위를 누렸으며, 일본 시장에서의 이윤창출을 위해 조선의 농업 자원을 수탈하는 연결고리 역할을 했다는 데는 의심의 여지가 없다. 그러나 자본주의 세계체제에서 축적은 기본적으로 불균등하고 결합적으로 이루어지는데(트로츠키의 불균등결합 발전 이론과 이 문제에 대한 마르크스주의 이론에 대해서는 van der Linden 2007 참조), 자본과 기술의 식민지로의 확산은 세계 각지에서 다른 역학 관계를 가지며, 다른 속도로 진행되고, 구체적인 사례마다 다양한 결과를 초래할 수 있다. 특히 조선의 경우 비경제적 요인, 주로 지정학적 요인이 복합적으로 작용했는데 일본과의 근접성으로 인해 일본 내수 시장의 확장으로 간주되기 쉬웠지만, 동시에 낮은 임금, 낮은 토지 임대료 및 전기 가격, 많은 자원매장량으로 인해 차별화되었다. 이는 특히 1920년대 이후 식민지 수탈의 형태가 수출 지향적인 쌀 생산, 광물 채굴, 일본산 공산품 덤핑을 위한 단순한 조선 시장 이용에서 대규모 식민지 산업 투자라는 보다 정교하고 실제로 세계사적으로도 드문 패턴으로 전환되고 있음을 의미했다. 자원 채취에서 산업 투자로의 전환은 1930년대에 가속화되었는데, 조선이 처음에는 만주에서의 일제 침략의 주요 산업 기지가 되었고, 이후 중국 관내 지방에 대한 본격적 침략의 주된 병참기지가 됐다. 1938년까지 일본의 대(對)조선 1인당 투자액은 37.8달러(당대 미국 통화 기준)로 추정되는데, 이는 식민지로서는 세계적으로 전례가 없는 수치였다(이헌창 1999, 330). 1918년 조선에서 생산된 총 부가가치에서 공업이 차지하는 비중은 8.8%였지만 1940년에는 26.4%에 달했는데, 이는 식민지화된 곳으로서는 상당히 이례적인 발전이었다(김낙년 2003, 248-252).

　　그럼에도 불구하고 자원 추출보다는 '투자 기회'에 초점을 맞춘 식민지 지배와 식민 종주국에서 상품을 판매하기 위한 식민지 포획 시장의 사용은 넓은 의미에서 여전히 착취, 수탈적이었다. 산업 성장에도 불구하고 식민지 조선에서 가구당 농가 소득, 농업 실질 임금, 개개인이 섭취하는 1인당 칼로리의 양은 오히려 감소했다(Kimura 1993). 또 다른 저명한 식민지 시대 마르크스주의 농업 경제학자 박문규(1906-?)가 말했듯이, 1910년대의 토지 조사와 지주의 독점적 토지 소유권 공식화 등의 일제 정책은 농민들을 전통적인 농촌 엘리트들의 억압적인 일상적 통제에서 부분적으로 해방시켰지만, 동시에 농민들의 상당수가 토지로부터 "해방"되어 대규모의 농지에서 수출 지향적인 쌀 생산을 극대화하려는 일제의 전략에 필수적인 소작인이나 고용노동자로 전환되었다(朴文圭 1933). 이런 점에서 1920년대 말부터 1930년대 초까지의 조선에서의 대규모 식민지 산업화의 시작, 1920년대의 쌀 수출 장려 정책, 조선에서의 산업화의 정치적 맥락과 의의 등을 논의한 박진순, 남만춘, 박애, 김-세레브랴코프 등 소련계 한인 활동가 및 연구자들의 공로를 인정해야 한다. 그들은 트로츠키의 불균등결합 발전의 이론도 아마도 익히 알고 있었음에도 불구하고 정치적 상황상 그것들을 개진할 입장이 아니었을 것이다. 소련계 조선인 디아스포라 혁명가들의 선구적인 노력은 조선의 식민지 경제에 대한 마르크스주의적 이해를 시도한 최초의 노력이었고 궁극적으로 지대한 영향을 미친 것으로 평가된다. 1930년대 중반까지 국내 마르크스주의 연구자들이 조선 현실에 적용한 식민지 수탈론은, 독립 이후 남북한 학계에서 계승되었으나 이 이론에 대한 소련계 조선인의 기여는 남북한 모두에서 거의 완전하게 잊혀졌다. 이 장이 그동안 잊혀진 소련계 조선인의 역할에 초점을 맞추어 조선에서의 식민주의에 대한 마르크스주의적 이해의 기원을 보다 온전히 파악하는 데 도움이 되기를 바란다.

번역: 김미경(부경대학교 강사)

참고문헌

김경일. 2011.『제국의 시대와 동아시아 연대』. 서울: 창비

김낙년. 2003.『일제하 한국 경제』. 서울: 해냄.

김동명. 2006.『지배와 저항, 그리고 협력』. 서울: 경인문화사.

김동성. 1922. "조선인의 관찰한 조선산업 대관"1-2 동아일보, 6월14-15일, 1면.

김세용. 1932. "막사과의 회상"『삼천리』4.3: 58－61.

김윤희. 2018.『조선인 경제의 탄생과 시장의 발견』. 서울: 선인.

권희영, 1989. "고려공산당 이론가 박진순의 생애와 사상"『역사비평』3: 285-294.

꾸시넨. 1933.『국제정세와 국제 공산당의 각 지부의 임무』. 모스크바: 외국노동자 출판사.

마누일쓰끼. 1934.『혁명적 위기의 장성에 대하여』. 모스크바-레닌그라드: 외국인노동자 출판사.

朴文圭, 1933,「農村社會分化の起點としての土地調査事業に就て」,『朝鮮社會經濟史研究』1.6: 521-567.

박애. ca 1930. "Anketa"(질의서). RGASPI F. 495, op. 228, d. 437,l. 10/10v

박용규. 2018. "1920년 조선어 민간신문 창간의 배경과 과정"『한국언론학보』62.5: 107-135.

박재만 옮김 1989. "자료 코민테른 제3차대회에서의 고려공산당의 보고"『역사비평』8: 357-368.

박헌영. 2004.『이정 박헌영 전집』. 서울, 역사비평사. 제4권.

배성룡. 1926. "현하의 조선과 총독부 경제책"동아일보, 5월26일-6월8일.

배성룡. 1931. "최근 정치의 부분적 비판"『삼천리』17: 6-7.

안병직, 中村哲. 1993『 근대조선공업화의 연구』. 서울: 일조각.

이계형, 전병부 엮음. 2014[1931-35].『숫자로 본 식민지 조선』. 서울: 역사공간

이여성, 김세용. 1992[1931-1935].『數字 朝鮮 研究』. 서울: 국학자료원, 1-5권.

이헌창. 1999.『한국 경제 통사』. 서울: 법문사.

印貞植. 1937.『朝鮮の農業機構分析』. 京城: 白揚社.

인정식. 1940. "반도 경제에서 점하는 조선 기업의 현세"『삼천리』12.9: 70－75.

임경석. 2016. "반식민주의 역사인식과 마르크스주의-박진순의『개벽』기고문을 중심으로"『사림』56: 37-66.

전명혁. 2006. "1920년 코민테른 2차대회 시기 朴鎭淳의 민족, 식민지문제 인식"『한국사 연구』134: 195-219.

전석담. 1989[1948].『민중조선사』. 서울: 범우사.

조기준. 1977.『한국 자본주의 성립사론』. 서울: 대왕사.

조선일보. 1927. "병중 피고 보석으로 재판소 당국에 교섭", 10월14일.

주효뢰 [Zhou Xiaolei]. 2020.『식민지 조선 지식인, 혼돈의 중국으로 가다. 1920년대 조선 지식인의 중국 인식에 대한 사상적 고찰』.서울: 소명출판.

최호진. 1973.『근대 한국 경제사』. 서울: 서문당.

홍종욱. 2014, "주변부의 근대 - 남북한의 식민지 반봉건론을 다시 생각한다 - ",『사이間SAI』17: 181-219

Archer, Bob, trans. 1977. *Second Congress of the Communist International*: *Minutes of the Proceedings*. London: New Park Publications. Volume 1.

Baylis, John. 2020. *The Globalization of World Politics*: *An Introduction to International Relations*. Oxford: Oxford University Press.

Chung Young-Iob. 2006. *Korea under Siege, 1876-1945*: *Capital Formation and Economic Transformation*. New York: Oxford University Press.

Haithcox, John Patrick. 1959. *M.N. Roy and the Comintern*: *The Controversy Over Colonial Policy*. San Francisco: University of California, Berkeley.

Haithcox, John Patrick. 1971. *Communism and Nationalism in India*: *M.N. Royand Comintern Policy, 1920-1939*. Princeton: Princeton University Press.

Initsiativnaya Gruppa Koreiskikh Kommunistov1934. "Platforma Deistviy Kompartii Korei"(Action Platform of the KoreanCommunist Party) *Kommunistichesky Internatsional* 17(395): 18-26. Reprinted in: Shirinya, Kirill, and Haruki Wada, eds. 2007. *VKP(b), Komintern i Koreya,. 1918-1941*(All-Russian Communist Party of Bolsheviks, Cominternand Korea). Moscow: ROSSPEN, pp. 655-670.

Jacobson, Jon. 1994. *When the Soviet Union Entered World Politics*. Berkeley:

University of California Press.

Kay, Geoffrey. 1982. *Development and Underdevelopment: A Marxist Analysis*. London: Macmillan Press.

Kim, Inessa. 2004. *Krivye Nebesa*(The Convoluted Heavens). Moscow: Duck-Design.

Kraft, Diane. 2006. "South Korea's National Security Law: A Tool of Oppression in an Insecure World" *Wisconsin International Law Journal* 24.2: 627-659.

Kumanin. 1929. "Kharakteristika Slushatelya Lektorskogo Kursa KUTV Imeni Tovarishcha Stalina Vypuska 1928-29 goda"(Assessment of a Student at KUTV Named after Comrade Stalin, Group for Teachers' Training, Graduates of 1928-9). RGASPI F. 495 op. 228 d. 457 l. 22.

Kimura Mitsuhiko. 1993. "Standards of Living in Colonial Korea: Did the Masses Become Worse Off or Better Off Under JapaneseRule?" *The Journal of Economic History* 53.3: 629-652.

Lenin, Vladimir Ilich. 1963 [1916] "Imperialism, the Highest Stage of Capitalism" in *Lenin's Selected Works*, Moscow: Progress Publishers, Volume 1, pp. 667-766.

Levinson, Georgiy. 1973. "Osnovnyi Vekhi Tvorcheskogo Puti A.A.Gubera(1902-1971)"(The Main Landmarks of A.A.Guber's(1902-1971) Career) In Nechkina, Militsa ed. *Istoriya iIstoriki. Istoriograficheskiy Yezhegodnik* 1971(History and Historians. Historiographical Yearbook 1971). pp. 226-236. Moscow: Nauka.

Li Kang [Yang Myŏng]. 2007[1933]. "O Natsional-reformisme v Koree"(On the National-Reformism in Korea). Reprintedin Vanin, Yuri, ed. *Kolonial'naya Koreya: Iz Publikatsiy v SSSR 1920kh-30kh Godov*(Colonial Korea: from the Publications in the USSR of the 1920-30s). pp. 146-179. Moscow: InstitutVostokovedeniya.

Li Kang [Yang Myŏng]. 2007[1934]. "Koreya kak Platsdarm Podgotovki Voiny"(Korea as a Springboard for War Preparations).Reprinted in Vanin, Yuri, ed. *Kolonial'naya Koreya: Iz Publikatsiy v SSSR 1920kh-30kh Godov*(Colonial Korea: from the Publications in the USSR of the 1920-30s). pp. 347-366. Moscow: Institut Vostokovedeniya.

Nam Manch'un. 2017[1923]. "Sovremennaya Koreya"(Contemporary Korea) in *Nam Manch'un*,Bella Pak, ed. pp. 213-230. Moscow: Institut Vostokovedeniya.

Nam Manch'un. 2017[1925]. "Ugnetennaya Koreya"(Oppressed Korea) in *Nam Manch'un*,Bella Pak, ed. pp. 271-300. Moscow: Institut Vostokovedeniya.

Pak Bella ed. 2017. *Nam Manch'un*. Moscow: Institut Vostokovedeniya.

Pak Boris, ed. 2007. *Kim Man'gyŏm*. Moscow: InstitutVostokovedeniya RAN.

Pak Chinsun. 1929. "V Internatsional'nuyu Kontrol'nuyu Komissiyu, Chlena Koreiskoi Kompartii Pak Dinshun' Avtobiograficheskie Svedeniya"(-To the International Control Commission – Autobiographical Information on Pak Dinshin [sic], a Korean Communist Party Member). RGASPI F. 495 op. 228 d. 481 l. 76.

Pak Hŏnyŏng. 1928. "Nash Put' – Revolutsiya ili Smert'"(Our Path is Revolution or Death). RGASPIF. 495 op. 228 d. 23 l. 132.

Pak Nikolai. ca 1934. 《Sektsiya no.5 – Kharakteristika Prepodavatelei》(The Section No. 5: Assessment of theTeachers). RGASPI F. 532, op. 1, d. 427, l. 31. Cited in: 한국외국어대학교 디지털 한국학 연구소 엮음. 2020. 『모스크바 동방노력자공산대학의(*1921-1938*) 한인들. 러시아 문서 보관소 자료집 2』. 서울: 한울, p. 233.

Poulantzas, Nicos. 2018. *Fascism and Dictatorship: The Third International and the Problem of Fascism*. New York: Verso.

RGASPI. 1933. "Kharakteristika"(Assessment). RGASPI F. 495 op. 228 d. 472 l. 020v.

Serebryakov, Valentin. 1934. "KrizisI Revolutsionnoe Dvizhenie V Koree"(The Crisis and Revolutionary Movement inKorea). *Materialy po Nat-*

sional'no-Kolonial'nym Problemam. Sbornik Nauchno-Issledova-tel'skoi Assotsiatsii po Izucheniyu Natsional'nykh i Kolonial'nykh Problem(Materials on National-Colonial Issues. A Collection of the Research Association for the Study of National-Colonial Problems) 3.18: 53-68. Reprinted in: Pak Boris, ed. 2007. *Kim Man'gyŏm*. Moscow: Institut Vostokovedeniya RAN, pp. 178-195.

Son Zhanna. 2013. *Sovetskie Koreitsy – Vsesilie Vlasti i Bespravie Etnicheskoi Obshchnosti, 1920-30*(The Soviet Koreans: the Omnipotence of the Authorities and Rightlessness of the Ethnic Community, the1920-30s). Moscow: Grif.

《Stenogramma Soveshchaniya Koreiskoii Yaponskoi Sektsii KUTV》(The Steno-graphic Record of the Meeting of the Korean and Japanese Sections of KUTV). 1929. RGASPI F. 532 op. 1 d. 86.

Tikhonov, Vladimir. 2021. "Marxism with Korean Characteristics Re-reading the Marxist Analyses of Japanese Colonialism in Korea by Korean Diasporic Revolutionaries in the USSR in the 1920-30s"《마르크스주의 연구》18(2): 324-357.

van der Linden, Marcel. 2007. "The 'Law' of Uneven and Combined Develop-ment: Some Underdeveloped Thoughts" *Historical Materialism* 15: 145-165.

Vanin, Yuri, ed. 2007. *Kolonial'naya Koreya*: *Iz Publikatsiy v SSSR 1920kh-30kh Godov*(Colonial Korea: from the Publications in the USSR of the1920-30s). Moscow: Institut Vostokovedeniya.

Weiner, Michael. 1996. "The Comintern in East Asia, 1919-39", in McDermott, Kevin and Agnew, Jeremy, eds. *The Comintern*: *A History of Inter-nationalCommunism from Lenin to Stalin*, pp. 158-190. London: Macmillan.

Yoon, Jong-Pil. 2020. "Recent History Wars in South Korea" *Paedagogica His-torica* 56.4: 548-567

제2장

한국 마르크스주의의 신자유주의 논쟁

김덕민(경상국립대학교 경제학부 조교수)

이 장의 목표는 한국에서 벌어진 여러 신자유주의 관련 논의 전반을 포괄하고 평가하려는 것은 아니다. 우리는 한국의 대표적 마르크스주의자 세 명의 논의를 통해 한국에서 왜 신자유주의를 논쟁했고, 어떻게 파악하고 있었는지 밝히려고 한다. 이 글에서는 김성구, 윤소영, 정성진의 논의를 통해 그에 접근한다. 이 장에서는 우리가 한국의 주요 마르크스주의자 세 명의 신자유주의에 대한 논의를 대상으로 삼는 이유는 세 마르크스주의자들이 한국의 사회과학계를 선두에서 이끌어왔으며, 사회운동 전반에도 이들의 영향이 상당했기 때문이다. 현재 한국 사회과학계의 여러 변화에도 불구하고, 이 세 마르크스주의자들은 마르크스주의 이론의 발전과 갱신에 이바지하였으며, 또한 한국 사회과학과 사회운동 전반에 영향을 끼쳤다. 따라서 이들의 기여를 온당하게 평가해야만 한다.

이와 함께 우리는 신자유주의에 대한 좀 더 포괄적 논의를 통해 신자유주의의 기원과 변화과정, 그리고 그 특징들을 살펴본다. 우리는 이

장에서 제라르 뒤메닐과 도미니크 레비의 신자유주의에 대한 논의를 정리한다. 이후 논의할 것처럼 신자유주의에 대한 논의는 광범위하다. 우리는 또한, 제라르 뒤메닐과 도미니크 레비의 신자유주의에 대한 논의를 소개하면서, 여기서 서술할 한국의 세 명의 주요 마르크스주의자들의 논의를 포함한 신자유주의와 관련된 다른 논의를 배제하려고 하는 것은 아니다. 제라르 뒤메닐과 도미니크 레비의 논의는 신자유주의를 다루는 다른 논의 비해 역사의 물질적(또는 경제적) 변화과정 및 정치/사회질서들의 변화, 그리고 계급투쟁을 포괄하여 그 안에 신자유주의를 위치시켜 설명하는 장점을 가지고 있다. 따라서 이 논의는 신자유주의를 둘러싼 다른 논의를 포괄할 수 있다. 이 장에서는 제라르 뒤메닐과 도미니크 레비의 신자유주의 관련 논의를 정리하면서 한국경제 및 사회의 변화를 설명하려고 했던 한국의 세 명의 주요 마르크스주의자들의 논의를 넘어 현재와 미래에 대한 논의를 준비하려고 한다.

　이미 말한 것처럼 신자유주의라는 용어를 중심으로 한 연구는 다양한 방법을 가지고 다양한 측면에서 이루어져 왔다. 신자유주의라는 용어는 여전히 비판적 경제학 및 사회과학 전반에서 대체로 1980년대 이후 나타난 자본주의의 새로운 경향을 설명하기 위해 널리 사용되고 있으며, "문화연구, 인류학, 과학과 기술 관련 연구, 비판적인 공중 보건에 관한 연구(Cahill, Cooper, Konings, and Primrose, 2018: xxv)"와 같은 다양한 영역에서 널리 쓰이고 있다. 대체로, 많은 연구자가 신자유주의를 1980년대 영국과 미국에서 나타난 대처·레이건 행정부로부터 시작된 규제 완화 및 세계화, 금융화들을 일컫는 말로 쓰고 있다. 카힐, 쿠퍼, 코닝스, 프리프로스(Cahill, Cooper, Konings, and Primrose, 2018)는 버츠(Birch, 2015)를 인용하면서, "신자유주의를 이해하기 위한 서로 다른 7개의 접근법(Cahill, Cooper, Konings, and Primrose, 2018: xxvii)"을 소개하였다. 신자유주의를, 1) 통치성의 관점에서 접근하는 푸코적 접근, 2) 자본에 유리한 계급적 기초를 가진 프로젝트로 파악하는 마르크스주의적 접근, 3) 하이에크, 프리드먼 등의 싱크 탱크와 지식인들이 생산한 규범적 독트린의 생산물로 접근하는 관념적인 분석(ideational analysis), 4) 특정한 자유주의적 경제사상의 진화로서 파악하는 경제철학 및 경제사상사적 분석, 5) 신자유주의의 다양한 형태를 결정하는 주요 변수로서 제도를 강조하는 제도주의적 접근, 6) 1970년대 경제 위기 이후 나타난 긴밀한 형태의 제도적 집합으로 보는 조절이론, 그리고 7) 신자유주의에 대한 지리적 분석 등(Cahill, Cooper, Konings, and Primrose, 2018: xxvii)이 있다. 이렇듯, 신자유주의는 1980년대 현대 자본주의를 지칭하는 단순한 용어로부터 다양한 접근을 통해 만들어진 "개념"으로 진화하였다. 이 장에서 우리는 신자유주의에 대한 다양한 접근 모두를 살펴보려는 것이 아니다. 다만 한국 마르크스주의 주요 논자들의 신자유주의에 대한 논의를 통해 "신자유주의"가 설명하는 1980년대 현대 자본주의의 양상과 한국경제의 변화를 어떻게 이해할 수 있는지 논해보려고 한다.

　　한국에서는 1990년대 김영삼 정부 들어 "세계화"와 "개혁"이 수장됨에 따라, 신자유주의와 관련한 관심 또한 확대되었다(윤소영, 2001: 99). 하지만 한국에서 신자유주의에 대한 광범위한 논의를 하게 된 것은 1997년 외환위기 직후인 것으로 보인다. 여러 다양한 논의 중에 대표적으로 전태일을 따르는 민주노조운동연구소(1998)는 프랑스『르몽드 디플로마티크(Le monde diplomatique)』에 실린 글들을 모아 번역 출판하여 세계경제의 신자유주의 전환과 이에 맞선 민중들의 저항이 어떻게 이루어지고 있는지 소개하고 있다. 이는 1997년 외환위기 이후 한국 사회를 파악하는 데 "신자유주의"라는 분석적 틀이 요구된다는 판단에서 비롯되었다(민주노조운동연구소 1998, 편역자 서문).

1. 한국 마르크스주의자들의 신자유주의

앞서 말했듯이 "신자유주의"라는 개념을 비판적 사회과학에서 적극적으로 활용하고 있기는 하지만, 연구자들은 그 접근 방법과 연구목적에 따라 다양한 형태와 의미로 이 개념을 사용한다. 각 연구자가 "신자유주의" 개념을 통해 설명하려는 현실과 대상도 다양하며, 따라서 이에 따라 개념을 통해 지칭되는 현실과 대상도 서로 다르다. 하지만, 이글에서 우리는 여기서 한국의 대표적 마르크스주의자들, 김성구, 윤소영, 또는 정성진의 논의를 중심으로 하여 이들이 파악하고 있는 "신자유주의", 그리고 그것이 지칭하는 현실과 대상에 대해 논하려고 한다. 이글에서 우리는 신자유주의를 논의하는 이들 이외의 여러 비판적 사회과학자들의 논의를 배제하려는 것은 아니다.

1) 김성구

일반적으로 레이건-대처 행정부의 정책적 전환으로 대표되는 "1980년대 이후 현대자본주의"를 "신자유주의"로 파악하는 것이 비판적 사회과학 내의 공통분모라 할 수 있다. 그리고 더욱 구체적으로 세계화, 금융화, 이를 위한 규제 완화(deregulation) 등으로 신자유주의를 요약할 수도 있다. 김성구와 윤소영의 연구는 이러한 "신자유주의"에 대한 공통적 인식 또는 대중적 정의를 구체화할 수 있는 여지를 제공한다. 김성구는 여러 차례에 걸쳐 "신자유주의"를 보다 명확하게 정의하고, 확장하려는 중요한 논의를 전개하였다. 김성구는 "신고전파·구자유주의에 대한 케인스적 비판을 다시 비판하여 구자유주의를 현대의 국가독점자본주의 하에서 다시 복원(김성구, 2014: 32)"하는 것으로 1980년대 이후 신자유주의를 정의한다. 그는 미제스, 하이에크, 또는 프리드먼과 같은 몽펠르랭 협회(Mirowski and Plehwe, 2015)의 구성원들이말로 구자유주의를 대표하는 사람이라 평가한다.

　무엇보다 김성구는 독일의 질서자유주의(ordoliberalism)에 대해 소개하면서, 한국 사회과학계가 신자유주의를 이해하는 데 있어 중요한 기여를 하였다. 김성구는 신자유주의와 관련한 개념상의 혼란에 대해 여러 번(김성구, 1998a; 1998b; 2014) 지적하고 있는데, 이는 1980년대 이후 현대 자본주의의 새로운 양상으로서 신자유주의를 이해하는 데 큰 도움을 주고 있을 뿐만 아니라, 푸코(2012)와 푸코의 통치성 개념을 통해 신자유주의를 분석하려는 이들(여러 논자들 중 특히, 다르도·라발, 2022 등)의 시도를 명확히 평가할 수 있도록 해준다.

　김성구는 신자유주의라는 단어의 기원을 1930년대 독일의 오이켄이 제시하였고, 제2차 세계대전 종전 후 구서독에서 사회적 시장경제론으로 발전한 경제사상에서 찾고 있다(김성구, 2014: 31). "신자유주의와 구자유주의 간의 결정적인 차이는 다음에 있다. 즉 양자가 모두 자본주의 시장의 일반적 조건(외적 조건)의 창출을 위한 국가의 정책(이른바 오이켄의 '구성적 질서정책')을 기본적으로 주장하면서도 구자유수의는 그러한 조건이 창출되면 시장경쟁의 자유로운 운동이 최적 균형을 달성한다고 생각하고, 그 이외의 국가 개입을 부정한 반면, [오이켄으로부터 비롯된-저자 삽입] 신자유주의는 시장경쟁의 자유로운 운동이 시장경쟁의 조건 자체를 파괴하는 경향 [...] 국가는 이 경향을 차단하는 정책으로써 시장경쟁 질서를 유지해야한다는 것 [...] '조절적 질서정책'에 입각한 반독점정책과 사회복지정책이다. 다름 아닌 이 두 정책의 인정 여하가 양자 간 차별의 핵심이다(김성구, 1998a: 55; 1998b: 110)." 하지만, 그는 용어 사용의 혼란을 지적하면서, 오히려 우리가 흔히 이야기하는 1980년대 이후의 신자유주의를 구자유주의와 별반 다르지 않은 것(김성구의 여러 언급 중, 김성구, 2014: 32)이라 부른다. "그것[1980년대 이후 신자유주의-필자]은 신고전파·구자유주의에 대한 케인스적 비판을 다시 비판하여 구자유주의를 현대의 국가독점자본주의하에서 다시 복원(김성구 2014: 32)"하는 것이다. 영(Young, 2018) 또한 김성구와 마찬가지로 독일식 신자유주의와 영미식 "신자유주의"를 구별해야 한다고 본다. "독일 또는 대륙의 신자유주의는 1930년대 나타났으며, 그것은 1970년대 재현된 형태와는 근본적으로 다르다(Young, 2018: 180)." "1970년대 영미권의 신자유주의는 1930년대 신자유주의와 동의어가 아니다(Young, 2018: 185)." 시카고 학파나 미제스, 하이예크같은 "자유방임(laissez-faire) 경제학자들은 공적 개입에 대한 개인의 경제적 자유의 우선성을 주장하였고, 이를 발전시켜 왔다. [...] 역사적 맥락에서 볼 때, 나중에 나타난 신자유주의[1980년대 등장한 신자유주의-저자]는 19세기와 20세기 자유방임 자본주의와 더 닮은 점이 많다(Young, 2018: 184)."

우리는 푸코와 1980년대 이후 신자유주의로까지 푸코를 확장하는 다르도·라발(2022)의 시도를 평가하는 데 있어 김성구와 영의 설명이 매우 중요한 가치를 갖는다고 생각한다. 푸코는 새로운 통치 합리성으로서 신자유주의를 파악한다(Foucault, 2008). 신자유주의를 대상으로 하는 푸코의 강의(Foucault, 2008)가 1978-79년 콜레주 드 프랑스 강의라는 점에서, 푸코가 그 강의에서 다루고 있는 신자유주의가 1980년대 이후 현대 자본주의의 양상으로서 "신자유주의"를 지칭한다고 볼 수는 없으며, 또 다른 한편에서 이는 푸코가 이른바 "질서자유주의", "사회적 시장경제론" 또는 "독일식 신자유주의"에 상당한 분량을 할애하고 있는 이유를 이해할 수 있게 한다. 푸코는 1980년대 신자유주의가 본격적으로 시행되기 이전, "우리 시대의 자유주의적 또는 소위 신자유주의적 프로그램("the nature of today's liberal, or, as one says, neo-liberal program", Foucault 2008:

78)"을 이야기하며, 한편으로 전후재건과 관련된 독일의 사례와 1930년
대 대공황 이후 진행되었던 미국의 개입주의 사례를 언급한다(Foucault,
2008: 118). 그리고 푸코는 "제가 말씀드리고 싶은 것은, 특히 독일의 신자
유주의입니다. 왜냐하면 통치성의 문제와 관련해 이것이 다른 것들보다
이론적으로 중요해 보이기 때문(Foucault, 2008: 120)"이라고 말한다. 이후
푸코는 김성구가 말하는 "오이켄이 제시하였고, 제2차 세계대전 종전 후
구서독에서 사회적 시장경제론으로 발전한(김성구의 여러 언급 중에서 김성
구, 2014: 31)" 신자유주의를 통치성과 관련한 이론적으로 중요한 사례로
이야기하는 것이다. 위에서 말한 바와 같이, 이러한 1930년대 신자유주
의는 1980년대 이후 "신자유주의"와 동의어가 아니다.

　　푸코를 현대적으로 정교화하고 있다고 볼 수 있는 다르도와 라발도
푸코와 마찬가지로 독일식 신자유주의, 또는 질서자유주의에 주목한다.
이들은 유럽연합 형성에 있어 질서자유주의의 역할과 영향력을 중요시
한다(다르도·라발, 2022). 하지만 이러한 과도한 질서자유주의에 대한 강
조는 유럽연합과 관련하여 더 긴밀히 연구되어 있는 영미식 신자유주의
의 영향력에 대한 오해를 일으킨다. 영은 유로존 위기에 있어 독일의 영
향력은 질서자유주의와 크게 관련이 없으며, 유럽의 내핍 경향(austerity)
또한 독일 정부의 정책적 성향보다는 대처나 레이건으로부터 시작된 신
자유주의와 훨씬 관련이 깊다고 이야기한다(Young, 2018: 187). 따라서 김
성구의 신자유주의 개념과 역사에 대한 선구적인 논의는 여전히 중요한
이론적 자원으로 기능할 수 있다.

2) 윤소영

우리가 이글에서 다룰 한국의 주요 마르크스주의자 중 한 명인 윤소영
은 1980년대말 1990년대초부터 알튀세르, 또는 발리바르를 따라 이른

바 "마르크스주의의 전화"라는 기치 아래서 마르크스주의 계급이론의 갱신에 주목하고 있었다. 그는 1990년 초 김영삼 정부의 출범과 함께 이른바 신자유주의에 대한 "대중적 관심"이 증가하였다고 서술하고 있다(윤소영, 2001: 99). 이는 윤소영 본인의 연구로부터 확인할 수 있는데, 윤소영(1995)은 프랑스 경제학자 쉬잔 드 브뤼노프(Suzanne De Brunhoff)의 『시장의 시간』(Brunhoff, 1986)에 대한 독해를 통해 이른바 "신자유주의"를 우리나라에 본격적으로 논의하기 시작하였다. 여러 문헌 중에서도, 우리는 이를 한국 마르크스주의자들이 "신자유주의"라는 개념에 주목할 수 있게 한 가장 정교한 최초의 시도라고 평가한다.

윤소영(1995)은 브뤼노프(Brunhoff, 1986)에 근거하여 1970년대 위기에 대한 "자유주의적-개량주의적 대안의 부재 속에서 '공황으로부터의 탈출'의 보수주의적 대안만이 '신자유주의라는 역설적 형태로 존재(윤소영, 1995: 276)"하였다고 주장한다. 신자유주의에 관한 여러 논의를 선구적으로 소개하고 있다는 점에서 윤소영의 이 문헌(윤소영, 1995)은 앞서 다룬 김성구의 여러 연구와 함께 신자유주의와 관련된 가장 탁월한 문헌이다. 이 논문에서 이후 거의 30년 동안(국·내외적으로) 논쟁되고 있는 신자유주의를 둘러싼 이론, 논의, 쟁점들을 다수 발견할 수 있다.[1]

이후 윤소영은 논의를 더욱 발전시킨다. 그는 신자유주의를 레이건-대처의 신보수주의와 동일시할 수 없다고 이야기한다. 그에게 신자유주의는 새케인스주의이며, 신자유주의적 정책개혁과 문민화, 신흥공

---

[1] 경제학 이론 상의 논쟁(케인스주의, 화폐주의, 새케인스주의 등)뿐만 아니라, 코포러티즘을 둘러싼 논쟁들, 앞서 우리가 언급한 이른바 "신자유주의 통치성"과 관련된 푸코에 대한 언급 등, 우리는 이 문헌의 내용과 각주에서 관련 논의들의 주요 쟁점들을 파악할 수 있다(윤소영, 1995).

업국의 신흥시장화를 내세우는 워싱턴 컨센서스이다(윤소영, 2001: 99-101). 윤소영의 이러한 강조는 1997년 외환위기에 대한 이해를 목표로 하고 있기 때문으로 보이는데, 이는 한국의 신자유주의를 이해하는 데 결정적이다. 그에게 1990년대 이후 신자유주의는 1980년대 신자유주의 초기의 레이건-대처의 신보수주의와는 다른 "저금리정책을 통해 주식 및 부동산 시장을 부양(윤소영 1999: 19)"하는 새케인스주의이다. 그것은 신자유주의는 불황기의 정책이며, "노동력 관리와 관련하여 '실업의 조직화', 화폐 관리와 관련하여 탈인플레이션이라는 쟁점을 제기하는 정책 개혁(윤소영 1999: 87)"으로 구체화할 수 있다. 즉, "새케인즈주의[윤소영은 케인즈주의라는 표현을 일관적으로 사용-필자]는 불황기에는 재정정책이 아니라 화폐정책이 적절함을 인정[...] 새케인즈의 정책 개혁은 완전고용을 포기한다는 데 그 핵심이 있습니다. [...] 효율성 임금 개념을 통해 비자발적 실업을 상대화하고, 노동일 단축을 의한 이른바 '일자리 나누기'(job-rationing)을 시도 [...], 새개인즈주의란 [...] 노동력의 평가절하를 통한 고용 안정과 이른바 '사회 안전망'을 통한 사회보장의 평가절하를 두 축으로 하는 중도좌파적 구조조정(윤소영, 1999: 90-91)"이다. "특히 외채 위기의 처방으로서 구제금융을 통한 부채의 사회화와 자본 도피에 대한 대책으로서 부채-주식 전환을 통한 신흥시장 육성을 제안함으로써 이른바 정책 개혁의 정치경제학으로서 워싱턴 컨센서스(윤소영 1999: 99)"인 "새케인스주의적 정책 개혁이 그 핵심(윤소영, 1999: 99)"이다. 이상의 윤소영의 언급을 통해 알 수 있듯이 윤소영의 신자유주의에 대한 이해의 중심에는 한국경제의 "외환위기"에 대한 해석이 있으며, 이를 위해 윤소영은 새케인스주의적 정책개혁인 워싱턴 컨센서스를 신자유주의 이해의 축으로 삼고 있다. 윤소영은, 김성구가 다양한 신자유주의 개념에 대한 논의를 여러 번에 걸쳐 수행한 것처럼, 새케인스주의에 대한 설명을 위한 경제학의 신케인스주의와 화폐주의[통상 통화주의-저자], 그리고 새케인스주의로 변모하는 주류 경제학의 논쟁을 소개하였다(윤소영, 1999; 2001).

윤소영은 한국경제의 역사와 신자유주의를 논의하는 과정에서 중요한 언급을 하는데, 바로 1980년대에 대한 언급이다. 좀 더 길게 인용해보자면, 다음과 같다.

> "남한에서 신자유주의의 전개로서 1980년대에 대한 인식이 결여되어 있었습니다. 그렇지만 박정희 정권의 수출 지향적 공업화, 특히 중화학공업화의 파탄을 상징하는 1979년 4월의 '경제안정화종합시책'은 남한에서 신자유주의의 발단을 가리키는 것이었고, 이로 인해 부마항쟁과 광주 항쟁, 10·26과 12·12 같은 일련의 정치적 격변이 야기되었던 것입니다. 1979-82년 세계적 규모의 공황을 계기로 5공은 박정권이 시도했던 신자유주의를 민영화-개방화, 탈규제-자유화 정책과 구조조정 정책으로 체계화했습니다(윤소영, 1999: 12)."

이러한 윤소영의 서술은 1980년대 한국경제와 이후 한국 사회운동 전개를 해석하는 데 전환점을 마련하는데 기여하였다.[2]

특히, 한국경제의 신자유주의 전환을 다루는 연구들은 1970년대 후반의 전환과 1980년대/90년대 3저 호황과 재벌의 성장에 따른 신자유주의 정책 유예, 그리고 1997년 외환위기로 계기로 한 급격한 변화에 주목

---

[2] 1980년대 이후 한국경제의 변화를 인식하고 있었던 중요한 자료로서 한국기독교사회문제연구원(1985)를 들 수 있다. 이 문헌은 1980년대 시작된 한국 금융시장의 변화와 자본자유화 흐름에 대해 당시의 정책적 변화와 여러 통계 자료를 바탕으로 서술하고 있다.

하였으며, 신자유주의에 대한 개념화를 한국경제의 역사적 전개 과정 속에서 이해하려는 노력에 영향을 미친 것으로 보인다(수많은 연구 중 박지훈, 2006; 지주형, 2011).

김성구와 윤소영은 현대 한국경제에 대한 이해를 목표로 신자유주의에 대한 논의를 전개해왔다. 앞서 언급한 바 대로 이들의 연구는 한국 사회과학계에 광범위하게 영향을 미쳐왔고, 여러 논쟁점을 던져왔다. 하지만, 대체로 김성구와 윤소영의 논의는 이론적 지평에서 이루어졌고, 이에 대한 경험적 논의들 바탕으로 이루어지지는 못했다. 한편으로 윤소영이 한국 신자유주의를 설명하기 위해 동원한 광범위한 이론적 논의를 박상현(2012)과 윤종희(2015) 등이 반복하면서 발전시키려 시도하는데, 이들의 논의는 주류·비주류경제학 논의 및 국민계정 전반에 대한 이해 부족으로 인해 정교한 경험적 연구에는 미달한다.[3]

3) 정성진

김성구와 윤소영이 마르크스주의와 한국 사회과학계의 신자유주의 관련 논의가 풍부해 시는데 주요한 이론적 기여를 했음에도 불구하고, 그들의 논의를 뒷받침하는, 그들 자신이 제시한 경험적 논의를 찾기는 힘들다. 이에 비해 정성진은 마르크스주의 경제학의 관점에서 한국경제에 대한 경험적 자료를 꾸준히 구축해왔다. 정성진은 정성진(2005)에서 그의 논의를 종합하고 있으며, 정성진(Jeong, 2007), 그리고 최근에 정성진·정구현(Jeong and Jeong, 2020)에서 관련된 자료와 논의를 업데이트하였다. 정

---

3 정교화된 지표들이나 시계열 자료들 이외에 한국 신자유주의와 관련된(특히, 1997년 외환위기) 여러 사료와 그에 대한 해석에 대해서는 지주형(2011)을 참조할 수 있다.

성진은 대부분의 논의에서 "신자유주의"라는 개념을 사용하는 데 극도로 인색하다. 하지만, 그가 신자유주의가 지칭하는 자본주의의 변화를 완전히 부정하고 있다고 판단할 수는 없다. 이렇게 그가 신자유주의 개념을 사용하는 데 인색한 이유를 특히, 1997년 외환위기의 원인 또는 그 이후 한국경제의 변화를 신자유주의로 설명하는 논자들의 개량 또는 개혁적 결론에 대한 비판에서 찾을 수도 있을 것이다.

정성진은 한국경제의 신자유주의적 전환이 "김영삼 정부의 구래의 국가주도적 발전전략의 진부화에 대한 인식(정성진, 2005: 141)"에 기초하고, 우리가 흔히 신자유주의적 개혁이라 부르는 재정 및 금융개혁, 규제 완화, 민영화와 같은 일련의 개혁조치들을 "미국의 자유시장 경제제도를 그대로 이식하는 것으로, 한국 사회를 아메리카화하는 방식(정성진, 2005: 142)"으로 "김영삼 정권은 진부화된 국가주도적 발전전략을 신자유주의적 혹은 네오-아메리카적 자유시장경제로 대체(정성진, 2005: 145)"한 것에 불과하다고 평가한다. 이러한 서술로 미루어 볼 때, 정성진이 이미 외환위기 이전 신자유주의로의 이행을 인식하고 있었으며, 이를 한국경제의 발전전략의 해체로 평가하고 있다는 점에 우리는 주목할 필요가 있다. 그는 고전적 마르크스주의의 계급투쟁 관점에서 "신자유주의로의 이행의 본질적 측면은 이윤율을 회복하기 위한 자본의 공세이며, 이 과정에서 노동자계급에 대한 착취 강화와 종속의 심화(정성진, 2005: 16)"라고 주장한다. 이 과정에서 그는 한국경제의 이윤율 연구에 기초하여 1997년 외환위기가 개량·개혁적인 조치를 통해 해결될 수 있는 신자유주의로의 전환 과정에서 나타난 일시적 불안정성의 증대로부터 비롯된 것이 아니라, 한국 자본주의 경제의 구조적 결과로 해석하고 있다.

정성진은 한국경제 이외에, 세계 경제의 변화를 서술할 때도 여전히 신자유주의 개념을 제한적으로만 사용하고 있다(정성진, 2015). 대신 미국 제국주의라는 개념 하에서 1970년대 후반 1980년대 초반 세계 경제의 변화를 추적하려고 한다. 피터 고완(고완, 2001)의 달러-월스트리트 체제의 성립과정이나 1990년대 미국경제의 상대적 우위에 대한 논의, 정치군사적 헤게모니와 강화, 국제기구에 대한 미국의 영향력(정성진, 2015: 154-170)을 기초로 하여 미국 헤게모니의 지속과 그 제국주의적 속성에 대해 다각도로 논의한다.

정성진의 이러한 입장을 신자유주의로의 구조 전환에 있어 외부적 힘의 중요성(예를 들어, 미제국주의의 변모) 물론이고, 내부적 모순의 확대 (한국경제 구조적 모순의 확대 및 구조 전환의 필요성)을 동시에 강조하기 위한 것이라 해석할 수 있다. 특히, 그는 고전적 마르크스주의 관점에서 구조 전환을 계급투쟁에 기초하여 읽어내야 한다고 역설한다. 따라서 그는 한국 사회와 경제 변화에 기저에 있는 대내외적 계급투쟁을 강조한다. 결론적으로 정성진의 작업을 앞선 김성구 또는 윤소영의 작업과 비교해보면, 무엇보다도 한국경제의 추계를 통해 기술과 분배의 장기적 변화에 기초한 계급투쟁 양상을 추적할 수 있는 명확한 지표를 제시하였다는 점에서 그가 행한 작업의 의의를 찾을 수 있을 것이다.

2. 구조적 위기, 사회질서, 계급투쟁으로서의 결과로서 신자유주의

우리는 이 장에서 신자유주의 또는 외환위기 전후의 한국경제 및 사회의 구조변화에 대한 논의를 한국의 세 마르크스주의자, 김성구, 윤소영, 정성진의 논의를 중심으로 살펴보았다. 신자유주의 개념을 중심으로 한국경제와 사회의 새로운 변화를 포착하려는 시도를 한 김성구와 윤소영, 그리고 정성진이 한국경제 및 사회의 구조변화를 이야기하지만 신자유주의 개념의 사용에 극도로 인색한 이유를 살펴보았다. 이 글에서 본격적으로 논의하지는 않지만, 이들의 연구와 작업은 이후 다른 한국 사회과학연구자들의 작업 및 사회운동에도 상당한 영향을 미쳤으며, 이들의 작업에서 던져진 질문들과 결과들은 여전히 사회과학연구 및 사회운동이 고민해야 할 과제들이다. 우리는 한국의 세 마르크스주의의 논의와 어떤 의미에서, 좀 더 체계화한 형태로 제시된 신자유주의에 대한 또 다른 논의를 소개하려고 한다. 우리는 여기서 제라르 뒤메닐과 도미니크 레비를 기초로 하여, 신자유주의에 대한 논의를 정리하려고 한다. 이는 위에서 이야기한 1997년 외환위기를 규명하기 위해 신자유주의를 연구했던 한국의 세 마르크스주의자의 논의를 뒤메닐과 레비의 논의와 비교·평가하기 위한 것은 아니며, 2008년 전세계적 금융위기로 드러난 신자유주의 위기와 그 이후를 정리하기 위한 시도이다.

1) 네 번의 구조적 위기와 세 번의 사회질서

앞서 언급한 바와 같이 신자유주의 개념에 기초한 연구 및 신자유주의의 특징들을 규명하려는 연구의 양은 방대하다. 여기서 제라르 뒤메닐과 도미니크 레비의 연구에 기초하여 신자유주의와 신자유주의의 현재 상황을 종합해보려고 한다. 제라르 뒤메닐과 도미니크 레비의 연구는 마르크스주의에 기초해 기술과 분배의 장기적 변화 및 계급투쟁, 그리고 위의 한국의 세 마르크스주의자들도 논의한 신자유주의의 자본주의 생산양식 역사에서의 위치, 관련된 다른 논의에 대한 평가를 수행할 수 있는 장점을 지니고 있다.

　　잘 알려져 있듯이, 제라르 뒤메닐과 도미니크 레비는 역사 동역학 (historical dynamics)이라는 틀에서 이윤율을 중심으로 자본주의 생산양식의 기술과 분배의 장기적 변화를 추적한다. 이들의 역사 동역학은 마르크스의『자본』3권 제3편 이윤율의 경향적 저하 법칙을 종합한 것이라 볼 수 있다(Duménil and Lévy, 1993: 11-14). 이와 관련한 이들의 최근 논의를 Duménil and Lévy(2016)에서 확인할 수 있다.

이들은 미국경제를 대상으로 기술과 분배의 장기적 흐름을 이윤율을 중심으로 분석한다.[4] 이러한 이윤율을 장기적 흐름으로 입각하여 구조적 위기들을 구분한다. 이들은 1869년 이후 19세기 말(1890년대), 1930년대 대공황, 1970년대, 그리고 2007-8년 금융위기로 관찰 기간 내에 **네 번의 구조적 위기**가 있었다고 언급한다. 구조적 위기는 일반적인 경기변동에 비해 진폭이 크고, 지속 기간도 길며, 그 기간 동안 잦은 경기후퇴가 발생하며, 약 10년 정도의 지속 기간을 갖는 거시경제적 위기이다(Duménil and Lévy, 2018: 144). 이들은 구조적 위기를 두 가지 범주로 나눈다. 1890년대와 1970년대의 구조적 위기는 기업 이윤율이 실제로 저하하면서 발생한 수익성 위기이다. 이러한 위기들 또한 금융제도의 재조직화를 수반하지만, 실질적인 금융적 혼란은 발생하지 않았다. 이와 달리 1930년대 대공황과 2007-8년 금융위기를 금융 헤게모니의 위기로 분류하는데, 이는 금융 헤게모니의 위기로 분류할 수 있는 두 위기가 한편으로 규제완화와 금융제도의 힘을 바탕으로 한 상위계급의 실천과 이러한 두 위기가 금융 대란(financial turmoil)의 일부였다는 점에서 앞서 수익성

------

4 제라르 뒤메닐과 도미니크 레비는 이윤율=(순부가가치-피용자보수)/순고정자본스톡으로 이윤율을 정의한다. 이에 따르면, 이윤율을 다시 순부가가치/순고정자본스톡과 1-(피용자보수/순부가가치)로 분해할 수 있으며, 전자를 기술을 나타내는 지표, 그리고 후자를 분배를 나타나는 지표로 볼 수 있다. 이들은 1869년 이후 약 150년의 자료를 미국경제를 대상으로 수집하여 논의를 전개하였다. 이들의 작업은 로버트 J. 고든(Gordon)의 작업에도 반영되었다(Gordon, 2000).

위기와 구분하고 있다(Duménil and Lévy, 2018: 144-145)

이와 같은 구조적 위기들 사이에는 30-40년 정도 지속된 사회질서들이 존재한다. 이러한 사회질서는 계급들 사이의 동맹 및 "정치적"지배구조를 표현하는 개념이며, 국가기관 또는 제도와 연관되어 정치적 정당 간의 관계를 살펴볼 수 있고, 동시에 이 구조들을 통해 정책과 개혁의 방향이 드러난다. 무엇보다도 이러한 사회질서들 내에서 형성되는 소득분배 및 기업관리 측면 또한 중요하다(Duménil and Lévy, 2018: 96). 이에 따라 **세 개의 사회질서들**이 존재했다. 1) 거대 자본소유자들의 대공황 이전까지 첫 번째 금융헤게모니, 2) 대공황과 2차 대전 이후 관리자들의 주도권 아래서 일어나 케인스주의 또는 사회민주적 타협, 3) 1980년대 이후 관리자-자본소유자 동맹에 기초한 두 번째 금융헤게모니로서 신자유주의라는 세 개의 사회질서들이다(Duménil and Lévy, 2018: 96). 금융 헤게모니라는 표현에서 특별한 다른 이론(예를 들어, 그람시)에 대한 천착은 없으며, 금융 메커니즘의 결정적 성격(금융화)를 강조하는 의미에서 금융 헤게모니라는 용어를 사용한다. 위의 논의에 따르자면 두 번의 금융 헤게모니 기간은 19세기말과 1970년대 수익성 위기에 뒤이어 나타났다.

첫 번째 사회질서는 첫 번째 금융 헤게모니의 시기로서 미국경제의 삼중혁명, 기업혁명과 관리혁명, 그리고 금융혁명이 발생하는 시기이다. 소유권은 금융 네트워크로 집중되고, 주식시장 역할이 증대하였으며, 거대은행들의 기업지배가 두드러진 시기였다. 관리혁명과 동시에 관리자들의 역할도 증대하였다. 1913-1914년 콜로라도 탄광파업과 러들로 학살(Ludlow massacre)에서 확인할 수 있듯이 노동은 배제되었고, 계급대립이 증가하고 있었다(Duménil and Lévy, 2018: 97-98). 이후 1930년대 대공황부터 제2차 세계대전은 이러한 첫 번째 금융 헤게모니의 위기로부터 촉발된 구조적 위기이다.

제2차 세계대전 이후 사회질서를 전후 타협의 시기 또는 사회민주적 타협의 시기로 부른다. 금융에 대한 규제가 강화되었고, 기술혁신과 성장을 목표로 주주의 이해를 부차적 역할로 제한하였다. 안정적 거시경제를 위한 거시경제정책, 제도개혁, 규제 등이 실시되었고, 가계의 구매력을 높이고 교육, 보건, 퇴직과 관련한 우호적 정책들이 만들어졌다. 이러한 새로운 사회질서의 결과는 명백하다. 상위소득 분파의 자본소득 비중이 감소하였고, 임금소득자 간의 불평등이 감소하였다(Duménil and Lévy, 2018: 99, 또는 이글의 그림 1).

2) 새로운 조정과정과 규율의 부과로서 신자유주의

신자유주의는 1970년대 구조적 위기의 결과로서 전후 타협 또는 사회민주적 타협이 해체되면서 새롭게 나타난 사회질서이다. 이미 신자유주의를 기치로 내건 투쟁은 제2차 세계대전 이전부터 있었다(Duménil and Lévy, 2018: 102; Foucault, 2008; Mirowski and Plehwe, 2015). 결국 이러한 투쟁이 1970년대의 투쟁을 거쳐 1980년대 신자유주의의 수립으로 이어졌다. 신자유주의는 상위계급의 고소득 추구를 뒷받침하는 규제 완화를 통한 금융화와 세계화를 그 특징으로 이야기할 수 있다. 그리고 미국의 국제적 헤게모니를 보존하려는 이른바 국가적 요소(national factor)를 빼놓을 수 없다.

또 다른 한편에서, 제라르 뒤메닐과 도미니크 레비의 논의를 정리해볼 수 있다. 뒤메닐과 레비의 논의는 전형적으로 마르크스의 사회화(socialization) 논의와 연결되어 있다. 뒤메닐과 레비는 사회화 논의를 바탕으로 소유(ownership)과 관리(management)의 분리에 대해서 이야기한다. 관리는 민간기업에 대한 관리뿐만 아니라 거시경제적 안정성을 모색하는 거시경제정책까지 이어진다. 따라서 자본주의 경제 내에 사회적 질

서들은 거시경제정책을 포함하는 국제적이며 국내적인 형태의 중앙적
관리, 그리고 소유, 민간기업관리 전반에 항상 새로운 조정과정과 규율
을 부과한다. 이에 대해 다소 길게 인용해보면 다음과 같다.

> "사회화 과정을 통해 다양한 수준에서 조직화가 증대될 필요성이 제
> 기된다. 조직화는 두 가지 측면을 갖는다: 조정과정(coordination) 및
> 규율(discipline). 기업이 그 첫 번째 실행이 이루어지는 장소다(그리고
> 이는 마르크스의 협업, 매뉴팩처, 대공업에 대한 분석과 공명한다). 대기업들의
> 자금조달에 필요한 자본의 양은 개인적 소유권의 한계 이상을 요구
> 하며, 필연적으로 금융기관들의 개관을 요구한다. 대기업에서 이루어
> 지는 조직 업무 또한 개인적 역량의 한계를 넘어서고 전문 관리자들
> 의 활동을 필연적으로 요구한다. 여기에 중앙기관들이 행하는 정책
> 및 규제들, 그리고 조정과정들을 포함해야만 한다(Duménil and Lévy,
> 2012: 2)".

　　자본주의의 사회화 과정과 역사 동역학, 구조적 위기들과 사회질서
들, 그리고 계급투쟁의 접합으로서 1980년대 이후 신자유주의를 정의할
수 있다. 이는 세 명의 한국 마르크스주의자들의 신자유주의에 대한 논
의에서도 모두 다루어진 것이기는 하지만, 좀 더 체계화된 형태라고 할
수 있다. 1970년대 구조적 위기를 거치면서 상위계급들은 자신들의 소
득과 권력을 회복시키려는 신자유주의 기치 아래서의 계급투쟁에서 승
리했으며, 이들은 1980년대 사회의 새로운 조정과정과 규율을 부과하였
다. 거시경제정책에 인플레이션 경감을 최우선으로 하는 새로운 규율이
부과되었고, 기업의 관리는 주주의 이해를 최대의 목표로 하였다. 동시
에 노동에는 새로운 규율로 노동유연화가 부과된 것이다. 국제적 차원의

조정과정 및 규율 또한 변화하였다. 이는 예를 들어 워싱턴 컨센서스와 같은 IMF나 세계은행과 같은 국제기구들에게 새로운 조정과정을 창출하기 위한 각 나라에 대한 규율 부과로 이어졌다. 이를 통해 미국은 국제적 헤게모니를 유지할 수 있었고, 상위계급들은 자신의 권력과 소득을 회복하였다.

3) 2008년 금융위기, 그리고 신자유주의 미래

2008년 금융위기는 결국 신자유주의의 고소득 추구, 금융화, 세계화 및 그에 동반한 미국경제 거시경제적 궤도, 즉 자본축적의 둔화, 부채의 확대, 그리고 대외적자 확대의 지속불가성을 의미한다. 신자유주의의 고소득 추구, 금융화, 세계화를 지속할 경우, 미국경제의 자본축적은 둔화하고, 부채와 대외적자는 점차 다시 확대될 것이며, 새로운 위기가 불가피함을 의미한다. 잘 알고 있듯이, 2008년 이후의 전개는 새로운 위기를 회피하고, 미국경제의 국제적 지위를 유지하려는 움직임이다. 고소득 추구가 제한(그림 1)되어야 하며, 금융규제를 확대하고, 세계화는 더 이상 지속될 수 없다.

이러한 미국의 선회는 코로나19 기간을 지나면서, 더욱 명확해진다. 따라서 다른 나라들 또한 이와 더불어 변화할 수밖에 없다. 이른바 국가적 요소가 중요하다. 이는 특히 주요국에서 경제적 민족주의 강화를 의미한다. 경제적 민족주의를 중심으로 새로운 규율들이 나타날 것이다. 경제적 민족주의는 이른바 공급망으로 불리는 새로운 경제적 영토의 확보로 이어진다. 신자유주의 기간에 벌어진 사회주의 몰락과 세계화라는 경제적 영토는 경제적 민족주의를 중심으로 새롭게 재편될 것이고, 이는 새로운 충돌의 가능성을 보여준다.

이에 따라 조정과정과 규율은 어떻게 변화할 것인가? 기업에는 어

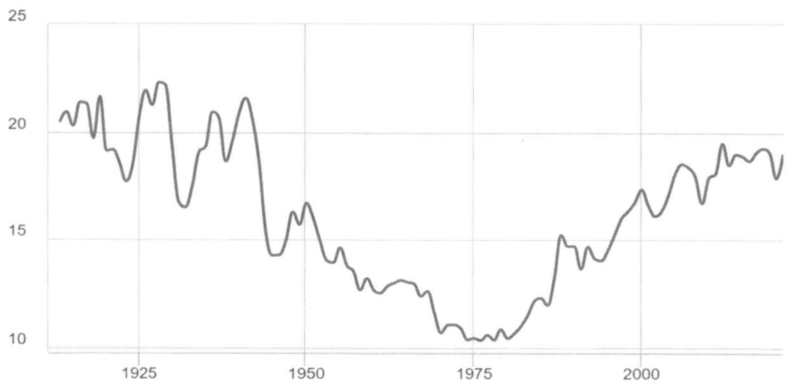

그림 1　미국 소득 상위 1%의 세전 국민소득 대비 비중(단위: %)

출처: www.wid.world

떤 규율들이 부과되고, 국제기구들은 어떤 새로운 역할을 할 것인가? 관리와 노동에 대한 새로운 규율은 무엇일까? 이 과정에서 벌어질 민중 계급의 투쟁이 주요한 역할을 할 것이다. 민중 계급의 투쟁은 지금의 상황을 마치 전후 타협과 같은 길로 구부릴 수 있을까?

3. 한국의 신자유주의와 그 미래

상술한 한국의 세 마르크스주의의 연구를 통해 우리는 현대 한국 자본주의의 변화를 인식할 수 있었다. 한국경제의 변화가 어디에서 출발했는지 어떻게 전개되고 있었는지 그러한 변화에는 어떻게 대응하여야 하는지를 논의할 수 있다. 또한 제라르 뒤메닐과 도미니크 레비의 논의를 통해 더 구체화할 수 있다. 시장화, 세계화, 금융화라는 신자유주의의 양상을 넘어 그 계급적 본질, 그리고 어떤 모순을 지니고 있었는지 그리고 어떻게 변화해 나갈 것인지를 논의할 수 있다. 1970년대부터 현대 자본주의는 변화하고 있었고, 결국 1980년대 새로운 경제적 조정과정과 규율이 부과되었다. 이러한 세계 경제의 변화로 인해 한국 자본주의도 서서히 변화하고 있었고, 1997년 외환위기 전후의 전개 과정으로 한국 자본주의의 변화는 돌이킬 수 없게 되었다. 많은 이들의 연구를 통해 알려진 바와 같이, 불평등이 확대되었고, 고소득 추구가 일반화되었다(홍민기, 2015a; 2015b; 2016). 금융화와 세계화가 하나의 표준으로 받아들여졌으며, 새로운 경제적 변화의 목표가 되었다.

2008년 금융위기 이후 세계 경제는 다시 변화하고 있다. 경제적 민족주의가 강화되고, 세계 경제의 헤게모니를 유지하려는 미국의 경제적 민족주의가 세계 경제에 또 다른 혹독한 조건을 부과하고 있다. 즉 각 나라의 경제들은 경제적 민족주의를 실행하기 위해 새로운 조건들을 창출해야 하고, 미국이나 중국과 같은 대규모 경제의 경제적 전환은 그보다 작은 규모 또는 그들과 연결되어 있던 다른 나라들에 새로운 조건을 부과한다. 그것은 한편으로 안보 또는 안전에 대한 조건이며, 그와 관련된 (경제적) 영토 및 인구 또는 노동의 재편을 요구한다(푸코 2011).[5] 이는 기술 및 분배조건 및 경제의 새로운 조정(coordination) 메커니즘으로의 선환, 그리고 그에 따른 새로운 규율 부과에 맞물려 있다. 따라서 이는 새로운 격렬한 형태의 계급투쟁을 예고한다. 그리고 민중 투쟁 응집력의 약화와 유토피아의 위기라는 상황에서 민중 계급은 새로운 형태의 반격에 대응하기가 매우 어려울 것이다.

---

[5] 경제적 민족주의와 관련하여 푸코의 안전, 영토, 인구에 대한 언급을 이용했다. 계급들이 존재하는 즉자적 조건 또한 존재한다(비데, 2021).

참고문헌

다르도, 피에르·라발, 크리스티앙. 2022.『새로운 세계합리성: 신자유주의 사회에 대한 에세이』오트르망 옮김, 그린비.

비데, 자크. 2021.『마르크스와 함께 푸코를: 메타구조란 무엇인가』, 배세진 옮김, 생각의힘.

푸코, 미셸. 2011.『안전, 영토, 인구: 콜레주드프랑스 강의 1977-1978』, 오트르망 옮김, 난장.

김성구. 2014.『신자유주의와 공모자들: 왜 우리는 신자유주의에 지배당하게 되었나』. 나름북스.

박상현. 2012.『신자유주의와 현대 자본주의 국가의 변화: 세계헤게모니 국가 미국을 중심으로』백산서당.

박지훈. 2006.『한국 신자유주의의 기원: 1979년 4월-1998년 2월』서강대학교 정치외교학과 석사논문.

윤소영. 1995. "4장 쉬잔 드 브뤼노프의 '신자유주의' 비판",『마르크스주의의 전화와 '인권의 정치'』문화과학사.

윤소영. 1999.『신자유주의적 '금융세계화'와 '워싱턴 컨센서스'』공감.

윤소영. 2001.『이윤율의 경제학과 신자유주의 비판』공감

윤종희. 2015.『현대의 경계에서: 역사과학에서 조명한 세계사 강의』생각의 힘.

지주형. 2011. 한국신자유주의의 기원과 형성. 책세상.

정성진. 2005.『마르크스와 한국경제』책갈피

정성진. 2015.『마르크스와 세계경제』책갈피

한국기독교사회문제연구원 편. 1985.『한국경제와 자본자유화』민중사.

홍민기. 2015a. "최상위 임금 비중의 장기 추세(1958-2013)",『산업노동연구』, 21(1), pp. 191-220.

홍민기. 2015b. "최상위 소득 비중의 장기 추세(1958-2013)",『경제발전연구』, 21(4), pp. 1-34.

홍민기. 2016. "최상위 소득 집단의 직업 구성과 직업별 소득 분배율",『사회경제평론』, 29(3), pp. 27-50.

Birch, Kean. 2015. *We Have Never Been Neoliberal: A Manifesto for a Doomed*

Youth, Alresfored: Zero Books.

Cahill, Damien, Cooper, Melinda, Konings, Martijn, and Primrose, David. 2018. Introduction. Damien Cahill, Melinda Cooper, Martijn Konings, and David Primrose(ed.), *The SAGE handbook of neoliberalism*. London, UK: SAGE

De Brunhoff, Suzannne. 1986. *L'Heure du marché: critique du libéralisme*, Paris: PUF.

Dardot, Pierre. and Laval, Christian. 2014. *The New Way of the World: On Neoliberal Society*. London, UK: Verso.

Duménil, Gérard. and Lévy, Dominique. 1993. "Three Dynamics of the Third Volume of Marx's Capital". Bergamo, December 15-17: EconomiX, PSE, Paris.

Duménil, Gérard. and Lévy, Dominique. 2012. "The Dynamics of modes of Production and Social Orders", EconomiX, PSE: Paris.

Duménil, Gérard. and Lévy, Dominique. 2016. "Technology and distribution in managerial capitalism. The chain of historical trajectories à la Marx and countertendential traverses", *Science and Society*. Special Issue: Crises and Transformation of Capitalism, Vol. 80, pp. 530-549.

Duménil, Gérard. and Lévy, Dominique. 2018. *Managerial Capitalism. Ownership, Management, and the Coming New Mode of Production*. London, UK: Pluto Press

Foucault, Michel. 2008. *The Birth of Biopolitics: Lectures at the Collège de France.*(trans.) Graham Burchell, New York: Palgrave Macmillan.

Gordon, Robert J. 2000. "Interpreting the "One Big Wave"in U.S. Long-Term Productivity Growth", NBER Working Paper, http://www.nber.org/papers/w7752.

Mirowski, Philip and Plehwe, Dieter. 2015. *The Road from Mont Pèlerin: The Making of the Neoliberal Thought Collective*. Cambridge, MA: Harvard University Press.

제3장

계급적 시각에서 본 사회주의 농업개혁: 중국의 실험적 시도(1949–1984)에 대한 분석[1]

사요네 마줌다르(Sayonee Majumdar, 타키 서벵골주립대학교 경제학과 조교수)

안잔 차크라바티(Anjan Chakrabarti, 캘커타대학교 경제학과 교수)

1. 서론

1950년 신민주주의 혁명과 1950~51년 농지 개혁으로 이어진 1950년 농업개혁법 이후로, 농업개혁정책 관련 사항은 중국의 사회주의적 체제구축 과정에서 매우 중요한 변화였다(Mao, 1939; 1940; Meisner, 1999; Brmall, 2009; Majumdar, 2018). 이 장에서 우리는 마르크스주의적 계급중심 접근법을 활용하여 대안적 계급배치과 새롭게 등장한 농업잉여의 조

---

1 초고를 읽고 논평해준 Anadamay Sinha와 Anup Dhar, Deepro Majumder에게 감사를 표한다. 본 연구는 대한민국 교육부와 한국연구재단(NRF-2021S1A3A2A020 96299)의 지원으로 진행되었다.

직구조를 분석하고자 한다. 그 중에서도 중화인민공화국에서 토지개혁이 처음으로 이뤄진 시점부터 가구생산책임제(Household Responsibility System, HRS)의 종료 시점까지에 해당하는 기간인 1949년에서 1984년 사이의 상황을 분석하고자 한다. 이 연구를 통해 중화인민공화국의 사회주의적 농업개혁이 실상 갈팡질팡한 방식으로 진행된 실험적 시도로 점철됐다는 점을 알아냈다. 일련의 농업개혁의 실험적 여정은 각 지역별 조건과 지역자체적 계획들에 심대한 영향을 받았으며, 이에 더불어 실험적 여정 속에서 중국공산당 내부에 산재했던 여러 입장 간의 내부 논쟁과 투쟁에 의해 조절되는 것으로 보인다.

해당시기를 연구한 것은 특별한 이유가 있다. 우리에게 역사는 다양한 변혁적인 기회들을 발견할 수 있는 경험의 보고이다. 1949년에서 1984년 사이의 기간에는 중국의 농업부문에서 사회주의라는 명분하에 수많은 실험적 시도가 이뤄졌었다. 이 기간은 첫 토지개혁부터 가구생산책임제도(HRS)의 시행까지를 가리킨다. 가구생산책임제도가 끝난 이후로, 농업개혁은 어느정도 안정화되었고 관심은 산업개혁으로 기울어졌다. 우리들 또한 해당 시기에 이뤄진 조처들이 농업부문의 농업 계급과정을 형성하는 데 중요한 역할을 했다는 사실을 부정하지 않는다. 예컨대 가격과 보조금 관련 개혁 사항, 그리고 이후의 토지임대 제도의 개혁과 관련해서 말이다. 그러나 '개혁파'세력이 '혁명적' 마오주의 경향에 맞선 권력쟁투에서 우위를 점한 이래로 농업부문에 대한 적극적 개혁조처들은 다소 정치적으로 중요하지 않은 것으로 여겨지기 시작했다. 중국공산당 지도부의 입장에서는 생산관계에 대한 변화를 통해서 사회주의를 재구축하는 것이 더 이상 주요 관심사가 아니게 된 것이었다.

이 장에서 농업개혁 실험에 관련 논의는 기존 문헌과는 상당히 다른 사안들이 많다. 기존의 마르크스주의 문헌들은 중국공산당의 전환 논쟁을 고려하여 중국 사회주의적 농업개혁의 본질을 해부하는 데 많은 관심을 가지고 있다(Wang 1966; Dixin 1979, Wang 1975, Yonghong, 1993; Teiwes and Sun, 1993; Fewsmith, 1994; Mesner 199; Yeap 2007; Li, 2008). 더군다나 사회주의적 개혁에 대한 이들의 분석에 있어서 차용되는 접근법은 중국공산당의 입장처럼 고전적역사유물론(Classical Historical Materialism; CHM)의 접근법과 밀접한 관계가 있다. 고전적 역사유물론이라는 이론적 배경을 고려할 때, 중국을 연구하는 대다수 마르크스주의 연구자들은 사회주의(를 포함한 생산관계 일반)를 생산수단의 소유권 내지 통제권 문제로 여긴다. 이 글에서는 생산관계에 대한 개념화에 있어서 현존하는 마르크스주의 문헌에 만연한 풍조로부터 벗어나 마르크스 본연의 '잉여노동'개념에 집중해보고자 한다(Chakraabrti and Dhar 2023). 이를 위해 Rssnick and Wolff(1987, 2002; 2006)의 작업을 주되게 참고하여, 계급을 잉여노동의 수행과 전유, 분배와 접수에 관한 과정이라는 정의를 논의의 기반으로 삼을 것이다. 이 장에서는 본질주의적 인식론과 그에 수반되는 환원주의적 성격의 설명으로부터 벗어나, 그 어떤 대상(국가(nation), 기업, 개인 따위)을 다룰 때에도 계급과정과 비계급적 과정 간의 중층결정을 통해 발생한 것이라고 이해돼야 한다는 점을 제시한다. 계급 중심적이지만 계급에 국한되지 않는 이 비본질주의 이론은 계급 배치의 다양성을 밝혀내는 데 도움이 되는데, 중국의 구체적인 사회주의 실험에서 잉여 산출의 측면에서 그렇다. 이 측면은 마르크스주의와 비마르크스주의 문헌 모두에서 종종 이론적으로 부차적이거나 무시되는 경향이 있다. 이는 또한 마르크스주의 문헌, 특히 중국 공산당 문헌의 일부가 '사회주의'라는 보편적 기치 아래 다양하고 대안적인 형태의 계급적 생산관계의 중요성을 간과했다는 점을 드러내 준다.

중국의 경제사를 계급중심적 접근으로 분석한 글은 매우 적지만,

그럼에도 Saryanda Gabriel의 연구는 본고의 작성에서도 큰 참고가 되었다(Gabriel, 1998; 2006; Gabriel and Martin, 1992; Gabriel et al. 2008, 2011). 중국사회의 체제전환에 대한 Gabriel의 분석은 여러 지점에서 파격적인 결론을 제시했고 이는 숱한 논쟁을 불러일으켰다. 그는 '인민공사' 체제 하에서(그리고 도시에서는 '단위' 차원에서) 진행된 사회주의 발전 과정 하에서 계급관계의 변화가 여러 차례 일어났다고 주장했다. 그리고 이러한 변화는 중국에서 국가 봉건제라는 새로운 유형의 봉건사회를 다시금 형성시켰다는 결론으로 이어진다. 우리는 이와 같은 그의 논의에 동의한다. 중국공산당 스스로는 1950-1951년의 토지개혁을 통해 봉건제를 완전히 분쇄했다고 믿고 있겠지만, 실상은 봉건제 그 자체는 살려둔 채 **기존에 그것이 취하던 특정한 형태만을 제거한 것에 지나지 않는다는 것이다**. 그러나 여기서부터 우리는 갈라지는데, 우리는 Gabriel의 보다 큰 연구 계획이 1950년대 중반에 수행된 중국의 사회주의 프로젝트들 속에서 다양한 계급들로 구성된 사회구조의 문제가 흔히 간과돼왔다는 점을 지적하고자 한다. Chkrabarti and Cullenberg(2003)에서 지적된 것처럼 계급중심적으로 중층결정되고 모순으로 점철된 현실에서는 체제전환을 '빅뱅'다운 목적론적 묘사[2]에 기반하여 설명한 이론은 해체돼야 한다. 이로써 현실의 기저에 놓인 계급 및 비계급 재배치의 다원성을 밝혀내고 또한 중층결정된 과정과 그 귀결 또한 해명해야 한다. 이는 경제사

---

2 '역사주의'나 '역사성'이라는 말은 미리 정해진 목적론적 결말로 사회가 처음부터 움직이는 합리주의적으로 구성된 사회진보에 관한 관념을 말하는 것이다. 고전적 역사유물론과 여기에서 활용되는 개념들은 역사주의에 입각한 목적론적 관념들에 오염되었다. 물론 이는 마르크스주의 역사관뿐 아니라 수많은 역사이론들이 공유하고 있는 오류다(Chakrabarti and Cullenberg, 2003).

를 다소 보편적, 단계적으로 묘사하는 방식에서 벗어나는 전형적인 방법에 해당한다. 달리 말해 우리는 중국의 농업 부문 내에서 세분화되고 다양한 계급 배치에 집중하고, 그것이 1949년에서 1984년 사이의 사회주의적 농업 개혁의 집행 과정에서 발생했다는 점을 지적하고자 한다. 이 장에서는 중국에서의 사회주의를 구성하는 잉여의 계급배치에는 다원성이 존재했다는 점을 논하며, 적어도 여섯 개의 농업 조직(과 그 일부의 하부 기관)이 존재했으며, 이는 독립적, 봉건적, 자본주의적, 공동체적, 심지어 공산주의적 계급 형식을 포괄한다는 점을 밝혀낼 것이다.

이 장은 중국 경제사의 맥락에서 사회주의를 재고하는 데 기여한다. 이 장은 사회주의적 개혁이라는 것이 단지 생산양식의 소유권과 통제권과 관련된 문제라는 일반적인 용어법에서 벗어나, 크게 조명 받지 못한 잉여의 계급적 배치의 다양성에 대해 고찰할 것이다. 사회주의 재구축 과정에서도 농업 내 계급배치가 다양성을 지녔을 가능성을 열어두면, 농업발전 전략이 어쩌면 착취적 배치로 진행됐을 수도 있다는 점에 대해 고려하지 않을 수 없다. 비록 그것이 사회주의 재건의 구호 하에서 이뤄졌다고 하더라도 말이다. 한편으로는 이 연구를 통해 비착취적 배치라는 대안의 가능성을 확인할 수 있을 것이다. 이러한 지점들은 사회 재구축에 수반되는 실천에 대한 이해를 제고하는 데에 도움이 되고 이는 오늘날 탈자본주의를 지향하는 변혁적 실천을 추구하는 진영에게도 중요한 교훈을 제공할 것이다.

2. 농업의 소유권 기반 사회주의 재구축에 대한 간략한 주석

중국공산당이 권력을 쟁취한 1949년 직후 그들에게 가장 큰 난관이 된 것은 중국 농촌에서, 특히 농업 생산과 관련하여 지주들에 의한 봉건적 착취를 철폐하는 것이었다. 당시 중국의 인구 중 80퍼센트 이상이 농업 생산과 관련된 노동에 종사하고 있었다. 중국공산당의 계획은 토지개혁을 통해 농업의 생산수단 소유구조를 즉시 바꿔버려서 봉건적 착취를 철폐하는 것이었다. 이를 위한 수단이 바로 농업개혁이었다.[3] 그러나 봉건적 착취의 철폐는 단지 당면한 목표에 지나지 않았고, 장기적인 목적은 사회주의 사회로 궁극적으로는 공산주의 사회로 체제를 전환시키는 것이었다. 따라서 농업 내의 봉건적 착취관계를 완전히 제거하면 그 다음 단계는 사회주의 사회의 구축을 위한 조처를 수행하는 것이었다. 이에 맞추어 농업 부문에서 봉건적 착취가 종식된 후 1950년대에 걸쳐 사회주의 재건을 향한 일련의 급격한 변화가 전개되었다.

사회주의 재구축 계획의 일환으로 단계별로 설계된 절차에 따라 소유권에 대한 개혁도 점차 진행됐다. 그 중에서도 농업의 생산수단에 대한 집단적 활용과 소유가 중요한 화두로 여겨졌다. 그러나 사회주의적 재구축의 방식과 완급 조절의 문제에 관해서는 중국공산당 내에서도 꾸준히 수많은 논쟁이 제기됐다(Burton and Bettelheim, 1978; Meisner, 1999; Bramall, 2009; Li, 2008; Majumdar, 2018; Boer, 2021). 충분한 생산력(forces of

---

3 한 가지 덧붙일 사실은 중국공산당이 생산관계를 생산수단의 소유권과 통제 차원 정도로만 이해했다는 것이다. 다시 말하면 중국공산당의 입장에서 보면 집단적 소유권 혹은 집단을 대표하는 사회주의 국가의 소유권이 확립되는 것이 곧 사회주의적 생산관계가 확립됐다는 분명한 증거로 여겨진다. 하지만 그 외에도 중요하게 고려될 사항으로서는 집단이 생산수단과 노동력을 활용할 권리의 문제, 사회주의적 생산 단위[조직]. 집단적 노동 등이 있다. 이러한 요소들은 소유권과 통제라는 사회주의 여부를 판가름 하는 으뜸 증표를 뒷받침하는 것들이다.

production, FOP)수준에 도달하기 전에 소유권 개혁에 기반한 생산관계 (relations of production, ROP)변화를 추진하는 것이 때이른 사회주의 이행 이 아닌지, 장기적으로 흔들릴 가능성이 있는지, 그리고 생산력 발전을 일시적으로 저해할 지라도 생산관계를 급격히 변화시키는 것이 사회주의를 구축하기 위해 더 좋은 방식인지에 대해서 의견이 갈라진다. 이러한 질문은 중국의 사회주의적 농업개혁 시도를 지속적으로 괴롭혔다.

체제전환 논의에서 제기된 각종 논쟁적 입장들 중에서 결국 채택된 것은 생산관계 중심의 사회주의 전환 방침이었으며, 이는 마오쩌둥의 의사가 반영된 것이었다(Teiwes and Sun 1993, Majumdar 2018). 1950년대에 수많은 실험을 거쳐서, 생산관계 위주로 사회주의 발달을 추진한 것은 인민공사의 설립으로 이어졌고, 이는 최고의 사회주의의 제도적 형태로 여겨졌다.[4] 인민공사는 사회주의적 생산관계를 지향하는 소유권 개혁의 핵심으로 여겨졌다. 사회주의 국가의 지역 조직이 전체 생산수단을 소유했을 뿐 아니라 노동력에 대한 궁극적 통제권까지 지녔기 때문이다. 사회주의 국가 소속 기관에 의한 생산수단과 노동력에 대한 통제권이 인민공사 수준에서 이뤄진 것은 공사에 소속된 모든 인민들이 소유권과 통제권을 공유한다는 뜻으로 여겨졌다. 그런데 이러한 논리 속에는 이질적 대상들을 뒤섞어 놓은 지점이 두 가지 있었다. 첫째로 국가기구와 공사 소속 인민들 사이에 결합이 이뤄진 것으로 치부했다. 둘째로 소유권과 통제권 문제를 착취여부의 문제와 마찬가지인 것으로 취급했다. 흥미

---

4 "인민공사는 1958년에 이룩한 대약진과 경제발전이라는 두 변화의 산물이다. 현재 우리는 사회주의에서 공산주의로의 이행단계에 접어들고 있다. 다시 말하면 사회주의적인 집단적 소유에서 전체 인민에 의한 소유로의 변화가 진행되고 있다는 것이다"(Mao Tse-tung in Shen and Xia, 2011: 867).

롭게도 오늘날까지도 중국의 정책 당국에서는 집단적 소유권을 국가/공공의 소유권과 거의 같다고 보고 있으며, 이들은 이것을 사회주의가 최고도로 발전된 단계라고 주장하고 있다.

마오쩌둥의 집권기가 끝나자, 혁명주의 진영이 밀어붙이던 생산관계 중심적 체제전환 논의는 생산력 중심주의 입장을 채택한 개혁추진 진영과 다시 맞붙게 된다(Chakrabarti and Mjaumdar, 2023). 그 중 개혁추진 진영으로 권력의 축이 옮겨가고 생산력에 기반한 사회주의 이행론이 강조되면서 사회주의 실험을 위한 조처들 역시 그 방식에 변화가 발생했다. 1970년대 후반 들어 혁명주의 진영은 생산관계 차원에서 볼 때 이미 사회주의적 생산관계가 이미 수립됐다는 견해를 피력했다. 한편 현재 당의 지도권을 쥐고 개혁추진 진영은 현재상황이 "사회주의의 걸음마 단계"에 불과하다는 인식을 갖고 있으며, 생산력 발전이 필요에 미치지 못했고 이는 중국 인민들의 삶의 질이 높아지는 데에 걸림돌이 됐다고 말한다. 이들이 목표하는 바는 이와 같이 걸음마 단계에 있는 사회주의를 성숙한 단계로 올려놓기 위해 생산력을 더 빠른 속도로 발전시키는 것이다. 이와 발맞추어 가계생산책임제도(HRS)가 농업부문에 도입되고 인민공사는 사라졌다. 이는 새로운 농업관리 방식이지만 생산수단의 소유권에는 변화를 일으키지 않는 것이었다. 오늘날까지도 생산수단 소유권은 사회주의적 상징으로 남아 있는 집단적 소유권으로 그대로 유지되었다. 새로운 관리체계의 수립은 더불어 도입될 가격개혁과 시장개혁이 새로운 동기부여 양상과 생산성 향상을 위해 고안되었다.

그러나 우리의 입장에서 볼 때 생산수단의 소유권(과 통제권)을 사회주의적 농업개혁의 핵심이라고 보고 있는 중국공산당의 입장에는 상당한 문제가 있다. 물론 그 이전의 마르크스주의자들 상당수도 마찬가지였는데 이들은 마르크스의 잉여기반 계급개념을 알거나 수용하지 못했다.

분석적, 정치적으로 그 중요성을 예증하기 위해, 이 장에서는 실험적 실천에서 비롯된 (지역 수준에서 발생하고 정책 방향의 변화로 인한 모순된 효과로 인해 발생하는) 잉여의 계급적 배치에 대한 미시적 수준의 동시적 변화를 추출하는 데 더 집중하고자 한다. 이러한 관점을 통해 중국에서의 체제전환의 발전을 새로운 각도로 바라볼 수 있게 될지도 모른다. 우선 본격적인 분석에 앞서서 계급중심적 접근법에 대한 간략한 요약을 제고하고자 한다(Chakrabarti and Majumdar, 2023).

3. 계급중심적 접근에 대한 간략한 소개

고전적 역사유물론의 접근법과 다르게 잉여노동의 계급과정이 입구(entry point)가 되는 것은 다른 분석양상들을 환원시켜버리는 분석의 본질에 해당하지 않는다. 오히려 계급과정은 다른 비계급적 과정과의 상호형성적(혹은 중층결정적)관계 속에서만 존재할 수 있고, 이로 인해서 작용과 반작용의 모순 속에서 양자가 모두 유동적인 성격을 지니게 한다. 이처럼 계급과정과 비계급과정의 상호형성적인 성질에 주목한다면, 중국 농업부문의 사회주의 실험에 대한 새로운 인식을 끌어낼 수 있을 것으로 생각한다. 대다수 마르크스주의 선행연구에서 전제한 선형적 이론에서는 잡아낼 수 없었던 비선형적이고 복잡다단한 양상들에 대한 이해를 넓힐 수 있을 것이다. 소유권의 개혁만으로는 사회주의적 지향 하에 목표한 바와 같이 계급과정의 변화가 일어날 것이라고 볼 수는 없다. 비록 마르크스주의 입장에서 쓰인 적잖은 선행문헌에서는 그러한 입장을 취하고 있지만 말이다. 그러나 오히려 모순적 과정들이 융합된 결과 정반대의 결과 또한 일어날 수 있다. 다른 한편, 소유권 과정은 그대로 둔 채 단순히 관리개혁(혹은 가격 개혁)을 수행한다고 해도, 이러한 변화 또한 계급과정에 모순적 영향을 끼칠 것이고 결과적으로 계급과정의 유형과 전유양식을 변화시킬 수 있다. 실제로 이 장에서 언급할 것과 같이 중국의 농업부문에서 일어난 사회주의 실험은 단순히 단조롭거나 뻔히 예상 가능한 과정은 아니었던 것으로 보인다. 오히려 이와 같은 사회주의적 실험을 분석하며 계급중심적 관점의 성취에 입각하면, 농업부문에서는 복수의 불균등한 계급 형식들이 존재했음을 확인할 수 있다. 중국이 얼마나 사회주의적이었는지의 문제는 이와는 다른, 연관된 문제인데, 이는 전유상의 정의(비착취성)과 분배적 정의(공정한 배분)에 대한 마르크스주의적 관점에서 분석되어야 할 것이다.

계급중심이론에서는 모든 사회적 과정들이 크게 4가지로 나뉠 수 있다. 경제적 과정(생산력관련 요인, 시장 및 기타 다른 분배 경로, 경쟁, 사용가치 등)과 정치적 과정(국가, 당, 법률 등), 문화적 과정(매체, 온라인 네트워크, 종교기관, 예술 등), 자연적 과정(물리적, 화학적, 미생물을 포함한 생물학적 요인 등)이다. 마르크스주의 이론의 '입구'가 되는 것은 이른바 계급과정으로 잉여노동의 수행과 전유가 생산과정과 연계되는 방식에 관한 문제이다. 다시 말하면 이는 경제적 과정에 속한다. 잉여 노동력의 분배와 수취의, 이와 관련된 또 다른 계급과정은 분배 영역에서 나타난다. 앞서 언급된 나머지의 경제적, 사회적, 자연적 과정들은 모두 비계급적 과정(non-class processes; NCPs)에 해당한다. 계급적 과정과 비계급적 과정을 이와 같이 구분한 까닭은 후자가 부차적이라서가 아니라 둘은 별개의 과정으로 인식하되 중층결정된 모순적 관계 속에서 결합하여 상호형성하는 점을 그려내기 위해서다. 또한 이러한 현실 속에서 계급이라는 요소의 파급이 사회 구성과 변화에서 중요한 이유와 어떻게 그런 방식으로 작동하는지에 대한 이론적인 기초로 작용한다.

논의를 단순화하기 위해 노동의 수행과 전유과정은 근본적 계급과
정으로 규정되고 분배 및 수취과정은 포괄된 계급과정으로 그려내고자
한다. 이 둘이 함께 계급 구조를 형성한다. 이 둘 사이의 어떠한 규범적
위계를 두지 않은 채 이와 같이 구분하는 것은 잉여노동 전유양식이 담
론적 중요성을 지니는 이유를 나타내기 위해서이다. 이는 근본적 계급과
정의 입구지점으로 지정된 것에 기인한다. 근본적 계급과정에 참여하는
이들은 누구나 노동의 수행자나 전유자로서 근본적 계급위치를 차지하
고, 포괄된 계급과정에 위치한 사람들은 잉여의 분배자나 수익자라는 포
괄적 계급 위치를 차지한다. 근본적 계급과정과 포괄된 계급과정 그리고
비계급적 과정 사이의 중층결정된 존재는 특정 계급적 성격을 지닌 기업
이라는 개념 속에 자리잡는다.

이를 설명하기 위해 하나의 사회에서 다소 비중이 다를지언정 병존
마저도 가능한 근본적 계급과정의 다양한 형태에 대한 접근을 시도해보
고자 한다. 다음과 같은 계급 행렬을 활용할 것이다.[5] 모든 근본적 계급
과정에는 모종의 전유양식과 연계를 맺고 있다. 전유양식은 다음과 같은
세가지 유형이 있을 수 있다. 직접생산자들을 잉여전유과정에서 배제시
키는 착취적 성격의 양식, 직접노동수행자 집단이 잉여전유도 담당하는
비착취적 양식, 마지막으로 동일한 개인이 노동의 수행과 전유를 동시에
담당하는 자기전유적 양식이 있다. 이 글의 논의에 활용될 내용에 대해
서는 다음과 같이 단순한 요약만을 제시한다.

AA는 독립적인 근본적 계급과정으로 자기전유적이고 비착취적인
성향을 지니고 있다. AB와 CB는 착취적 성향을 지니고 있는데 직접 생

---

[5] Chaudhury and Chakrabarti (2000), Chakrabarti, Dhar, and Majumdar
(2020). Chakarabarti and Majumdar (2023)도 참조하시오.

표 1 근본적 계급과정 행렬

잉여노동의 수행주체	잉여노동의 전유주체		
	개별 노동자(A)	비노동자(B)	노동자 집단(C)
개별 노동자 (A)	**AA** 비착취적 성격 – 잉여노동의 수행과 전유의 수행이 동일한 개별적 주체에 의해 이뤄짐	**AB** 착취적* 성격– 개별적 주체에 의해 잉여노동이 수행되나, 그 전유의 주체는 잉여노동을 수행하지 않은 이들이다 * 노동수행주체들이 전유과정에서 배제됨.	**AC** 비착취적** 성격 – 개별적인 주체에 의해 노동이 수행되나 그 전유과정에서는 직접 생산자 집단전체가 참여함. **개개의 노동수행 주체가 집단적인 잉여 전유과정에서 배제되지 않음.
집단 노동자	**CA** 착취적* 성격– 집단적 주체가 그 잉여노동을 수행하나 (C), 그 중 단 한 명이 잉여 전체를 전유하는 주체가 된다(A).	**CB** 착취적* 성격– 집단적 주체가 그 잉여노동을 수행한 주체이지만, 그 전유의 주체는 잉여노동을 수행하지 않은 이들이다.	**CC** 비착취적 성격**– 동일한 집단적 주체 전체가 그 잉여노동을 수행하며, 동시에 직접 생산자 집단전체가 그 전유과정 자체의 주체가 된다

산자들이 전유과정에서 배제돼있기 때문이다. 이 두 근본적 계급과정은 상기한 마르크스주의 이론에 따라서 보다 세분화하여 자본주의적인지 봉건적인지, 노예제적인지를 판별할 수 있는 대상이다. 물론 여기에서 제시된 행렬 그 자체가 두 착취적 계급과정을 더 이상 세분화해서 보여주지는 않는다. 하지만 이 둘과 같이 착취적 성격의 근본적 계급과정에 속하는 봉건적 계급과정에 대한 분석이 이 글의 논의에서 중점적인 사항이다. 또 하나 주목해야 할 것은 사회주의적 농업개혁 시도가 파멸적 여

파를 낳음으로써 봉건적 생산관계가 중국의 농업부문에서 재등장했다
는 것이다. 우리는 봉건적 생산관계를 AB와 CB라는 근본적 생산관계의
변형으로 파악하며, 착취자와 피착취자 사이의 위계적이고 상호적인 관
계는 노동자의 생산 현장에 대한 영구적 결부, 필요노동 등가물의 현금
및 현물 분배의 결합 등과 같은 다른 비계급적 과정에 의해 강화되는 특
징이 있다. 더욱이 봉건적 생산관계에서는 착취적 전유자는 국가, 당, 종
교기구, 영주, 가장, 혹은 그 어떤 개체의 형식을 보일 수 있다(이에 관해
서는 Chakarabarti and Majumdar 2023를 참조하라). 이와 다르게 CC는 직접
적 노동수행과 전유가 동일한 노동집단에 의해 이뤄지는 집단적인 비착
취적 계급 과정에 해당하며, 이는 공산주의적 근본적 계급과정에 해당한
다. 다른 근본적 계급과정에 대해서는 주지하는 바와 같을 것이다. 다만
비착취적인 AC의 공동체적 근본적 계급과정과 비착취적인 CA의 공동체
적 근본적 계급과정에 대해서는 추가적인 설명을 첨언하고자 한다. 이는
마르크스주의적 시각에서 볼 때 어느 정도 특이한 계급구조로 보이기 때
문에 첨언할 필요가 있다. AC유형의 근본적 생산관계의 경우, 예컨대 개
인생산자(A)에 의한 식용곡물의 생산이 사발적 판매협동조합을 경유하
여 생산자 개개인의 계획대로 유통될 것이다. 잉여노동의 과실 또한 몇
가지 공동 의사 결정을 거친 뒤에 필요노동 등가에 해당하는 사용가치
를 공제한 후, 집단적으로 전유(C)되고 분배된다. 따라서 AC유형의 경우,
비록 노동수행은 개별적 차원에서 진행할지언정 전유과정에서 배제되는
경우는 없기 때문에 비착취적이다. 이와 대조되는 것은 공동적 형태의
근본적 계급관계인 CA인데, 예를 들자면 부농의 농장에서 농업노동자
들을 고용하여 자신의 보유한 생산수단을 활용한 생산에 투입시킨 후 농
작물 판매 이득은 자신이 보는 것과도 같다. 해당 부농은 집단적 잉여노
동 창출과정(C)에 직접 참여한다고 해도, 그 모든 잉여노동의 과실을 본

인만이 점유할 것이다. 해당 착취관계를 파악할 때 주의해야 하는 점은 다른 인력들을 전유과정에서 배제하는 독점적 전유주체조차도 잉여노동 생산에 직접 참여하기 때문에 혼동스러울 수 있다는 점이다. 이 점에서는 노동 없이 소득을 취하는 자본가들과 봉건영주 내지는 노예주와는 다르다. 모든 근본적 계급과정은 특정한 생산관계와 연동돼있다(Chakrabarti and Majumdar, 2023).

중국의 경험에 대한 보다 상세한 논의를 통해 당대 현실 속에서 근본적 계급과정, 포괄된 계급과정, 그리고 비계급적 과정들이 서로의 조건이 되면서 상호형성하는 과정을 추적해보고자 한다. 포괄된 계급과정 뿐 아니라 비계급적 과정에서 벌어진 사소한 변화조차도 근본적 계급과정의 본질과 그에 따른 전유과정들에 대해 중대한 영향을 미쳤다. 마찬가지로, 근본적 계급과정의 변동은 어떠한 포괄된 계급과정이나 비계급적 과정을 창출하기도 소멸시키기도 한다. 특정 과정이 소멸되면 그 과정과 관련된 사회적 지위도 소멸된다. 결과적으로, 사회주의를 엄밀히 규정하자면 이는 비착취적이어야 하기 때문에 그 필요조건은 공산주의적 근본적 계급과정이거나 AC유형의 공동체적 계급과정이다(Cullenberg 1992, Chakrabarti and Cullenberg 2003). 이 같은 전유 상의 정의문제와 더불어서 사회주의와 연결된 또 다른 핵심 축은 분배적 정의이다. 다시 말하면 평등이라는 개념에 기반한 공정한 분배가 이뤄져야 한다는 것이다. 이 글에서 근본적 계급과정에 초점을 두었다고 말할 때, 분배정의 문제에 대해서는 깊이 있게 고찰하지 않을 것이다.

4. 마오쩌둥 집권기 중화인민공화국의 농업개혁(1949-1976)

1) 제 1차 토지개혁

앞서 규정한 계급행렬에 내재된 접근법을 통해서 보자면, 개별가구가 생산수행의 기본단위로 취급되는 경우, 지주가 소유하고 있던 토지를 비롯한 생산수단을 재분배함으로써, 1950년에서 1951년에 걸쳐 진행된 토지개혁의 결과, 새로운 계급과정이 광범하게 도입됐다. 이는 자기전유적인 '독립적 계급과정'이라는 범주로 규정할 수 있다.[6] 토지개혁은 비생산적인 토지소유자 계급을 척결하기 위한 목적으로 도입됐을 뿐, 부농계급을 대상으로 삼은 것은 아니었다(Bramall, 2009: 110-112). 이는 중국공산당 측(특별히 마오)가 당대 농업생산구조는 봉건적이며 착취적이었다면서 이러한 생산관계를 변혁해야 한다는 명목 하에 밀어 붙인 정치적 의제로 발생한 것이었다. 이들에게 있어서 해당 개혁은 반식민·반봉건사회를 철폐하기 위해 필수불가결한 것으로 선전됐다. 중국의 계급구조에 대한 마오쩌둥식 분석의 기원은 중국혁명 시기에서 그 기원을 찾을 수 있다. 이 당시에 그들이 취한 입상은 지주계급이 제국주의 열강의 부역사이며 공산당의 적대세력이라는 점이다. 한편으로는 부농계급 또한 구매한 노동력을 농업부문에 투입하여 착취적인 생산구조의 형성에 기여했으나, 인민전선 전략에 따라서 이들의 입지에 대해서는 참작이 이뤄졌다. 이와

---

6   이는 소규모 농민 가구에 토지가 분배됐을 경우 소규모 가족 내의 AC·CA·CC 유형의 계급과정의 존재가능성에서는 논의에서 배제할 것이다(CA유형의 근본적 계급과정에 속한 부농의 경우에는 반드시 그렇지 않다). 이러한 계급과정(협동에 기반한 관행)이 광범하게 존재했다면, 호조조(Mutual Aid Team)설립에 대한 필요가 그토록 강하지는 않았을 것이다.

같은 결정사안은 중화인민공화국이 건국된 직후의 신민주주의혁명(New Democratic Revolution; NDR) 초창기에도 계속 유지됐다.

> 부농들이 주도하는 생산 형식은 앞으로 일정기간 동안 유용할 것입니다. 원론적으로 볼 때 이들은 반제국주의 농민대중의 투쟁에 일정 수준 기여를 할 수 있습니다. 또한 이들은 지주에 맞선 농민혁명이 진행되는 동안에도 중립을 유지할 수 있습니다. 그러니 부농은 지주와 동일한 계급으로 치부해서는 안되며, 부농을 성급하게 청산하는 정책을 취해서는 안될 것입니다(Maso Tse-tung, 1939).

부농 유지 정책은 직접생산자들의 토지 소유를 (그 규모와는 무관하게) 일시적으로 보장하는 정책으로 간주했다. 그래서 부농과 소농 사이에는 토지소유 규모에 있어서 불평등이 존재할 수 있었다. 사회주의로의 전환 초기라는 맥락에서 비생산적인 지주계급과 부농계급이 달리 취급받은 것은 다음에서 명확히 보인다.

> 우리 공화국은 지주의 토지를 압류하고 이를 소농 내지 빈농에게 재분배하기 위한 단계적인 계획을 수립할 것입니다. 쑨원 박사가 제창한 "농민에게 농지를"이라는 구호를 그대로 이행하기 위함입니다. 농촌 지역에서 봉건적 관계들을 청산하고 이 토지들을 소농들의 사유지로 돌려야 합니다. 농촌지역에서는 부농 경영을 허용할 예정입니다. …… 현단계에서 농업체계 일반을 사회주의적으로 재구축할 계획은 없습니다. 다양한 합작사(co-operatives) 기업을 통해서 "농민에게 토지를" 분배하자는 원칙을 발전시켜서 여기에 사회주의적 요소들을 녹여낼 계획입니다(Mao Tse-tung, 1940).

중국공산당으로서는 신민주주의 혁명을 달성하는 것이 당면한 최우선 목표였다. 토지는 사회화하되 농업부문 생산수단의 소유권을 직접생산자들에게 넘긴다는 것은 봉건적 착취를 끝맺는다는 것을 뜻했고, (앞선 인용문에서도 드러났듯이) 결과적으로는 사회주의의 발생과정에서의 지원을 의미했다. 바로 이것이 그들에게 있어서 신민주주의 혁명을 전진시키기 위해 수립한 전략이었다.

도시 자본가계급들은 노골적인 제국주의 열강세력의 앞잡이 취급을 받아 적대계급에 속한 것으로 분류됐고 따라서 이들의 생산수단은 중국공산당이 소유한 국가기구에 즉각 귀속돼야 하는 것이었다. 그러나 신민주주의 전략 하에서 중국 농촌에서 자본주의적 착취가 벌어질 수 있다는 가능성은 부차적인 문제로 치부됐다. 물론 농지개혁 이후에도 부농의 존재를 용인한 것은 독립적 계급구조뿐 아니라[7] 자본주의적 착취와 CA유형 공동적 착취계급구조가 잔존하는 기반이 됐다.[8]

신민주주의 혁명에서 고안된 제 1차 토지개혁은 사회주의로 전환하는 다음 단계를 위한 일시적 디딤돌 정도로만 여겨졌다. 하지만 우리는 여전히 여기서 중국공산당이 잉여노동의 문제를 부차적으로 보았을 뿐 아니라, 착취를 소유권의 문제로만 다뤘을 뿐이었다는 점을 알 수 있다. 토지개혁은 농업부문 내 봉건제 철폐를 목표로 했지만, 대전제는 생산수

---

7 Editorial and Writing Group of Chinese Sociology & Anthropology, 1978: 56.

8 중국공산당의 주요 목표는 토지개혁을 통해 봉건지주계급을 일망타진하려 것으로 생각하기에 봉건적 계급구조의 가능성 문제를 짚고 가지는 않을 것이다. 농업노동자는 노동시장 내의 계약을 통해 부농과 계약을 맺고 일을 했기 때문이다. 이러한 노동계약은 영속적이거나 구속적인 성격을 지니지 않았다. 따라서 당대에 존재했던 봉건적 노동의 형식과는 차이가 컸다.

단의 소유권이 핵심이라는 것이었다. 소유권 제도의 재구축이 성공한다면 직접생산자에 대한 봉건적 착취가 결과적으로 종결될 것으로 여겨졌다(물론 결과적으로 당대에 존재했던 봉건적 착취만을 철폐하는 데에 성공했다). 이는 궁극적으로 사회주의를 수립하는 길을 터는 일이 될 것으로 여겨졌다.

그러나 최초의 농지개혁에서도 일련의 모순적인 결과가 내포되었다. 이전에는 농촌 신용의 원천은 봉건적 지주와 부농이었다. 지주제를 철폐한 농지개혁 이후, 농민들은 잉여의 생산과 전유에 대한 권리를 획득했다(물론 당대의 부농가구들도 토지를 분배 받았다). 문제는 이 과정에서 농업부문의 투자를 위한 잉여자금이 감소했다는 것이다. 더군다나 부농과 소농·빈농 사이의 격차는 좁혀지지 않았다. 따라서 토지개혁은 농업부문의 직접생산자 내에서 두 계층을 형성했다. 단지 그 동안 쌓아온 부와 토지의 규모의 문제만이 아니라 잉여를 전유하는 방식과 그 양적 차원에서도 계층적 차이가 벌어진 것이었다. 한편에서는 독립적 근본 계급과정과 연계된 독립적 소생산자 집단이 있었는데 이들은 매우 빈곤했다. 다른 한편에서는 자본주의적 근본 생산관계와 CA유형 공동체적 근본 생산관계에 참여하고 있던 부농들이 있었는데, 이들은 잉여생산에서 토지규모가 매우 중요했기 때문에 자신들의 여유로운 지위를 유지할 수 있었다. 개별 생산자들은 잉여생산물을 더 창출해봐야 전유할 수 없었고, 그들이 추가적으로 생산에 기여해봤자 그 어떤 인센티브도 없었다. 엎친 데 덮친 격으로 재원도 모자랐고, 소유한 토지의 규모도 국한돼있었다. 부농은 보유한 농토가 컸기 때문에 규모의 경제 덕을 보면서 (사전에 보유했던 자산도 많았고 잉여전유 규모도 더욱 컸기 때문에) 재원상의 문제도 없었다. 그러나 전유권을 보유하고 있던 토지소유자와 그렇지 못했던 소작노동자 사이에는 인센티브상 차이가 너무나도 컸다.

이와 같은 농업경제는 토지와 농기구에 대한 개별가구의 소유권 문제(그리고 덧붙이자면) 개별 자영농 가구의 전유권이 중요하게 작용하는 사회였기 때문에, 한편에서는 사회양극화라는 문제에 시달릴 여지가 매우 컸고, 다른 한편에서는 생산성 향상의 장애가 매우 크다는 약점도 있었다. 중국공산당 간부층은 (특히 마오쩌둥을 필두로 한) 이러한 난점들을 해결하기 위해 농민들로 하여금 호조조(Mutual-aid Teams; MAT)와 생산자(농민) 합작사를 만드는 형태로 자발적인 협력을 호소했다.

(1) 호조조(互助組)

중국공산당은 직접생산자들의 수중에 생산수단이 부족했다는 문제를 극복하기 위해서 농업조 혹은 호조조에 대한 발상을 전국적으로 전파했다. 대다수 농민들이 보유한 토지가 쪼개져있는데다가 개간지도 소규모였고 농업에 필요한 생산수단 소유량도 적었다. 게다가 농업 생산기술의 기계화가 제대로 이뤄지지 않았고, 관련 재정지원도 이뤄지지 않는 등 다양한 난관을 겪었고 있었다. 이런 난관들을 극복하기 위해서는 호조조를 만드는 것이 농업부문에 대한 강제적 집단화를 밀어붙이는 것보다 훨씬 나은 선택지로 보였다. 호조조에도 다양한 종류가 있었다. 이들 중 일부는 일시적/계절적으로 운영되기도 했고 일부는 1년 내내 영구적으로 운영됐다. 계절적으로 운용된 호조조들이 대부분 파종, 추수, 관개와 같이 경작과 관련된 특정 성수기 위주로 운영된 반면, 연중 내내 운영된 호조조들은 비수기에도 운영됐다(Sreedhar 1969, Bernett, 1953). 두 가지 호조조 모두 토지개혁 이후 농지나 여타 생산수단을 보유하고 있던 가구들로 결성됐다. 생산수단 소유권은 개별 가구의 몫이었으나, 이를 활용하는 것은(심지어 노동력을 동원하는 것도) 집단적으로 이뤄졌다. 전유 문제에 있어서, 호조조 내의 각 가구는 각자가 소유한 토지에서 생산된 잉여에 대한 권리를 가졌다. 이 말은 해당 토지에 생산된 것이 무엇이든 간에 해당

가구에게 귀속됐다는 것과 다를 바 없다. 특정 농경지의 산출물에 대한 우선적 청구권을 지닌 쪽은 해당 토지를 소유한 가구였다. 달리 말해 호조조는 CA유형의 공동체적 계급과정으로서 다수가 집단적 노동에 참여하지만, 노동을 수행한 이들 중 단 한 사람만이 잉여를 수취해가는 구조 하에 놓여있다는 것이었다. 그리하여 호조조마저도 특유의 모순적 결과로 이어지곤 했다. Sreedhar에 따르면,

> 호조조가 작동하는 곳에서 난관으로 작용하는 것은 집단적 노동과 개인에 의한 운영 사이에서 발생하는 충돌이었다.[9] 운영 담당진은 인력과 도구 그리고 가축이 효율적으로 온전히 활용되도록 문제를 해결하지 못하다시피 했고, 이를 위해 적절한 계획이 제대로 이뤄진 바가 없다. 공식적 비판기록에 따르면 "개인 운영으로 인해서 토지를 합리적으로 활용하는 것이 불가능해졌습니다. 농토의 조건과 농경활동의 집약도 상에는 모두가 큰 차이가 존재했습니다. 가구 별로 처한 경제상황의 격차 탓입니다." 이러한 문제와는 별도로 호조조에는 다른 문제점들이 산재했었다. 부농과 빈농이라는 두 개의 계층으로 농촌이 분화되는 상황을 방지하지 못했거나 농업 생산 증가에 대한 개별 조원간 기여 상의 격차가 늘어나는 것을 막지 못했다.

호조조들은 농지에 대한 소유와 경영은 개별적으로 이뤄지면서도 여타 생산수단에 대한 관리는 집단적으로 이뤄졌다는 특징이 있었다. 개별 호조조에서는 토지를 제외한 모든 생산수단은 통합되어 운영했다. 하

---

9 혹은 개별적으로 소유한 농경지에서 공동으로 생산된 잉여를 개별적으로 전유했다는 문제라고 말할 수 있겠다.

지만 어떤 작물을 재배할지는 개별 가구의 판단에 맡겼다(Wang, 1966). 이와 같은 생산과 전유 구조의 유형은 상호협동이라는 쟁점에서 몇 가지 문제를 창출했다. 모든 가구들은 공동소유 하에 놓인 생산수단을 자신의 농경지에 더 많이 끌어다 쓰고 싶어했다(Barnett, 1953: 7). 한 마디로 말해서, 잉여가 계급 조직에서 발생하는 모순이 발생하여 공동 이익과 사적 이익 사이에 의도치 않은 충돌을 야기했다. 그러한 이해관계의 차이가 존재함에도 불구하고 개별 조 내에서 협동이 유지됐을지언정, 전체 경작지에서 생산성이 증대하리라는 보장은 없었다. 협동적 기구와 (관리체계의 단결을 요구하는) 집단의 의식화를 통해서 공동 이익과 사적 이익 사이에서 발생한 모순을 해소시키고자 노력했다. 하나의 단결된 호조조로서의 이해관계로 파악하여 개별 가구가 아니라 전체 조에 소속된 전체 농경지의 생산물을 각 가구가 아닌 호조조에 분배하려는 시도가 이뤄졌던 것이다.

2) 초급 합작사(co-operatives)와 고급합작사

원대한 기치 하에 두 단계에 걸친 합작사 조직 과정 또한 시작됐다(Wang 1966; Sreedhar. 1969). 첫번째 단계에서 초급 합작사가 설립되었는데, 이는 호조조처럼 자발적 결사체였다. 초급 합작사에서는 한 거주지구에 소속된 20~30여 가구가 농업생산 관리를 위한 통합된 조직을 꾸려서 흩어진 농경지를 결합시키고, 농업과 여타 생산수단들 또한 공동으로 활용할 수 있도록 하였다. Barnett은 중국공산당연보에 나온 합작사의 정의에 주목했다.

> 농업생산자들의 합작사는 통합된 관리와 집단적 노동을 통해 운영되는 경제적 조직으로서, 토지에 대한 사적 소유권에 기초한다. 이는 호

조조보다 고차원적인 형태로 현시점의 중국에서 상당히 흔히 발견할 수 있는 형태의 조직이다. 그러나 이는 사회주의적 형식의 집단화 조직보다는 낮은 수준에 해당한다. 따라서 호조조와 사회주의적 집단화 조직 사이에 위치하는 전환적 위상을 차지하고 있다고 볼 수 있다. 그 핵심 특성은 구성원들이 자신들의 토지를 공동의 사업을 위해 투자한다는 것으로 그에 상응하는 주식 수를 인정받는 것이다. 합작사의 또 다른 특징으로는 농업노동과 그 외의 보조적 직군 또한 존재한다는 점이다. 또한 생산계획과 분업도 일정 정도 진행되고 있으며, (현대적 농기구를 포함한)자산의 공동 소유 또한 다소 이뤄지고 있다(Barnett, 1953: 196).

초급 합작사는 양극화 문제, 그리고 사적 이익과 공동체의 이익 사이에서 발생하는 모순과 같은 문제들에 대항할 수단으로서 기획됐다. 초급 합작사를 통해 해결하고자 했던 문제로는 그 외에도 저발전한 생산력, 높은 식료품 가격과 산업부문에 대한 부족한 식자재의 공급량 등의 복합적 결과물들이 있다. 그런데 이처럼 새롭게 도입된 제도는 서서히 드러나기 시작한 중국공산당 내부의 또 다른 투쟁을 배경으로 한 것과는 상충하는 것이었다. 토지개혁이 완수된 1952년 이래로 일정 기간 동안은 소유양식에 대한 변경을 가하지 않는다는 것이 공산당의 종래의 입장이었다.[10] 그러나 마오쩌둥의 전반적 노선은 사회주의 건설을 추구하

---

[10] 호조조와 초급 합작사는 소유권 그 자체에 대해서는 변화를 가하지 않았다. 하지만 생산 배치와 관련하여 협동과 집단화라고 하는 사회주의적 요소를 첨가하는 방향성을 지니고 있었다. 생산수단의 집단적 사용권, 노동력의 집단적 활용 그리고 토지에 대한 공동의 노력 투입 따위가 여기에 해당한다. 그리고 초급 협동조합의 경우,

기 위해 협동정신의 고양을 위해서 투입물의 활용(과 활용 권리)을 변혁하라는 것이었다(이와 더불어 우리는 계급과정 문제가 결부돼있다고 본다). 그리고 중국공산당 내에서 마오 노선에 대한 반대의 힘을 유지했던 것은 부농, 상인, 부유한 중농의 저항과 류사오치의 수정주의적 "4대 자유"노선이었다. 이는 대금업의 자유, 노동고용의 자유, 토지매매의 자유와 사적기업 활동의 자유를 지칭하는 것이었다.

초급 합작사의 다음 단계로 "발전된", "고급 합작사"가 등장했다. 보다 높은 수준의 합작사는 집단화된 조직과 동일시됐다.[11] 다음 발췌문에서 초급합작사와 고급합작사 사이의 차이점을 확인할 수 있을 것이다.

호조조의 설립에는 일시적인 기반과 항구적인 기반 모두가 존재했다. 그 다음 단계는 '낮은 단계의' 혹은 '반(半) 사회주의적' 농업생산자 합작사이다. 이러한 조직 체계 하에서는 모든 농경지를 한데 모아서 단일 개체로서 작동했다. 그러나 여기에 소속된 인원들 모두가 일정한 토지 소유권을 지니고 있었다. 또한 이들은 이론적으로는 원할

집단적 전유 또한 이뤄졌다.

11　그러나 자본가적 농업 생산자들, 부농들, 상인들 또한 투기와 축장 등을 통해서 식용곡물에 대한 공급을 저해했다는 점과 도시의 산업부문 인구에 대한 농촌의 교역조건을 끌어올리려고 부단히 애썼다는 점 또한 부정할 수 없는 사실이다. 1955년부터 추진된 중국공산당의 집단화 계획에서 또 다른 중요한 목적은 도시 농업부문의 입장에서 본 교역조건을 개선하는 것이었다(당시에는 중국 또한 소련처럼 도시 기반 중공업화에 입각한 국민경제 성장전략을 따르고 있었다). 이를 위해 그들은(해당 잉여를 착취적인 농업부문의 전유와 배분을 좌우하는 소수의 손아귀에 집중되기 보다는) 잉여를 필요한 방향으로, 즉 도시 부문에 할당하고자 중앙집권화된 잉여통제수단들과 가격 가위 메커니즘을 활용했다(Gabriel, 1998).

경우 자신의 지분을 철회할 수 있는 권리가 있었다. 수확물을 사적
으로 향유하기 위한 원예농경 활동 또한 허용됐다. 각 구성원은 출자
한 토지의 규모에 따라 배당을 받을 수 있는 양의 지분을 부여받았다.
"고급 합작사" 혹은 집단농장(Collective)에서는 농경지와 도구 그리고
가축 모두가 공동의 소유였다. 여기에서 명목적 소유권자에 대한 토
지배당은 소멸했다. 개별 인원의 소득은 합작사 전체의 수익 중에서
자신들이 일한 시간에 비례하는 몫을 분배 받은 것에 해당했다(J.G.,
1959: 125).

이처럼 초급 합작사는 적어도 토지에 대한 개별 소유양식의 특징을
간직하고 있었고, 소속 인원들에게 그에 대한 처분권 또한 존재했을 뿐
아니라 배당에 근거해서 소출을 분배 받을 권한을 명시하고 있었다. 그
런데 "고급 합작사"의 경우 토지에 대한 사적 소유권을 완전히 폐지했다.
Gabriel(1998)이 지적한 바와 같이, 소속인원들은 조합으로부터 자유로
운 탈퇴가 사실상 보장되지 않아 합작사에 완전히 귀속된 상태나 다를
바 없었다. 고급 합작사 혹은 집단농장에 소속된 농민가구는 자신들의
토지와 노동 그리고 관개 재배 장비에 대해서는 물론이고, 각종 자원과
작은 기구부터 대형 중장비, 농경가축과 장작용 삼림부터 목초지를 포함
한 모든 생산수단에 대한 소유권을 포기하고 이를 집단적 소유주체에게
양도해야 했다. 잉여의 전유권에 있어서도 마찬가지였다. 다시 말해 합
작사는 사실상 생산수단의 소유권과 잉여생산물 전유권이라는 두 사회
적 기능을 지닌 것이나 다름 없었다. 여기서 말하는 잉여는 노동시간 기
여분에 비례해서 각자가 분배 받은 것으로, 노동력 재생산을 위한 몫을
제외하고 나서도 남는 분량을 말한다. 이와 같은 계급배치는 '자유로운
노동'이라는 본질적 특성을 제외하면 공산주의적인 근본적 계급과정과

흡사해 보인다. 이 문제에 대해서는 이후 다루도록 할 것이다.

합작사의 운영체계는 조합운영위원회의 일원화된 관리에 맡겨져 있었던 것으로 보인다(Barnett, 1953). Sreedhar에 따르면,

> 합작사 운영에서 최고의결권을 가진 기구는 조합원 총회이다. 조합원 총회에서는 운영위원회를 뽑고, 감사를 맡은 감독위원회를 선출하고, 매일의 과업에 대한 관리를 맡은 위원장 또한 뽑는다(Sreedhar, 1969: 127).

Cullenberg(1992; 1998)은 전유과정에서 '배제되지 않는다는 것'의 의미가 무엇인지에 대해서 적절하게 지적한다. 그에 따르면, 이는 구성원 모두가 만장일치제 의결을 통해 노동행위 하나하나에, 그리고 관련된 운영원리에 일일이 참여해야 한다는 뜻은 아니다. 모든 인원이 적어도 잉여노동의 전유과정에는 참여할 수 있어야 한다는 의미일 뿐이다. 그러한 맥락에서 조합/기업에서 전문인사를 뽑아 수많은 자원배분이나 재무 혹은 투자 등에 관련된 의사결정을 위임할 수도 있고, 해당 직원은 다양한 개입을 주장할 수 있으며, 이 경우 애초에 권한을 위임한 사람들의 비준이 필요할 수 있다. 중요한 것은 위임과정이나 승인 과정 모두가 집단적으로 이뤄져야 한다는 점, 즉 소속인원의 참여가 보장돼야 한다는 점에 있다. 그러므로 공산주의적 계급 과정의 문제점을 꼬집는답시고 집단 내 모든 소속인원이 동등한 정보 기술 수준을 지니지 못했기 때문에 (자원배분, 투자기법, 재무관리 등을 비롯해서 전문화와 기술이 필요한) 집단적 전유가 문제라고 말하는 것은 허수아비 때리기나 다름 없다. 이는 공산주의적 전유절차에 대한 참여 조건을 잘못 해석한 것으로, 공산주의적 전유과정에 수반되는 최소한의 조건은 전유과정을 인격화하는 것이다. 합작

사와 기업의 운영 문제와 관련해서, 전유과정에 대한 참여 문제와 업무에 대한 위임은 다른 문제다. 이는 자본주의 영리기업을 포함한 다른 기업들도 마찬가지이다. 잉여배분를 전유하는 자(예컨대 노동에 참여하지 않는 이사회 임원들)와 그들에 의해 임명돼서 관리업무를 대행하는 경영인은 다른 성격을 지니고 있는 주체다. 공산주의적 계급과정의 핵심요소는 (자본주의를 비롯한 여타 착취적 계급형식과는 다르게) 잉여노동의 전유를 담당하는 인원들이 그 수행에도 집적 참가해야 한다는 점에 있다.

이러한 최고 운영위원회 선출 과정이 초급 합작사와 고급 합작사(즉, 집단농장) 모두에 적용된다는 점을 고려하면 해당 농업기구의 계급구조를 이해하는 데에 도움이 될 것이다. Cullenberg의 지적대로, 초급 합작사는 CC유형의 공산주의적 근본적 계급과정과 닮은 구석이 있다. 참여 구성원이 선출하고 그들로 인격화한 초급 합작사의 통합 운영위원회는 잉여의 전유과 분배 과정을 전적으로 통제했다. 생산물은 각자의 토지 보유에 비례해 배당됐다. 배당형태의 수익은 실상 노동력의 가치(필요노동 등가물)과 소유권에 대한 수익이 결합된 형태였다. 직접생산자들은 일부 농경지 소유자들로서 이들도 (토지개혁의 혜택으로) 분배과정 속에서 잉여를 일부 배분 받았다. 잉여의 배분 중 나머지는 제반 조건을 마련하기 위한 투입 금액에 해당하는 것이었다. 그런데 집단농장의 경우에는 상황이 조금 더 복잡해진다. 잉여노동의 수행과 전유 과정이라는 관점에서 볼 때, 이들이 공산주의적인 근본적 계급과정과 유사성을 지닌 것은 분명했으나, 그 구성원들이 이곳에서 자유로이 탈퇴할 수 없었고 결과적으로 그에 귀속돼있는 것이나 다름 없다는 점에서는 달랐다. 노동의 수행과 전유 그리고 잉여 배분 차원에서 볼 때 구성원들의 민주적 참여권은 여전히 보장됐다. 그러나 노동자들에게 이동의 자유나 작업장 선택의 자유가 보장돼지 않아 이 점에서는 민주주의적이지 못했다. 중국공산당의 사회주의 이데올로기, 당 간부들의 은밀한 강제, 간부들의 열정과 지원으로 생산 병목 현상을 극복하려는 일부 충동 등이 복합적으로 작용하여 집단농장 내 노동관계가 형성된 것이다. 이와 같은 구체적 양상을 보면 Gabriel의 주장과 달리 해당 비착취적 계급형식이 봉건적 범주에 든다고 볼 수는 없을 것 같다. 여기서 얻을 수 있는 중요한 결론은 Gabriel이 말한 국가 봉건제가 1949년에서 1957년 사이의 기간에는 적용되지 않는다는 것이다. 오히려 이 기간은 짧았지만 이때 이뤄진 다양한 농업기관의 실험적 배치들 속에서는 다양한 근본적 계급과정들과 생산관계들이 혼재돼있었다. 독립적(AA), 공산주의적(CC). 자본주의적(AB/CB)그리고 공동체적(CA) 계급과정과 생산관계들 모두가 병존했던 것이다. 이처럼 다원적인 계급배치를 단순히 봉건제라는 범주로 환원시키면 중국농업사 내의 실험적 시도들을 무시하게 되고 중국공산당이 여기에서 수행한 복잡한 역할 또한 과도하게 단순한 것으로 치부하는 결론으로 이어질 것이다.

고급 합작사 혹은 집단농장의 핵심 특징은 농지에 대한 소유권이 집단적이었다는 것과 그것이 견고화됐다는 것이었다. 여기에서는 토지에 관한 그 어떤 사적 소유도 허용되지 않았고, 작물분배도 배당에 기반한 규칙이 아니라 직접생산자들의 노동시간에 의한 작업점수에 의거하여 이뤄졌다. 그리고 무엇보다 중요한 점은 화폐가 아니라 현물의 형태로도 이와 같은 지불이 이뤄졌다는 것이다. 운영위원회는 국가계획에 발맞추어 전유자의 역할을 수행했다(Lardy, 1983). 비록 집단농장 내부에서는 농업노동의 특화와 분화가 이뤄졌을지라도, 잉여창출과 분배과정에 대한 고유한 형태의 통제권은 오로지 농업 경제에 국한되어 있었다. 해당 기구는 도시뿐 아니라 농촌 내의 제조업과 서비스업 혹은 기간시설과 관련해서도 통제권을 지니지 못했다. 집단화 과정은 1954년에서 1957

년 사이에 거의 완료됐다. 집단농장이 형성된 결과 농업 생산물과 잉여
는 괄목상대할 정도로 늘어났다. 여기에서 주목해야 할 점은 그 당시의
농업 증산이 기계화나 기술력 고도화와는 무관했다는 것이다(Kueh 2006;
Wang, 1966). 이와 같은 긍정적 변화가 발생한 원인은 소유권 구조의 변
화와 새로운 계급 배치 하의 통합된 대규모 농업, 그리고 과거와는 다른
잉여생산에 대한 통제와 분배과정에 기반한 것으로 보인다(상업적 거래가
집단농장 사이의 교역으로 인해 독립적 상인계층은 사라졌는데, 이 덕분에 국가에 의
한 협상 가격(price scissor) 메커니즘은 훨씬 용이해졌다).

3) 인민공사

중국의 농업 개혁시도는 1958년 대약진 운동의 실시와 더불어 엄청난
전환점을 맞이하게 된다. 대약진운동(Great Leap Forward; GLF)은 (농업산
출을 포함한) 농촌 지역 산출을 급격히 늘려서 농촌의 사회주의 건설을 위
해 필요한 조건을 갖춰야 한다는 목표로 수행됐다. 이보다 중요한 것은
대약진운동이 농촌 내부 기구들의 구조를 완전히 뒤바꾸어놓기 시작했
다는 점이다. 중국 농촌에서 전방위적 기관으로 활약한 인민공사의 설립
으로 인해 농업잉여의 생산과 전유, 분배와 수취의 성격이 완전히 달라
졌다. 이는 (1976년까지 유지된) 마오쩌둥 집권기 내내 변함이 없었다. 인
민공사 기반체계와 함께 운영된 일부 부가적 배치를 제외하면 말이다.
1976년 이전까지는 지역의 농업부문에서 벌어지는 실험이 다시 진행되
는 일이 없었다. 이 점에 대해서는 추후 더 다룰 것이다. 인민공사제도
는 농업잉여에 대한 국가 통제를 공고히 했을 뿐 아니라 Gabriel이 말한
것과 같은 국가 봉건제 계급구조의 형성으로 이어졌다(2006; Gabriel et al.
2008; 2011).

　　초기의 사회주의적 농업구조와 다르게 인민공사들은 농업부문의

생산과 관리에만 한정되지 않았고 농촌 내의 일상과 사회 전반을 조절하는 기구였다. Lin(1990: 1234)에 따르면 "인민공사는 일반적으로 5천여 가구와 1만명의 노동자 그리고 1만 에이커의 토지를 관할했다. 인민공사 체제에서 보수는 주로 생계비용에, 부분적으로만 농민이 수행한 노동에 근거해 지불되었다. 사적 농경지를 경작하는 것과 농촌 장날에 거래를 하는 것은 다른 형태의 합작사들에서는 존속됐던 관습이지만, 인민공사체제 하에서는 완전히 금지됐다. 목표대로, 수십억의 노동일을 활용할 수 있었다"고 한다. 요컨대 인민공사는 합작사와는 달리 가장 낮은 단계의 지방정부 구실을 수행했던 것이다.

> 합작사의 관할 범위가 다소간 촌(村)급이었다면, 인민공사는 향(鄉)급 혹은 중국 정부의 최하위 기관인 촌(村)급 집단을 하나의 단체로 구성하고 그와 동일한 경계를 가졌다(촌은 중국의 지방정부에서 가장 하위단위에 속하는 곳이다). 이전에 존재했던 이 수준의 형태의 지방정부는 더 이상 필요가 없었다. 향 인민대표회의의 대표들은 인민공사 대표회의의 대표들이 되었고, 향 정부는 인민공사의 집행위원회가 되었으며, 향의 수장은 인민공사의 수장이 되었다. 이에 더해, 1958년 12월 23일의 농촌 교역 및 재정 개선에 관한 지침에 따라 향급 행정구역에서 상업과 재정문제를 담당하던 국가기관들은 인민공사에게 넘어갔다."(J.G. 1959: 127-128).

생산수단의 소유권 문제에 있어서 인민공사들은 과거의 농업생산 단위들과 확연한 차이를 보였다. 과거의 고급 합작사 체제에서 집단적 소유권은 집단농장 소속 인원들에게 귀속되었다. 그러나 인민공사 체제에서는 가장 낮은 수준의 지방정부(즉 인민공사와 상응하는 정부)에 소유권이 귀속됐고, 합작사보다 더 큰 규모로 공적 소유권이 확립됐음을 보여준다.

인민공사체제는 기존의 집단농장과는 소유권 문제뿐 아니라 근본적 계급과정의 배치에서도 달랐다. 이를 이해하기 위해서는 우선 인민공사의 구조를 살펴봐야 한다. 인민공사는 세 개의 층위, 즉 농업 생산대(teams), 생산대대(brigade), 인민공사(communes)로 구성된 기구였다. 인민공사의 하부조직으로는 농업 생산대대가 있고, 그 하부조직으로는 생산대가 있었다. 생산대는 3,40여 가구로 구성된 최하위 조직단위였으며 이름 그대로 농업생산의 운영을 담당했다. 인민공사는 복수의 생산대대로, 생산대대는 복수의 생산대로 구성됐다. 생산대대는 생산대 외에도 산업조직이나 학교와 병원, 식당과 보육원, 양로원(old homes)으로 구성돼 있었다. 민병대는 인민공사 수준의 부대였다. 인민공사는 중국 농촌의 전방위적인 행정단위였다. "인민공사와 생산대대는 거의 모든 비농업적 활동들도 관리했다. 산업 개발은 물론이고 보건복지, 교육행정과 치안업무도 이들이 담당했다"(Naughton, 2007: 235). 계층 구조는 세 가지 수준의 관리로 유지되었다. 각 층위의 조직 산하에는 관리기관으로 인민 조직과 운영 위원회가 있다. 생산대에서 인민 조직은 생산대원 총회였고 관리자는 생산대 총회에서 선출됐다. 생산대대 차원에서는 생산대원 및 생산대대의 기타 조직 구성원들이 생산대대 대회를 선출했고, 생산대대 대회 구성원들은 생산대대 운영위원회를 선출했다. 인민공사 대회는 공사 산하의 모든 운영 단위의 대표단이 파견되어 진행됐다(농업 생산대, 산업조직, 학교, 병원, 민병대, 금융기관 등이 여기에 해당했다). 대회 대표단은 인민공사운영위원(혹은 행정위원회(Commune Administrative Committee, CAC)를 선출했다(Townsend, 1963: 138-139).

인민공사행정위원회 위원의 선출이 효력을 가지기 위해서는 공산당이 지도하는 정부의 인준절차를 거쳐야 했다. 당-국가가 인민공사의 운영·행정에 관한 궁극적 통제권을 지니고 있었다. 인민공사행정위원회는 합작사관리위원회와 달리 필수적으로 중국공산당 당원으로 구성됐으며, 이들은 국가에 의해 선발·지명됐다(Lippit, 1981).[12] 이는 집단농장과 인민공사 사이의 차이를 형성했다. 합작사의 관리위원회는 구성원이 선출했고, 전유에 관한 결정에 있어서는 구성원이 참여했다. 집단농장은 지방정부를 대체하지 않았고 향급 행정기관 산하에서 작동했다. 그러나 인민공사는 향급 지방정부를 구성했다. 국가가 통제하는 인민공사행정위원회가 인민공사 내부의 모든 산하조직에서 발생하는 잉여의 전유와 분배를 조율했다. 인민공사의 구성인원들은 이 과정에 개입하지 못했다. 인민공사에서의 근본적 계급과정은 따라서 국가에 의한 착취 형식을 보이게 됐다. 이러한 국가에 의한 착취는 두 가지 착취 형태로 나타났는데, (행정위원들 자신이 생산적 노동에도 참여한 경우) CA유형이나 (위원들이 생산적 노동자가 아니었을 경우) CB유형에 해당됐을 텐데, 관련 문헌에 따르면 전자에 해당했을 가능성은 매우 낮다. 인민공사의 일반적 상황은 후자에 가까웠을 것이다. 따라서 인민공사 체계의 농업생산에 있어서 근본적 계급과정은 국가에 의한 CB유형의 착취형식에 가까웠다.[13] 생산물은 행정위원회가 전유한 뒤 자신들의 의사결정에 따라 분배되었다(이 의사결정 또

---

12 "인민공사에 소속된 간부들은 국가가 지명하는 것이 일반적이었다. 그들의 임무는 인민공사가 공공정책과 당의 원칙을 따르는 방식으로 운영하도록 하는 것이었다. 따라서 인민공사는 국가권력을 사회생활의 이질적 양상들과 풀뿌리 수준의 자기결정을 아주 독특한 방식으로 결합시킨 것이었다"(Lippit, 1981: 20).

13 인민공사에서 노동이 집단적으로 수행됐기 때문에, AB범주에 해당할 가능성은 없다.

한 당-국가가 수립한 계획과 정책노선을 충실히 따르는 것이었다).

노동력 제공에 대해 보수를 지불하기 위해 노동 점수라는 기준이 적용됐다. 농업 생산량의 일부는 필요노동 등가물의 구성 요소를 형성하는 소비 수요로서 근본적 계급과정 상의 직접 생산자에게 분배되었다. 생산물의 일부분은 근본적 계급과정의 조건을 형성하는 노동자, 비농업 노동자, 그리고 비노동인구(노인, 어린이, 장애인 등)의 소비 수요를 충족시키는 데도 사용되었다. 인민공사 구성원의 소비 수요를 초과하는 생산물은 "정부의 조달위원회나 전국단위 혹은 지방단위의 공장에 비교적 싼 가격으로 처분됐다. 인민공사의 판매가격은 정부에 의해 낮은 수준으로 고정돼있었다"(Wang, 1966: 151). 중앙정부가 결정한 계획가격은 (시장가격이 존재했을 경우에 비해서) 상대적으로 낮았다. 결과적으로 인민공사가 생산한 농업 잉여가치는 중앙정부와 지방정부에게로 유입됐다.[14] 실현된 가치의 일부는 화폐임금 지급과 생산수단 구입대금에 활용됐다. 인민공사 수준의 정부 실현가치 형태의 남은 잉여를 비농업 노동자에 대한 현금 지급, 국가에 대한 세금, 인민공사 복지 기금 유지, 재투자 및 자본 장비 구매를 위한 축적 기금, 인민공사의 일반 예비 기금 유지 등을 위해

---

14 인민공사와 기존의 농업 합작사 조직 사이의 차이는 여기에 있다. 집단농장 제도 하에서는 합작사 조직을 통해서 잉여 몫을 시장이나 지역 장날에 반민반관형 상점(joint-state private shops)에 판매할 수 있었다(합작사 소속 인원들과 반민반관형 상점들은 곡물 축장을 방지하고 가격수준을 유지하기 위한 대응수단이었다). 그러나 인민공사체제 하에서는 행정위원회가 국가의 대리인으로서 잉여의 수취를 담당했다. 인민공사의 생산물 중 일부는 정부의 조달위원회나 전국 혹은 지역의 (마찬가지로 국가 소유의)공장에 판매됐는데, 이 또한 인민공사행정위원회가 도맡아 수행했다. 소속 인원의 소비수요를 충족하고도 남은 몫의 처리는 이들의 손아귀에 놓여 있던 것이다.

분배했다.[15]

인민공사는 생산뿐 아니라 농촌생활의 모든 측면을 담당하는 사회적 단위였다. 인민공사는 사회적 잉여에 해당하는 다양한 재화와 서비스를 구성원들에게 배급하기도 했다.[16] 이는 사회주의 국가의 인민에 대한 의무 중 하나였기 때문이다. 사회적 잉여를 분배 받는 곳들로는 초·중·등 교육기관과 병·의원, 농업 밑 제조업 생산단위, 공동식당, 건설노동단위, 행정기구 등이 있었다. Jen Huang에 따르면

"인민공사는 그 구성원들에게 16가지 물품을 배급할 의무가 있었다.

1. 식료품

2. 의류(연간 18 위안 상당의 돈이나 현물)

3. 주택

4. 교통

5. 출산지원금과 45일간의 출산휴가 그리고 홍탕(red sugar) 1근

6. 병가와 무상의료

7. 무상 노인복지

8. 무상 장례

9. 무료 매장

10. 무상 보육

11. 무료 오락활동

---

12. 혼인 전날에 부부에게 결혼지원금을 제공함(1인당 5위안)

13. 연간 12회의 무료 이발

14. 연간 20회의 목욕권(온수)

15. 무료 재봉

16. 조명료 무료(전기형인지 석유연료형인지는 무관함"(Jen Huang, 1976:

191)

인민공사 정부가 이처럼 사회적 잉여를 배분한 것은 구성원들에 대한 인민공사 정부의 책임을반영하며, 이는 정부에 대한 구성원들의, 비시장화된 충성의 상호 관계를 형성하는 기능을 했다. 이를 위해 그들은 인민공사의 복지기금과 유보금을 활용했다. 이러한 상호호혜적 관계는 인민공사의 근본적 계급과정을 조건짓는 착취적 국가와의 어떠한 노동관계를 유지하는 데 중요한 역할을 한다.

노동계약의 측면에서 보자면, 인민공사 내부의 노사관계는 이전의 합작사 체제와는 매우 달랐다. Gabriel은 고급 합작사 혹은 집단농장의 기반이 노동력을 해당 기구에 귀속시키는 실효성 있는 조항의 효과였다고 말한다. 그러나 사실 노동자의 이탈금지는 공식적 규정은 아니었다. 반면 인민공사 제도는 공식적으로 강제된 노동력의 이동불가 조항을 기반으로 운영되었다. 인민공사 제도의 부상은 '호구' 제도라는 노동이동 경직성가 상호보완적인 제도의 부상과 동시에 이루어졌다.

중국에서 1958년부터 엄격하게 작동했던 호구제도는 기본적으로 노동력을 두 집단으로 분류했다(도시호구와 농촌호구). 다른 취직을 위해서 노동자가 (자신의 호구 등록지가 아닌) 다른 지역으로 이주하는 것은 엄격히 금지했다. 한편 해당 호구에 소속되지 않은 사람들에게는 기초적인 생필품에 대한 배급을 수행하지 않았다. 원칙적으로 호구는 상속되는 것이었다(농촌 호구의 후손들은 계속해서 농촌 호구에 속하게 될 것이고, 도시 호구에 속한 사람들은 계속 도시 호구에 속하게 된다). 또한 말 그대로 여권을 지니고 있어야 재화와 서비스를 배급 받을 수 있었다(이는 도시와 농촌 모두에 해당하는 사항으로 의식주와 교육 및 의료 등이 여기에 해당했다). 더군다나 도시지역에서는 해당하는 호구에 소속된 사람만이 취업을 할 수 있었고, 농촌에서도 해당하는 호구에 속하는 사람만이 일정한 농경지를 부여 받을 수 있었다(Chang and Selden, 1994; Chan and Zhang, 1999; Wu, 2013).

호구는 결과적으로 노동력 재생산에 있어서 중요한 제도였다. 노동자들은 현금과 현물로 봉급을 받아서 이를 자신들의 사회재생산에 활용할 수 있었다. 이처럼 현물로 지급되는 필수적 사회잉여는 노동자가 등록된 호구에서 제공했다. 인민공사에 소속된 인원들은 당·국가의 요구에 의한 것이 아니라면 다른 지역으로 이주할 수 없었다. 이들의 노동관계는 인민공사에 대한 영구적인 결부로 개인화되었다. 그들은 인민공사의 요청이 있으면 어떤 일이든 인민공사에 봉사해야 했다. 호구 제도라는 조건으로 권한을 부여받은 인민공사행정위원회는 인민공사 내 노동 이동의 방향과 (생산 또는 사회 서비스 등의) 다양한 업무 분야에서의 분업을 지시할 수 있었다. 인민공사행정위원회는 인민공사 내 어느 부문에 얼마나 많은 노동력을 배분하고 활용할지 결정했다. 국가 착취자와 인민공사 구성원 간의 위계와 호혜라는 경제 외적 관계에 의해 노동자들은 인민공사에(그리고 인민공사 내의 토지에) 종속된 신분이었다. 이런 의미에서 CB유형의 착취적인 근본적 계급과정은 국가 봉건제적 성격을 지니고 있다고 말할 수 있다. 국가봉건적인 근본적 계급과정, 비시장적인 개인화된 노동계약, 인민공사와 착취적 전유자에 대한 노동자의 영구적 속박, 현금과 현물 보수의 결합, 노동 시장의 부재, 호구를 통한 노동 이동에 대한 직접적 통제는 모두 인민공사의 생산관계를 국가 봉건적으로 만들었다.

신민주주의 혁명 단계에서 중국공산당이 당면한 최우선 과제는 봉건주의적 착취를 철폐하는 것이었다. 이후 농업정책으로 봉건적 생산관계가 청산됐을 뿐 아니라 더 높은 형태의 사회주의로의 점진적 전환 또한 일어났다고 보는 것이 일반적인 견해다. 그러나 우리가 계급중심적 마르크스주의 이론에 근거에 연구한 바에 따르면 봉건적인 근본적 계급과정과 생산관계는 인민공사의 등장과 함께 부활했다. 비록 인민공사제도를 사회주의적 생산제도라고 명명했지만 다름 아닌 당-국가가 봉건주의적 착취를 수행하는 영주의 역할을 수행하고 있었다. 근대 국가와 봉건주의적인 근본적 계급과정·생산관계가 결합한 것은 중국 역사에서도, 사회주의 전체의 역사에서도 굉장히 독특한 현상이었다. 이처럼 괴상한 조합으로 인해서 집단적 소유권과 국가 소유권 사이의 차이는 신비화되었으며, 두 가지 유형의 소유권이 수렴하는 것처럼 취급됐다. 당-국가는 노동자와의 개인화된 결부(충성, 신의, 믿음 등)를 형성했다. 여기에서 매우 중요하게 작용하는 것이 공산주의를 추구하는 사회주의적 이념이라는 문화정치적인 과정이었다. 중국공산당은 인민공사가 가장 높은 단계의 사회주의적 제도형식이라고 칭송했지만, 1976년까지는 농업 부문에서만은 착취적 계급과정이 존재했다.

5. 농업 실험의 재개: 1976년 이후의 농업 개혁

마오쩌둥의 사망과 '4인방'의 몰락으로 중국의 정치환경에 대격변이 발생한다. 이러한 변화들은 기존정책들의 지향점을 바꾸는 것으로 이어졌다. 탈집중화의 범위가 변화한 것은 그러한 맥락 속에서 벌어진 수많은 사건 중 하나였다. 탈집중화의 범위가 변화한 것은 농업생산구조에 다양한 방식으로 영향을 미쳤다. 중국에서 벌어진 1976년 이후의 실험과 농업생산의 조직형태와 관련해서 몇 가지 주목할 사항이 있다. 그 중 하나는 탈집중화 이후 생산대의 구성과 역할에 관한 것이다. 1976년 이후에 벌어진 농업 실험으로 인해 생산대는 매우 중요한 생산단위가 됐고, 말하자면 그 본질과 기능이 변화했다. 이로 인해서 농업조직의 근본적 계급과정이 재구성되고 변형됐다. 이전에는 생산대는 생산목표를 설정하고 농업노동을 수행하는 역할을 맡은 생산 단위였다. 생산대 지도자는 조원들에게 업무를 분담시키고 각각의 작업 유형에 노동 점수를 할당했다(즉, 각 구성원이 획득할 총 노동점수를 할당했다). 그리고 매일마다 각각의 노동자가 획득한 전체 노동 점수를 계산하는 일도 도맡았다.[17] 생산대 운영진은 또한 노동 점수에 따라 노동자들에게 보수를 분배하는 일을 담당했다. 대약진운동이 끝난 이후의 시기에, 인민공사 생산대는 "사회주의적 생산단위"로 취급됐다(Meng, 2019: 305). 생산대보다 작은 단위로 생산 단위를 쪼개는 것은 일절 금지됐으며 사회주의 이념에 상충하는 행동으로 간수됐다.

그러나 1976년을 기점으로 암묵적인 탈집중화가 개시되자, 많은 지역들에서 농업 생산조직들의 실험적 시도가 이뤄졌다. 새로운 생산단위를 위한 실험이 개시되었고 이전과는 다른 유형의 계급과정도 나타나기 시작했다(근본적 계급과정이든 포괄된 계급과정이든 말이다.) 기존의 생산대의 운영도 이전까지와는 다른 양상으로 나타났다. 생산대가 하위 생산단위

---

[17] "비록 생산대대와 인민공사의 집단화 수준이 높아지는 경향이 존재했고 그러한 경향은 갈수록 강화돼왔지만, 현재 생산대의 경우 일반적 농업활동과 대부분의 소득분배 업무를 맡는 중요한 생산 단위이다"(Lippit, 1977).

인 농민 그룹, 개별 가구, 심지어는 개별 노동자와 독자적으로 계약을 맺기 시작했다. 기존의 생산대 소속 인원들도 이와 같은 하부조직을 만들기 시작했다. 그렇게 이뤄진 계약은 기본적으로 업무연계형 계약과 산출연계형 계약으로 분류할 수 있었다. 필요 노동의 분배를 고려함에 있어서 노동자의 보수 산출 방식에도 변화가 생겼다. 산출 혹은 업무 기반 노동점수 체계가 등장했다. 이에 노동 시간에 비례하는 방식과 비슷하게 점수를 산출하던 시스템은 사라졌다(Kueh, 1984: 355; Unger, 1984). 이제 노동자들은 새로운 노동점수 제도 하에서 자신이 수행한 업무나 산출량에 따라 지불받게 되었다. 급여는 현물로도, 현금으로도 지불됐다.

업무 기반 계약, 혹은 노동계약(Baogong zhi; 포공(包工)제 [도급제])이라고 불린 것에서, 생산대 운영진은 특정 생산단위(집단, 가구, 개인)와 특정 노동 업무를 가지고 계약을 맺는데, 이는 종종 이용가능한 숙련에 기초했다(Johnson, 1982: 437). 이는 "생산대의 통합적 관리 하에 수량, 품질, 시간 제한 및 재료비 측면에서 정해진 특정농작업(파종, 모종, 이식, 수확 등)을 수행하기 위한"(Kueh, 1984: 356) 숙련이었다. 그런데 이런 지점에서 난제가 발생한다. 이 새로운 계약은 착취적인 또는 비착취적인 근본적 계급과정의 비계급적인 존재 조건인가? 계급 중심적 관점에서 보자면 이에 대해서 크게 세 가지 대답을 제시할 수 있을 것이다.

첫째, 업무 기반 계약에서는 생산대가 더 이상 생산단위가 아니게 된다. 생산대는 (생산대원으로 구성된) 새로운 소규모 생산 단위와 생산 및 작업 책임에 관한 계약을 맺었고, 소규모 단위가 생산한 잉여는 생산대가 전유했다. 생산대, 보다 구체적으로는 생산대 운영진이라는 뜻이다. 필요노동의 등가는 생산대 운영진에 의해서, 생산대 내부의 산출 혹은 업무 노동점수 제도에 관한 일반적 합의에 따라서 배분되었다. 잉여의 전유가 인민공사 수준에서 이루어졌던 이전 구조와 달리, 탈집중화 이후에는 생산대가 전유 단위가 되고 다양한 비계급적 존재 조건을 제공하기 위해 인민공사에 일부 포괄적 계급을 위한 지불금을 줄일 수 있는 가능성이 생긴다. 이처럼 1976년경을 기점으로 중국 각지에서 열정적으로 실험적 농업정책들이 추진된 것으로 미루어볼 때, 해당 시점을 기점으로 잉여의 분배·전유에 권력을 쥐고 있는 집단이 교체된 것으로 추정할 수 있다. 다시 말하면 당시에는 이러한 권한이 인민공사 정부 측으로부터 생산대 운영자들에게로 넘어간 것으로 보인다. 이전부터 존재하던 생산대의 선거 절차처럼, 모든 대원들은 노동계약 내에서 잉여노동에 참가했고, 생산대 운영진(과 생산대 대표자)는 전대원 총회에서 민주적으로 선출됐다. 새로운 형태의 계약 덕분에 생산대원들은 모두가 생산활동에 참여하는 동시에 잉여의 전유와 분배에 관한 의사결정 과정에도 참여할 수 있게 됐다. 우리가 연구한 바에 따르면 이러한 업무중심 업무계약은 cC형태나 AC형태의 근본적 계급과정을 반영하는 것이라고 생각된다(여기서 해당 계급과정을 소문자 'c'로 표기한 이유는 잉여 노동을 수행하는 것은 전체 생산대가 아닌 그 내부의 보다 작은 노동자 일부에 불과하기 때문이다. 반면에 잉여 노동의 전유과정은 더 큰 규모의 조직인 생산대 전체의 의사결정 하에 이뤄지기 때문에 대문자 C로 표기했다. AC인 경우는 개인이 하나의 생산단위로 잉여노동을 수행하고 생산대가 전유하는 것을 의미한다.).

둘째로, 탈집중화 흐름 속에서 인민공사와 생산대 사이의 관계에 변화가 생겼다면 생산대 운영진의 구조와 역할에도 상당한 변화가 있었을 것으로 보인다. 이제 소규모 단위와 생산 관련 추가 계약을 맺을 수 있게 된 생산대 운영진은 (인민공사 및 생산대원으로부터 독립된) 잉여노동 비수행자이자 독립적 전유자의 지위를 누릴 수 있다. 즉, 생산단위로서의 생산대가 점차 약화됨에 따라 생산대 운영진이 잉여의 전유 과정을 인격화할 수 있다. 이러한 가능성을 고려할 때, 업부 계약은 AB및 CB 유

형의 착취적인 근본적 계급과정으로 판명된다.[18]

마지막으로, 새로운 유형의 노동 계약이 이뤄지는 것이 허용됐다고 하더라도 생산대가 그에 대한 전유권을 지니지 못하게 될 수도 있다. 오히려 인민공사가 잉여생산물에 대한 전유권을 보유하고 있을 수도 있다. 이럴 때 발생하는 차이는 집단적 노동이 꾸준히 존재하면서도 개별적 노동활동이 가능해졌다는 뿐이다. 이 경우 근본적 계급과정은 AB유형 혹은 CB유형의 국가 봉건제에 해당한다.

계급중심적 접근법이 다른 이론들과 차별성을 지니는 바는 농업개혁의 결과가 어떨지에 대해서 선험적 가정을 깔아두지 않는다는 것이다. 따라서 비계급적 과정의 변화가 근본적 계급과정을 통째로 변화시킬 수도 있다는 점을 고려한다. 예를 들어 인민공사 시스템 하에서 호조조(MAT)와 생산대는 구성원들이 독립적이고 자발적으로 구성한 것이 아니라 인민공사 산하에서 운영되는 단위였다. 또한 생산대는 잉여의 전유에 대해 인민공사행정위원회와 암묵적인 계약을 맺어 잉여의 전유 과정에서 배제되어야 했다. 반면 호조조는 그럴 필요가 없었다. 또한 이미 설명했듯, 인민공사 행정위원회와 생산대 운영진 간의 관계는 1976년 이후 실험적 계약 체제에서 근본적 계급과정의 성격을 변화시킨다.

산출 연계형 계약에는 두 가지 유형이 있었다. 첫째는, 분배된 농지에 대한 수확량 계약(Baochan zhi; 포산 (Baochan zhi; 포산(包产)제[생산량 도급제])이고, 둘째는 산출 조달 할당량 납품 계약(Baogan zhi; 포간(包干)제[경영 도급제])이다. 이 두 제도는 농업 생산수단의 관리권과 사용권의 문

---

18 생산대 수준에서 노동 관계의 역학이 우리에게 알려지지 않았기 때문에 CB유형과 AB유형의 계급과정 사이에 존재하는 차이에 대해서는 더 깊이 논하지 않을 것이다.

제에서 일반적으로 차이가 난다. 수확량 계약 체제(포산제)는 농지에 대한 사용권과 관리권만을 생산단위에게 넘겨주는 데에 그친다. 반면 산출 조달 납품 계약(포간제)는 농지뿐 아니라 농업생산에 필요한 모든 투입 요소에 대한 관리권과 사용권을 생산단위에 이양하는 방식으로 운영되었다(Johnson, 1982; Bramall, 2009). 전자와 같은 형태의 계약을 맺는 생산 단위로는 농민집단(zu;조)이나 개별가구(hu;호) 따위가 있다. 반면 후자와 같은 계약시스템을 채택하는 것은 오직 개별가구뿐이다.[19] 여전히 인민 공사는 농업에 필요한 생산수단에 대한 소유권을 갖고 있다. 그러나 보다 세밀히 관찰해보면, 산출 기반 계약형태의 두 유형 사이에는 미묘한 차이점이 존재한다는 것을 알 수 있다. 이들 계약 조건상의 차이점은 잉여 전유나 포괄된 계급에 대한 지불과 관련된 조항에 내포돼있다. 따라서 이 둘 사이의 차이는 극명하다. Kueh가 주장하는 바에 따르면

19　"운영방식에 대한 개혁은 생산대를 보다 작은 단위나 조직으로 분할하는 것에서부터 시작했다. 바로 bachan daozu(보산도작, 가정단위포산제)제도가 이에 해당하는데, 본질적으로는 집단 농업과 별 차이가 없었다. 보산도작의 논리는 중국의 집단농장들을 곤란에 몰아넣은 노동력의 감독 통제 문제를 해결하기 위해 생산단위를 더 작은 규모로 쪼갠다는 것이었다. 생산조직의 규모가 생산대보다 작아짐으로써, 개별 인원의 노동점수가 노동 생산성과 훨씬 더 밀접하게 관련되어 있으므로 이는 태업을 막을 수 있는 제도로 여겨졌다. … 보산도작제도의 경우 혼합형 운영체제였다고 할 수 있는데, 운영 결정권의 상당수는 가구들에게 맡겨졌지만, 각자의 소득 등과 관련된 분배의 문제는 집단농장의 손에 달려있었기 때문이다. 이름에서 알 수 있듯이 모든 의사 결정과 자산 처분권을 가구에 위탁했기 때문에 보산도작 제도만이 제대로 된 가족 농업이었다. 가정단위포산제는 가정책임제도라고도 불렸는데, 농장 경영의 모든 책임을 가구에게 위임하기 때문이다"(Bramall, 2009: 337-338).

가구단위생산책임제(Baogan Daohu; 포간도호(包干到户))의 경우 농민 가구가 국가나 집단농장으로부터 자율성을 지니고 있다. 국가에 대한 정액세 납부 의무를 제외하면 말이다. 그러나 다른 두 가지 변형 하에서는 공동 경작지에서 나오는 가구의 최종 소득 몫은 다른 생산 대원들의 예측할 수 없는 노력뿐만 아니라 정부 정책의 변화 가능성 이나 농장 축적 및 분배에 대한 집단적 태도에 결정적으로 의존한다 (Kueh, 1984: 355).

포산제에 기초한 계약의 경우, 생산대 운영진이 각 생산단위에게 분배된 토지에서 나올 일정한 산출물 규모를 산정해낸다. 그리고 산출 물 목표수치에 해당하는 몫은 생산대가 전유해갔다. 그러나 목표달성 초 과분이 발생하면 이를 해당 생산단위가 가져갈 수 있다. 그리고 생산 목 표치가 미달된 경우, 부족한 분량은 생산대가 이들의 노동점수를 차감 함으로써 벌충했다. 산출 연동 계약의 포산제가 착취적이었는지 아닌지 를 명료하게 판단하기는 어렵다. 초과 생산량의 일부(혹은 전부)를 생산대 가 보유했다면 이는 직접 생산자가 잉여 노동의 결실을 두는 데서 배제 되지 않았다고 주장할 수 있으므로 공산주의적인 (생산단위가 집단인 경우) 또는 자율적인 (생산단위가 가구인 경우) 근본적 계급과정이 될 수 있다. 그 러나 여기에서 고려해야 할 것은 목표 초과생산분이 항상 존재하지는 않 을 것이라는 점이고 애초에 계약의 목적이 그런 초과분을 남겨두는 것이 아니라는 점이었다. 초과분을 생산자가 가져갈 수 있다는 점은 생산성을 증대시키기 위한 인센티브 조항처럼 보일 것이다. 생산대 운영자들의 이 해관계는 배분된 토지에 할당된 전체 목표 생산량에 있다. 또한 목표 생 산량을 산정할 때에는 잉여생산물 또한 함께 산정돼있는데, 해당 잉여는 직접생산자 단위들이 아니라 생산대 운영진이 전유해간 뒤에 분배한다.

O1	O2	O3

간단한 도표를 통해 포간제의 조건에 따른 착취 여부를 설명할 것이다.

특정 생산단위에 분배된 토지에서 나온 소출 전체는 O1+O2+O3라고 해보자. 이 전체산출량 중에서 O1+O2는 해당 토지의 생산 목표치에 해당하고 이는 곧 생산대가 전유해가는 몫이다. O3는 목표 산출의 초과분이다. O1+O2 중에서도 O1은 직접생산자들의 필요노동 등가에 해당하며, O2는 잉여노동으로 생산대의 운영진이 전유해간다. O3는 계산된 목표를 초과하고 계약량을 초과하며 그 성격상 우발적으로 발생하는 잉여의 또 다른 부분으로, 생산단위가 전적으로 전유한다. 그런데 한편에서 보면 잉여생산물 중O2에 대해서는 모든 직접 생산자들이 그 전유과정에서 배제돼있다. 해당 잉여가 계약에 따라 반드시 생산해야 하는 목표치에 포함됨에도 말이다(게다가 O1+O2라는 목표치에 소출량이 미달하면 생산단위들은 그만큼을 배상해야 하는 조건에 놓여있다.

업무 기반 계약의 사례와도 같이, 이 경우에도 생산대 관리의 성격과 기능에 따라 세 가지 방식의 주장 혹은 설명이 나올 수 있다. 만일 생산대 운영진이 직접 생산자를 대변하는 더 큰 집단으로서 기능하고 있는 경우라면 근본적 계급과정은 비착취적인 것으로 볼 수 있다. 이것은 AC유형이나 CC유형에 속할 것이다. 반면 생산대의 운영이 노동을 수행하지 않는 계약자와 같은 입장이고 독자적인 전유자라면 근본적 계급과정가 착취적인 성격인 경우에 해당할 것이다. 이는 CB 혹은 AC와 같은 유형의 착취적 계급과정에 해당할 것이다. 만약 기존의 인민공사제도 하에

서 그러한 생산이 지속됐더라면 노동계약은 AB형 또는 CB유형 국가봉
건주의적인 근본적 계급과정에 해당할 것이다.

만약 포간제(Baogan Zhi)와 같은 산출물의 조달 할당량을 납품 계약
으로 맺었다면, 이 계약에서 핵심적인 것은 인민공사와 (전국 수준의)중앙
정부를 위해 산출물을 조달한다는 점이다(전국 수준의 문제를 고려하는 기구
가 여기에 개입되는 이유는 농촌에서 생산된 식량은 도시 거주민들에게도 공급돼야
하기 때문이다). 그런데 이 계약은 생산단위로 하여금 모든 투입물을 활용
하고 관리하도록 했을 뿐 아니라, 생산과 전유, 분배와 재투자에 관한 모
든 권한 역시도 생산단위 스스로의 손에 맡겼다. 포간제계약의 경우 생
산대 운영진이 농업에 대한 관리와 전유와 관련해서 아무런 권한이 없
다. 개별 가구는 생산단위인 동시에 분배단위이자 산출물을 전유하는 단
위가 된다. 단 이들에게는 일정 몫의 생산물을 국가에 조달정책에 따라
납부해야 할 의무가 있을 따름이다. 생산대는 농업 잉여의 일부만을 지
급받는다. 이는 포괄된 계급에 대한 지불액을 받는 것으로, 이것은 근본
적 계급과정을 위해 비계급적 조건을 가능케 하는 것이었다. 해당 계약
관계에 연계된 생산단위는 단 하나, 가구(hu) 뿐이다, 이러한 체계를 포
간도호 혹은 가구단위생산책임제(Household Responsibility System; HRS)라
고 부른다(Bramall, 2009: 338).

> 국가에 조달해야 하는 할당량은 가구가 충족시킨다. 이들은 생산대
> 차원에서 축적과 복지 그리고 여타 집단적 의무를 져야만 한다. 개
> 별 가구는 국가와 집단농장이 필요한 양보다 초과된 생산물을 보유
> 할 수 있다. 이 과정은 "국가의 필요 조달량과 집단농장의 충분한 보
> 유량 확보 후 나머지는 생산자 가구가 전부 가지는 것"이라고 요약할
> 수 있겠다(Johnson, 1982: 438).

이처럼 포간제는 가구 단위의 생산에서 가구 스스로가 전체 잉여를 전유하게 된다. 이 잉여분을 가구가 분배하면서 일부가, 생산대의 운영진의 봉급이 마련되고, 인민공사 차원에서의 국세가 모아지고, 필수불가결한 조달품목의 공급을 위해 충당된다. 또한 이 잉여분은 인민공사의 복지 기금에 기여금으로 지출되기도 한다. 이를 비롯해서 여러 가지 포괄적인 계급적 지출과 근본적 계급과정의 유지조건을 마련하기 위한 비계급적 지출이 충당되는 것이다. 상품 또는 가치 형태로 모든 유형의 포괄된 계급에 대한 지불, 그리고 비계급적 지불이 완료된 후 남은 잉여는 잉여노동 수행자의 재량에 따라 사용할 수 있었다. 그러므로 포간제는 독립적 근본 계급과정에 해당한다고 볼 수 있다(Gabriel and Martin, 1992에서는 자기착취라고 표현됐다). 1983년 12월 까지 중국의 농업 생산자 중 94퍼센트는 가구단위생산책임제로 전환했다.

가격 개혁과 시장 개혁이라는 두 개의 비계급적 과정은 전유된 잉여가치가 실현되는 조건에 있어서 상당히 중요하게 작용했다. 마오주의적 인민공사 체계 하에서는 농업부문에서 초과생산물이 발생했을 경우 이를 중앙정부나 지방정부에 판매해야 했고, 그렇지 않으면 국영공장에 판매해야 했는데, 그때 국가가 결정한 가격은 매우 낮은 수준이었다. 그러나 가구단위생산책임제도의 진화는 포간제의 수행자 겸 전유자가 잉여를 자유 시장 가격으로 시장에 직접 판매할 수 있도록 허용하는 농업시장 개혁과 관련이 있다. 1979년 이래로 중국 국가는 농산물에 이중가격제도를 도입했다. 국가 조달가격과 자유시장 가격을 분리시켰다. 국가에서 지정한 할당량 내에서 곡물의 조달 가격은 20% 인상되었다. 농민은 규정된 할당량을 초과하는 생산물을 자유 시장에 판매하거나 국가기구와 가격 협상을 거친 후에 판매할 수 있었다(후자의 경우, 농민이 기간 시설의 부족으로 시장에 대한 직접적 접근이 어려운 경우에 많이 이뤄졌다). 국가와 협상해서 판매한 가격은 시장 가격보다 약간 낮은 수준이었다(Ash, 2016: 349). 1978년 개혁의 일환으로 도입된 국가로부터의 조달 할당량 초과분 가격도 1979년까지 50% 인상되었다(Wen, 2008: 87). 시장은 생산으로 인한 이익을 물질화하는 추가적 경로로서 중요한 역할을 하기 시작했으며, 따라서 특히 농업 부문에서 생산자가 생산을 늘리는 인센티브로 작용했다. 더군다나 국민경제 차원에서 자원배분의 효율성을 증대시키기 위해 농업부문의 투입물 가격은 1979년에서 1980년 사이에 조금 더 저렴한 값으로 조정됐다. 효율적 자원배분을 중요시하는 것은 이는 생산력 기반 발전 테제의 핵심과도 같았다. 가격 개혁은 단계적으로 진행됐으며 농업부문에서 실험적인 제도적 개혁을 조건짓고 형성하는 데에 큰 역할을 했다.

6. 결론

우리는 중국에서 이뤄진 소위 사회주의 농업개혁의 역사를 비본질주의적이고 비역사주의적이면서 계급중심적인 마르크스주의 이론에 근거해서 분석했다. 이와 같은 대안적 마르크스주의 접근법을 통해서 우리는 1949년에서 1984년까지 중국의 농업 실험을 고전적 역사유물론(그리고 중국공산당의 공식입장)과는 다르게 새롭게 이해할 수 있었다. 이 글은 동시적 변화들이(그리고 통시적 변화들이) 중층결정되고 모순적 과정을 통해 근본적 계급과정과 생산관계 그리고 사회적 전환이 불확정된 방향으로 운동하는 것을 분석했다. 우리는 소위 "사회주의"라고 불린 체제 내에서도 다양한 계급배치가 존재했음을 알 수 있었다. 이는 사회주의라기 보단 사회주의 실험이라고 부르는 것이 적절할 텐데, 각각의 사례를 분석한 것은 이하의 〈표2〉에 정리돼있다. 이 글은 또한 근본적 계급배치가 다른 과정들로부터 독립적인 것이 아니라는 점을 예증했다. 포괄된 계급과정이나 비계급적과정에서 일어나는 작은 변화조차도 착취양식과 근본적 계급과정을 변화시킬 수 있다. 생산 계약의 배치가 그 대표적인 예시라고 할 수 있겠다.

중국 농업 부문의 사회주의 실험을 세밀하게 해부함으로써 우리는 마르크스주의 재구축 프로젝트에서 무엇이 "옳고" 무엇이 "그릇됐는지"에 대한 단서를 얻을 수도 있었다. 이 글의 이론적 작업을 통해 호조조에서 공동 사용권과 합작사에서의 집단적 전유, 인민공사에서의 사회적 잉여 분배, 독립적 계급과정의 정당화 등 착취적 근본 계급과정에 대한 대안들을 파악할 수 있었다. 그리고 이 모든 요인들은 (마르크스주의적 가치관에 따르면) 오늘날의 세계에서 공산주의를 재구축하기 위한 프로젝트에

표 2　중국 사회주의 농업 실험에서의 근본적 계급 배치 요약

연도	개혁/계약의 명칭	근본적 계급과정의 성격	
1950-51	제1차 농업 개혁	AA: 소농과 중하위층 농민 CB/AB(자본가), CA(부농과 중상위층 농민)	
1952-53	호조조 (MAT; Mutual Aid Team)	CA	
1953-55	초급 합작사	CC	
1955-57	고급 합작사	CC	
1958-76	인민공사	CB(국가 봉건제)	
1976-84		생산대 운영진이 비생산자이면서 독립적 전유자인 경우/ 인민공사가 전유권을 독점한 경우	생산대 운영진이 민주적으로 선출되고 전유과정에서 소속인원들을 충실이 대변하는 경우
	업무계약 (포공(包工)제[도급제])	CB, AB	AC, cC
	수확량 계약 (포산(包产)제[생산량 도급제])	CB, AB	AC, cC
	조달 할당량 납품 계약 (포간(包干)제[경영 도급제])	AA	

있어서 각자 나름의 중요성을 지니고 있다.

우리의 접근법을 통해 단선적이고 목적론적인 이해방식에 기반한 이행논쟁의 그림자로부터 중국 농업부문의 경제사에 대한 논의를 해방시킬 수 있었다. 고전적 역사유물론에서의 이행논쟁 중심의 내러티브에 따르면 생산관계의 문제는 생산수단에 대한 소유권과 통제에 대한 문제로 환원될 뿐만 아니라, 전환 과정들은 계급 구조와 그 전환의 불균등이 배제된 역사주의적 논리에 따라 진행되는 절차로 설명될 뿐이다. 이러한 믿음과 그것이 강요하는 길을 20세기 소련과 중국의 사회주의 전환이라는 개념 위에 각인되었다. 우리의 논의가 밝혀낸 여러 단서들과 가능성들은 그에 상충되는 것들이 많은데도 말이다. 이제 우리는 사회주의로 나아가는 경로를 단계론적이고 보편주의적인 전환(이는 전형적인 20세기의 사고방식이다)으로 이해하는 것이 아니라, 특수한 맥락에 기초해서 사회들을 변혁하고 재구축하는 것으로 이해해야 한다. 정치화된 사회적 변혁을 이뤄내기 위한 비단선적 실천은 전유와 분배의 정의라는 관점에서 이뤄지는 자기성찰적 실험을 통해서만 이뤄질 수 있다.

번역: 김민정(마르크스주의연구자모임(준) 회원)
김종현(마르크스주의연구자모임(준) 회원)

참고문헌

Ash, R. F. (2016). The Evolution of Agricultural Policy. In M. Dillon (Ed.), *Key Papers on Chinese Economic History Since* 1949 (4 *vols*) (pp.338-367). Boston: Brill.

Bernett, A. D. (1953). China's Road to Collectivization. *Journal of Farm Economics*, 35(2), pp.188-202.

Boer, R. (2021). *Socialism with* Chinese *Characteristics*: *A Guide for Foreigners*. Singapore: Springer.

Bramall, C. (2009). *Chinese Economic Development*. Routledge: London and New York.

Burton, N. G. and Bettelheim, C. (Eds.) (1978). *China Since Mao*. London and New York: Monthly Review Press.

Chakrabarti, A. and Cullenberg, S. (2003). *Transition and development in India*. New York: Routledge.

Chakrabarti, A. and Dhar, A. (2013). Social Funds, poverty management and subjectification: beyond the World Bank approach. *Cambridge Journal of Economics*, 37(5), pp.1035-1055.

Chakrabarti, A. and Majumdar, S. (2023). Transition and Development in China: Feudalism, Capitalism and Socialism. In *Capitalism in East Asia*: *Marxist Perspectives*. Zininzin.

Chakrabarti, A., Cullenberg, S. and Dhar, A. K. (2008). Rethinking Poverty: Class and Ethical Dimensions of Poverty Eradication. *Rethinking Marxism*, 20(4), pp.673-687.

Chakrabarti, A., Dhar, A. and Cullenberg, S. (2012). *World of the Third and Global Capitalism*. New Delhi: Worldview Press.

Chakrabarti, A., Dhar, A. and Majumdar, S. (2020). India's transition: A New Complex of Capitalism and Hindu Nationalism. In I. Rossi (Ed.), *Challenges of Globalization and Prospects for an Inter-civilizational World Order*, (Chapter- 27). Switzerland: Springer-Nature.

Chan, K. W. and Zhang, L. (1999). The Hukou system and rural-urban migration in China Processes and changes. *The China Quarterly*, 160 (Dec, 1999), pp: 818-855.

Chang, T. and Selden, M. (1994). The Origins and Social Consequences of China's Hukou System. *The China Quarterly*, No. 139 (Sep., 1994), pp.644-668.

Chaudhury, A. and Chakrabarti, C. (2000). Marxist economists and the market economy: Through the lens of a housewife. *Rethinking Marxism*, 12(2), 81-103, DOI: 10.1080/08935690009359003

Cullenberg, S. (1992). Socialism's burden: Toward a "thin" definition of socialism. *Rethinking Marxism*, 5(2), pp.64-83

Cullenberg, S. (1998). Exploitation, Appropriation, and Exclusion: Locating Capitalist Injustice. *Rethinking Marxism*, 10(2), pp.65-75, DOI: 10.1080/08935699808685527

Dhar, A. and Chakrabarti, A. (2019). Praxis in world of the third contexts: Beyond third worldism and development studies. In E. Klein and C. E. Morreo (Eds.) *Postdevelopment in practice alternatives, economies, ontologies* (pp.84-99). New York and London: Routledge.

Dixin, X. (1979). Chairman Mao's Contribution to the Development of Marxism on the Questions of Transforming Production Relations and Developing the Productive Forces. *Chinese Economic Studies*, 12(3), pp.56-86.

Editorial and Writing Group of Chinese Sociology & Anthropology (1978). Chapter Two: From Mutual-Aid Teams to Advanced Cooperatives. *Chinese Sociology & Anthropology*, 10(4), 36-113, DOI: 10.2753/CSA0009-4625100436

Fewsmith, J. (1994). *Dilemmas of Reform in China: Political Conflict and Economic Debate*. Armonk, New York, London: M.E. Sharpe.

Gabriel, S. J. (1998). The Structure of a Post-Revolutionary Economic Transformation: The Chinese Economy from the 1949 Revolution to the Great Leap Forward. *Satya Gabriel's Online Papers: China Essay Series*: 3, Retrieved from: https://www.mtholyoke.edu/courses/sgabriel/economics/china-essays/3.html [Accessed on January 24, 2023].

Gabriel, S. J. (2006). *Chinese Capitalism and the Modernist Vision*. Routledge: New York.

Gabriel, S. J. and Martin, M. F. (1992). China: The Ancient Road to Communism?. *Rethinking Marxism: A Journal of Economics, Culture & Society*, 5(1), pp.56-77.

Gabriel, S., Resnick, S. A. and Wolff, R. D. (2008). State Capitalism versus Communism: What Happened in the USSR and the PRC?. *Critical Sociology*, 34(4), pp.539-556.

Gabriel, S., Resnick, S. A. and Wolff, R. D. (2011). What Happened To Chinese Communism: The Transition From State Feudalism To State Capitalism?. In V. Pollard 388 (ed.), *State Capitalism, Contentious Politics and Large-Scale Social Change* (pp.119-133). Leiden: Brill.

J.G. (1959). From Land Reform to Communes in China. *The World Today*, 15(3), pp.124-130.

Jen Huang, L. (1976). The Communes in People's Republic of China: Retrospect and Prospect. *International Review of Modern Sociology*, 6(1), Spring 1976, pp.189-200.

Johnson, G. E. (1982). The Production Responsibility System in Chinese Agriculture: Some Examples From Guangdong. *Pacific Affairs*, 55(3), pp.430-451.

Kueh, Y. Y. (1984). China's New Agricultural-Policy Program: Major Economic Consequences, 1979-1 983. Journal of Comparative Economics, 8(4), pp.353-375.

Kueh, Y. Y. (2006). Mao and Agriculture in China's Industrialization: Three

Antitheses in a 50-Year Perspective. *The China Quarterly*, No. 187 (Sep., 2006), pp.700-723.

Lardy, N. (1983). *Agriculture in China's modern economic development*. Cambridge: Cambridge University Press.

Li, M. (2008, December 27). Socialism, Capitalism, and Class Struggle: The Political Economy of Modern China. *Economic & Political Weekly*. Retrieved from http://www.jstor.org/stable/40278337 [Accessed on 02.02.2023].

Lin, J. Y. (1990). Collectivization and China's Agricultural Crisis in 1959-1961. *Journal of Political Economy*, 98(6), pp.1228-1252.

Lippit, V. (1981). The people's communes and China's new development strategy. *Bulletin of Concerned Asian Scholars*, 13(3), 19-30, DOI: 10.1080/14672715.1981.10409753.

Lippit, V. D. (1977). The Commune in Chinese Development. Modern China, 3(2), pp.229-255.

Majumdar, S. (2018). Disinterring the Transition Debate in Maoist China. *Arthaniti*, 17(1), pp.83-111. DOI: 10.1177/0976747918776387

Mao Tse-tung. (1939). *The Chinese Revolution and the Chinese Communist Party*, available at https://www.marxists.org/reference/archive/mao/selected-works/volume-2/mswv2_23.htm accessed on 02.02.2023.

Mao Tse-tung. (1940). *On New Democracy*, available at https://www.marxists.org/reference/archive/mao/selected-works/volume-2/mswv2_26.htm accessed on 02.02.2023.

Meisner, M. J. (1999). *Mao's China and after: a history of the People's Republic*. The Free Press: New York.

Meng, G. (2019). The Household Responsibility System, Karl Marx's Theory of Property and Antony M. Honoré's Concept of Ownership. Science & Society, 83(3), pp.300-326.

Naughton, B. (2007). *The Chinese Economy: Transition and Growth*. The MIT Press: Cambridge, Massachusetts and London. ISBN-13: 978-0262640640.

Resnick, S. A. and Wolff, R. D. (1987). *Knowledge and Class: A Marxist Critique of Political Economy*. Chicago and London: University of Chicago Press. ISBN: 0-226-71023-8 (paper-back.)

Resnick, S. A. and Wolff, R. D. (2002). *Class Theory and History: Capitalism and Communism in the USSR*. New York: Routledge.

Resnick, S. A. and Wolff, R. D. (Eds.) (2006). *New Departures in Marxian Theory*. London and New York: Routledge.

Shen, Z. and Xia, Y. (2011, November). The Great Leap Forward, the People's Commune and the Sino-Soviet Split. *Journal of Contemporary China*, 20(72), 861 - 880. doi: 10.1080/10670564.2011.604505

Sreedhar (1969). Co-Operation In China's Agriculture (1953-57). *India Quarterly*, 25(2), pp.122-138

Teiwes, F. C. and Sun, W. (1993). *The Politics of Agricultural Cooperativization in China*. Armonk, New York: M. E. Sharpe.

Townsend, J. R. (1963). Democratic Management in the Rural Communes. *The China Quarterly*, No. 16 (Oct. - Dec., 1963), pp.137-150

Unger, J. (1984). Remuneration, Ideology, and Personal Interests in a Chinese Village, 1960 - 1980. *International Journal of Sociology*, 14(4), pp.3-26, DOI: 10.1080/15579336.1984.11769872

Wang, G. C. (1975) (ed.). Chapter Thirteen: The Socialist System of Public Ownership Is the Basis of Socialist Production Relations. *Chinese Economic Studies*, 9(2-3), 159-190, DOI: 10.2753/CES1097-1475090203159.

Wang, T-E. (1966). *Structural change and development in Chinese agriculture*. Retrospective Theses and Dissertations, 5344, Iowa State University of Science and Technology, Available at, https://lib.dr.iastate.

edu/rtd/5344, accessed on 28.01.2023.

Wen, D. J. (2008). China's Rural Reform: Crisis and Ongoing Debate. *Economic and Political Weekly*, 43(52), pp.86-96.

Wu, L. (2013). Decentralization and hukou reforms in China. *Policy and Society*, 32(1), pp.33-42, DOI: 10.1016/j.polsoc.2013.01.002

Yeap, R. C. L. (2007, October). *The Theory of Transition in China: The Thought of Liu Shaoqi*. Doctoral Thesis. School of East Asian Studies. The University of Sheffield. EthosID: uk.bl.ethos.490319

Yonghong, Z. (1993). Reflections on the party's policy toward the rural individual economy during the first seven years of the state. *Chinese Law & Government*, 26(3, 4), 51-59.

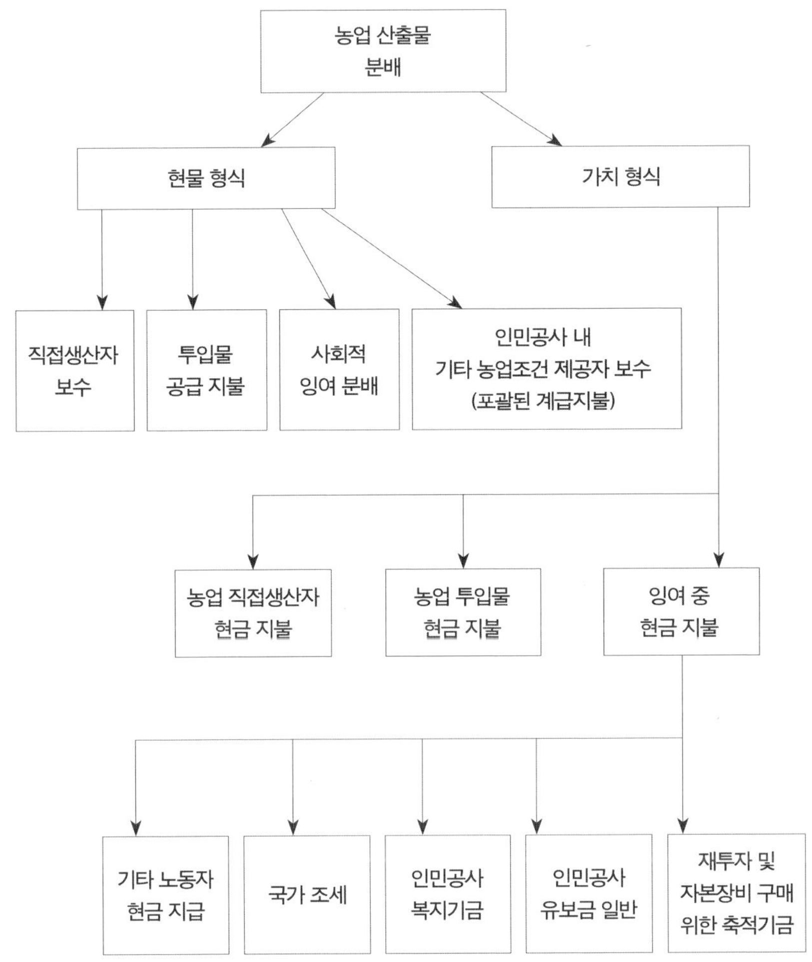

농업 산출물
분배
현물 형식
가치 형식
직접생산자
보수
투입물
공급 지불
사회적
잉여 분배
인민공사 내
기타 농업조건 제공자 보수
(포괄된 계급지불)
농업 직접생산자
현금 지불
농업 투입물
현금 지불
잉여 중
현금 지불
기타 노동자
현금 지급
국가 조세
인민공사
복지기금
인민공사
유보금 일반
재투자 및
자본장비 구매
위한 축적기금

제2부

동아시아 마르크스주의의 현재

제4장

21세기 중국자본주의: 마르크스주의적 분석[1]

정성진(경상국립대학교 경제학부 연구석좌교수)

1. 머리말

시진핑을 비롯한 중국공산당(Chinese Communist Party, CCP) 지도자들은 개혁 개방 이후 중국 사회를 '중국 특색 사회주의'(Socialism with Chinese Characteristics, SCC)라고 규정하며 마르크스주의를 중국 사회를 지도하는 주요 이념으로 제시한다. 하지만 이 장에서 필자는 개혁 개방 이후 중국 사회는 마르크스가 지향했던 사회주의와 거리가 멀며, 마르크스 자신의 정의에 의거할 경우, 자본주의의 한 형태로 규정될 수 있다고 주장할 것이다.[2] 이 장에서 필자는 먼저 개혁 개방 이후 중국경제의 고도성장

1　이 장은 정성진(2023)을 수정 보완한 것이다.

2　개혁 개방 이후 중국자본주의와 SCC 담론을 대상으로 하는 이 장에서는 개혁 개방 이전 마오주의 시기 중국 사회의 성격은 Harris(2015)처럼 국가자본주의라고 전

의 메커니즘을 글로벌 자본주의의 불균등결합발전(uneven and combined development, UCD)의 동학으로 설명한다.[3] 그 다음 개혁 개방 이후 중국 사회의 자본주의적 기본 성격과 국가자본주의적 특수성을 밝히고 중국 사회에서 작동하고 있는 "자본주의적 축적의 절대적 일반적 법칙"(마르크스, 2015: 878), 즉 자본주의의 모순과 위기의 동학과 제국주의적 경향을 확인한다. 이에 기초하여 SCC 담론은 개혁 개방 이후 중국 사회의 자본주의적·국가자본주의적·제국주의적 현실을 부정하고 호도하는 중국의 당·국가(Party-State) 지배계급의 공식 이데올로기(official ideology)임을 밝힌다. 즉 이 장에서는 SCC 담론에 대해 중국의 자본주의적 현실을 대치시키는 실증적 비판과 함께 마르크스적 관점에서 내재적 비판을 시도한다.[4]

기존의 중국 자본주의론은 대체로 자본주의의 다양성론(varieties of capitalism, VoC) 혹은 '다변적 자본주의론(variegated capitalism, VC)'의 접근을 취하고 있다.[5] VoC론은 자본주의의 유형을 크게 자유시장경

제할 뿐 별도로 논의하지 않는다. Gabriel et al(2008), 차크라바티·마줌다르(2023)는 개혁개방 이후 중국 사회 성격은 필자처럼 국가자본주의로 보면서도, 개혁개방 이전 마오주의 중국 사회는 국가봉건제(state feudalism)였으며, 개혁개방을 계기로 국가봉건제에서 국가자본주의로 이행했다고 주장한다.

3　UCD 개념과 적용에 대해서는 트로츠키(2017), 뢰비(1990), Rosenberg(2021), Rolf(2021) 등을 참고할 수 있다.

4　옛 소련 자본주의에 대한 필자의 마르크스주의적 분석으로는 정성진(2006)을 참조할 수 있다.

5　VoC 관점의 중국자본주의 연구로는 McNally(2007), Witt(2010), Fligstein & Zhang(2011), Nölke et al(2015), VC 관점의 중국자본주의 연구로는 Zhang & Peck(2016), Ten Brink(2019) 등이 있다.

제(Liberal Market Economy, LME)와 조절적 시장경제(Coordinated Market Economy, CME)의 두 유형으로 구별하고, 일부 논자들은 여기에 동아시아의 신흥공업국(newly industrializing countries, NICs) 및 중국 등 국가주도 시장경제 등을 별도 유형으로 추가한다. 하지만 기존의 VoC론은 기업 중심적(firm-centric) 접근, 제도들 간의 상호보완성과 안정성 및 정태적 균형의 특권화, 자본주의 일반 이론의 결핍 및 이로 인한 자본주의의 모순과 위기 경향과 제국주의적 경향에 대한 맹목, 서구 중심주의와 방법론적 민족주의 편향 등의 문제점을 갖는다(Dale & Unkovski-Korica, 2022). VC론은 VoC론이 방법론적 민족주의(methodological nationalism)의 문제 설정에서 국민적 자본주의 내부에서 제도들의 상호보완성을 특권화하는 편향을 국민국가 하위의 지역적 수준에서 상이한 자본주의 유형들의 병존에 주목하여 정정하려 한다. 하지만 그것이 지나친 나머지 지역별로 상이한 유형들을 총괄하는 국가의 거시적 역할을 주변화하는 반대 편향이 있고, 자본주의 일반의 계급 모순과 글로벌 수준에서 지정학적 모순을 경시하는 VoC론의 애초의 약점을 공유한다(Rolf, 2021: 68, 78). 이 장에서는 VoC론 또는 VC론에 주로 의거했던 기존의 중국자본주의론을 마르크스적 UCD론과 국가자본주의론의 관점에서 비판적으로 재구성하고 이를 SCC 담론 비판의 근거로 제시할 것이다.

2. 불균등결합발전과 중국 경제의 고도성장

개혁 개방 이후 중국 경제의 세계사상 유례없는 고도성장은 지난 세기 초 러시아의 혁명가 레온 트로츠키가 정식화한 UCD의 논리로 설명될 수 있다. 트로츠키의 UCD 개념에서 핵심적인 것은 '외부적 필연성의 채

찍'(whip of external necessity), '역사적 후진성의 특권', '접합의 모순'이
다(Rolf, 2021: 27-28). 즉 후발 국가들은 더 발전한 국가들로부터 가해지
는 경제적 군사적 위협으로 인해 발전하지 않을 수 없도록 '외부적 필연
성의 채찍'으로 몰아 세워지지만, 선진국의 기술, 조직, 제도 등을 수입
하여 선진국이 거쳤던 발전 단계들을 飛越할 수 있는 가능성, 즉 '역사적
후진성의 특권'을 누릴 수 있으며, 이런 추격 발전 과정에서 '오랜된 것'
과 '새로운 것'의 결합, 접합으로부터 각종 사회적 모순이 격화된다는 것
이다. 개혁 개방 이후 중국의 고도성장은 중국의 풍부한 저임금 노동력
이 중국의 국가를 매개로 글로벌 자본주의가 제공한 대규모 시장과 자
본, 기술이 결합함으로써, 특히 미국 자본주의와의 결합 발전을 통해 가
능했는데, 이는 글로벌 수준에서 UCD의 전형적 사례이다. 중국 국내에
서 개혁 개방 이전의 마오주의 명령경제와 농촌 사회의 UCD는 농업, 농
촌, 농민('삼농')에 대한 수탈을 통한 공업, 도시, 노동자로의 대규모 가치
이전, 자본의 원시적 축적을 작동시켰다. 원톄쥔(2016)에 따르면 '삼농'
으로의 "제도 비용의 전가", 즉 자본의 원시적 축적은 중국의 고도성장의
원점이었다. 마오주의 시기 중국에서 농촌과 도시의 UCD는 개혁 개방
이후 곧바로 도시 공업의 급속한 발전을 위해 동원될 수 있는 대규모의
교육받은 청년 노동력 풀(이는 농촌에 당분간 갇혀 있었다)을 창출했다. 개혁
개방과 함께 선진자본주의 경제와 중국에서 자본의 원시적 축적 단계의
자본주의 발전 간의 상호작용이 급진전되었다. 중국에서는 개혁 개방 이
전 마오주의 집단농장(인민공사)에 의해 자본의 원시적 축적의 전반 과정,
즉 농민으로부터 토지 수탈이 이미 완료된 상태였다.[6] 따라서 개혁 개방

---

6 농공간 협상가격차(공업 노동에 비한 농업 노동의 가치의 인위적 저하)와 농촌
노동자들을 자신들의 출생지에 가둔 호구 제도는 이미 마오주의 시기에 도입되었는

이후 자본의 원시적 축적의 후반 과정, 즉 집단농장으로부터 도시 임금 노동으로의 인구 이동이 훨씬 용이하게 진행될 수 있었다(Rosenberg & Boyle, 2019: 40).[7] 1978년 개혁 개방 이후 중국에서는 세계사상 최대 규모의 노동이동이 시작되었으며(2000년까지 총 1억4천400만명 이동), 이는 역시 세계사상 전례 없는 규모로 선진자본주의국으로부터 대량으로 유입된 자본의 저임금 노동력 수요를 채웠다(Rosenberg & Boyle, 2019: 40). 농촌에서 도시로 일시 이주한 농민공 수는 1982년 1천만명에서 1989년 배증했고 1996년에는 7천만명, 2019년에는 2억9천만명에 달했다(Guiheux, 2021). 농민공 노동의 저임금 초과착취, 노동력 가치 이하로의 임금 지불은 중국에서 UCD의 원동력이었다. 농민공은 도시에 거주했음에도 도시 호구가 부여되지 않아, 주거, 보건의료, 자녀 교육 등의 혜택을 받지 못했다(Liu & Ten Brink, 2022: 492).[8] 그럼에도 불구하고 농민공의 노동력 재생산이 가능했던 것은, 이들이 보유하고 있던 농지에서 농업생산과 농촌 호구에 근거한 복지 혜택으로 보충할 수 있었기 때문이다(Bieler & Morton, 2018: 170-171).[9] 1990년대 이후 토지의 집단적 소유권이 유지되는

데, 이는 농업에서 공업으로, 농촌에서 도시로, 농민으로부터 노동자로 잉여를 이전시키는 메커니즘으로 작동했고, 이에 기초하여 도시 공업 자본의 원시적 축적이 가능했다(원톄쥔, 2016; Lee, 2019: 138).

7 "1980년대 중국 정부의 집단농장 해체는 농촌 노동력의 半프롤레타리아트화를 결과시켜 연안 지역 수출 지향 부문에 공급되었다"(Gray, 2015: 139).

8 2000년대 이후에는 농민공들에게도 기본 농촌 사회보장 혜택이 주어졌으며, 또 일부는 도시 사회보장 혜택도 받을 수 있게 되었다(Liu & Ten Brink, 2022: 497). 농민공의 개념과 현황에 대한 검토로는 윤종석(2020), Liu & Ten Brink(2022) 등을 참조할 수 있다.

9 농촌에 토지를 소유한 농민공들은 도시에서 경제적으로 곤경에 처할 때 농촌으

가운데 사용권 시장이 활성화되면서 농민으로부터 토지의 헐값 수용이 강행되어 대다수 농민공은 자신들의 가장 중요한 장기 사회보장 수단을 상실했다. 이로부터 방대한 규모의 뿌리 뽑힌 프롤레타리아트 계급이 형성되었고, 이는 도시 공업 노동력의 주요 부분이 되었다. 1987-2010년 토지를 수탈당해 뿌리 뽑힌 농민들은 5,200만명이나 되었다. 2014년 중국의 도시 노동력 인구는 총 3억 4,700만명이었는데 이중 72퍼센트인 2억 5천만명이 농민공이었다(Lee, 2016: 320). 또 토지에 대한 법적 소유권자인 지방 정부는 농민으로부터 토지 사용권을 헐값으로 사들인 다음(사실상 '토지 수탈') 이를 사들인 가격보다 훨씬 높은 가격으로 민간 부동산 개발 업자 등에게 매각함으로써 막대한 차익을 실현했고 이는 지방정부의 국가자본 축적의 주요한 원천이 되었다(Lee, 2016: 323).[10] 즉 "중국의 발전은 중국 인민들로부터 토지를 수탈하는 강탈에 의한 축적(accumulation by dispossession)을 포함한 신자유주의적 구조조정의 최신의 표현의 하나이다"(Bieler & Morton, 2018: 164).

중국의 UCD에서는 '역사적 후진성의 특권'[11]을 가속적으로 누릴

로 복귀할 수 있었다. 이는 역설적으로 농민공들이 도시에서 자본의 부당노동행위 등에 대한 투쟁을 수행 지속할 수 있는 의지를 약화시키고 집합적 투쟁 역량을 분산시키는 결과를 초래했다(Lee, 2016: 322).

10 지방 정부는 에이커당 약 17,850 달러로 수용한 토지를 그 40배가 넘는 에이커당 740,000 달러로 임대했다(Lee, 2016: 323). 지방 정부의 토지 매각 수입은 1998년 508억 위안에서 2015년 3조 784억 위안으로 60배 넘게 증가했다(Nogueira & Qi, 2019: 568).

11 개혁 개방 이후 중국이 누렸던 '역사적 후진성의 특권'으로는 외국으로부터 학습, 기술이전, 선진국 수출시장에 대한 접근, 외국 자본의 국내 투자 등이 있었다(Rosenberg & Boyle, 2019: 42).

수 있었으며, 공업화가 시작되던 시점에서 글로벌 가치사슬(global value chain, GVC)을 활용함으로써 처음부터 수출주도 공업화를 추진할 수 있었고, 탈냉전 후 세계경제가 자유화되면서 외국시장에 대한 장애물들이 감소한 시점에서 공업화가 이뤄졌다는 측면도 중요하다. 이로부터 중국의 추격 성장은 다른 동아시아 NICs보다 더 빠를 수 있었으며, 중국의 수출은 더 폭발적으로 증가했다(Rosenberg & Boyle, 2019: 41, 52). 중국 경제가 글로벌 자본주의에 본격적으로 통합된 시점은 글로벌 경제가 장기 불황으로 접어들면서 신자유주의적 규제완화가 시작된 1980년대 이후였는데, 이와 같은 동조화는 중국이 '역사적 후진성의 특권'을 매우 자유롭게 누릴 수 있게 했다. 중국은 글로벌 자본주의의 중심부에서 자본축적이 둔화되면서 형성된 방대한 과잉 자본을 대량 유입하여 자신들의 고도축적에 투입할 수 있었다(Ten Brink, 2020: 72). 또 한국 등 동아시아 NICs의 경우 대체로 수입대체 공업화 단계를 거쳐 수출주도 공업화로 나아갔던 것과 달리, 중국의 공업화는 자신들의 생산과정을 초민족화하고 있던 외국 초국적기업(Transnational Cooperation, TNC)들이 형성한 GVC에 통합되는 방식으로 이뤄지면서 수입대체 공업화를 건너뛰어 처음부터 급증하는 수출에 의해 주도되었다. 하이테크 제품을 포함한 수출의 급증은 민족적 공업발전의 정점에서 나타난 것이 아니라 처음부터 공업화를 주도했다(홍호평, 2021: 117-118; Rosenberg & Boyle, 2019: 44). 중국에서 UCD는 글로벌 자본주의의 동학 속에서 전개되었다. 중국의 수출주도 경제성장은 글로벌 자본주의에의 통합에 의존했으며, 초기에는 외국자본이 주도했다(하트 랜즈버그, 2005; Starrs, 2018: 186). 중국은 자신의 엄청난 노동력과 광대한 시장을 글로벌 자본주의의 팽창과 금융화를 위한 연료로 제공함으로써 글로벌 자본주의의 축적을 유지하고 확대하는 데 기여했다(Lin, 2018: 155; Bello, 2021: 26-27). 중국의 UCD에서 외국자본과의 불균등결합의 측면은 특히 중요하다. 중국은 개혁 개방 초기부터 외국인 직접투자(foreign direct investment, FDI)에 개방되어 있었다는 점에서 비슷한 발전단계에 있었던 다른 동아시아 발전국가들과 다르다(Pearson et al, 2020: 22). 중국은 1991년 이래 발전도상국 중에서 가장 많은 FDI를 받아들였다.

후발 자본주의의 UCD에서 국가의 역할은 핵심적인데 이는 중국의 경우 더 두드러졌다. 중국은 동아시아 발전국가 선두주자들처럼 전략 산업들에 대한 투자를 지원하기 위해 산업정책을 적극적으로 채택했다. CCP는 시장의 합리성을 맹목적으로 신봉하지 않고 신국가주의적 방식으로 시장을 적극 관리했으며, 고속 공업화를 촉진하기 위한 고율의 투자 및 이를 위한 저축을 창출하기 위해 금융억압(financial repression)을 활용했다(McNally, 2020: 287). 중국의 국가는 UCD 과정에서 발생한 모순들을 관리하기 위해 국가자본과 정부 개입을 통해 생산과 투자를 내륙 지역과 해외로 동시에 이동시키는 데서 주도적 역할을 했고, 그 결과 국가자본의 초민족화 과정이 가속되었다(Chacko & Jayasuriya, 2018: 96). 중국의 UCD의 최근 국면에서는 대규모 중국 국유 기업(state-owned enter-prise, SOE)의 FDI를 통한 글로벌 남부의 천연자원과 토지 수탈도 중요하다(Bieler & Morton, 2018: 172). 중국에서 UCD는 자본주의의 고도축적의 메커니즘임과 동시에 그 모순과 위기의 원천이었으며, 국가는 이들을 정치적으로 매개하고 관리하는 데서 핵심적 역할을 수행했다(Rolf, 2021).

3. 개혁 개방 이후 중국 사회의 자본주의적 성격

SCC 논자들은 사회주의의 핵심은 국유의 지배인데, 개혁 개방 이후 중국에서는 국유가 지배적이므로, 중국 사회는 사회주의로 규정되어야 한다고 주장한다(Boer, 2021; 차이팡·장쇼우징 2021; 김정호, 2022). 그런데 이런 주장은 마르크스의 자본주의 이해와 배치된다. 마르크스에 따르면 소유관계가 생산관계의 성격을 규정하는 것이 아니라 생산관계가 소유관계의 성격을 규정한다(Chattopadhyay, 2020). 가령 국유가 사유보다 우세하다 할지라도 자본주의적 생산관계가 지배적이라면 국유의 성격은 자본주의적인 것으로 된다. 생산관계의 성격은 직접적 생산과정에서 노동자의 존재형태에 의해 규정되는데, 자본주의적 생산관계의 핵심은 이중적 의미에서 자유로운 노동자와 노동력의 상품화 즉 임금노동의 존재와 이에 근거한 잉여가치 생산이다(마르크스, 2015). 개혁 개방 이후 중국에서 이중적 의미에서 자유로운 노동자들과 상품화된 노동력, 즉 임금노동자 계급의 방대한 규모로의 형성, 이들의 잉여가치 생산 수행, 즉 국가자본과 사적 자본에 의한 노동 착취 및 실업(산업예비군)의 존재는 엄연한 현실이다.[12] 중국에서 세계 최대 규모의 노동자계급의 존재 자체가 개혁 개방 이후 중국 사회의 기본 성격이 자본주의임을 웅변한다.[13]

설사 SCC 담론처럼 소유관계를 중심으로 중국 사회의 성격을 규정한다고 할지라도 개혁 개방 이후 중국 사회를 사회주의라고 규정하기는 어렵다. 왜냐하면 개혁 개방 이후 중국의 고도성장을 견인한 것은 국가자본이 아니라 사적 자본이었기 때문이다. 〈그림 1〉은 그 동안 중국에서 자본축적이 사적 자본 중심으로 전개되었음을 분명하게 보여준다. 1980

12　ILO에 따르면 중국의 실업률은 1990년대 3퍼센트 수준에서 2000년대 이후 4-5퍼센트 수준으로 상승했으며, 2021년 4.55퍼센트였다.

13　중국에서 노동자계급의 형성에 관한 논의로는 왕후이(2021), Pun(2020), Guiheux(2021), Huang(2023) 등을 참고할 수 있다.

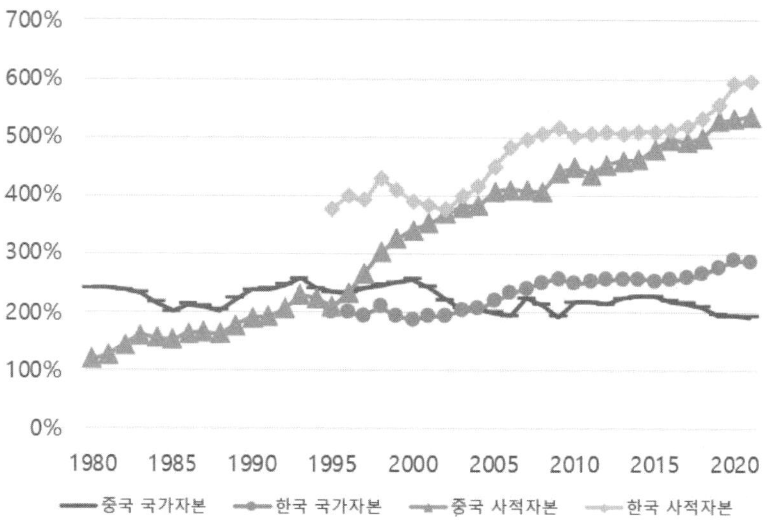

그림 1   중국과 한국에서 사적 자본과 국가자본의 축적(GDP 대비), 1980–2021

주: 국가자본은 GDP 대비 순공적자산(net public wealth)의 비율, 사적 자본은 GDP 대비 순민간자산(net private wealth)의 비율을 가리킴.

자료: World Inequality Database https://wid.world

년 중국에서 순민간자산(net private wealth), 즉 사적 자본 스톡은 GDP 대비 120퍼센트 규모이어서, 순공적자산(net public wealth), 즉 국가자본 스톡의 GDP 대비 비율, 242퍼센트의 절반에 불과했지만, 이후 급속하게 증가하여 2021년 이 비율은 536퍼센트가 되어 같은 해 한국의 비율, 596퍼센트에 근접했다.[14] 이에 반해 중국에서 국가자본 스톡의 GDP 대비 비율은 1980-2000년에는 대략 250퍼센트 수준에서 2000년대 이후에는 저하하여 2021년에는 194퍼센트로서 같은 해 한국의 비율 288

---

14   2019년말 중국에서 중앙과 지방의 SOE를 포함한 국유 비금융기업의 총자산은 233.9조 위안(35.5조 달러)으로서 같은 해 중국 GDP의 230퍼센트에 달했다(Sperber, 2022: 275).

퍼센트보다 낮았다. 이는 한국에서 국가자본 스톡의 GDP 대비 비율이 2000년 188퍼센트에서 2021년 288퍼센트로 상승한 것과 대조된다. 따라서 만약 SCC 담론처럼 국유가 지배적이면 사회주의이고, 사유가 지배적이면 자본주의라고 주장한다면, 개혁 개방 이후 중국은 사회주의가 아니라 자본주의라고 말해야 할 것이며, 오히려 한국이 중국보다 사회주의에 더 가깝다고 해야 할 것이다.

실제로 중국의 산업부문에서 국가자본 소유 자산의 비중은 1998년 68.8퍼센트에서 2018년 38.8퍼센트로 감소한 반면, 사적 자본 소유 자산 비중은 같은 기간 31.2퍼센트에서 61.2퍼센트로 증가했다. 또 중국에서 국가자본의 고용 비중은 1998년 60.5퍼센트에서 2018년 17.9퍼센트로 급감한 반면,[15] 사적 자본의 고용 비중은 같은 기간 39.5퍼센트에서 82.1 퍼센트로 크게 증가했다(Li & Kotz, 2021: 603-604). 또 중국의 총수출에서 국가자본의 수출 비중은 1995년 70퍼센트에서 2017년 10퍼센트 대로 격감한 반면, 사적 자본의 수출 비중은 1995년 제로 수준에서 2017년 44 퍼센트로 급증했으며, 외국인투자기업의 수출 비중은 1995년 30퍼센트 수준에서 2006년 60퍼센트로 증가했다가 2014년 44퍼센트 수준에서 안정되었다(Starrs, 2018: 187). 중국의 가장 역동적이며 기술적으로 선진적

---

15 2002년 SOE의 사유화와 구조조정이 진행되면서 6천만명 넘는 도시 노동자들이 해고되었으며, 이는 1993년 국유부문 취업자 수의 44퍼센트에 달하는 규모였다. 도시 취업자 중 국유부문 취업자수 비중은 1995년 76퍼센트에서 2000년 41퍼센트, 2005년 27퍼센트로 급감했다(Chan, 2019: 463). SOE 회사수도 1995년 118,000개에서 2003년 34,000개로 급감했다(Chavance, 2017). 2013년 중국의 전체 노동력 (소기업, 가족기업 포함) 중 국가가 통제하는 기업에 종사하는 노동자의 비중은 12 퍼센트에 불과했는데, 이는 1980년대 이전 프랑스나 이탈리아보다 낮은 수치이다 (Naughton, 2017: 7-8).

인 수출 부문에서는 중국이 WTO에 가입한 지 20년이 지난 뒤에도 외국인투자기업이 여전히 지배적이다(Starrs, 2018: 189).

1980년대 중반 도입된 이중가격제도, 1990년대 중반 이후 SOE 개혁('조대방소(抓大放小)')과 향촌기업(town and village enterprise, TVE)의 사유화, 1990년대말 이후 농촌 토지 수탈은 사적 자본의 원시적 축적의 주요 계기를 제공했다(Nogueira & Qi, 2019: 567-568). 중국에서 사적 자본의 원시적 축적과 소유권 인정에서 국가, 특히 지방 정부는 주요한 역할을 했다. 중국에서 사적 자본은 TVE, 집체기업처럼 명목상 지방 정부가 소유했던 기업들에서 먼저 출현했는데, 여기에서 CCP 간부와 정부 관료들이 기업가로 전신했다(McNally, 2019: 320). 개혁 개방 이후 중국에서 경제 '기적'의 주된 원천은 사적 부문이었다. 개혁 개방 이후 중국경제의 고도성장의 두 엔진은 사적 부문의 수출 산업이 주도한 수출 소득과 주로 SOE가 수행한 인프라 및 건설 투자이지만, 후자의 주된 원천은 수출 산업이 기여한 막대한 무역 흑자이다(홍호평, 2022: 52). 중국에서 사적 부문의 경제적 비중은 흔히 '60/70/80/90'이라는 표현으로 비유되는데, 이는 사적 자본이 중국의 GDP, 기술혁신, 도시 고용, 신규 고용의 각각 60퍼센트, 70퍼센트, 80퍼센트, 90퍼센트를 기여하고 있다는 것을 의미한다(Pearson et al, 2021: 210).

경제 활동을 조절하는 지배적 양식이 경쟁적 시장 관계이고, 이윤 동기가 지배하는 경제를 자본주의라고 정의할 수 있다면, 개혁 개방 이후 중국 경제는 명확하게 자본주의로 정의된다. 현재 중국에서 대다수 시민들은 자신들의 일상적 필요를 충족하기 위해 시장 구매에 의존하고 있으며, 의료, 교육, 주거를 비롯한 사회적 필요 제공의 사회화 수준은 역설적이게도 많은 선진 복지국가들보다 낮다. 중국에서 노동력의 상품화는 고도로 진전되어 있으며 '철밥통'으로 알려진 국가 부문의 종신고용은 과거지사가 되었다.[16] 중국에서 경제를 굴러가게 하는 동력은 이윤 동기와 자본축적이다. 개혁 개방 이전 시기 SOE들은 자신의 종신고용 노동자들과 가족들에게 주거, 의료, 교육 서비스를 제공했다. 하지만 개혁 개방 이후 SOE관리자들의 가장 중요한 목표는 이윤 극대화이다. 또 중국경제와 다른 모든 선진 자본주의 경제 및 발전도상 자본주의 경제들은 모두 법인자본주의(corporate capitalism)라는 양상을 공유한다. 실제로 중국경제의 중심적 행위자들은 다른 모든 선진 자본주의 경제 및 발전도상 자본주의 경제들과 마찬가지로 법인, 즉 주식회사라는 독립적 영구적 존재인데, 이들은 표면적으로는 이사회와 임명된 관리자들에 의해 지배되고 자본 공급자가 보유하는 주식에 의해 소유자의 이해관계가 대표되고 있다(Milhaupt, 2017: 275). 법인자본주의라는 시각에서 보면 중국의 국가자본주의는 LME의 주주자본주의, CME의 이해당사자 자본주의와 함께 법인자본주의의 한 종류일 뿐이며, 국가의 기업 소유의 범위와 정치적 고려가 기업 결정에 영향을 미치는 정도 및 주요 기업 경영자들이 당국가에 연결된 정도에서만 다른 종류들과 구별된다(Milhaupt, 2017: 278, 294). 요컨대 시장관계와 이윤 동기의 지배, 법인자본주의(주식회사)의 지배 등 통상적인 자본주의의 기준으로 보면 개혁 개방 이후 중국은 명백히 자본주의적이기 때문에, 중국경제를 SCC 담론처럼 '사회주의적 시장경제' 등 '자본주의' 원리와 '사회주의' 원리를 결합한 하이브리드로 묘사하는 것은 설득력이 없다.

16　통념과 달리 마오주의 시대에도 '철밥통'은 중국 노동자들 전체가 아니라 그 20퍼센트 정도에게만(거의 전적으로 도시 노동자들에게만) 제공되었다(Lee, 2019: 138).

4. 개혁 개방 이후 중국 자본주의의 특수성: 국가자본주의

개혁 개방 이후 중국 사회의 기본 성격은 자본주의이지만 그 특수성, 혹은 구체적 형태, 유형은 국가자본주의로 현상한다. 이 때 국가자본주의는 레닌이나 마오쩌둥이 상정했던 사회주의로의 이행 국면이 아니라 자본주의의 한 유형을 의미하며, "국가가 자본의 기획자, 감독 및 소유자로서 특별히 강력한 역할을 하는 자본주의 배열"을 뜻한다(Alami & Dixon, 2023: 76). 국가자본주의는 자유주의적 시장 기반 자본주의, 즉 '국가'라는 수식어가 붙지 않은 자본주의로부터의 일탈이 아니라 자본주의 국가의 특수한 표현 양식이며, 자본주의에 내재한 잠재적 경향이다(Alami & Dixon, 2023: 85).[17] 개혁 개방 이후 중국에서는 이전에는 근대화의 경쟁적 프로젝트들로 간주되었던 시장과 국가를 역설적이게도 공생적으로 결합하는 독특한 사회 발전이 진행되었다. 중국에서는 국가 관료가 스스로 자본가가 되었으며, 경제계획과 자본가 주도 발전이 병행했다(Ten Brink, 2019: 257). 후발 자본주의 발전에서 국가 주도성은 공통적이지만 중국에서 국가 개입의 정도와 성격은 역사적으로 경이적이다. 중국에서 국가는 경제 과정에 매우 긴밀하게 연루되어 있어서 통상적인 동아시아 발전국가의 역할을 훨씬 넘어섰다. 중국의 국가는 시장과 사적 자본 활

17　자본주의에서 "국가는 자본주의적 축적의 조직에서 하나의 결절점(nodal point)으로 분석"(Bieler & Morton, 2018: 175)되어야 하며, 시장의 대립물, 자본주의의 대립물로 간주되어서는 안된다. 국가는 자본주의에 내재적이며 중심적인 구성 요소로 인식되어야 한다(De Graaff, 2020: 882). 즉 자본주의에서 정치적인 것과 경제적인 것, 국가와 시장은 사회적 생산관계의 분화된 형태들이므로 이분법적으로 분단되어서는 안된다.

동을 적극 장려하면서도, 즉 경제적 힘들을 자유화하면서도 경제와 사회에 대한 국가 통제를 유지했다. 중국의 국가는 규제자에서 금융가에 이르기까지 많은 경제적 역할을 수행했다. 중국의 국가는 글로벌 자본주의 안에서 자신의 보호된 틈새를 확보하고 토착 기술을 개발하는 데서 다른 국가들보다 훨씬 자율적이다(Starrs, 2018: 193). 중국의 국가는 케인스주의적 재정 금융정책을 적극 구사하며, SOE 투자를 통제하며 사기업의 생산 투자 결정에 대해서도 명령을 내린다. 중국의 국가는 인프라, 사회적 서비스(예컨대 고등교육의 급속한 팽창) 및 기술혁신을 장려하는 산업정책에 중점을 둔 장기 투자자로 기능했다. 중국에서는 국가가 거의 모든 경제 영역에서 전국, 지방 및 기업 수준 정책의 틀을 수립하며, 옛소련의 노멘클라투라에 해당하는 '編制'[18]시스템을 통해 주요한 경제적 의사결정권자를 지명했다(McNally, 2019: 319). 중국에서 지배적인 사회세력은 사적 자본가계급이 아니라 당·국가이다(Starrs, 2017: 647). 중국에서는 소유 형태를 불문하고 어떤 기업도 CCP의 이해관계를 무시하거나 반대할 수 없다.[19] 중국의 국가는 다른 자본주의 국가들에 비해 경제활동을 지도하고 규제하는 데서 더 큰 역할을 한다. 하지만 이것이 중국의 경제적 토대가 자본주의라는 사실과 상충되는 것은 아니다(Li & Kotz, 2021: 604-605).

18 '編制'는 중국 국가로부터 봉급을 받는 공무원과 준공무원을 포괄하며, 당정기관, 사업단위, 기업 등과 같은 공식 직장인 '단위'에서 근무하는 사람들과 조직들의 편성을 가리키지만, 실제로는 이들을 임명하기 위해 각급 당 위원회가 작성하는 후보자 명단을 뜻한다.

19 중국에서는 CCP의 이해관계의 최우선 순위는 자신의 권력 독점을 유지하는 것이며, CCP의 영구적 존속은 국가 주권 존재의 전제조건이다. 중국에서 CCP의 실각은 중국 국가 주권의 붕괴로 인식된다(Su & Lim, 2022).

CCP는 자신의 집권의 정당성을 경제 성과와 연결시켰는데, 이는 고위 정책결정자, 지방공무원 및 사기업들 간의 반복된 상호작용을 낳으면서 지속적이며 유연한 정치경제 실험과 적응을 장려했다. 즉 국가의 효율성과 시장 및 사적 자본의 역할을 동시에 증진하는 메커니즘이 작동했다(McNally, 2019: 324). CCP와 기업가 정신은 서로를 약화시키는 것이 아니라 강화시켰으며, 지방의 사적 자본가와 SOE 관리자들은 친밀한 상호 연계를 추구했으며, 당·국가와 두텁게 연계되었다(Ten Brink, 2020: 47). CCP 간부 다수가 기업가가 되었으며, 2001년부터 CCP는 자본가들에게도 당원 문호를 개방했다. 이들은 '관시'(關係, guanxi) 자본주의를 형성하고 있다. 2006년 CCP 내부 보고에 따르면 중국의 최대 부호들의 90퍼센트는 고위 관료의 자식들이었다(Budd, 2021: 126). 하지만 이와 같은 '관시'는 다른 발전도상국들의 경우처럼 기업의 국가 포획 혹은 국가의 기업 약탈 같은 공공연한 부패로 이어지지 않는다. 이는 국가-기업 동맹 내부에서 작동하는 치열한 경쟁이 부패를 억제하기 때문이다(Ten Brink, 2020: 49).[20]

중국에서는 위로부터 지도되는 국가 조절적 자본축적이 글로벌하게 통합되고 시장에 의해 주도되는 아래로부터의 네트워크 기반 자본

---

[20]   Meisner(1996: 300)는 개혁 개방 이후 중국을 "자본주의적 혹은 준자본주의적 경제 활동 방법을 통한 사적 금전적 이득을 위해 정치 권력과 공적인 영향력을 사용하는" "관료자본주의(bureaucratic capitalism)"라고 비판적으로 규정한다. 실제로 당·국가 간부와 이들 중 SOE의 '내부자 사유화'를 통해 사기업가로 전신한 신흥 '적색 자본가들'은 '관시'를 이용하여 정치적 특권을 경제적 부로 전화시켰다(Peck & Zhang, 2013: 383). 반면 SCC 논자들은 현대 중국을 관료자본주의로 규정하는 것은 막스 베버가 강조한 관료제의 합리적 성격을 이해하지 못한 것이라고 비판한다(Boer & Yan, 2021: 174).

축적 형태와 병행되었다. 중국자본주의를 추동하는 논리는 위로부터 국가가 지도하는 자본축적이 아래로부터 기업가, 시장 경쟁 및 글로벌 경제 통합의 네트워크와 상호작용하는 구조적으로 안정된 변증법의 재생산에 기초하고 있다(McNally, 2019: 315). "중국 자본주의의 독특한 변증법에서는 두 개의 상충하는 힘들이, 즉 위로부터 국가 통제와 아래로부터 민간 주도 및 기업가 정신이 균형된다"(McNally, 2022: 197). 중국에서 계획 시스템은 지방의 실험을 위한 공간을 열어주고 성공적인 실험을 국가적 수준으로 확산시키는 역할을 했는데, 이를 통해 경직적인 국가 중앙계획에 구애되지 않고 경제개혁을 수행할 수 있었다(McNally, 2019: 318). 중국자본주의는 LME나 CME 중 어느 유형으로도 분류할 수 없다(Peck & Zhang, 2013: 365). 중국자본주의와 자유주의 질서와의 상호작용은 사적 자본과 구속되지 않는 시장의 힘에 대한 신자유주의적 강조를 경제를 관리하는 신국가주의적 정부 개입과 결합하는 "카오스적 혼합(chaotic mélange)"을 결과시켰다(McNally, 2020: 282).

중국에서 지방 정부는 유관 사업체나 사기업의 지분 획득, 사적 자본과의 합작 등의 형태로 자본축적과 사적 경제활동에 직접 관여했는데(Budd, 2021: 126),[21] 이와 같은 "지방 수준에서 민관 성장 동맹(pri-

---

21 중국의 경제발전에서는 분권적인 지방 정부들이 중요한 역할을 했으며, 이 점에서 중앙집권적 정부의 역할이 결정적이었던 동아시아 발전국가들과 구별된다. 1980년대 중국에서 지방 정부의 재정 분권화, 지역 GDP 성장률 달성도의 지방정부 관료의 승진에의 연계 등은 지방 정부를 성장에 올인하게 했다('GDP주의'). 기존의 동아시아 발전국가가 국가 발전 목표를 위해 금융적 기술적 및 경쟁적 동학을 조작한 하향적 프로젝트였던 것에 비해, 중국의 국가는 5개년 계획과 같은 폭넓은 목표를 제시하면서도 아래로부터 지방 정부들의 시도를 장려했다.

vate-public growth alliances)은 상당한 제도 변화를 견뎌내는 안정 유지 메커니즘으로 작용하여 제도적 정합성을 발전시키는 데 기여했다"(Ten Brink, 2020: 46). 당·국가와 사적 자본가들은 국내 사회경제의 안정성과 CCP 지배 체제의 유지 및 글로벌 역할의 증대라는 기본 목표를 공유했으며 견제와 균형을 통해 갈등을 억제했다. 중국에서 이와 같은 비자유주의적인 경제 조절 메커니즘은 SOE와 사기업가 및 국가 관리자들이 효율적으로 작동할 수 있는 틀을 제공했다(Ten Brink, 2020: 51). 개혁 개방 이후 중국의 고도성장을 주도한 것은 사적 자본이지만, 이들의 고도축적을 지도하고 규정한 것은 국가 부문, 즉 당·국가와 국가자본이었다.

중국에서 국가 부문의 강화는 〈그림 2〉에서 확인할 수 있다. 중국에서 '확장된 재정 수입', 즉 재정 수입에 사회보험비, 토지 수입과 SOE의 이윤을 더한 값의 GDP 대비 비율은 1996년 13.7퍼센트에서 2015년 38퍼센트로 무려 3배나 증가했다. 생산자산의 경우 사유화 추세가 진전되

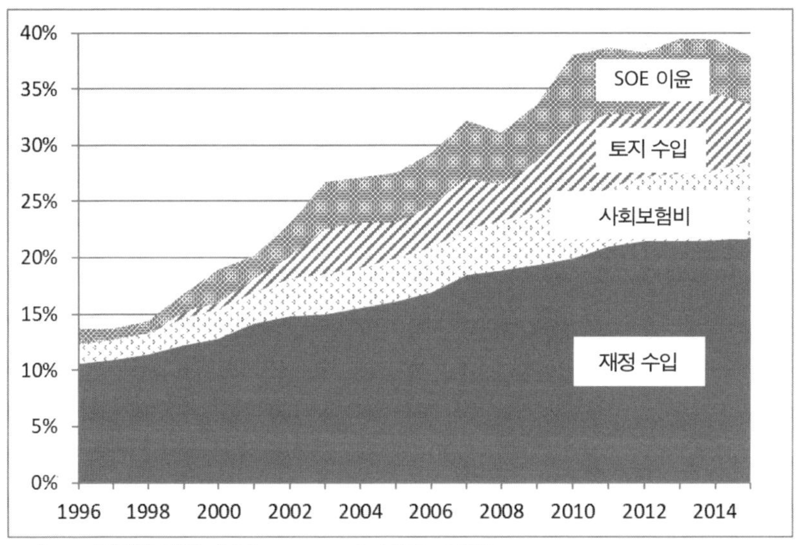

그림 2　중국의 공공 수입(GDP 대비 %), 1996−2015

자료: Naughton(2017: 5)

고 있는 것(앞의 〈그림 1〉 참조)과 달리, 소득 흐름에서는 국가의 통제가 증대했다(Naughton, 2017: 7). 현재 중국에서는 시장경제가 지배적이지만, 정부는 여전히 크고 간섭적이다. 중국에서 국유 부문의 비중은 식품, 직물, 의류 등의 산업에서는 낮지만, 대규모 전략 산업에서는 여전히 높다. 2014년 중국의 산업 자산 중 국유 비중은 39퍼센트로서, 소득에서 국가 부문 비중 24퍼센트, 고용에서 국가 부문 비중 18퍼센트보다 높았다. 2014년 중국에서 국유의 비중은 산업 부문보다 서비스 부문에서 더 높아서, 은행 부문, 텔레콤, 운수 네트워크 자산, 교육, 과학기술 서비스의 85퍼센트 이상이 국유였다(Naughton, 2017: 8). 현재 중국 정부는 전체 생산 자산 중 상대적으로 적은 부분을 소유하고 있지만, 이들은 경제 전체에 큰 영향을 미치는 전략적 부문들,[22] 혹은 중국 정부에 독점적 지위를 부여하는 부문들에 집중되어 있다(Naughton, 2017: 8).

중국 정부는 모든 수준에서 체제 내에 장착된 발전 목표에 우선 순위를 두고 이들 목표를 달성하기 위해 공무원들에 다른 동아시아 발전국가의 경우보다 훨씬 많은 자원과 수단들을 제공했다. 2008년 글로벌 금융위기 시 중국 정부는 5,860억 달러의 경기부양 재정지출을 감행하여, 불과 몇 달 사이에 GDP 10퍼센트 이상의 투자가 이뤄졌다. 이는 인프라 프로젝트에 착수하도록 SOE와 지방 정부를 동원하고, 국영 은행이 무제한으로 자금을 공급했기 때문에 가능했다(Naughton, 2017: 11). 중국은 현재 14차 5개년 경제계획 기간(2021-2025) 중에 있는데, 이는 전반적 비전과 소수의 달성 목표, 부문 및 지방별 기본 계획을 포함한다(Naughton,

---

22　2022년 중국 국무원의 국유자산감독관리위원회(State-owned Assets Supervision and Administration Commission, SASAC)가 직접 관리 감독하는 중앙 SOE 집단은 모두 98개였다(国务院国有资产监督管理委员会, 2022).

2017: 12).[23]

시진핑 이후 중국 국가자본주의는 당·국가의 존속이 발전 목표를 압도하고 있기에, '당·국가 자본주의(Party-state capitalism)'라고도 묘사된다(Pearson et al, 2021). 시진핑 이후 CCP의 권한은 크게 증대되어 통상적인 국가 지도적 경제와 동일시되었던 국가자본주의로부터 독특한 당 주도의 화신(化身)으로 진화했다(Pearson et al, 2020: 4). 시진핑의 집권은 지난 수십년 간 급격히 진전된 글로벌화 사유화에 대한 당·국가의 반작용이라고 할 수 있다(Budd, 2021: 127). 시진핑은 사적 자본을 규율하기 위해 국가 권력을 더 많이 행사하고 있다. 2015년 시진핑은 '중국 제조 2025(Made in China 2025)'라는 대규모 산업정책을 도입하면서 2021년까지 10조 위안을 전략적 산업 부문에 투입하고 이를 통해 중국 경제의 글로벌 공급망 의존도를 줄이겠다고 선언했다. 2017년 19차 당대회에서 시진핑은 CCP가 국가의 모든 부문, 모든 영역에서 전반적인 지도력을 행사할 것이라고 선언했다. 시진핑 집권 이후 기업에서 CCP 세포 건설이 크게 진전되어, 2017년말까지 188만개 비국유 기업들(이는 전체 기업의 73퍼센트에 해당한다)에서 당세포가 조직되었다(Pearson et al, 2021: 209). 2019년 이후 SOE 이사회는 중요 사안 의결 전에 CCP 당위원회의 의견을 청취해야만 하고, 이사회 의장은 통상 SOE의 당서기가 겸하도록 요

---

23 중국에는 지방정부마다 계획과 산업정책을 갖추고 있기 때문에 전국적으로 통일된 계획이나 산업정책을 갖고 있다고 말하기는 어렵다. 그래서 5개년 계획에서 제시된 목표가 실제 성과와 일치하지 않는 경우가 빈번하다. 또 흔히 계획 덕분에 성공한 것으로 여기지는 것들이 실제로는 그렇지 않은 것도 있다. 세계 최대인 중국의 고속철도 네트워크 건설 프로젝트는 이미 19,000 km가 건설된 2016년까지도 5개년 계획에 등장하지 않았다(Naughton, 2017: 13).

구되었다(Du, 2023: 137).

　시진핑 집권 이후 중국 정부는 지분 증대 등을 통해 기업에 대한 통제를 강화하고 있다. 2015년 여름 주가 폭락 시기 중국 증권규제위원회는 1.3조 위안을 투입하여 주식을 매수했다(Pearson et al, 2021: 210). 시진핑 이후 국가의 금융 개입이 증대되었는데, 이는 주로 리스크 관리와 안정성을 유지하기 위한 것이었다(Pearson et al, 2020: 10). 시진핑 정부는 '사회적 신용 제도'라는 새로운 모니터링 제도를 도입하여 개인과 기업의 과거와 현재의 사회적 경제적 활동에 대한 디지털 데이터를 근거로 이들의 신용도와 신뢰도를 종합적으로 평가하기 시작했다. '신뢰도' 척도에는 통상적인 금융 거래 지표뿐만 아니라 헌혈 횟수, 무단횡단, 게임 시간, SNS 활동 이력 등 '사회적' 지표들도 포함되었다. 시진핑 이후 CCP는 자신이 규정한 '정치적 올바름'을 국내 경제 행위자들뿐만 아니라 중국에서 영업하는 외국 기업들에게도 준수할 것을 요구한다(Pearson et al, 2021: 211). 하지만 CCP의 정당성의 핵심은 중국 경제의 지속적인 성장이기 때문에, 시진핑 시기 당·국가의 민간 자본 통제와 감시 강화가 자본축적을 크게 저해할 정도로까지 진행되지는 않을 것이다. 왜냐하면 시진핑 정부가 지향하는 중화민족의 부흥 자체가 사적 자본의 축적과 기업가 정신, 혁신을 요청하며, 이는 CCP도 자신의 존속을 위해 필요로 하기 때문이다(McNally, 2022: 198).

　개혁 개방 이후 중국이 사회주의라는 SCC 담론의 주된 논거는 중국에서 이른바 토지에 대한 사적 소유권의 부재이다. SCC 담론에 대해 비판적인 홍호평도 개혁 개방 이후 중국은 자본주의 시스템의 핵심인 사적 소유가 부재하기 때문에 자본주의로 볼 수 없다고 주장한다(Hung, 2020: 890-891). 중국에서 국가는 시장 관계의 성립과 이윤 주도 경제활동을 촉진하기 위해 토지와 생산수단의 한시적 用益权(usus and fructus rights)

을 기업가들에게 제공했는데, 이러한 용익권은 만기일이 정해져 있으며 국가는 언제든 회수할 수 있다. 하지만 중국에서 사적 소유권의 비절대적 성격은 당·국가의 농민 토지 수탈, 즉 자본의 원시적 축적이 더 용이했음을 보여주는 증거이다. 실제로 중국에서는 절대적 의미의 사적 토지소유권이 부재함에도 불구하고 토지 용익권이 처분권 및 공식 소유권(abusus and formal title of ownership)으로부터 분리되어 합법적으로 거래되었다(Peck & Zhang, 2013: 372). 1984년 인민공사가 해체되면서 각 농가는 가족수에 비례하여 옛 인민공사 소유 농지를 분배받았다. 이 때 농민들이 분배받은 것은 해당 토지의 용익권이며, 그 처분권 및 공식 소유권은 지방 당국이 갖고 있었다(서석흥, 2014; Chavance, 2017). 1990년대 이후 지방 정부는 농민에게 분배된 토지 용익권을 다시 헐값으로 구매하여 이를 부동산개발업자 혹은 외국인투자 기업에게 다시 매각할 수 있었다. 토지 용익권의 매각은 지방 정부의 주요 수입원이 되었다. 2000년대 중반 지방 정부 예산 수입의 30퍼센트 이상이 토지 사용권 매각 대금이었다. 요컨대 중국에서는 사적 소유가 부재하지 않았다. 용익권과 처분권, 공식 소유권 등으로 분할되어 존재했을 뿐이다.[24] 사적 소유권자는 보통 잔여 자산과 소득에 대한 청구권자 및 리스크 담지자로서, 또 정부

---

24 Bettelheim(1975)은 생산수단에 대한 소유를 다음과 같은 4가지 유형으로 구분한다: (1)소지(holding): 직접 생산자의 특정 생산수단이 노동과정에 직접적으로 개재하는 경우, (2)점유(possession): 생산수단을 작동시킬 수 있는 능력을 갖는 경우, (3)경제적 소유(economic ownership): 생산수단을 특정 목적을 위해 배분하고 획득된 생산물을 처분할 수 있는 권력을 갖는 경우, (4)법적 소유(legal ownership): 법적 청구권의 효과적 통제 여부와 상관없이 법에 의거해 자본에 대한 공식적 소유권을 갖는 경우.

의 과세와 규제에 복속되는 자로서 정의되지만, 중국에서 사적 소유권자
는 분명한 권리의 묶음으로 정의되어 있지 않는 잔여적인 법적 범주이다
(Pearson et al, 2020: 15).[25] 하지만 이것이 자본주의의 작동에 지장을 초래
하지는 않는데, 이는 토지 용익권 시장이 활성화되어 있기 때문이다(Ten
Brink, 2019: 51-52). 시진핑 이후 반부패 명목으로 사기업과 부자들의 재
산 몰수가 빈번하게 이뤄지고 있고, 국유 부문이 다시 전면에 나서면서
SOE가 사기업과 외국기업의 영역을 압박하고 있지만, 이들이 중국이 자
본주의가 아니라는 증거는 되지 못한다.

중국에서 사적 소유에 대한 정의가 모호한 것이 중국을 자본주의가
아니게 하는 것이 아닌 것처럼 국유가 지배적이라고 해서 중국이 마르크
스적 의미의 사회주의가 되는 것도 아니다. 중국에서 지배적 소유 형태
인 국유가 사회주의적 소유가 되려면 국유가 SCC 담론이 주장하는대로
전인민적 소유이어야 할 것이다. 하지만 중국에서 SOE는 전인민적 소
유이긴커녕 당·국가의 소유물로서 자본주의적 사적 소유의 변종이다.[26]
실제로 중국에서 SOE의 법적 소유는 국가 그 자체에 귀속되어 SOE에
대한 법적 인격과 공식적 소유권은 국가기관이 갖고 있으며, 점유(운영
권)와 경제적 소유(배분 및 처분권)는 국가 지배층 구성원들에 의해 행사되
고 있다(Sperber, 2022: 272). SOE 관리자들이 정부 감독자들에 의해 상당

25　1999년 개정된 중국 헌법은 사유 경제를 중국 경제의 구성 부분으로 규정했
으며, 2007년 제정된 물권법은 사유 재산을 공식적으로 인정했다(Peck & Zhang,
2013: 370).

26　"SOE 개혁 이후 노동자들은 SOE를 '소유'하고 있지 않다. 정반대로 SOE가 노
동자들을 소유하고 있다. SOE가 노동자들을 계속 '소유'할 지 여부를 결정하는 것도
SOE이다"(Huang, 2023: 222).

한 재량권을 부여받은 경우, 혹은 정부 감독자들이 SOE 관리자들을 감독 통제할 수 있는 능력을 결여한 경우, 경제적 소유와 점유는 모두 SOE 관리자들에 의해 행사된다. 이와 달리 SOE가 엄격한 관료적 정치적 감독 하에 놓이고 정부 관리들이 SOE의 중요 투자 결정에 관여하는 경우, SOE 자본에 대한 경제적 소유권자는 당·국가이며 SOE 관리자들은 점유권과 잔여분에 대한 경제적 소유권만을 갖는다. 중국 SOE에서 자본의 운영권으로서 점유는 SOE 관리자들의 소관 사항이지만, 자본의 배분권으로서 경제적 소유는 SOE 관리자들과 정부 공무원들 간에 불규칙하게 분포되어 있다. SOE에 대한 중앙 통제에도 불구하고, 기업 부문의 지도적 간부들은 일정한 자율성을 누릴 수 있다(Sperber, 2022: 273, 278). 중국에서 국가자본의 경제적 소유권은 SOE 관리자들과 이들을 감독하는 CCP 간부들이 나누어 갖는다. 요컨대 SOE를 중심으로 한 국가자본은 '자본의 주인(masters of capital)'인 동시에 '당·국가의 하인(servants of the party-state)'이라는 이중적 정체성을 갖는다(Sperber, 2022: 277).

5. 중국에서 자본주의적 축적의 절대적 일반적 법칙의 관철

중국에서 위로부터 국가 지도와 분권화된 경제적 의사결정, 지방정부간 경쟁 및 지방 실험주의의 병존[27]은 지방 CCP 엘리트들이 대규모 프로

---

[27]　Zhang & Peck(2016)에 따르면 개혁개방 이후 중국은 다음과 같은 5개의 지방 모델들이 병존 경합하는 다변적(variegated) 자본주의이다: (1) 광둥성(广东省)의 기숙사 체제, (2)쑤난(苏南)의 초국적 기술 콤플렉스, (3) 원저우(溫州)의 마샬적 발전, (4) 동방의 실리콘 밸리 중관춘(中关村), (5) 마오주의 경제의 수도 충칭(重庆).

젝트에 참여하고 생산 설비에 과잉투자하는 유인을 낳았으며, 지방 정부
국가자본들 간의 경쟁은 국가 경제를 다수의 지방 축적 모델로 파편화시
켜 과잉투자와 과잉축적 경향을 격화시켰다(Ten Brink, 2019: 95). 하지만
중국경제는 1995-2010년 연평균 10퍼센트의 고도 축적을 시현한 후 점
차 성장이 둔화되기 시작해서 2019년 GDP 성장률은 5.95퍼센트로 이미
코로나 팬데믹 전에 지난 30년 이후 가장 낮아졌다. 이제 중국경제의 고
도성장 시대는 막을 내렸다. 이는 그 동안 중국의 고도축적을 지탱해 온
저임금 노동력 풀이 고갈되면서 이에 기초한 초과착취 메커니즘이 잘 작
동하지 않게 되었고, 그 결과 이윤율이 저하하고 있는 사실에서도 확인
된다. 중국의 당·국가와 자본은 착취율 저하에 따른 이윤율 저하를 상
쇄하기 위해 자동화, 로봇, AI 투자에 박차를 가하고 있지만 이는 자본의
유기적 구성을 더 고도화시킴으로써 이윤율 저하 압박을 가중하고 있다.

〈그림 3〉에서 보듯이 중국에서 착취율, 즉 잉여가치율은 1998년

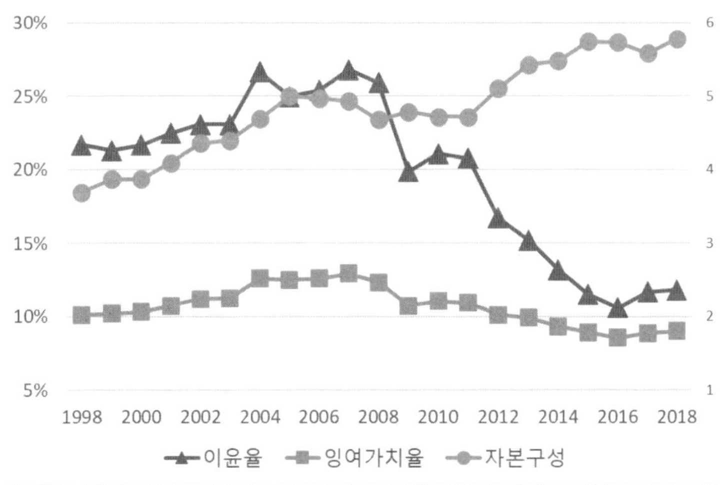

그림 3   중국에서 마르크스 비율의 추이, 1998-2018

주: 이윤율은 왼쪽 축, 잉여가치율과 자본구성은 오른쪽 축.

자료: 吳曉華 外(2020: 86).

202퍼센트에서 2007년 259퍼센트로 상승한 후 2008년 이후 하락세로 반전되어 2018년 180퍼센트로 낮아졌다.[28] 2008년 이후 중국에서 착취율의 하락 추세는 2006년 이후 대량의 노동 이동과 노동시간 연장을 통한 총노동시간의 절대적 팽창에 기초한 기존의 축적 체제, 즉 '조방적 축적체제'가 한계에 봉착했음을 의미한다(Pauls, 2022: 15). 중국에서 착취율 하락은 주로 산업예비군 축소에서 비롯되었다. 1998-2007년 착취율 상승의 결정적 요인은 방대한 규모의 산업예비군 형성이었는데, 농민공과 SOE 해고노동자들이 그 주요 구성 부분들이었다. 하지만 2008년 이후 SOE 고용은 안정되었고 농민공 유입도 둔화되어 도시 취업자 중 농민공 비중은 감소했다(Qi, 2017: 118). 〈그림 3〉에서 보듯이 중국에서 이윤율은 1998년 21.7퍼센트에서 2007년 26.8퍼센트까지 상승하여 정점에 달한 후 하강하기 시작해서 2018년 11.8퍼센트까지 낮아졌다. 또 자본의 유기적 구성은 1998년 369퍼센트에서 2005년 500퍼센트로 고도화되었다가 2011년까지 472퍼센트로 약간 저하한 후 2012년 이후 다시 고도화되어 2018년 578퍼센트로 높아졌다.[29] 1998-2007년 중국에서 이윤율의 상승은 이 시기 중국에서 자본축적의 급속한 진전을 반영한다. 이는 이

---

[28] Pauls(2022: 8)에 따르면 중국의 잉여가치율은 1997년 113퍼센트에서 2005년 219퍼센트로 크게 상승한 후 다시 하락세로 반전되었다. Qi(2017: 112)의 추계도 중국의 잉여가치율이 1998년 약 160퍼센트 수준에서 2008년 250퍼센트 수준으로 상승한 후 2009년 이후에는 정체되었음을 보여준다.

[29] Pauls(2022: 285-286)에 따르면 중국 자본의 유기적 구성은 1995년 555퍼센트에서 2015년 891퍼센트로 고도화되었으며, 이윤율은 2007년 27퍼센트로 정점에 도달한 후 하강해서 2015년 22퍼센트로 낮아졌다. Qi(2017: 115-177)의 추계도 중국 자본의 유기적 구성이 1998년 약 650퍼센트에서 2014년 약 930퍼센트로 고도화되었으며, 이윤율은 1998년 25퍼센트에서 2007년 37퍼센트로 정점에 도달한 후 저하하여 2014년 27퍼센트로 낮아졌음을 보여준다.

기간 자본의 유기적 구성의 고도화에도 불구하고 착취율이 크게 상승한 결과이다. 2008-2018년 이윤율의 저하는 이 시기 중국에서 자본축적의 둔화를 반영한다. 이는 2008년 이후 이전의 고도축적을 견인했던 조방적 축적체제가 소진되면서 노동자들의 교섭력이 강화되고 임금이 상승하면서 착취율이 저하 추세로 반전된 반면, 자본의 유기적 구성이 계속 고도화된 결과이다. 2008년 글로벌 금융위기에 대응하여 중국 정부가 4조 위안의 경기부양책을 펼치면서 투자가 대폭 증가하면서 자본의 유기적 구성은 더욱 고도화되었고 이는 다시 이윤율에 하강 압력을 가중했다 (Qi, 2017: 119).

중국에서 초과착취에 기초한 자본 축적은 세계사상 유례없는 불평등과 양극화를 결과시켰다. 〈그림 4〉에서 보듯이 1980년 중국에서 소득 상위 10퍼센트가 총소득에서 차지하는 비중은 27.9퍼센트였던 것이 2021년에는 43.4퍼센트로 크게 증가하여 같은 해 미국 45.6퍼센트에 육박한 반면, 중국의 소득 하위 50퍼센트가 총소득에서 차지하는 비중은 1980년 25퍼센트에서 2021년 13.7퍼센트로 급감하여 같은 해 미국의

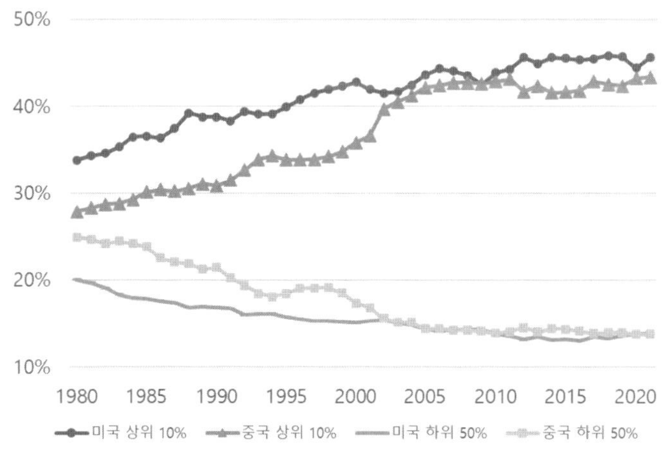

그림 4　중국과 미국의 소득 불평등, 1980-2021

자료: World Inequality Database https://wid.world

수치인 13.8퍼센트와 거의 같았다. 개혁 개방 이후 수십년만에 중국은 세계에서 가장 평등한 나라에서 미국 못지 않게 극단적으로 불평등한 나라가 되었다. 중국에서 '부익부 빈익빈의 법칙'의 관철, 즉 "자본주의적 축적의 절대적 일반적 법칙"(마르크스, 2015: 878)의 관철은 개혁 개방 이후 중국 사회가 자본주의 사회임을 입증하는 가장 강력한 증거이다(Peck & Zhang, 2013: 373). 2008년 이후 불평등 지수가 더 악화되고 있는 것으로는 보이지 않지만, 이는 주로 2000년대 중반 이후 미숙련 노동자와 농민공의 임금이 도시의 숙련노동자 임금보다 더 급속하게 상승한 때문이다.

물론 그 동안 중국에서 절대적 빈곤이 획기적으로 감소한 것은 사실이다. 1981-2010년 전세계 빈곤 인구의 감소의 95퍼센트가 중국에서 이루어졌다(Naughton, 2017: 16). 하지만 이와 같은 중국에서 빈곤 인구의 감소가 중국 정부 정책의 결과라고 보기는 어렵다. 중국에서 사회복지 혜택에 대한 정부의 직접적 기여는 미미한 수준이다. 2014년 중국정부의 교육, 건강, 공공주택 관련 예산 지출의 GDP 대비 규모는 각각 3.6퍼센트, 1.6퍼센트, 0.8퍼센트였는데, 이는 OECD 평균 수준보다 현격히 낮다. 2013년 농민공 중 연금과 건강 보험을 적용 받는 사람들의 비중은 각각 15.7퍼센트, 17.6퍼센트에 불과했다. "중국은 폭넓은 재분배를 실행 가능하게 하는 제도적 틀을 아직 확립하지 못했다. 중국에서 조세가 소득분배에 미치는 순 재분배 효과는 제로였다"(Naughton, 2017: 17-18).

중국의 축적체제는 최근까지도 대규모 저임금 노동력의 초과 착취에 의존했다(Li, 2022b: 196). 화웨이와 같은 첨단 기업들에서도 노동자들은 이른바 '996' 근무 스케줄[30]에 따라 노동하고 있는데 이는 주당 72시

---

[30] '996'은 중국의 빅테크 기업과 IT 기업 등에서 매일 오전 9시부터 오후 9시까지 일주일에 6일씩 일하는 과잉노동 문화를 뜻한다(하남석, 2021: 19-20).

간 노동하는 것을 뜻한다. 개혁 개방 이후 중국에서는 지구상에서 가장 유연하고 잔혹한 노동시장이 시장 자유주의적 형태로 작동하고 있다. 실제로 중국의 노사관계는 LME처럼 기업 수준에서 조절되며, 당·국가는 기업의 부당노동행위에 대해 개입하지 않고 방관함으로써 저임금 체제를 유지하려 한다. 중국에서 노동시장의 분단과 불안정노동의 증대는 마오주의 시기 이래 현재까지 당·국가 정책의 결과였다.[31]노동력의 분단에 기초한 저임금 체제는 고도축적의 핵심 동력이었으며 상당한 노동비용 우위를 가능하게 했는데, 이는 "신자유주의 유토피아와 흡사하다"(Ten Brink, 2020: 59-60). 급속하게 성장한 사적 자본 부문에는 농민공이 대규모로 고용되어 있는데, 여기에는 노동조합과 쟁의 해결 제도가 존재하지 않아서 임금 미지불, 불법 해고, 산업재해가 다반사로 발생하고 있다. 2014년 농민공은 2억7,400만명이었는데 그 중 62퍼센트는 고용 계약 없이 노동했다(Lee, 2016: 320). 중국에서 노동자들의 파업의 권리는 1975년 헌법에 도입되있지만 1982년 헌법에서는 삭제되었으며 1994년에야 최초의 노동법이 공포되었다(Gray, 2015: 149). 2016년말 중국에서는 중화전국총공회(All China Federation of Trade Unions, ACFTU) 산하에 280만개의 기업 단위 노동조합이 있고, 총 3억 2백만명이 조합원으로 등록되어 있었지만, 이들은 자주성을 결여한 관제 어용 노조이며, 당·국가가 노동자 이해관계의 집단적 대표성을 독점 전유하고 있기 때문에 자본과의 교섭력이 열악하고 불안정노동(precariat)이 확산될 수밖에 없다(Chan, 2019: 468; Ten Brink, 2020: 62; Lee, 2019: 145). 중국의 노동법, 노동계약법은 하

---

31 "기존 연구에서 공통적인 오류는 불안정 비공식 노동이 국가 규제의 부재에 의해 야기되거나 정의된다는 가정이다. 중국은 그 정반대이다. 즉 국가는 법과 정책을 통해 불안정성을 구조화하고 재생산하는 데서 중심적이다"(Lee, 2019: 145).

청 노동, 파견 노동을 오히려 합법화했으며, 그 결과 노동시장의 이원화, 정규직과 비정규직 간의 차별은 더 심화되었다(백승욱, 2013). 1992-2008년 동안 도시지역의 공식 일자리 수는 1억 4,800만개에서 1억 1,500만개로 감소한 반면, 비공식 일자리 수는 3,100만개에서 1억 8,200만개로 증가하여, 도시 노동력 중 비공식 고용 비중은 17퍼센트에서 61퍼센트로 증가했다(Andreas, 2019: 67). 2012년 SOE 피고용자의 16퍼센트가 파견노동자였다(Lee, 2016: 321). 2014년 친노동적 입법이 도입되어 개정되어 기업들은 노동력의 10퍼센트 한도 내에서만 파견 노동을 사용할 수 있도록 제한되었다. 2016-2017년 FAW-폭스바겐 자동차 공장 파업은 파견 노동자들이 주도한 것이었다(Chan, 2019: 467). 새로 도입된 중국의 노동법은 노동자들에게 자신들의 고충 사항을 개인적 공식적으로 처리하게 함으로써 노동자들에게 현재 체제가 정당하다는 허위의식을 조장하면서 동시에 노동자들의 동원을 개별화한다(Bieler & Morton, 2018: 183; Lee, 2016: 321).

최근 중국에서는 인구와 노동력의 증가 추세가 중단되고 농촌의 과잉인구가 고갈되면서, 초과착취에 기초한 축적 체제의 존재 조건이었던 저임금 노동력을 지속적으로 확보하기 어렵게 되고 있다. 중국의 노동력은 1990-2008년 6억 3,913만명에서 7억 7,638만명으로 무려 1억3,725만명이나 증가하여 같은 기간 절대적 잉여가치 생산에 기초한 고도축적의 원동력을 제공했다(World Bank). 하지만, 2008년 이후 출산율 저하에 따라 인구 증가가 둔화되고 고령화가 진전되면서 중국의 노동력은 더 이상 증가하고 있지 않다. 중국의 결혼 등록은 2013년 1천 350만 건을 정점으로 2020년 810만 건으로 대폭 감소했으며, 2012년 2천만명이었던 중국의 신생아 수는 2020년 800만명으로 격감했다. UN은 중국에서 저출산이 계속될 경우 25-59세 인구는 2020년 7억 6,500 만명에서 2050

년 5억 8,000 만명으로 감소할 것으로 예측했다. 중국에서 사회적 재생산의 위기가 현실화되고 있다. 2010-2020년 중국의 농촌 취업자는 4억 1,400만명에서 2억 8,800만명으로 감소한 반면, 도시 취업자는 3억 4,700만명에서 4억 6,300만명으로 증가하여, 1억명 이상의 노동자가 농촌에서 도시로 이동했다. 중국의 농촌 과잉인구가 고갈되면서 도시로 이동하여 생활수준의 향상을 대가로 혹독한 노동조건을 감수할 용의가 있는 산업예비군은 더 이상 존재하지 않게 되었다(Li, 2022b: 202). 2019년 2억 9,077만 명이였던 농민공 수도 2020년 사상 처음 2억 8,560만명으로 517만명 감소했다(김경환, 2022). 농촌의 과잉노동력의 고갈은 도시 노동자들의 교섭력을 증대시켰으며 자본가들이 해고의 위협을 사용하여 도시 노동자들을 규율하는 것을 어렵게 하고 있다. 그 동안 젊고 건강한 노동력의 초과착취에 의존했던 중국의 축적체제는 이제 잘 작동하고 있지 않다(Hardy, 2017: 199; Li, 2022b: 199-200, 205).이는 중국의 연평균 GDP 증가율이 후진타오 2기 9.4퍼센트에서 시진핑 1기 7.2퍼센트, 시진핑 2기 5.4퍼센트로 지속적으로 저하했으며, GDP 증가에 대한 총요소생산성 증가의 기여도가 1980-2000년대 40퍼센트 수준에서 2010년대 이후 10퍼센트 수준으로 급감한 데서도 확인된다(이현태, 2023: 87; Rajah & Leng, 2022).

농민공을 중심으로 한 중국 인민의 초과착취 외에 개혁 개방 이후 중국의 고도축적의 또 하나의 원천은 중국 및 글로벌 자연자원과 환경 약탈이었다. 그 결과 중국의 고도축적은 글로벌 생태환경에 재앙을 초래하고 있다(Smith, 2020). 중국은 2000년대 중반 이후 세계 최대의 CO_2 배출 국가이며, 〈그림 5〉에서 보듯이 이 시기 미국 등 OECD 국가들의 CO_2 배출이 감소하고 있는 가운데도 중국의 CO_2 배출은 계속 증가하여 세계 전체의 CO_2 배출 증가를 주도했다. 2010-2019년 세계 전체 CO_2 배

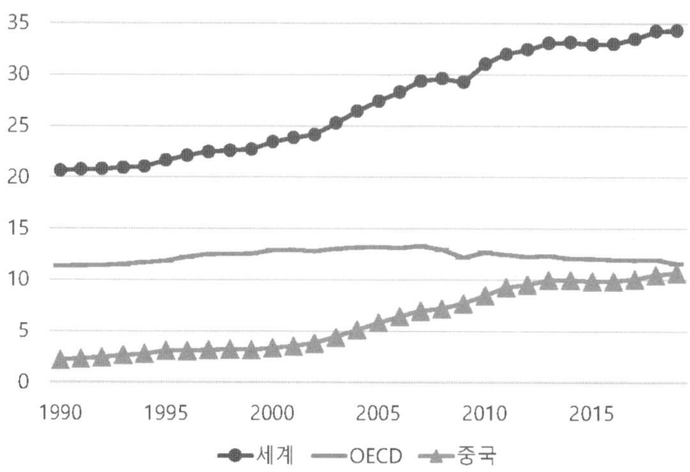

그림 5   중국의 CO² 배출, 1990-2019(단위: 10억톤)

자료: World Bank, World Development Indicator. databank.worldbank.org

출 증가분의 68퍼센트가 중국의 CO² 배출 증가에 기인했다(World Bank). 요컨대 중국은 지구온난화와 기후위기의 최대 원인 제공자이다. 2016년 중국의 환경성과 지수(Environmental Performance Index)는 180개국 중 109위였다. 현재 중국은 시진핑과 SCC 담론이 선전하는 "아름다운(美好) 중국", "생태문명"(Cheng, 2018: 305-306; Wen, 2021: 442-450)과는 정반대의 세계이다.[32]

---

32   그럼에도 불구하고 포스터(J.B.Foster)는 다음과 같이 주장한다. "중국 경우 급속한 경제성장의 조건에서도 혁명적 규모의 생태 개혁이 시도되고 있다. … 환경을 보호하기 위한 통합된 계획이 모든 경제발전 계획에 포함되어 있다. … 오늘날 중국의 포스트 혁명 사회에서 인민들의 자기 동원에 기초한 풀뿌리 차원의 환경 운동의 조직화는 새로운 생태 공산주의의 발전을 지향하는 강력한 동력이다"(Foster, 2022: 5-6). 저명한 생태사회주의자가 시진핑의 SCC 담론과 생태문명 건설론을 지지 찬양하는 것은 안타깝다.

중국에서 축적 체제의 모순과 위기가 심화되면서 당·국가는 이를 노동자 착취 강화를 통해 돌파하려 하고 있으며, 이에 맞서 노동자 저항과 투쟁이 강화되자 억압 체제를 다시 강화하고 있다. 마르크스주의의 후예를 자임하는 시진핑과 당·국가가 SCC라고 묘사하는 중국에서 역설적이게도 노동자들은 자신들의 권리를 방어하기 위해 파업 등 집단적인 저항에 나서고 있으며, 시진핑과 당·국가는 이에 대해 점점 더 강압적으로 대응하고 있다(하남석, 2020; Pun, 2021). 중국 정부가 공안과 국내 감시에 지출하는 비용은 국방예산보다 더 많다(Peck and Zhang, 2013: 384). 다수 노동자들이 착취와 억압에 저항하는 투쟁 중에 부당 해고되는 것은 물론 폭행당하거나 살해당하고 자살하고 있다(Chan, 2019: 463). 2018년 중국의 톱클래스 대학들의 마르크스주의 학생조직들이 제이식(佳士) 노동자들의 독립 노조 건설을 위한 투쟁에 연대했다는 이유로 폐쇄당했다(하남석, 2020). 시진핑은 말로는 마르크스주의와 마오쩌둥 사상 학습을 장려하고 있지만 중국 대학생들이 마르크스 사상을 진지하게 학습하려고 독립적이고 집단적인 노력을 하거나 이들이 착취와 억압에 저항하는 노동자 투쟁과 연대할 경우 가혹하게 탄압한다(Au, 2019). 착취와 억압에 저항하는 노동자들의 투쟁이야말로 중국 사회의 성격이 자본주의임을 웅변한다.

6. 중국 제국주의와 제국주의간 경쟁의 격화

중국의 GDP는 시장 환율 명목 달러 기준으로 1990년 미국의 6퍼센트 수준에서 2021년 75퍼센트 수준으로 접근했으며, PPP 기준으로는 2017년 이미 미국을 추월했고, 2021년 미국의 1.18 배가 되어 하여 세계 최대의 경제국이 되었다(World Bank). 2022년 《포츈(*Fortune*)》의 글로벌 500대 기업 명단에서 중국 기업은 136개(이 중 97개가 SOE)를 차지해 2020년 이래 미국(124개)을 추월했다. 중국은 이제 저임금에 의존한 노동집약적 공정뿐만 아니라 반도체, 자동차, IT, 조선, 철강, 석유화학과 같은 성숙 산업에서는 물론 전기차, 태양광, 풍력 등 첨단 성장 산업기술 분야에서 세계적으로 선두를 다투고 있다(지만수, 2023). 2016년 10월 1일 IMF는 위안화의 점증하는 중요성을 인정하여 위안화를 특별인출권(SDR)을 구성하는 통화바스켓에 포함시켰다.

중국자본주의의 고도축적과 모순 심화를 배경으로 중국의 제국주의적 팽창과 미국, 일본 등 다른 열강들과의 제국주의간 경쟁(inter-imperialist rivalry)이 격화되고 있다. 제국주의의 핵심적인 경제적 지표는 자본수출인데(레닌, 2017), 2008년 이후 중국은 자본 순수출국으로 부상했다. 중국은 FDI 유치국일 뿐만 아니라 대규모로 FDI를 수행하고 있다. 중국의 FDI 유출(outflow)은 2008년 이후 급증하여 2015년 이후 FDI 유입(inflow)을 초과했으며 2021년 1,451억 달러로 세계 제4위의 FDI 유출국이 되었다(UNCTAD, 2022).[33] 또 정치군사적 지정학적 수준에서 제국주의간 경쟁은 군비지출 규모로 측정될 수 있는데, 중국의 군비지출은 2021년 불변가격 기준 1990년 218억 달러(미국의 3.3퍼센트)에서 2021년 2,700억 달러(미국의 35퍼센트)로 12배나 증가하여 세계 제2위의 군비지출국이 되었다(SIPRI).

하지만 Li & Kotz(2021)는 개혁 개방 이후 중국의 사회성격을 자본주의로 규정하면서도 중국을 제국주의로 규정하는 것에는 반대한다. 이들에 따르면 중국의 경제구조는 자본주의적이지만, 중국의 국가는 자본

33　2021년 중국의 FDI 유입은 1,809억 달러로 세계 제2위였다.

주의 국가가 아니기 때문에 중국은 제국주의가 아니며, 중국의 대외 진출은 자본주의적 제국주의의 동학을 따르고 있지 않다(Li & Kotz, 2021: 601). 중국의 자본가들이 CCP와 중국 국가를 통제하고 있지 않기 때문에, 중국에서는 제국주의적 경향이 나타나고 있지 않다는 것이다. 이들은 중국의 국외 해외 관여는 중국 국내 경제 기반의 변화를 반영한 것으로서 중국에 기반을 둔 일부 사기업의 해외 이윤추구 활동의 증대로 나타나고 있지만 이는 국가의 지배를 추구하는 것은 아니므로 제국주의적 활동으로 간주할 수 없다고 주장한다(Li & Kotz, 2021: 606). 이들은 일대일로 정책(Belt and Road Initiative, BRI)은 중국 국가의 세계 지배 전략이 아니라 국제적 협력의 수단이며, 중국의 전략적 대부 프로그램은 호혜적 거래에 도달하는 것을 목표로 하고 있으며 해외 자원과 토지 수탈을 위한 것이 아니라고 주장한다. 이들은 중국의 해외 대부와 증권투자의 거의 대부분은 중국 정부, SOE, 혹은 국가가 통제하는 중앙은행이 수행하고 있으며 이윤지향적인 민간 투자자들에 의해 수행되고 있지 않다고 주장한다(Li & Kotz, 2021: 607). 하지만 이들의 주장은 SCC 담론을 반복한 것으로서 사실과 부합되지 않는다. 오늘날 중국은 경제가 자본주의적일 뿐만 아니라 국가도 자본의 일반적 이익을 위해 복무하고 있는데, 이는 노사 분규 시 국가가 거의 전적으로 자본 편에 서는 데서 분명하게 드러난다. 또 중국에서 고도의 자본주의 발전의 현실을 인정하면서도 그 제국주의적 경향은 부인하는 것은 자본주의 발전 자체가 자본의 세계시장 운동과 글로벌 축적, 즉 제국주의적 경향을 필연화한다는 마르크스의 관점과 상충된다(정성진, 2015). 한편 Li(2022a: 463-470)는 다음과 같은 근거로 개혁 개방 이후 중국은 레닌적 의미의 제국주의로 분류할 수 없다고 주장한다. 첫째, 개혁 개방 이후 중국이 세계 제3위의 순채권국이긴 하지만, 중국 자본이 기타 세계로부터 취득하는 이윤이 해외자본이 중국에서 가져가는 이윤보다 훨씬 적고, 중국의 순 해외투자소득이 마이너스이어서, 레닌적 의미의 제국주의적 초과이윤을 취득하고 있지 않다. 둘째, 중국은 기타 세계와의 교역에서 기타 세계로부터 가치를 이전해 오는 것이 아니라, 거꾸로 중국에서 창조된 가치가 기타 세계로 가치가 이전되고 있기 때문에, 국제적 부등가교환을 통해 기타 세계로부터 오히려 수탈당하고 있다. 하지만 이런 주장은 레닌 자신이 비판한 바 있는 제국주의적 경제주의이며, 제국주의를 자본축적의 경제적 논리와 지정학적 경쟁의 논리의 모순적 통일로 이해하는 레닌의 제국주의 개념과 상충된다. Turner et al(2014)과 Chan(2022)의 실증에 따르면, 개혁 개방 이후 중국의 정치경제는 레닌이 말한 제국주의의 5개 지표를 모두 충족한다.

21세기 중국 제국주의의 실상은 2008년 글로벌 금융위기 이후 누적되는 축적의 모순과 과잉자본을 국내에서는 고속철도 등 거대 인프라 건설과 신장 위구르 지역 등 서부 지역의 '내부 식민지화(internal colony)'의 가속화를 통해서,[34] 또 대외적으로는 BRI 등 '글로벌 중국' 프로젝트[35]를 통해 전가하려는 데서, 그리고 이것이 미국을 비롯한 제국주의 열강들과의 충돌, 제국주의간 경쟁을 격화시키는 데서 확인된다. 2013년 선언된 BRI는 중국의 과잉축적 위기를 제국주의적 진출을 통해 전위하려는 시도로서 주로 중국의 철강, 석탄 생산 부문 SOE의 과잉설비, 과잉 생산을 처리하기 위한 "초민족화된 국가 프로젝트(transnationalized state project)"이다(Chacko & Jayasuriya, 2018). 2008년 글로벌 금융위기 이후

---

34 2008년 글로벌 금융위기에 대한 중국 정부의 '인프라 자본주의(infrastructural capitalism)'방식으로의 대응에 대한 검토로는 Pun & Peier(2022)를, 신장 위구르 지역의 내부 식민지화에 대한 연구로는 김재원(2022)을 참조할 수 있다.

35 '글로벌 중국' 프로젝트에 대해서는 Lee(2022)를 참조할 수 있다.

중국에서 부채 주도 투자 주도 성장이 둔화되면서 방대하게 누적된 과잉자본은 필사적으로 출구를 찾고 있는데, 그 하나가 BRI로서, 이는 유라시아 대륙에 걸쳐 자본의 네트워크 개발을 촉진하는 인프라 건설을 중심으로 한 국가 주도 공간적 해결책(spatial fix)이다(Lin, 2018: 159; Su & Lim, 2022). BRI는 특히 거대 SOE에 해외투자 기회를 제공하고 중공업에서 만성적인 과잉설비 문제를 일부 완화해 주었으며, SOE를 중심으로 한 중국 국가자본의 초민족화, 글로벌 연계성(connectivity)을 강화했다(Chacko & Jayasuriya, 2018: 98). 왕후이는 BRI가 "영토 확장 플랜이 아니라 연결성과 교환 및 소통의 플랜이며, 역사적 자본주의를 초월하면서 문명을 재창조하는 플랜"(汪暉, 2015)이라고 찬양하지만,[36] 그 본질은 중국 당·국가가 축적 체제의 모순과 위기를 유라시아, 서남아시아, 아프리카 등 BRI 해당 국가들에 전가하여 돌파하려는 제국주의 프로젝트이다. 실제로 BRI는 해당 국가들 다수에 의해 신식민주의라고 비판받고 있다(Starrs, 2018: 184). BRI에서 마오쩌둥 시기의 제3세계주의적 혁명적 언사들은 흔적조차 찾기 어렵다(Lin, 2018: 159).

현재 중국이 BRI 등을 통해 글로벌 남부에서 의도하는 것은 사회주의 혁명이 아니라 이들 지역의 자원과 인력을 수탈하고 발전의 잠재력을 통제하는 것이다. 실제로 중국의 글로벌 남부와의 교역은 종전의 남북관계 유형을 재현하고 있다. 2010-2015년 브라질의 중국 수출 중 84퍼센트가 1차 산품이었던 반면, 브라질의 중국으로부터의 수입 중 97퍼센트가 공산품이었다. 중국의 저렴한 생산비는 라틴아메리카 나라들이 미국이나 유럽 시장에 수출할 기회를 봉쇄했다. 중국은 아프리카와의 교역에

36　왕후이는 코로나 팬데믹 시기 시진핑의 '제로 COVID' 조치도 마오쩌둥의 '인민전쟁'의 현대판이라고 찬양한 바 있다(Wang, 2021: 272).

서도 전통적인 남북관계를 재현하고 있다. 중국은 아프리카에 중저가 공산품을 수출하고 아프리카로부터는 석유와 광물 등 1차 산품을 추출해 간다(Budd, 2021: 136-137).

중국의 제국주의적 경향이 노골화되면서 미국과의 갈등이 격화되고 있는데, 그 핵심은 "제국의 충돌(clash of empires)" 혹은 "비대칭적 제국주의간 경쟁"이다(홍호평, 2022; Budd 2021, 130). 중국의 증대된 군사력은 대만과 남중국해에서 보듯이, 특히 동아시아에서 미국의 군사적 헤게모니에 위협을 제기하고 있다. 하지만 미어샤이머(J. Mearsheimer) 등 현실주의 국제관계 논자들처럼 미중 갈등을 '신냉전(New Cold War)', '투키디데스 함정(Thucydides Trap)' 등으로 묘사하면서 미중 간의 정치군사적 대립을 과장하는 것은 "지정학 물신주의(geo-political fetishism)"이며 미중 갈등과 냉전 시대 미소 갈등의 차이를 보지 못한 것이다(Jayasuriya, 2023: 167). 옛소련과 미국이 경제적으로 서로 분리 봉쇄되어 있었던 것과 달리 현재 중국과 미국은 경제적으로 매우 상호의존적이다. 또 옛소련의 경제력이 미국에 비해 훨씬 열등했던 것과 달리 현재 중국의 경제력은 GDP를 기준으로 할 경우 미국과 거의 대등하다(Budd 2021, 146). 미중 무역 불균형은 미국의 쇠퇴를 입증하는 증거라기보다 미국이 주도하는 글로벌 자본주의 질서로의 중국의 통합의 표현이며, 중국의 수출주도 축적체제와 미국의 금융화 축적체제의 UCD의 결과이다(Boyer, 2022: 238; Hardy, 2017: 195). 중국은 기존의 글로벌 질서의 적극적 참여자이자 암묵적 관리자로서 신자유주의 경제질서의 지배 원리들을 수용했으며, 지난 세기 말 이후 세계화를 진전시키는 데 주도적 역할을 했다(Budd, 2021: 135; 하비, 2007). 중국의 글로벌 자본주의로의 통합으로 인해 중국이 미국의 글로벌 헤게모니에 도전할 수 있는 능력에 한계가 있다(Budd, 2021: 146; Starrs, 2018: 194). 중국은 미국이 누렸던 글로벌 경제의 규칙 시스템을 제정할 수 있는 힘을 아직 갖추고 있지 않다. 중국의 당·국가는 자신들의 지배체제의 안정을 우선하기에 글로벌 자본주의 체제를 근본적으로 변화시키는 '게임 체인저'가 되지는 않을 것이다(Taylor & Cheng, 2022: 248-249). 중국 국가자본주의 부상은 글로벌 자본주의에 대한 근본적 위협이라기보다 그 일부이다(Harris, 2012: 25). 요컨대 중국은 기존의 글로벌 자본주의 질서에 통합되어 있고 그것으로부터 이득을 얻고 있으며 그 속에서 안정성을 추구하는 '현상유지 권력(status quo power)'이다(Taylor & Cheng, 2022: 252).

7. '중국 특색 사회주의': 마르크스적 비판

1) 사회주의적 시장경제론: 마르크스적 비판

마르크스의 정의에 의거할 경우, 개혁 개방 이후 중국 사회는 자본주의, 국가자본주의, 제국주의로 특징지을 수 있으며 사회주의와 아무런 공통점이 없다. 그럼에도 불구하고 CCP는 개혁 개방 이후 중국을 SCC로 규정한다. CCP는 개혁 개방 이후 중국 사회가 사회주의라고 부르기에는 너무나 자본주의적이기에 그냥 사회주의라고 말하지 못하고 "중국 특색"이라는 수식어를 덧붙인다. 여기에서 "중국 특색"이란 중국에서 사회주의가 아직 "초급 단계"에 있으며 "시장경제"와 결합되어 있는 "사회주의적 시장경제"로서 중국 역사와 민족에 고유한 특징을 갖는다는 것을 주요 내용으로 한다. SCC 담론은 중국이 사회주의 초급 단계를 거쳐서 고급 단계, 즉 발전된 사회주의 단계로 이행할 것이라고 주장한다(주장환, 2018). 하지만 개혁 개방 이후 노골적인 자본주의 발전을 추구해 온 중국에 대해 사회주의 초급 단계 운운 자체가 어불성설이다(이재현, 2021: 60-

61).

　　사회주의적 시장경제론은 SCC 담론의 핵심 이론인데, 이에 따르면 시장은 자본주의와 구별되는 초역사적 보편적 시스템이며 사회주의와 양립가능하다.[37] 따라서 "중국이 자본주의적이면 사회주의적일 수 없다거나, 중국이 자본주의적 시장을 갖고 있으면 비자본주의적 시장을 가질 수 없다"고 보는 것은 "제도적 형태" 범주인 시장과 "전체 사회경제 체제" 범주인 자본주의를 동일시하는 "범주 오류(category mistake)"가 된다(Boer, 2017: 182; Boer, 2021: 122, 124). 아리기(2009)도 SCC 담론을 지지하면서 시장경제에는 자본주의적 시장경제뿐만 아니라 비자본주의적 시장경제도 존재하며, 개혁 개방 이후 중국은 비자본주의적 시장경제로 규정될 수 있다고 주장한다. 아리기(2009)는 "이윤을 추구하여 시장 교환이 확대되더라도 중국에서 발전의 성격은 꼭 자본주의적이지는 않다"면서, "'새로운 미국의 세기 프로젝트'의 실패와 중국의 성공적인 경제발전이 결합된 결과, 세계 문명들 사이의 더 큰 평등성에 기초한 스미스 식 세계-시장 사회(world-market society)가 『국부론』 출판 이래 250여 년간 어느 때보다도 실현 가능성이 높아졌"으며, 개혁 개방 이후 중국은 "사회적으로 더 공정하고 생태적으로 더 지속 가능한 발전 경로를 개척할 수" 있을 것이라고 전망한다(아리기, 2009: 46-47, 23, 25). 이토 마코토(伊藤誠)도 중국에서는 "노동 대중 다수의 관점에서 볼 때 모순적인 사회경제적 문

---

[37] "시장경제는 사회주의를 포함하여 모든 역사적 사례들에 걸쳐 특정한 공통적 양상을 갖는다. 시장경제의 특수성은 전반적인 사회경제 시스템에 의해 결정된다. 시장경제는 그와 같은 시스템의 구성요소 혹은 제도적 형태이다"(Boer & Yan, 2021: 176). "시장은 반드시 자본주의적이지 않으며 역사를 통해 대부분의 시장은 결코 자본주의적이지 않았다"(Boer, 2017: 179).

제점들에도 불구하고" "사회주의 시장경제를 건설하기 위한 이론적 가능성이 존재"한다면서 사회주의 시장경제론을 명시적으로 지지하고, 중국 자본주의론은 "중국의 많은 진지한 마르크스주의 정치경제학자들과의 협동에 상당한 이데올로기적 장애를 야기한다"는 이유로 거부한다(Itoh, 2013: 152-153).

SCC 담론과 그 핵심인 사회주의적 시장경제론은 개혁 개방 이전부터 중국 지배계급의 공식 이데올로기였으며, 그 기원은 스탈린의 사회주의 생산양식론으로 소급될 수 있다. 1950년대 마오쩌둥은 당시 중국이 상품경제를 갖고 있으며 앞으로도 계속 갖고 있을 것이라고 선언하면서 "사회주의적 시장" 혹은 "사회주의적 상품"의 필요성을 주장하고, 그 논거로 1952년 스탈린의 『소련에서 사회주의의 경제적 문제』와 소련의 사회주의 정치경제학 교과서를 인용했다(Coderre, 2019: 30). 대약진운동 시기에 마오쩌둥은 스탈린의 『소련에서 사회주의의 경제적 문제』의 생산력주의적 측면에 대해서는 비판했지만(Mao, 1977), 그 핵심인 사회주의 시장경제론을 수용하여 이를 당시 중국에서 상품생산의 필요성을 부정했던 '좌익 모험주의' 분파와 투쟁하는 무기로 활용했다(Coderre, 2019: 33). 마오쩌둥은 1975년에도 다음과 같이 주장했다: "중국은 사회주의 국가이다. … 현재 우리나라는 상품 체제를 이용하고 있으며, 임금 체제도 8등급 체제에서 보듯이 불평등하다. 이와 같은 것들은 프롤레타리아트 독재 하에서만 제한될 수 있다"(Mao, 1975: 5). 주지하듯이 사회주의적 시장경제론은 덩샤오핑 시기에 전면화 체계화된다.

SCC 담론은 상품과 시장, 자본이 존재하고 가치법칙이 작동하고 있는 중국을 자본주의가 아니라 사회주의적 시장경제라고 강변하기 위해서, 스탈린의 『소련에서 사회주의의 경제적 문제』를 따라 가치법칙을 초역사적 법칙으로 환골탈태하여 자본주의적 잉여가치 법칙으로부터 분리하고,[38] 자본주의적 상품, 자본주의적 시장, 자본주의적 자본과 구별되는 '사회주의적 상품', '사회주의적 시장', '사회주의적 자본'과 같은 개념들을 만들어낸다. 하지만 이는 마르크스와 엥겔스의 자본주의, 사회주의 개념에 비춰보면 불합리한 형용모순이다. 엥겔스에 따르면 SCC 담론의 원조라고 할 수 있는 '국가사회주의' 담론은 "무의미한 헛소리"(Engels, 2020: 28)일 뿐이다. 왜냐하면 '국가사회주의'에서 국가는 "집합적 자본가로서 더 많은 시민들을 착취할 것이며, 노동자들은 임금노동자로서, 즉 프롤레타리아트로 남아있을 것이며, 자본관계는 지양되는 것이 아니라 그 극단으로까지 발전할 것"이기 때문이다(엥겔스, 1987: 299). SCC 담론에 따르면 "SCC 정치경제학의 논리적 출발점은 상품이다"(Lu & Ding, 2022: 479). 그러나 이는 마르크스의 가치 이론에서는 성립할 수 없는 궤변이다. 마르크스는 『자본론』 1권 冒頭에서 "상품"은 시장경제 혹은 사회주의 시장경제의 "부의 기본형태"("출발점")가 아니라 "자본주의 사회"의 "부의 기본형태"라고 못박았다(마르크스, 2015: 43). 마르크스에서 가치 개념의 본질은 가치, 잉여가치 생산을 사적 노동에 강제하는 자본이며, 가치법칙은 상품의 교환 비율을 결정하는 법칙이 아니라 자본주의적 잉여가치 법칙이다. 마르크스는 "가치 개념은 자본 그 자체와 그것에 기초한 생산의 가장 추상적인 표현이기 때문에, 가장 근대적인 정치경제에 전적으로 특유한 것"이며, "가치 개념에서 자본의 비밀이 드러난다"(마르크스, 2000: 50)고 말했으며, "**가치 연구**에서 나는 부르주아적 관계를 다루었으

---

38 1952년 스탈린은 『소련에서 사회주의의 경제적 문제』에서 다음과 같이 주장했다: "사회주의 체제 하에 있는 우리나라에서 가치법칙이 존재하고 작용하는가 하는 물음이 때때로 제기된다. 그렇다. 가치법칙은 존재하고 작용한다. … 가치법칙은 자본주의의 기본적 경제 법칙인가? 아니다"(스탈린, 1990: 240, 255).

며, '사회적 국가'에 대한 **가치** 이론의 적용을 다루지 않았다"고 밝혔다
(Marx, 1989: 536-537. 강조는 마르크스). SCC 담론이 중국에서 마르크스의
가치 법칙이 작동한다고 주장한다면 중국은 모종의 사회주의가 아니라
자본주의임을 인정하는 것이 마르크스 이론에 부합될 것이다.

SCC 담론은 스탈린주의 정치경제학 교과서처럼 사회주의를 독자
적 생산양식으로 이론화하는데, 이는 사회주의를 공산주의와 구별되는
독자적 생산양식이 아니라 공산주의의 고차적 국면으로의 이행을 매개
하는 공산주의의 낮은 국면으로 간주했던 마르크스의 접근을 정면으로
부정한 것이다(마르크스, 1995). 사회주의 생산양식론에 따르면 개혁 개방
이후 중국은 시장경제의 광범위한 존재에도 불구하고 국유가 지배적인
소유제도이기 때문에 사회주의이다. 하지만 이는 생산관계의 기초 위에
서 소유의 법률적 관계가 성립한다고 본 마르크스의 역사유물론을 전도
시킨 것이다(마르크스, 1993: 23). SCC 담론처럼 소유관계의 법적 변화를
생산관계의 변화와 동일시하는 것은 법률적 환상이다. 마르크스에 따르
면 법률적으로 사적 소유가 폐지되고 국유화되었다고 해서 자본주의가
폐지되는 것은 아니다. 법률적인 소유 형태가 변경되었다고 해서 사적
노동이 직접적으로 사회적인 형태의 노동으로 전화되는 것은 아니기 때
문이다. 법률적 소유 형태가 '사유'이든 '국유'이든, "생산조건이 직접적
생산자들로부터 분리되어 있고 직접적 생산자들이 이들을 소유하지 못
하는 한, 이들 생산조건은 가장 근본적인 마르크스적 의미에서 사적 소
유"라고 할 수 있다(Chattopadhyay, 1994: 128-129). 옛소련과 중국에서 '국
유'란 노동하는 개인들로부터 생산수단의 분리를 의미했으며, 노동하는
개인들에 대해서는 그들과 대립하는 자립화된 생산수단의 타인에 의한
소유일 뿐이었고, 이 점에서 그들과 대립하는 사적 소유였다(大谷槙之介,
1996: 24). 사적 소유는 '자유로운 생산자들의 연합'(Association)이 생산조

건을 직접적으로 사회적으로 전유함으로써만 종식될 수 있다.

SCC 담론은 사회주의에서 상품과 가치, 화폐 범주뿐만 아니라 자본 범주도 객관적으로 존재하며 필요하다고 주장한다.[39] SCC 담론은 사회주의에서 생산력 발전, 기술 혁신의 중요성을 매우 강조한다. 즉 "마르크스주의 정치경제학의 원리는 생산력을 발전을 추진하는 가장 혁명적이고 능동적인 요인"이며 "사회주의 초급 단계의 기본 과제는 생산력을 발전시키고 독립적 혁신을 옹호하고 혁신 국가를 건설하는 것"이라고 주장된다(Cheng 2018, 304).[40] SCC 담론은 사회주의 생산양식의 주요 법칙으로 노동생산성의 상승율이 노동자 임금 상승률보다 높은 것, 생산수단 생산부문의 성장률이 소비재 생산부문의 성장률보다 높은 것 등을 제시한다(Lu & Ding, 2022: 481). 그런데 마르크스에 따르면 노동생산성의 상승률이 노동자 임금 상승률보다 높을 경우 착취율은 상승한다(마르크스, 2015). 또 레닌에 따르면 생산수단 생산부문이 소비재 생산부문보다 빠르게 성장하는 것, 즉 '제 I부문'의 불균등발전은 자본의 유기적 구성의 고도화를 수반한 자본의 확대재생산의 주요 특징이다(Lenin, 1960). 결국 SCC 담론은 마르크스와 레닌이 자본주의의 핵심적 특징들로 정식화한

---

39 "SCC 경제에서 '자본'의 존재는 객관적 사실이다. 사회주의적 자본은 자본의 일반적 성격, 즉 자기증식 추동을 갖고 있을 뿐만 아니라 자본주의적 자본과 상이한 특별한 성질도 갖고 있다"(Lu & Ding, 2022: 482).

40 2018년 마르크스 탄생 200주년 기념사에서 시진핑은 다음과 같이 주장했다: "마르크스로부터 배운다는 것은 개혁을 전면적 방식으로 심화하는 것을 의미한다. 그것은 생산력의 활력을 증진하기 위해 생산관계를 의식적으로 조정하고, 경제적 토대를 발전시킬 필요에 조응하여 상부구조를 의식적으로 조정하는 것을 의미한다"(Cheng, 2018: 307에서 재인용).

것들을 '오웰적 용어법'으로 사회주의의 운동법칙들이라고 강변함으로써 중국에서 진행되는 노동 착취와 자본축적을 마르크스의 이름으로 정당화하는 셈이다. 또 SCC 담론에 따르면 사회주의에서 국가는 폐지되지 않고 오히려 강화되며 당과 정부, 시장의 삼위일체의 새로운 거버넌스가 작동한다(Lu & Ding, 2022: 482). SCC 담론은 화폐 국정설을 지지하면서 "시장을 확산시키는 가장 효율적이며 실용적인 방식은 정부 활동을 통하는 것"(Boer, 2017: 181)이라고 주장한다. 그러나 이런 주장은 사회주의에서는 국가가 소멸한다는 마르크스 자신의 언명과 정면으로 배치된다.

2) 공식 이데올로기로서 SCC 담론

SCC 담론은 중국 지배계급의 국정 철학이자 통치 수사학이며, 중국의 국가자본주의적 제국주의적 성격을 은폐 호도하는 중국 당·국가 지배계급의 이데올로기이다. SCC 담론이 제시하는 중국의 현실과 미래는 다름 아닌 자본주의의 발전과 글로벌 제국주의 헤게모니 국가이다. 하지만 SCC 담론은 스탈린주의 혹은 주체사상과 마찬가지로 CCP의 일당독재와 일인 지배, 개인숭배를 정당화하는 '공식 이데올로기(official ideology)'일 뿐이며 '지배적 이데올로기(dominant ideology)'는 아니다. 지배적 이데올로기는 인구 대다수를 지배하는 이데올로기로서 인구 대다수가 전유하며 그것을 자신의 이데올로기로 간주하는 이데올로기를 가리킨다. 공식 이데올로기는 통상 지배적 이데올로기로 기능하지 못하는데, 이는 현실과 공식 이데올로기 담론이 극히 상충되기 때문이다. 공식 이데올로기는 오히려 일종의 '충성 코드'(code of allegiance)로서 사회적 복종을 강요하는 코드로 작동한다. 공식 이데올로기에 대해 존경을 표명하지 않는 것은 '일탈', '반역', '인민의 적'으로 간주된다(Bettelheim, 2001: 274).

중국에서 SCC 담론을 비롯한 마르크스주의는 당·국가의 공식 이데올로기로서 기능하고 있을 뿐이며 보통 사람들의 실생활을 지배하고 있지 못하다. 대중은 CCP가 선전하는 SCC 담론과 마르크스주의 일반을 자신들의 사상이 아니라 자신들을 지배하고 있는 당·국가의 거짓 선전이나 위선적 '국민윤리' 정도로 여긴다(Xu, 2019: 13). 중국의 대중들 상당수에게는 마르크스주의 딱지가 붙은 것은 마오주의든 시진핑 사상이든 모두 '비호감'이다. 현재 중국에서 대중의 일상의식을 지배하고 있는 것은 다른 자본주의 나라들 이상으로 물질만능주의와 소비주의, 경쟁력 논리, 능력주의, 각자도생주의이다.

중국에서 SCC 담론이 지배적 이데올로기가 아니라 공식 이데올로기에 불과하다는 사실은 경제학계 주류가 SCC 마르크스주의 경제학이 아니라 부르주아 신고전파 경제학이라는 데서도 알 수 있다. 중국 경제학계에서 신고전파 경제학이 마르크스주의 경제학을 밀어내고 주류가 된 것은 지난 세기말 이후 중국의 "거대한 지적 혁명"의 사례로 거론될 정도이다(Cohn, 2021: 281). 개혁 개방 이전에는 그것이 비록 스탈린주의, 마오주의로 왜곡된 것이라 할지라도 마르크스주의 경제학이 중국의 경제학계의 주류였다. 하지만 현재 중국 경제학계에서는 신고전파 경제학의 가정과 모델이 주요 학술지의 논문 채택을 결정하는 편집 방침이 되었으며, 미시경제학, 거시경제학을 비롯한 부르주아 주류경제학은 대학의 필수 교과목이 되었다. '미제' 주류경제학 박사학위 소지는 중국 주요 대학에서 경제학교수 자리를 얻는 데서 필수 조건이다(Cohn, 2021: 281). 현재 중국 정부의 경제정책 아젠다는 신고전파 주류경제학의 시각과 방법론에 따라 설정되고 있으며, 이와 연관된 친자본주의적 프레임은 중국 경제와 기업 제도 문화에서 깊게 뿌리를 내렸다(Cohn, 2021: 296).

공식 이데올로기로서 SCC 담론을 비롯한 중국화된 마르크스주의에서는, 마르크스학(Marxology)과 같은 학술적 마르크스주의를 예외로 하면,[41] 비이론화(de-theorization)와 비자유주의화(de-liberalization)가 특징적인데, 이는 항상 사실이 무엇이고 추론은 논리적인지를 중시하고 사상의 자유를 옹호했던 마르크스의 접근과 상반된다(Xu, 2019: 19). SCC 담론과 중국화된 마르크스주의에 가장 중요한 것은 CCP의 교시를 충실하게 이행하는 것이다(Xu, 2019: 25). CCP는 마르크스주의의 해석뿐만 아니라 관련 출판과 연구비 지원을 독점하고 있어서 대중과 연구자들이 마르크스주의를 독립적으로 자유롭게 접근하고 연구하는 것은 매우 어렵다(Xu, 2019: 13).

3) 중국 제국주의 이데올로기로서 '시진핑 신시대 SCC 사상'

2017년 10월 CCP 제19차 당대회는 '시진핑 신시대 SCC 사상'을 중국 헌법에 명문화했다. '신시대'란 중국이 굴욕의 한 세기(1839-1949)를 역사의 뒤안길로 보내고 중화민족이 부흥하면서 중국이 글로벌 무대에 복귀한 것, 즉 1839년 서방 제국주의의 침략 이전 동아시아에서 중국의 중심적인 역사적 지위를 회복한 것을 가리킨다. 중화민족주의의 부흥과 '중국몽(中國夢)'은 시진핑의 SCC 담론에서 핵심적이다. 시진핑의 SCC 담론에서는 마오쩌둥 시대에는 口頭禪으로나마 천명되었던 프롤레타리아트 세계혁명과 반제국주의 민족해방혁명 이념이 자취를 감추었으며, 중화민족주의가 그 자리를 대신했다(Lin, 2018: 155; Starrs, 2018: 175; Mulvad, 2019: 459).[42] 중국에서 자본주의의 모순과 위기가 심화되자 사회

---

41 마르크스학을 비롯한 중국의 학술적 마르크스주의 연구에 대한 개관으로는 Ware(2013), Wang et al(2022)을, 중국 마르크스학의 대표적 성과인 장이빙(2018)에 대한 검토로는 정성진·서유석(2019)을 참조할 수 있다.

42 중화민족주의는 마오주의의 일부이다. 마오쩌둥 자신 "우리는 공자에서 손중

적 갈등과 분열도 심화되고 있는데, 이를 봉합 전위하는 메커니즘으로서 민족주의를 고취하는 것이 유용하게 된 것이다(Starrs, 2017: 645; Wu, 2022: 400). 실제로 시진핑의 CCP는 대외적 도전과 국내에서 정당성 위기에 직면하여 더 강경한 민족주의로 나아가고 있다(Budd, 2021: 147). 시진핑은 언설로는 마르크스주의를 지지한다고 하면서, 실제로는 CCP의 헤게모니 강화, 중화민족주의, 실지 회복, 군사대국주의를 추구하고 있다(Gregor, 2019: 90). 시진핑의 '중국몽' 담론은 유교를 복권하고, 세계 주요 대학에 공자학원을 개설하는 등 중국을 아시아의 중심으로 다시 세우려는 시도들로 나타나고 있다(Cheng, 2022). 시진핑은 중국의 자본주의적 현실을 부정하고 호도하는 데서 더 나아가 중국의 제국주의적 팽창을 이데올로기적으로 정당화한다(백승욱, 2022). 시진핑의 CCP는 국내에서 헤게모니를 추구하는 것으로 만족하지 않고 자신의 통치를 지지하기 위해 글로벌 지향적 정책을 펼치면서 글로벌 헤게모니 경쟁에서 '도전자 국가(contender state)'로 나아가고 있다(Mulvad, 2019: 464, 468). 이는 덩샤오핑 시기 CCP가 글로벌 자본주의의 헤게모니 기존 질서에 도전하기보다 순응 수용하는 것을 선택했던 것으로부터 중요한 변화이다.

시진핑은 중화민족주의를 천명하면서도 세계화를 부정하지 않는다. 시진핑은 오히려 세계화는 어떤 개인이나 국가가 만들어낸 것이 아니라 과학기술 진보의 자연스런 결과라는 부르주아 세계화론의 주장을 그대로 수용한다. 2017년 세계경제포럼에서 시진핑은 다음과 같이 주장했다: "경제적 세계화가 새로운 문제들을 만들어낸 것은 사실이다. 하지만 이것이 경제적 세계화를 포기하는 것을 정당화하는 근거로는 되지 못

산(孫中山)에 이르기까지 종합하여 그 진귀한 유산을 계승해야 한다"(모택동, 2002: 234)고 주장했다.

한다. 우리는 세계화에 잘 적응하고 세계화를 잘 인도하여, 그것의 부정적 충격을 완충하고, 그것의 혜택을 모든 나라와 민족들에게 제공해야 한다"(Xi, 2017). 시진핑은 기존의 세계화 조건에서 중국의 글로벌 헤게모니를 기획한다. 2018년 19차 CCP 당대회에서 시진핑은 중국이 "세계 무대의 중심에 접근하고 있으며 인류를 위해 지속적으로 많은 기여를 하고 있다"고 주장한다(Cheng, 2018: 312에서 재인용).

시진핑은 기존의 SCC 담론과 달리 뉴노말(新常態), 공급측 구조개혁, 총요소생산성, 질적 성장, SOE 개혁과 경쟁력 강화, 내수, 인재와 과학기술, 혁신, 균형, 공동부유, 생태문명 등을 강조한다(Cheng, 2018: 305-309; Lu & Ding, 2022: 487). 이는 기존의 초과착취에 기초한 물량적 고도성장 체제의 종언과 저성장 시대로의 전환을 뉴노말이라고 정당화하는 언술인 동시에 '國進民退'의 기치 하에 기존의 낡은 축적체제를 혁신하고 총요소생산성 증대에 기초한 질적 성장 체제로 업그레이드할 필요성, 특히 빈부격차와 불평등 심화를 배경으로 고조되고 있는 대중의 불만과 저항을 공동부유, 즉 복지국가 확대로 대응할 필요성을 반영한 것이다(Lu & Ding, 2022: 484). 그런데 공동부유 담론은 착취와 수탈 체제의 폐지를 추구하는 것이 아니라 이를 전제한 위에서 소득과 부의 재분배를 지향한다는 점에서, 그것도 국가 재정에 기반한 사회복지, 즉 제2차 분배가 아니라, 국가 폭력과 이데올로기적 캠페인을 바탕으로 한 개인과 기업으로부터의 자선과 기부 강제, 즉 제3차 분배를 주요 요소로 하고 있다는 점에서 북유럽 복지국가보다 저급하다(이재현, 2021: 67; 이현태, 2023: 117-118).[43] 시진핑의 공동부유, 생태문명 건설 담론은 "중국에서 자본주의

43　제3차 분배는 1990년대 리이닝(厉以宁)이 고안했고 2019년 CCP 중앙위원회 문서로 채택된 개념으로서, 생산요소를 시장에 제공하여 얻은 소득이 제1차 분배, 정

와 다른 방식으로 발전을 실현하겠다는 의지의 표현"(이남주, 2023: 182)이 아니라, 정치적으로 억압적인 일당 체제를 유지하면서 사회적으로는 보다 포용적인 체제를 장려하는 '폴라니적 도박(Polanyian gamble)'(McNally, 2019: 328)일 뿐이다. 자칭 마르크스주의자인 시진핑이 마르크스적 의미의 사회주의자와 조금도 닮은 점이 없다는 것은 그가 "사회주의 체제에서 시장경제는 이제 기본적 역할만을 수행하는 것이 아니라 자원 배분에서 결정적 역할을 수행해야 한다"(Boer, 2021: 131에서 재인용)고 주장한 것에서, 또 2017년 세계경제포럼에서는 중국의 기업가 정신을 예찬한 데서도 잘 드러난다(Starrs, 2018: 196).

시진핑 시기 SCC 담론은 더 공식적이고 비자유주의적으로 되고 있다. 덩샤오핑 이후 주춤했던 개인숭배가 시진핑 들어 다시 부활하고 있다. SCC 담론은 시진핑의 연설과 논문의 인용 해설로 채워지고 있다. 지도자의 '교시' 인용이 어떤 주장의 '진실 증명'을 대신하고 있다(Bettelheim, 2001: 264). 강력한 국가와 인종 및 종족 공동체만이 자본주의 경제 질서를 보호할 수 있다면서 자유주의 정치를 비판했던 칼 슈미트(Carl Schmitt)의 『정치신학』이 시진핑 시기 중국 지배계급의 애독서로 읽히는 것은(Jayasuriya, 2023: 175) 시진핑 체제의 비자유주의화가 '강성' 권위주의를 넘어 파시즘으로까지 나아갈 가능성을 배제할 수 없게 한다.

부가 세금 정책이나 빈곤 완화 정책을 통해 시장 소득을 재분배하는 것이 제2차 분배인 것에 비해, 공익 기부처럼 사람들이 "자발적으로 기부"하고 소득을 이전하는 것으로서, 시장이나 정부에 의한 분배가 아니라 "도덕적 동기"에 의한 분배라고 주장된다(百度百科).

8. 맺음말

SCC 담론의 허구성과 오류에도 불구하고 일부 좌파[44]는 여전히 '중국 모델'을 진보적 대안으로 간주한다. 하지만 모순과 위기가 중첩 심화되고 있는 중국 자본주의, 국가자본주의, 제국주의가 좌파의 대안이 될 수는 없다. 중국은 글로벌 자본주의의 대안이긴커녕 그 고유한 일부이다. 중국의 이른바 사회주의 시장경제는 자본주의 시장경제의 대안이 아니라 자본주의 시장경제의 변종이다. 개혁 개방 이후 중국 사회는 마르크스가 지향했던 사회주의와 거리가 멀며, 마르크스 자신의 정의에 의거할 경우, 자본주의의 한 형태로 규정된다. 개혁 개방 이후 중국경제의 고도성장은 트로츠키가 말한 글로벌 자본주의의 UCD의 동학과 자본의 원시적 축적의 결과이다. 개혁 개방 이후 중국 사회의 특징과 운동법칙, 모순과 위기는 자본주의, 국가자본주의 및 제국주의에 관한 마르크스주의 이론으로 분석될 수 있다. SCC 담론은 개혁 개방 이후 중국 사회의 자본주의적·제국주의적 본질을 부정하고 호도하는 중국의 당·국가 지배계급의 공식 이데올로기이다. 이 장에서 필자는 중국 자본주의론을 비판적으로 재구성하고 이를 SCC 담론에 대한 비판의 논거로 제시했다. 이 장에서 제시한 중국 자본주의와 SCC 담론에 대한 마르크스적 비판적 분석은 일부 좌파가 SCC 담론이 묘사하는 '중국 모델'을 글로벌 자본주의의 대안으로 간주하는 것이 설득력이 없음을 보여준다.

최근 중국에서 축적 체제의 위기, 사회적 재생산의 위기, 생태위기

44　예컨대 아리기(2009), Amin(2013), Itoh(2013), Horesh & Lim(2017), Aglietta and Bai(2019), Desai(2020), Wang(2021), Foster(2022), 김정호(2022) 등

가 상호 중첩 심화되면서 착취와 억압에 맞선 대중 투쟁이 고양되는 가운데 SCC 담론을 넘어서는 새로운 대안이 요청되고 있다. SCC에 대해 비판적인 좌파 중 일부는 그 가능성을 마오주의에서 찾는다.[45] 하지만 마오주의가 SCC에 대한 마르크스적 대안이 되기는 어렵다. 마오주의는 노동자계급의 자기해방을 부정한 스탈린주의의 변종으로서, 1949년 이후 중국의 당·국가 지배계급의 공식 이데올로기의 일부였다(Deutscher, 1984). SCC에 대한 마르크스적 대안은 착취와 저항에 맞선 대중 투쟁과 마르크스의 포스트자본주의 사상[46]의 遭遇와 UCD에서 구체화될 수 있다.

45　예컨대 Lin(2018), Pun(2021) 등.

46　마르크스의 포스트자본주의 사상은 노동자계급의 자기해방, 자유로운 개인들의 연합, 참여계획경제, 탈성장 공산주의 등으로 주요 요소로 한다. 이에 대해서는 정성진(2020), 사이토 고헤이(2021) 등을 참조할 수 있다.

참고문헌

김경환. 2022. 「인구구조 측면에서 본 중국 민공황 현상의 원인 연구」.《아시아연구》
　　　25(3): 25-38.

김재원. 2022. 「신장위구르 자치구 민족문제」. 경상국립대학교 문학박사학위논문.

김정호. 2022. 「특수 형식의 자본: 중국 공기업」.《현대사상》27: 237-252.

레닌, 블라디미르. 2017.『제국주의: 자본주의의 최고 단계. 대중적 개설』. 황정규 옮
　　　김. 두번째테제.

뢰비, 미셸. 1990.『영구혁명의 이론과 실제』. 이성복 옮김. 신평론.

마르크스, 칼. 1993. 「프루동에 관하여」.『칼 맑스 프리드리히 엥겔스 저작선집』3.
　　　최인호 외 옮김. 박종철출판사: 21-30.

마르크스, 칼. 1995. 「고타강령비판 초안」.『칼 맑스 프리드리히 엥겔스 저작선집』4.
　　　최인호 외 옮김. 박종철출판사.

마르크스, 칼. 2000.『정치경제학 비판 요강』. III. 김호균 옮김. 백의.

마르크스, 칼. 2015.『자본론』I. 김수행 옮김. 비봉출판사.

모택동. 2002. 「민족전쟁에 있어서의 중국공산당의 지위」(1938.10.14.).『모택동 선
　　　집 2』. 김승일 옮김. 범우사: 218-237.

백승욱. 2013. 「세계경제위기와 '노동계약법'의 결합효과로서 중국 파견노동의 증
　　　가」.《산업노동연구》19(1): 177-211.

백승욱. 2022. 「중국공산당 역사결의를 통해 본 시진핑 체제의 성격」.《마르크스주의
　　　연구》19(2): 10-32.

사이토 고헤이. 2021.『지속 불가능 자본주의: 기후 위기 시대의 자본론』. 김영현 옮
　　　김. 다다서재.

스탈린, 이오시프. 1990. 「소련에서 사회주의의 경제적 문제」.『스탈린 선집』. 제2권.
　　　서중건 옮김. 전진.

서석흥. 2014. 「중국 농촌 토지제도의 문제점과 개혁 방향: 18기 3중전회《결정》을
　　　중심으로」.《中國學》48: 257-234.

아리기, 조반니. 2009.『베이징의 애덤 스미스: 21세기의 계보』. 강진아 옮김. 길.

엥겔스, 프리드리히. 1987.『반듀링론』. 김민석 옮김. 새길.

왕후이. 2021. 「두 가지 신빈민과 그들의 미래」.『단기 20세기: 중국혁명과 정치의 논

리』. 송인재 옮김. 길항아리: 701-757.

원톄쥔. 2016. 『여덟 번의 위기: 현대 중국의 경험과 도전, 1949-2009』. 김진공 옮김. 돌베개.

윤종석. 2020. 「중국 개혁개방 이후 농민공 개념의 형성과 변용」.《중국지식네트워크》15(15): 69-105.

이남주. 2023. 「20차 당대회 이후 중국의 변화」.《황해문화》118: 168-185.

이재현. 2021. 「시진핑 '신발전' 체제의 정치적·경제적 본질」.《마르크스주의 연구》18(4): 51-88.

이현태. 2023. 「시진핑 집권 3기, 중국경제는 어디로 가는가?」. 이희옥 조영남 엮음. 『중국시 현대화와 시진핑 리더십: 중국공산당 제20차 전국대표대회 분석』. 책과 함께: 77-126.

장이빙. 2018. 『마르크스로 돌아가다: 경제학적 맥락에서 고찰한 철학 담론』. 김태성 외 옮김. 한울.

정성진. 2006. 『마르크스와 트로츠키』. 한울.

정성진. 2015. 『마르크스와 세계경제』. 책갈피.

정성진. 2020. 『21세기 마르크스 경제학』. 산지니.

정성진. 2023. 「중국 특색 사회주의: 마르크스적 비판」.《마르크스주의 연구》20(2): 179-227.

정성진·서유석. 2018. 「『마르크스로 돌아가다』의 철학과 경제학」.《마르크스주의 연구》15(4): 49-74.

주장환. 2018. 「사회주의 초급단계론에 대한 중국의 새로운 인식: '시진핑 신시대 중국특색 사회주의 사상'」.《마르크스주의 연구》15(3): 176-200.

지만수. 2023. 「미중 분쟁과 지정학의 시대, 한국경제의 길」.《황해문화》118: 54-73.

차이팡·장쇼우징. 2021. 『신시대 중국 특색 사회주의 정치경제학 구축』. 김애화·김민정 옮김. 역락.

차크라바티, 안잔·마줌다르, 사요네. 2023. 「중화인민공화국에서 이행과 발전: 봉건제와 자본주의, 사회주의」. 정성진 엮음. 『동아시아 자본주의: 마르크스주의적 접근』. 진인진.

트로츠키, 레온. 2017. 『러시아혁명사』. 볼셰비키그룹 옮김. 아고라.

하남석. 2020. 「시진핑 시기 중국의 노동운동 탄압과 저항의 양상들」.《도시인문학연구》. 12(1): 87-112.

하남석. 2021. 「시진핑 시기 중국의 청년 노동 담론: 내권, 당평, 공동부유」.《마르크스주의 연구》18(4): 12-33.

하비, 데이비드. 2007.『신자유주의: 간략한 역사』. 최병두 옮김. 한울.

하트 랜즈버그, 마틴. 2005.『중국과 사회주의』. 임영일 옮김. 한울.

홍호평. 2021.『차이나붐』. 하남석 옮김. 글항아리.

홍호평. 2022.『제국의 충돌』. 하남석 옮김. 글항아리.

大谷楨之介. 1996. 「'現存社會主義'は社會主義か」. 大谷楨之介·大西広·山口正之 編.『ソ連の 社會主義とは何だったのか』. 大月書店.

國家統計局 編. 2022.『中國統計年鑑 2022』. 中國統計出版社.

国务院国有资产监督管理委员会. 2022. http://www.sasac.gov.cn/n2588045/n2727 1785/n27271792/index.html

百度百科.「三次分配」. baidu.com

吳曉華, 時英, 陳志超. 2020. 「中國經濟中的利潤率變化趨勢及技術影響分析」.《福建師範大學學報》2: 81-90.

汪晖. 2015. 「两洋之间的文明（下）」.《经济导刊》. 9月.

Aglietta, M. & Bai, G. "Post-Congress China: A New Era for the Country and for the World". *Revue de l'OFCE* 164: 113-138.

Alami, I. & Dixon, A. 2023. "Uneven and combined state capitalism". *Environment and Planning A: Economy and Space* 55(1): 72-99.

Amin, S. 2013. "China 2013". *Monthly Review* 64(10): 14-33.

Andreas, J. 2019. "Rapid Urbanization and Rural Displacement in China". Clothey, R. & Dilworth, R. eds. *China's Urban Future and the Quest for Stability*. McGill-Queen's University Press: 56-78.

Au, L. 2019. "The Jasic struggle in China's political context". *New Politics* 17(2): 90-94.

Bello, W. 2021. "At the summit of global capitalism: Accommodation, rivalry, or confrontation between the US and China" *Socialist Register 2022*:

New Polarizations Old Contradictions The Crisis of Centrism. The Merlin Press: 21-52.

Bettelheim, C. 1975. *Economic calculation and forms of property: An essay on the transition between capitalism and socialism*. Monthly Review Press.

Bettelheim, C. 2001. "Stalinist Ideological Formation: Absolute General Secretary and the Proletarian Fetish". *Research in Political Economy* 19: 233-289.

Bieler, A. & Morton, A. 2018. *Global Capitalism, Global War, Global Crisis*. Cambridge Univ. Press.

Boer, R. 2017. "Interpreting Marx's Capital in China". *Continental Thought & Theory* 1(4): 177-206.

Boer, R. 2021. *Socialism with Chinese Characteristics: A Guide for Foreigners*. Springer.

Boer, R. & Yan, P. 2021. "'Not Some Other -ism' – On Some Western Marxist Misrepresentations of Chinese Socialism". *International Critical Thought* 11(2): 171-189.

Boyer, R. 2022. *Political Economy of Capitalisms*. Springer.

Budd, A. 2021. "China and imperialism in the 21st century". *International Socialism* 170: 123-150.

Chacko, P. & Jayasuriya. K. 2018. "A capitalizing foreign policy: Regulatory geographies and transnationalised state projects". *European Journal of International Relations* 24(1): 82-105.

Chan, J. 2019. "State and labor in China, 1978–2018". *Labor and Society* 22(2): 461–475.

Chan, P. 2022. "Is China Imperialist?"https://chinaworker.info/en/2022/01/14/33092/

Chattopadhyay, P. 1994. *The Marxian Concept of Capital and the Soviet Experience*. Praeger.

Chattopadhyay, P. 2020. "On 'What Is Maoism?': Some Comments". *Economic & Political Weekly* 45(22): 89-94.

Chavance, B. 2017. "Ownership Transformation and System Change in China". *Revue de la régulation* 21(1): 1-21.

Cheng, E. 2018. "Marxism and Its Sinicized Theory as the Guidance of the Chinese Model: The 'Two Economic Miracles' of the New China". *World Review of Political Economy* 9(3): 296–314.

Cheng, E. 2022. "Ten Views of Marxism Originating from the Revolution and Development in China and the World". *International Critical Thought* 12(1): 15-34.

Coderre, L. 2019. "A Necessary Evil: Conceptualizing the Socialist Commodity under Mao". *Comparative Studies in Society and History* 61(1): 23-49.

Cohn, S. 2021. "The Implications of the Triumph of Neoclassical Economics over Marxist Economics in China". *Review of Radical Political Economics* 53(2): 281-299.

Dale, G. & Unkovski-Korica, V. 2022. "Varieties of capitalism or variegated state capitalism? East Germany and Yugoslavia in comparative perspective". *Business History* DOI: 10.1080/00076791.2022.2134348

De Graaff, N. 2020. "Beyond dualisms: Understanding China's capitalism". *Socio-Economic Review* 18(3): 881-885.

Desai, R. 2020. "The US vs China: Economic Models in the pandemic stress test". *The Japanese Political Economy* 46(2-3): 102-126.

Deutscher, I. 1984. *Marxism, Wars and Revolutions: Essays from Four Decades.* Verso.

Du, M. 2023. "Unpacking the Black Box of China's State Capitalism". *German Law Journal* 24: 125-150.

Engels, F. 2020. "Engels to August Bebel"(1892.11.6). *Marx Engels Collected Works* 50: 25-28.

Fligstein, N. & Zhang, J. 2011. "A New Agenda for Research on the Trajectory of Chinese Capitalism". *Management and Organization Review* 7(1): 39-62.

Foster, J. 2022. "Ecological Civilization, Ecological Revolution: An Ecological Marxist Perspective." *Monthly Review*, October: 1-11.

Gabriel, S., Resnick, S., & Wolff, R. 2008. "State Capitalism versus Communism: What Happened in the USSR and the PRC". *Critical Sociology* 34(4): 539-556.

Gray, K. 2015. *Labour and Development in East Asia: Social Forces and Passive Revolution*. Routledge.

Gregor, A. 2019. "Classical Marxism and Maoism: A comparative study". *Communist and Post-Communist Studies* 52(2): 81-91.

Guiheux, G. 2021. "Changes in the world of work in China: from observations to theoretical questions". *La nouvelle revue du travail* 19: 1-15.

Hardy, J. 2017. "China's Place in the Global Divisions of Labour: An Uneven and Combined Development Perspective". *Globalizations* 14(2): 189-201.

Harris, J. 2012. "Outward Bound: Transnational Capitalism in China". *Race and Class* 54(1): 13-52.

Harris, N. 2015. *The Mandate of Heaven: Marx and Mao in Modern China*. Haymarket Books.

Horesh, N. & Lim, K. 2017. "China: an East Asian alternative to neoliberalism?" *The Pacific Review* 30(4): 425-442.

Huang, S. 2023. *The Political Economy of Reforms and the Remaking of the Proletarian Class in China, 1980s-2010s*. Palgrave.

Hung, H. 2020. "How capitalist is China?" *Socio-Economic Review* 18(3): 888-892.

Itoh, M. 2013. "Theoretical Possibilities of a socialist market economy and the Chinese road". Yokokawa, N. et al eds. *Industrialization of China and India: Their impacts on the world economy*. Routledge: 151-169.

Jayasuriya, K. 2023. "The Age of Political Disincorporation: Geo-Capitalist Conflict and the Politics of Authoritarian Statism". *Journal of Contemporary Asia* 53(1): 165-178.

Lee, C. 2016. "Precarization or Empowerment? Reflections on Recent Labor Unrest in China". *Journal of Asian Studies* 75(2): 317-333.

Lee, C. 2019. "China's precariats". *Globalizations* 16(2): 137-154.

Lee, C. 2022. "Global China at 20: Why, How and So What?" *The China Quarterly* 250: 313-331.

Lenin, V. 1960. "On the So-called Market Question"(1893). *Collected Works* 1: 75-126.

Li, M. 2022a. "The Capitalist World System and Economic Imperialism in East Asia". Cope, Z. and Ness, I. eds. *The Oxford Handbook of Economic Imperialism*. Oxford Univ. Press: 455-473.

Li, M. 2022b. "From '996' to 'Lying Flat': China's Regime of Accumulation". *Socialist Register 2023: Capital and Politics*. The Merlin Press: 190-209.

Li, Z. & Kotz, D. 2021. "Is China Imperialist? Economy, State, and Insertion in the Global System". *Review of Radical Political Economics* 53(4): 600-610.

Lin, C. 2018. "China's New Globalism". *Socialist Register 2019 A World Turned Upside Down?* The Merlin Press: 150-172.

Liu, T. & Ten Brink, T. 2022. "Social Protection for Migrant Workers in China". Nullmeier, F. et al eds. *International Impacts on Social Policy*. Palgrave: 489-499.

Lu, X. & Ding, X. 2022. "Socialist Political Economy with Chinese Characteristics and Research on the Chinese and Foreign Economies: A Survey of the Viewpoints Expressed by the New Marxian Economics Synthesis School in 2021". *World Review of Political Economy* 13(4): 476–501.

Marx, K. 1989. "Marginal Notes on Adolf Wagner's *Lehrbuch der Politischen Ökonomie*"(1881.1). *Marx Engels Collected Works* 24: 531-559.

Mao, Z. 1975. "Marx, Engels, and Lenin on the Dictatorship of the Proletariat". *Peking Review* 18(9): 5-12.

Mao, Z. 1977. *A Critique of Soviet Economics*. Monthly Review Press.

McNally, C. 2007. "China's Capitalist Transition: The Making of a New Variety of Capitalism". Mjøset, L. & Clausen, T. eds. *Capitalism Compared*. Emerald: 177-203.

McNally, C. 2019. "Theorizing Sino-capitalism: implications for the study of comparative capitalisms". *Contemporary Politics* 25(3): 313-333.

McNally, C. 2020. "Chaotic mélange: neo-liberalism and neo-statism in the age of Sino-capitalism". *Review of International Political Economy* 27(2): 281-301.

McNally, C. 2022. "Sino-capitalism's Dialectical Processes and International Relations Theory". Pan, C. & Kavalski, E. eds. *China's Rise and Rethinking International Relations Theory*. Bristol Univ Press: 190–209.

Meisner, M. 1996. *The Deng Xiaoping Era: An Inquiry into the Fate of Chinese Socialism, 1978–1994*. Hill and Wang.

Milhaupt, C. 2017. "Chinese Corporate Capitalism in Comparative Context". Chen, W. ed. *The Beijing Consensus? How China Has Changed Western Ideas of Law and Economic Development*. Cambridge Univ Press: 275-299.

Mulvad, A. 2019. "Xiism as a hegemonic project in the making: Sino-communist ideology and the political economy of China's rise". *Review of International Studies* 45(3): 449-470.

Naughton, B. 2017. "Is China Socialists?" *Journal of Economic Perspectives*

31(1): 3-24.

Nogueira, I. & Qi, H. 2019. "The state and domestic capitalists in China's economic transition: from great compromise to strained alliance". *Critical Asian Studies* 51(4): 558-578.

Nölke et al. 2015. "Domestic Structures, Foreign Economic Policies and Global Economic Order: Implications from the Rise of Large Emerging Economies". *European Journal of International Relations* 21(3): 538-567.

Pauls, R. 2022. "Capitalist Accumulation, Contradictions and Crisis in China, 1995 – 2015". *Journal of Contemporary Asia* 52(2): 267-295.

Pearson, M., Rithmire, M. & Tsai, K. 2020. "Party-state capitalism in China". Working Paper 21-065. Harvard Business School.

Pearson, M., Rithmire, M. & Tsai, K. 2021. "Party-state capitalism in China". *Current History* 120(827): 207 – 213.

Peck, J. & Zhang, J. 2013. "A Variety of Capitalism ... with Chinese Characteristics?" *Journal of Economic Geography* 13(3): 357 – 96.

Pun, N. 2020. "The new Chinese working class in struggle" *Dialectical Anthropology* 44: 319 – 329.

Pun, N. 2021. "Turning left: student-worker alliance in labour struggles in China". *Globalizations* 18(8): 1392-1405.

Pun, N. & Peier, C. 2022. "Infrastructural capitalism: High-speed rail and class conflict in China". *Socialist Register 2023: Capital and Politics*. The Merlin Press: 210-224.

Qi, H. 2017. "Dynamics of the Rate of Surplus Value and the 'New Normal' of the Chinese Economy". *Research in Political Economy* 32: 105-129.

Rajah, R. & Leng, A. 2022. "Revising down the rise of China". Lowy Institute Analysis.

Rolf, S. 2021. *China's Uneven and Combined Development*. Palgrave.

Rosenberg, J. 2021. "Results and prospects: an introduction to the CRIA special issue on UCD". *Cambridge Review of International Affairs* 34(2): 146-163.

Rosenberg, J. & Boyle, C. 2019. "Understanding 2016: China, Brexit and trump in the history of uneven and combined development". *Journal of Historical Sociology* 32: 32–58.

SIPRI. Military Expenditure Database. https://milex.sipri.org/sipri

Smith, R. 2020. *China's Engine of Environmental Collapse*. Pluto.

Sperber, N. 2022. "Servants of the state or masters of capital? Thinking through the class implications of state-owned capital". *Contemporary Politics* 28(3): 264-284.

Starrs, S. 2017. "The Global Capitalism School Tested in Asia: Transnational Capitalist Class vs Taking the State Seriously". *Journal of Contemporary Asia* 47(4): 641-658.

Starrs, S. 2018. "Can China Unmake the American Making of Global Capitalism?" *Socialist Register 2019 A World Turned Upside Down?* The Merlin Press: 173-200.

Su, X. & Lim, K. 2022. "Capital accumulation, territoriality, and the reproduction of state sovereignty in China: Is this "new" state capitalism?" *Environment and Planning A: Economy and Space* https://doi.org/10.1177/0308518X221093643

Taylor, I. & Cheng, Z. 2022. "China as a 'rising power': why the status quo matters". *Third World Quarterly* 43(1): 244-258.

Ten Brink, T. 2019. *China's Capitalism: A Paradoxical Route to Economic Prosperity*. Univ. of Pennsylvania Press.

Ten Brink, T. 2020. "China: A success story in economic growth". Nölke, A. et al eds. *State-permeated Capitalism in Large Emerging Economies*. Routledge: 40-75.

Turner, N. et al. 2014. *Is China an Imperialist Country? Considerations and Evidence*. www.red-path.net.

UNCTAD. 2022. *World Investment Report 2022*. unctad.org

Wang, C. et. al. 2022. "Contemporary Chinese Marxism: Basic research orientations". *Educational Philosophy and Theory* 54(11): 1740-1753.

Wang, H. 2021. "The Revolutionary Personality and The Philosophy of Victory -Commemorating the 150th Anniversary of Lenin's Birth". Joffre-Eichhorn, H. et. al. eds. *Lenin (Samizdat) 150*. 2nd ed. Daraja Press: 261-277.

Ware, R. 2013. "Reflections on Chinese Marxism". *Socialism and Democracy* 27(1): 136-160.

Wen, T. 2021. *Ten Crises*. Global University for Sustainability Book Series.

Witt, M. 2010. "China: What Variety of Capitalism?" *INSEAD Working Paper* No. 2010/88/EPS.

World Bank. World Development Indicator. databank.worldbank.org

World Inequality Database https://wid.world

Wu, G. 2022. "Contemporary Chinese social and political thought". Delanty, G. & Turner, S. eds. *Routledge International Handbook of Contemporary Social and Political Theory*. Routledge: 393-406.

Xi, J. 2017. "China's Xi Jinping defends globalization from the Davos stage". https://www.weforum.org/agenda/2017/01/chinas-xi-jinping-defends-globalization-from-the-davos-stage/

Xu, C. 2019. *Marxism, China and Globalization*. Parodos.

Zhang, J. & Peck, J. 2016. "Variegated Capitalism, Chinese Style: Regional Models, Multi-scalar Constructions". *Regional Studies* 50(1): 52-78.

제5장

중국의 여성해방과 성 평등:
개혁개방 이전과 이후의 비교 연구

권정임(경상국립대학교 SSK연구단 선임연구원)

1. 들어가며

이 장에서는 현대 중국에서의 여성해방과 성 평등에 대해 1949년 중화인민공화국 수립 이후 사회경제체제의 특성 및 변화에 연계하여 고찰한다. 중화인민공화국 수립 이후 여성해방과 양성 평등 정책이 소위 중국 특색의 사회주의 노선발전에 긴밀하게 연계·통합되어 추진되어 왔기 때문이다. 이런 측면에서 중국 특색의 사회주의 노선은 현대 중국에서의 여성해방 및 성 평등의 성과와 한계를 동시에 규정하기 때문이다.

연구는 특히 두 가지 영역에 포커스를 맞추어 진행된다.

첫 번째는 생산 또는 고용 영역이다. 이 영역에서의 여성해방과 양성 평등은 중국 정부가 명시적으로 중요하게 여기는 영역이다.

두 번째는 사회적 재생산의 영역이다. 사회적 재생산은 1980년대 이후 사회주의 여성주의, 특히 마르크스주의 여성주의의 중심적 연구대상이다.[1] 사회적 재생산이란 다수 노동자 또는 무산자의 노동력·역량의 생산과 재생산을 의미한다. 따라서 이 범주는 노동력의 일상적 재생산과 세대 재생산, 곧 노동자의 생물학적 재생산과 양육·교육, 나아가 노약자의 돌봄 모두를 포괄한다.

사회적 재생산을 강조하는 입장에 따르면 사회적 재생산의 여성화, 곧 사회적 재생산의 주 부담을 여성에게 전가하는 것이 자본주의를 비롯한 모든 계급사회에서의 여성억압의 근원이다. 즉 역사적으로 지배계급은 잉여노동 취득의 극대화와 생산계급의 재생산에 대한 요청 모두를 충족하기 위해 남성에게는 생존수단을 위한 노동에, 여성에게는 사회적 재생산 노동에 더 많은 책임을 부여해 왔다는 것이다. 또한 재생산 노동을 적절한 수준에서 유지하고자 남성의 여성지배를 제도화해 왔다는 적이다(Vogel, 1983, 135-155).

사회적 재생산은 전체 사회 차원에서 제도화·조직화된다. 즉 가족제도 및 가정 내 무급의 가사·돌봄노동, 보육·교육제도, 주거정책, 의료제도와 의료보험, 연금제도 등이 결합하여 특정한 사회적 재생산 체제를 구성한다(Bakker·Gill, 2003, Bahattacharya, 2015, Brenner·Laslett, 1991). 따라서 여성해방과 성 평등 및 사회적 재생산에 대한 이 장에서의 연구는 이러한 사회적 재생산 체제에 대한 연구와 연계·통합된 형태로 진행된다.

2절에서는 1949년 중화인민공화국 건국 이후 1978년까지 이어지는 지령식 계획경제시기의 여성해방과 성 평등을 고찰한다. 3절에서는 1979년부터의 개혁개방시기의 여성해방과 성 평등을 고찰한다. 이를 통

1　마르크스주의적 사회적 재생산 여성주의에 대한 상세한 고찰을 위해서는 권정임, 2022를 참조하라.

해 한편에서는 이 양 시기 모두에 걸쳐 중국 정부가 여성해방과 양성 평등을 위해 노력하고 또한 소기의 성과를 산출하였음을 보인다. 다른 한편 개혁개방 이후 정치적 의사결정기구에서의 참여를 비롯한 몇몇 측면에서 개혁개방 이전보다 여성해방과 성 평등과 관련하여 발전하였지만, '생산'과 '재생산'을 비롯하여 전반적으로는 여성해방과 성 평등이 개혁개방 이후 상대적으로 후퇴하였음을 보인다. 또한 이러한 퇴보의 직접적인 원인으로 중국 정부가 시장원리의 추구로 인해 기업과 사회에서의 성차별을 충분히 통제하지 못하고 있다는 사실과 사회적 재생산을 충분히 사회화하지 못하고 있다는 사실을 제시한다.

그러나 이로부터 여성해방과 성 평등을 위해 개혁개방 이전 체제로의 복귀가 주장되지는 않는다. 개혁개방 이전 체제에서도 여성들은 생산과 재생산 양 영역 모두에 걸쳐 과도한 부담을 지고 차별을 받아왔기 때문이다. 이런 측면에서 이 장에서의 연구는 중국에서 개혁개방 이전과 이후 체제 모두에 관철되는 여성억압의 근본적인 원인에 대한 탐색으로 이어진다. 또한 이러한 근본 원인으로 여성해방 및 양 성 평등과 관련하여 중국 공산당이 지난 100여 넌 동안 갇혀 있는 특정한 도그마를 제시한다.

2. 계획경제 시기 여성해방과 성 평등

1) 계획경제 시기 중국 공산당의 사회주의 기획

현대 중국에서 여성해방과 성 평등은 중국 공산당과 불가분의 관계 아래 추진되었다. 중국에 마르크스주의는 1917년 러시아 혁명과 함께 전해졌다. 제1차 세계대전 후 제국주의 열강의 이권균점으로 끝난 파리 강화조약에 실망한 중국인에게 마르크스주의는 신선한 충격으로 다가왔다. 1921년 중국공산당 창당 이후 지식인들 사이에서는 부르주아 페미니즘을 대신하여 콜론타이나 베벨, 엥겔스 등으로 대변되는 사회주의 페미니즘이 유행하였다(천성림, 2017: 7).

마르크스주의적 페미니즘 외에 중국의 여성해방과 성 평등에 영향을 미친 조류로는 『대동서』로 대변되는 캉유웨이의 사상과 태평천국운동의 여성관을 들 수 있다. 캉유웨이는 이상사회인 대동세계를 이루기 위해 남녀 간 경계, 가족이라는 경계 등을 비롯한 9개의 차별적인 경계를 타파할 것을 주장하였다. 또한 태평천국운동은 성에 무관하게 토지를 동등하게 분배하고 10만 여군 편성을 주장함으로써, 여성해방을 '경제권' 및 '군사화'와 결합하였다(김미란, 2021: 265-6).

이러한 사조들의 영향 아래 마오쩌둥은 1927년 『호남농민운동고찰보고』에서 '정권, 족권, 신권, 부권(계급, 종족 , 미신, 남편권력)'을 4대 혁명 과제로 설정한다(김미란, 2021: 268). '하늘의 반은 여성의 것'이라는 마오쩌둥의 언급이 상징하듯, 이후 여성해방은 중국 공산당의 사회주의 기획에 통합되어 추진된다. 따라서 현대 중국의 여성해방과 성 평등을 이해하기 위해서는 우선 중국 공산당의 사회주의 기획에 대해 살펴 볼 필요가 있다.

20세기 중반까지 중국은 인구의 다수가 농민인 농촌 중심의 사회였다. 이에 따라 마오쩌둥은 소련에서와는 달리 농민이 혁명의 주체인 농민 혁명의 전략을 구상하였다. 그럼에도 불구하고 중국에서 사회주의는 소련 사회주의와의 밀접한 관련 아래 기획·전개되었다. 1949년 중화인민공화국 건국 직후에는 1920년대 소련에서 채택한 신경제정책(NEF) 노선을 채택하였다. 이는 경제성장을 위해 자본주의적 요소를 남겨놓는 것이다. 이에 따라 사유재산과 일부 소규모 개인 사업을 제한적으로 허용하고 농민들에게 토지를 균등하게 분배함과 아울러 잉여농산물을 시장에서 거래할 수 있게 하여 일정한 생산성을 확보하고자 하였다(하남석, 2021: 77). 그러나 이후 자본주의적 요소를 불안하게 여겨 1953년부터는 1928년 이후 소련에서 스탈린이 추진한 사회주의로의 급속한 이행 정책을 채택하였다. 이는 농업의 집단화를 통해 농촌의 자원을 끌어모아 도시의 급속한 중공화를 추진하는 전략(하남석, 같은 글)으로, 이에 따라 토지정책 또한 집체소유제 또는 공동소유제로 전환된다. 이 정책의 결과 공업이 일정하게 성장한다. 그러나 중앙에 집중된 지령식 계획경제의 성격으로 인해 관료제가 강화되었다. 이에 대한 공산당 내·외부로부터의 비판을 공산당은 탄압하였다. 그 결과 1957년에 "어떠한 제한과 감독을 받지 않는 고도로 집중된 일당독재의 '사회주의 강권체제'", 곧 소위 "57 체제"(하남석, 2021: 78-9)가 등장한다.[2] 마오쩌둥의 1인 권력 또한 강화된다.

이후 마오쩌둥은 당대 소련과의 갈등을 배경으로 보다 중국적인 발전노선을 추구하여 1958년부터 대약진운동을 전개한다. 그러나 이 대약진 운동은 기술적 조건을 비롯한 현실의 객관적인 여건에 대한 엄밀한 연구 및 이에 기초한 엄밀한 준비를 결여한 기획, 그 결과 의지만으로 과도한 경제성장 목표를 달성하고자 하는 무모한 주의주의적 기획이었다. 또한 내용적으로 이 기획은 "소련보다 더 속도를 빠르게 하는 강화된 방식으로 농촌을 쥐어짜서 도시의 중공업 분야로 자원을 끌어내는 축적"(하남석, 2021: 79)에 대한 기획이었다. 그 결과 이후 3년간 2000만~4000만의 인민들이 사망하였다. 대약진 운동의 실패는 '문화대혁명'이라는 과도기를 거쳐 1979년부터 개혁개방체제가 등장하게 되는 기폭

2　이 과정에 대한 상세한 고찰을 위해서는 하남석, 2021: 77-80을 참조하라.

제가 된다.[3]

2) 계획경제 시기 여성해방과 양성 평등

중국에서 여성해방 정책은 이러한 사회주의 발전노선에 긴밀하게 연계·통합되어 추진된다. 중화인민공화국 건국 직후 여성해방 정책의 두 축은 토지분배와 사회주의적인 '새로운 인민'을 창출하기 위한 가정 정책이다. 이를 통해 여성은 토지 소유권과 이혼의 권리를 비롯하여 남성의 재산으로 간주되지 않을 여러 권리를 보장받았다(킨케이드, 2018).

그렇지만 여성해방이 사회주의의 주요 목적의 하나로 간주되지는 않았다.

첫째, 여성문제는 계급문제에 비해 부차적이었다. 이를 반영하듯, 30, 40년대 농촌 소비에트에서 여성해방조직은 농민계급의 조직 내부에 설치되어 있었다(김미란, 2021: 276). 또한 계급적 정체성의 판별기준은 남성 가장의 계급이었다. 가정주부가 토지분배를 받을 자격이 있는지 명확하게 규정하지 않았고 분배도 하지 않았다(김미란, 2021: 276-7). 이런 측면에서 중국 사회주의는 봉건적·가부장적 제도와 의식을 여전히 재생산하였다. 이는 이후 특히 성별화된 노동분업과 여성화된 사회적 재생산으로 구체화된다.

둘째, 여성해방은 '경제성장 및 이에 기반한 사회주의 건설'이라는 중국 공산당 최고의 목표에 종속되어 추구되었다. 이에 따라 노동의무, 무급의 재생산이 아니라 공식 경제에의 참여를 의미하는 노동의무가 여

---

3 대약진 운동 실패 후의 류사오치, 덩샤오핑을 중심으로 하는 실용주의 대 혁명성과 이념성을 중시하는 세력 간의 갈등은 문화혁명으로 이어진다. 이에 대한 고찰 및 문화혁명의 경과에 대해서는 하남석, 2021: 79-80을 참조하라

성들에게 사실상 부가되었다.[4] 또한 이에 따를 때 여성해방이란 무엇보다 생산 노동자로서의 능력개발을 통한 취업이 된다. 이후 이는 이 시기만이 아니라 개혁·개방시기를 거쳐 현재까지 관철되는 여성해방과 양성평등을 위한 중국의 핵심정책이 된다.

개혁개방 이전인 1979년까지 지속되는 계획경제시기 여성고용정책은 직장 배치와 임금 책정을 정부에서 총괄하는 중앙통제식 관리와 '동일노동, 동일임금' 및 형식상 양성평등 원칙에 따라 전개되었다(이영자, 2002: 77, 박수범 외, 2013: 168). 능력개발을 통한 고용확대가 여성고용정책의 핵심이었고, 위로부터의 개혁에 따라 여성 고용이 보호·확장되었다(이영자, 2002: 74). 그 결과 계획경제시기 여성고용은 무엇보다 높은 취업률이라는 특징을 보인다. 여성고용률은 꾸준히 증가하여 70년대 말 15세에서 45세 여성의 90% 이상이 취업하였으며, 여성의 높은 취업률은 개혁·개방 이후에도 계속된다. 또한 성별 임금격차도 1953년에서 1957년 기준으로 남성의 77.5%로 다른 국가들에 비해 상대적으로 양호한 편이었다(이영자, 2002: 76).

그러나 당대 여성고용은 성별화된 수평적·수식적 분업구조라는 고용구조의 취약성 및 이로 인한 저임금이라는 한계를 벗어나지 못하였다. 중국 공산당은 '여성화된 사회적 재생산'으로 대변되는 전통적인 가부장적 분업 및 이로 인한 여성들의 낮은 교육수준 등에 대한 근본적인 문제의식을 갖지는 못 했다. 이로 인해 사회주의를 지향하는 중국의 산업 역시 가부장적인 자본주의 국가에서처럼 성에 따라 수평적·수직적으로 분업화되는 특징을 보인다. 이 시기 도시에 사는 많은 여성들은 국영기업

---

4 여성의 노동참여를 가로막는 행위는 가족이라 할지라도 범죄에 상응하는 처벌을 받았다(김미란, 2021: 277).

에서 일했는데, 중공업의 숙련직 일자리는 대부분 남성에게 배정되었고 여성들은 대체로 가장 낮은 임금을 받는 직종에 고용됐다(킨케이드, 2018).

특히 대약진 운동(1958-1961)에서 두드러지듯, 집체소유제로의 전환과 함께 그 동안 주로 여성이 사적으로 수행해 오던 사회적 재생산 형태에 대한 변화도 물론 시도된다. 이에 따라 농촌에서는 인민공사를 중심으로 공동식당, 공동탁아, 공동노동 시스템을 통해 양육, 돌봄, 생산 기능을 공동체가 담당하게 된다(김미란, 2021: 278). 도시에서는 개인과 그의 직장이 포함된 '단위'가 아동과 노인 돌봄, 주택보장, 의료 등과 같은 사회복지정책을 실시하게 된다(박수범 외, 2013: 178).[5] 특히 1956년 교육부·위생부·내무부에서는 노동력의 요구와 여성 노동력의 해방을 위해 조건이 가능하다면 적극적으로 탁아소와 유아원을 건립할 것을 규정한다(박수범 외, 2013; 224). 이러한 조처는 사실상 사회적 재생산을 사회화하는 기획이라고 할 수 있다.

그렇지만 그 사상적 배경과 동기 및 실상에 있어서 중국의 계획경제 시기 사회적 재생산의 사회화 기획은 여성해방과도, 나아가 마르크스의 사상과도 거리가 먼 것이었다. 이 기획의 사상적 배경은 캉유웨이의 『대동서』에서 개진되는 '대가정으로서의 국가'다(김미란, 2021: 278).[6] 인간의 생로병사를 공동체가 관리·책임지는 캉유웨이의 이 이상세계, 곧 '사회주의 대가정'의 '새로운 인민'을 창출하기 위한 가정 정책은 당시 중국에서, 노동 생산성 증대라는 목적 달성을 위해 거의 모든 사생활이 군

---

[5] 단위와 집체에 포함되지 못한 소수 주민들은 정부산하기관인 민정부로부터 직접적으로 부조를 받았다(박수범 외, 2013: 178).

[6] 마오쩌둥은 1958년에 '공상적 사회주의'를 실현하려 한다고 하면서 당 간부와 농민에게 『대동서』를 배포하였다고 한다(김미란, 2021: 265).

대식으로 편제·통제되어 가정에서의 사적인 식사까지 금지되는 형태로 구현되었다.[7] 이는 '개인들의 자유롭고 전면적인 발전'이라는 목적을 위해 생산과 분배를 통제하는 개인들의 자유로운 연합체(association)를 창출하고자 했던 마르크스의 사상과는 무관하다. 아니 정반대다. 소수의 정치 엘리트가 경제성장이라는 지상목표를 위해 전체 사회를 사실상 인민들의 "강제 노동 수용소"(장융·핼리웨이, 2006: 573)로 전환하였기 때문이다.

더구나 "농촌을 쥐어짜서 도시의 중공업 분야"를 지원하는(하남석, 2021: 79) 구조, 곧 도시와 농촌으로 이원화된 경제사회 구조로 인해 사회적 재생산의 사회화의 실질적인 수혜자는 사실상 소수의 도시주민에 불과하였다(김병철 외, 2012). 예를 들어 집단보육은 농촌에서는 실현되지 못했다. 기껏해야 노인들이 식사권을 획득하기 위해 필요한 '노동 점수'와 교환하기 위해 아이들을 돌보는 정도였다. 이 시기에 농촌에서 밥을 먹을 수 있는 유일한 방법은 집단 농장에서 노동을 하고 '노동 점수'를 얻는 것이었다(킨케이드, 2018). 이러한 상황에서 양성 간의 형식적 평등 정책은 '여성도 남성과 똑 같이 일을 할 수 있다'는 노동의무로 작용하였다. 그 결과 여성의 신체에 부적합한 중노동이 강요되는 경우도 적지 않았다. 또한 출산 직후 빨리 노동 현장으로 복귀하게 되어 여성들은 장기간 많은 건강 문제를 갖게 되었다(킨케이드, 2018).[8]

7　냄비와 스토브 같은 가정 내 취사도구는 파괴되었고 국가는 식량을 완전히 통제함으로써 무서운 무기를 손에 쥐게 되었다. 하급 관리들은 자신들의 눈에 거슬리는 사람이면 누구에게나 음식 지급의 보류라는 '경미한' 처벌을 내렸다(장융·핼리데이, 2006: 571).

8　1965년이 되어서야 중국 정부는 여성의 생리적·심리적 특성을 고려하여 여성 노동자를 위한 특수한 보호규정에 대한 법률을 반포하여 실시하게 된다(박수범 외,

　　이러한 정황은 계획경제 시기의 사회적 재생산의 사회화 기획이 여성해방과 양성평등이 아니라 경제성장이라는 목표를 위해 생산 노동자로서의 여성의 노동력 동원을 극대화하기 위한 것이었음을 보여준다. 나아가 이 시기 대부분의 여성들에게 생산분야에서의 노동만이 아니라 무급의 재생산 노동까지 부가되었음을 의미한다. 여성에 대한 이러한 이중 부담은 위로부터 여성해방을 추동한 주체, 곧 중국 공산당과 전국부녀연합회(부련)가[9] 전통적인 여성화된 사회적 재생산에 대해 근본적인 문제의식을 갖지 않았다는 사실을 입증할 뿐만 아니라 그 귀결이기도 하다. 사실 중국 공산당은 여성을 생산 노동자로서만이 아니라 '모성'으로 개념화하고 보호대상으로 규정하였다(이영자, 2002: 80). 경제가 안정적 궤도에 오른 1956년에 여성의 살림 미덕이 당의 슬로건이 된 후 이혼을 요구하는 여성은 가정을 생각 않는 이기주의자로 비난받았다(김미란, 2021: 277). 이는 중국 공산당이 근본적으로는 여성을 '모성'으로 대변되는 무상의 재생산 노동자로 간주하였음을 간접적으로 입증한다.

　　계획경제 시기 중국 공산당이 여성해방과 양성 평등 관점에서 달성한 주요한 성취와 한계에 대해 정리해 보자. 주요 성취로는 사회주의 목표의 하나로 여성해방과 성평등을 제시하였다는 점, 여성해방의 경제적 기초를 중시하고 여성의 생산 노동을 장려한 점 등을 들 수 있다. 이러한 성과는 여성의 높은 취업률과 상대적으로 낮은 성별 임금격차로 가시화되었다. 또한 비록 순전한 여성해방의 동기에서 비롯된 것은 아니지만,

---

2013: 131).

9　부련은 1949년 중국 공산당의 지도 아래 성립된 중국 최대의 비정부기구로 정부 예산에 의존하고 있다. 부련은 전국적 조직과 규모를 가지고 여성정책을 일선에서 집행하고 있다(이영자, 2002: 85-6).

사회적 재생산의 사회화를 전면적으로 시도했다는 점 역시 여성해방, 양성 평등과 관련하여 주목해야 할 부분이다.

그럼에도 불구하고 중국 공산당은 다음의 이유로 여성해방 및 양성 평등과 관련하여 일정한 한계를 보인다.

첫째는 여성해방이 중국 공산당이 추구한 사회주의의 주요 목표가 아니었다는 점이다. 중국 공산당에게 여성해방은 다른 주요 목표들에 비해 부차적이거나 종속적인 것이었다.

둘째는 당대 중국 공산당의 사회주의관과 그 이행전략이 갖는 문제점이다. 여성해방과 관련하여서는 무엇보다 성장주의 및 이를 위한 주의주의적인 방식이 문제가 된다. 이로 인해 여성해방을 '여성의 생산 노동 참여 = 여성의 발전 = 여성해방'이라는 경제주의적인 방식으로 설정하여 무리한 중노동을 강요하는 경우도 적지 않았기 때문이다.

셋째는 여성을 모성이자 무상의 재생산 노동자로 간주하는 전통석·가부상적 여성관과 단절하지 못했다는 점이디. 이로 인해 중국 공산당은 전통적인 여성화된 사회적 재생산의 틀 및 이에 연계된 수평적·수직적 성별 분업구조와도 단절하지 못한다.

넷째는 근·현대적인 '개인' 및 그 '해방과 발전'에 대한 문제의식을 갖지 못했다는 점이다. 이는 위로부터의 혁명과 그 방식의 반민주성 및 야심찼던 '사회주의 대가정' 기획이 일종의 유사 강제노동수용소로 전락하게 되었던 이유의 하나이기도 할 것이다. 나아가 이는 아래로부터 형성되는 여성해방을 위한 자발적인 운동을 원천봉쇄함으로써 여성해방 및 양성 평등과 관련된 중국 공산당의 한계와 오류를 정정할 수 있는 기회 또한 차단하는 요인의 하나일 것이다.

3. 개혁개방 이후의 여성해방과 성 평등

1) 개혁개방

대약진운동의 실패와 이로 인한 심각한 경제위기는 10년간의 '문화대혁명'이라는 과도기적 혼란을 거쳐 기존의 계획경제체제에 대한 '개혁'으로 이어지게 된다. 중국 공산당의 실권을 장악한 덩샤오핑을 비롯한 '개혁파'는 중국 사회의 주요모순을 '인민의 물질 문화에 대한 수요 증가와 낙후된 생산력 사이의 모순'으로 규정하고, 생산력을 상승시키는 경제건설을 향후 중국의 가장 중요한 국정목표로 설정한다(하남석, 2021: 82). 그런데 생산력 상승 또는 경제성장은 사실 계획경제시기의 최우선 국정 과제이기도 하다. 이런 측면에서 이 두 시기 간의 차이는 무엇보다 생산력 상승을 위해 채택하는 방법 또는 노선의 차이라고 할 수 있다. 개혁개방시기 경제성장노선은 사유재산의 인정과 호별영농제에 기초한 물질적 유인의 유도 및 개혁개방을 통한 경제의 시장화로 요약될 수 있다.

이 개혁개방은 크게 다음과 같은 과정을 거치며 수행된다. 80년대에는 계획과 시장이 공존하였다. 1989년 천안문 사태의 폭력적 진압 이후, 권력 엘리트 사이에는 권위주의적 통치체제와 경제의 시장화에 결합에 기초한 정치적 합의가 형성되었다. 이러한 합의는 90년대 이후의 발전 경로를 규정하게 된다. 90년대 초·중반에는 서구의 자본주의 제도가 본격적으로 도입된다. 중국공산당은 국유 기업으로 대변되는 큰 기업은 정부가 나서서 살리고 작은 기업은 시장의 원리에 따라 구조조정하고자 하였다. 국유 기업에서도 종신고용제의 단위체제는 해체되고 노동시장에 따른 노동계약제가 전면적으로 실시되었다(하남석, 2021: 87).

사회주의의 길, 인민민주독재, 공산당 영도, 마르크스-레닌주의와 마오쩌둥 사상을 견지하고자 하는 시도로 알 수 있듯이, 중국은 사회주의라는 정체성을 유지하고자 한다(이희옥, 2021: 23). 그러나 현실적으로 중국은 국가가 시장과 생활세계 또는 시민사회 전반에 깊이 관여하여 통제하는 전형적인 '국가 자본주의'의 양상을 보이고 있다(이희옥, 2021: 22).

2) 개혁개방 시기 중국 공산당의 여성정책과 여성해방 및 성 평등

여성해방과 양성 평등에 대한 중국 정부의 공식적 지지는 개혁개방 시기에도 변하지 않았다. 나아가 다음과 같은 측면에서는 진일보하였다. 개혁개방 초기인 1981년 2월, 중국은 UN의 여성차별철폐협약(CEDAW)에 가입한다. 이를 통해 중국이 양성평등에 대한 국제적 관점과 보편적 기준을 추구함을 보이고자 한다. 1995년 9월 베이징에서 개최된 UN 제4차 세계여성대회 개막식에서는 장쩌민 국가주석이 양성 평등을 중국의 기본국책으로 선언한다.[10] 나아가 중국 정부는 헌법, 중화인민공화국 부녀권익 보장법 등을 통해 양성 평등을 보다 구체적으로 법제화한다. 특히 진국인민대표회의니 지방 가금 인민대표회의 같은 정치적 의결기구에서의 여성대표비율을 높이기 위한 조치를 취해야 할 것을 중화인민공화국 부녀권익 보장법에 명시한다(박수범 외, 2013: 68). 그 결과 진국인민대표회의의 여성비율, 공무원의 여성비율이 계속 증가하는 성과를 이룩한다(박수범 외, 2013: 85-7).

그러나 기업이사회나 감사위원회의 여성비중은 점차 감소하였다

---

10 중국의 기본국책이란 중국 전체에 전반적·장기적·전략적 영향을 미치는 문제의 해결을 위한 기본규범이다. 이 용어는 1982년 중국공산당 제12차 전국대표대회 보고에서 계획생육을 기본국책으로 명시하면서부터 공식적으로 사용되기 시작하였다. 중국의 7대 기본국책은 계획생육, 양성평등, 환경보호, 대외개방, 합리적 토지이용, 수토보존 및 에너지 절약이다(박수범 외, 2013: 56-7).

(같은 글). 나아가 전체적으로 양성평등 수준은 계획경제 시기와 비교하여 지체되거나 고용이나 임금 등 특정 분야에서는 오히려 후퇴했다고 평가된다(정준호, 2011). 그 주요 원인으로 경제체제전환이 거론된다. 계획경제체제 아래에서는 정부의 강력한 주도로 여성해방이 가능했으나 이후 시장원리 추구로 인해 기업과 사회에서의 여성차별에 대한 정부의 통제와 관리가 약화되었다는 것이다(박수범 외, 2013: 62). 경제체제전환이 여성해방과 양성 평등에 대해 미친 영향에 대해 보다 구체적으로 살펴보자.

경제체제전환은 중국의 급속한 경제성장을 가능하게 했다. 그러나 이 전환은 동시에 성차별을 강화하였다. 경제체제전환이 어떻게 성차별을 강화하였는지에 대해 알기 위해서는, 무엇보다 경제체제전환이 '고용'과 '복지'에 대해 초래한 근본적인 변화를 살펴 볼 필요가 있다.

경제체제전환은 기존의 경제운영의 기본단위, 곧 도시의 '단위'와 농촌의 '집체'의 해체를 동반하였다. 그런데 이는 동시에 불충분하게나마 주어지던 주택이나 의료 같은 국가재정에서 책임지던 '단위'와 '집체' 중심의 복지의 해체를 의미하기도 하였다. 그 결과 복지는 개인의 책임이 되었다. 이런 맥락에서 개혁초기에 해당하는 1993년 또는 1994년까지는 사실상 "방임적 복지시대"(박수범 외, 2013: 168)라고 할 수 있다.

이러한 복지의 공백을 중국공산당은 무엇보다 전통적인 가정과 여기서 수행되던 재생산 노동자로서의 여성의 역할을 통해 메꾸고자 하였다. 즉 공산당은 집체 생산제를 해체하고 가정을 사회의 기본단위로 인정한다(김미란, 2021: 282). 또한 1980년에 수정 혼인법을 반포하여 가정에 대한 공산당 간부의 개입을 축소하는 한편, 가정을 여성의 영역이자 돌봄 영역으로 규정한다(김미란, 2021: 264). 나아가 공산당은 부-자 상속제를 부활시키고 자녀의 부모부양만이 아니라 손자녀의 친·외조부 부양까지 의무화하고 돌봄노동의 가정화를 강화함으로써, 복지 공백을 가정이 메꾸도록 하였다(김미란, 2021: 283).

다른 한편 '고용'과 관련하여서는 기업의 고용자주권이 확보되었고, 국유기업에서조차 노동계약제와 노동시장에서의 경쟁이 도입되었다. 재생산 부담을 진 여성들은 노동시장에서 불리할 수밖에 없었다. 특히 유자녀 기혼 여성들이 대거 해직되었고(김미란, 2021: 264), 여성 실업이 증대하기 시작하였다. 전통적 성별 분업으로의 회귀가 강화되었고 양성 평등은 퇴보하였다(박수범 외 2013: 131-3).

개혁에 따른 소득기회를 포착하기 위해 도시로 이주한 농촌남성으로 인해 특히 저학력 농촌여성들이 과도한 부담을 졌다. 가정연합생산도급제의 도입으로 인해 할당받은 토지를 누군가 지켜야 하는 상황에서 농촌여성들이 농업에 종사하는 한편(박수범 외, 2013: 172),[11] 가사노동, 자녀·노인돌봄을 수행하여야 했기 때문이다. 더욱이 농촌여성들은 사실상 농촌을 등한시하는 도농 이중복지체제로 인해 복지사각지대에 머물렀다. 이로 인해 농촌의 모자 건강이 사회적 문제가 되기도 하였다(박수범 외, 2013: 169). 대다수 농촌여성들은 양로보험도 취득하지 못하였다(박수범 외, 2013: 172).

경제체제전환이 촉발한 이러한 방임적 복지의 폐해로 인해 사회복지제도의 구축이 시장경제로의 개혁을 위한 조치의 핵심으로 등장하였다. 이를 위한 중국 정부의 점진적 노력의 결과, 1993년에 사회보장시스템이 처음으로 완전하게 제도화되었다. 중국의 사회보장시스템은 크게 사회보험과 취약계층의 원조와 기초생활 보장을 담당하는 사회복지

11　농촌여성들이 감당해야 하는 성 불평등은 농사를 자신들이 담당함에도 불구하고 임금은 가족 단위로 지불된다는 사실에 의해 더욱 강화된다(박수범 외, 2013: 172)

로 대별된다. 사회보험은 대체로 고용주와 본인부담에 정부가 일부 지원하고 최종적인 책임을 지는 방식으로 운영된다. 사회보험은 양로보험(국민연금), 의료보험, 공상보험(산재보험), 실업보험, 출산보험으로, 사회복지는 사회원조, 사회복지, 원호보호, 교육, 주택으로 세분된다(박수범 외, 2013: 183-4).

그러나 중국의 사회보장시스템은 동시에 여러 문제점과 한계를 갖는다. 사회보험 중심으로, 또한 성적 불평등에 초점을 두어 그 문제점과 한계를 정리하면 다음과 같다.

첫째, 중국정부는 '선부론'의 관점, 곧 경제발전 우선 관점에서 사회보장시스템을 구축하였다. 이에 따라 사회복지비용의 절감을 위해 가능한 곳부터 혜택을 배분한다는 단계적 접근전략을 취한다(김병철 외, 2012). 농민들의 도시 이주를 막는 호구제도 및 도시민에서 시작하여 농민으로 확대하는 도농 이중복지체제는 모두 이 선부론에 따른 것이다. 이에 따라 농민과 도시빈민은 사회복지 사각지대에 방치되다시피 하였다(Li et al., 2008).

둘째, 사회복지 관리운영 체제가 통일적이지 않다. 사회복지 관리업무는 각 정부부처에서 업무내용에 따라 분산 운영되고 있다(박수범 외, 2013: 176, 182).

셋째, 중국의 사회보장시스템에는 재분배 기능이 결여되어 있다. 고드먼(Godement, 2000)에 따르면 중국의 사회보장은 보험·재분배의 관점 보다는 개인주의적·자본주의적 관점에 기초하고 있다. 이로 인해 사회보장제도가 재분배 기능을 하는 것이 아니라 오히려 소득역진적인 결과를 초래한다. 가오(Gao, 2009)에 따르면, 시장소득에 사회적 급여(사회보험, 교육, 보건의료)를 합할 경우 지니계수가 0.452에서 0.465로 더 악화되고, 소득이 많을수록 더 많은 사회적 급여를 배분받는다. 연금제도 역시 소득역진성을 보인다(Williamson·Deitebaum, 2005: 268).

넷째, 중국의 사회보험은 사각지대가 많고 성차별적이다. 의료보험과 출산보험의 경우 취업자와 그 가족만이 수혜자다. 양로보험(국민연금)의 경우 성차별적이다. 기업노동자의 경우 양로보험급여가 지급되는 연령이 남성은 60세, 여성은 50세 이상이다. 국가재정만으로 충당되는 국가기관이나 사업단위 직원의 경우에는 덜 차별적이다. 즉 양로보험급여가 지급되는 연령이 남성 60세, 여성 55세 이상이다. 퇴직양로급여와 근무년한, 임금이 상호연관되어 있다(박수범 외, 2013: 187)는 사실을 고려할 때, 양로보험의 이러한 성 차별은 가중된다.

여성 농민공과 저소득 빈곤여성의 경우 사정은 특히 열악하다. 이들 대다수가 비정규직이어서 남성 농민공보다 사회보험으로부터의 배제성이 높다. 비정규로 취업한 여성 농민공의 74.7%가 노동계약서를 작성하지 않으며 이로 인해 공상(산재), 의료, 양로(국민연금), 출산보험 등의 사회보험으로부터 배제된다. 여성 농민공들 다수는 문맹률이 높아 노동계약법에 따른 법의 보호를 요청하지 못할 뿐 아니라 이들을 위한 전문적인 지원기관의 홍보와 감시도 미약하다(박수범 외, 2013: 173).

경제발전 우선주의 또는 성장주의와 시장화는 중국의 육아보육정책에도 관철된다. 중국에는 0-6세 영유아를 대상으로 하는 세 종류의 학전 교육·보육기관이 있다. 0-3세 영유아를 위해서는 탁아소(nurseries)가, 3-6세 유아들을 위해서는 유아원이, 마지막으로 5-6세 유아들을 위해서는 초등학교 부속기관인 학전반(preschool classes)이 있다.

그런데 학전교육은 기초교육이지만 의무교육은 아니다. 중국의 중앙정부와 지방정부는 교육에 충분한 재원을 투하하지 않는다. 또한 이마저 주로 의무교육인 초등교육과 중등교육의 지원에 집중한다. 나아가 학전 교육과 관련하여 정부의 책임 소재가 분명하지 않고 관리체계도 불안정하다.

　이로 인해 탁아소가 부족하여 취업 등으로 보육에 어려움을 겪는 경우 영아는 대체로 시부모나 친정부모가 돌보고 자녀가 성장하여 유아가 되면 유아원을 이용한다. 2011년 기준으로 조부모가 영유아의 양육을 하는 경우가 베이징에서는 0-6세 영유아의 70%, 광저우에서는 50%, 상하이에서는 50-60%, 전국적으로는 약 50%라고 한다.[12]

　양질의 보편적 교육을 제공하는 유아원 또한 계속 감소하는 동시에 부모들의 추가 비용은 증대해 갔다. 영리를 추구하는 민간 유아원이 이러한 공립 유아원의 공백을 메꾸게 되면서 보육이 시장화·상품화되어 가는 한편, 부모의 비용부담도 증대해 갔다. 그 결과 도시와 농촌 모두 민간유아원 수가 더 많다. 민간유아원 비중은 특히 도시에서 높아서, 2007년 기준 65% 이상이다(박수범 외, 2013: 240).[13]

3) 개혁개방 시기 중국 여성의 현황: 생산과 재생산을 중심으로

이처럼 중국의 사회복지시스템과 육아보육시스템은 재분배기능을 수행하지 못하고, 불충분하고, 많은 사각지대을 갖고 있으며, 성차별적이다. 사회적 재생산 체계의 관점에서 볼 때 이는 중국의 사회적 재생산이 그 불충분한 사회화로 인해 여성의 사적인 재생산 노동에 많이 의존함을 의미한다. 이때 사적으로 수행하는 재생산 노동은 물론 무상이다. 이는 다

12　SINA.COM의 중국학전교육조사결과다(2010. 12-2011.1, 박수범 외, 2013: 228에서 재인용).

13　그렇지만 민간유아원의 규모는 작아서 2007년 기준 민간유아원의 재원유아는 유아총수의 34.4%다. 유아의 3/5은 공립유아원에 집중되어 있다(박수범 외, 2013: 240).

수 여성이 생계를 위해서는 생산 노동을 수행해야 함을 의미한다. 결국 여성이 이중노동의 부담을 져야 함을 의미한다.

그런데 다수 여성은 이러한 이중노동에도 불구하고 생계와 노후를 충분히 보장받지 못 한다. 재분배 기능을 제대로 수행하지 못하는 사회복지시스템의 한계는 분명히 그 한 원인이다. 그러나 보다 근본적인 원인이 있다. 그것은 고용에서의 성차별이다.

이윤극대화를 추구하는 기업의 입장에서 사회적 재생산, 특히 출산·육아에 대한 사회적 지원이 불충분하다는 점은 여성 노동자를 고용할 때 추가적인 비용의 상승을 의미한다. 따라서 여성의 고용은 기피되거나 저임금의 수평적·수직적 분리직군이나 비정규직으로 한정된다.

중국정부는 고용에서의 이러한 성차별을 극복하기 위해 다양한 법제적 노력을 기울여왔다. 평등취업, 차별금지, 여성과 미성년자의 안전과 건강과 관련되는 특수권익 보호 및 동일임금에 관한 규정을 들 수 있다. 심지어 결과평등을 달성하기 위한 적극적 조치로서 여성의 우선 채용을 규정하기도 하였다. 그러나 이러한 법제 자체가 미비하고 그 실효성을 담당하는 하위법, 시행세칙, 구체적 시행절차가 미비할 뿐만 아니라 집행 여부에 대한 감독체계도 미비하여 실질적 성 평등을 담보하기에는 매우 미흡하다는 평가를 면하지 못하고 있다(이영자, 2002: 81-83). 뿐만 아니라 여성의 고용확대를 위해 80년대 후반부터 전개된 거국적 기능기술 교육사업 역시, 가정 도우미, 미용, 요리, 노인과 환자 돌보기, 탁아소, 방과 후 아동 지도 같은 기존의 여성화된 재생산 위주의 직종 중심으로 한정됨으로써(이영자, 2002: 91), 여성해방 및 성평등과 관련된 중국 정부의 한계를 드러낸다.

결국 경제체제전환과 함께 중국 여성들은 재생산에 대해 전환 이전보다 더 큰 부담을 지는 동시에 노동시장에서도 대체로 상대적으로 더 열악한 처지에 놓였다. 이에 대해 구체적으로 살펴보자.

1990년부터 2010년까지 30년간 여성의 고용률은 지속적으로 낮아져 갔다. 20-24세 연령 고용률은 1990년 89.6%에서 2000년 79.4%로, 25-29세는 90.8%(1990년)에서 78.7%(2000년)로, 30-34세는 91%(1990년)에서 80.6%(20120)로, 35-39세는 91.1%(1990년)에서 81.9%(2010년)로 낮아졌다(박수범 외, 2013: 212-2).

성별 임금 격차 또한 지속적으로 확대되었다. 예를 들어 1990년 중국의 동시 취업인구 중 여성의 평균임금은 남성 대비 77.5% 수준이었으나 2010년에 이르면 65.8%로 떨어진다(박석진, 2019: 84). 성별 임금 격차는 비정규직의 경우 정규직 보다 더 크다. 이는 주로 성별화된 수평적·수직적 분업구조 때문으로 추정된다. 여성 농민공은 임금 소득이 낮은 노동집약적 서비스 산업에, 남성 농민공은 소득이 상대적으로 높은 업종에 취업하는 경우가 많았다. 또한 금융, 보험, 부동산, 건축 등과 같이 임금 수준이 상대적으로 높은 업종의 성별 임금격차가 컸고, 도매업, 숙박업, 요식업, 사회서비스업 등 임금 수준이 상대적으로 낮은 업종의 성별 임금격차가 더 작았다(박석진, 2018: 88). 비정규직의 경우 2002년 중국의 도시 비정규직 노동시장에서 여성의 58%가 서비스업에 종사하고 있었고, 남성의 경우 운수·제조업 비중이 29%로 여성에 비해 상대적으로 높았다. 조사 범위에 포함된 모든 영역에서 여성의 임금은 남성보다 낮았는데, 특히 서비스업에서 여성의 임금은 남성 대비 69%, 운수·제조업의 경우 66%에 불과했다. 양성 간 교육과 직업훈련 차이가 거의 없거나 고등학교 졸업자는 여성이 더 높았다. 이는 성별 임금 격차의 원인이 성차별임을 시사한다(박석진, 2018; 89).

취업기회와 관련한 형식적 평등 또한 제대로 보장되지 않있다. 郭延軍은 1995년에서 2005년간 상하이시와 성도시 신문에서 나온 고용

광고 각각 242,520개와 57,799개를 분석하였다. 그 중 남성만 고용하는 직위가 각각 30%와 33.7%였다. 관리직 채용에서는 남성만을 고용하는 경우가 각각 31.9%, 25.7%, 기술직 채용에선 남성만을 고용하는 경우는 그 비중이 더 커서 각각 39.6%, 41%에 달했다(郭延軍, 2013, 박수범 외 2013: 125에서 재인용).

중국 여성은 출산과 자녀 돌봄으로 인해서도 노동시장에서 노골적인 차별을 받고 있었다. 베이징대학교 법학원 부녀법률연구와 서비스 센터의 2009년도 조사결과에 따르면, 응답자의 4.1%가 결혼금지계약을, 3.4%가 임신금지계약을 하였다. 이러한 차별적 계약은 민간기업, 비영리기구, 국유기업 및 정부기관, 외국자본기업 순서로 심하였다. 응답자의 21.5%에 따르면 현재 재직 중인 직장이 가임연령인 미출산 여성을 고용하고 싶지 않다는 의사를 밝혔다. 이는 합작 및 외국자본기업에서 특히 흔한 것으로 조사되었다. 응답자가 다니는 직장의 여성노동자가 임신, 출산휴가 및 모유수우 기간에 강제로 자리배정이나 임금삭감을 당하는 경우가 20.9%, 강제 해고당하는 경우가 11.2%에 달했다(박수범 외, 2013: 125-6에서 재인용).

양로보험과 관련하여 살펴보았듯이, 중국 연성은 정년퇴직과 관련하여서도 차별을 받고 있다. 남성은 60-64세부터 고용률이 급격히 감소하는데 비해 여성은 50-54세 구간부터 고용률이 급격히 감소한다(박수범 외, 2013: 120).

4. 나가며

지금까지 중국의 여성해방과 양성평등에 대해 계획경제 시기와 개혁개방 시기로 나누어 살펴보았다. 양 시기 모두에 걸쳐 중국 정부는 여성해방과 양성 평등을 일관되게 지지한다. 그 결과 개혁개방 시기에 계획경제 시기에 비해 여성해방 및 양성 평등과 관련하여 일정한 발전을 이루어 낸 것도 사실이다. 대표적으로 개혁개방 시기에 양성 평등이 중국의 기본국책의 하나로 명시적으로 설정되었다는 사실을 들 수 있다. 나아가 이 시기에 정치적 의결기구에서 여성대표비율을 높이는 것이 법제화되어 일정 성과를 내고 있다.

그러나 이러한 몇몇 성과를 제외할 때, 전체적으로 양성 평등 수준은 계획경제 시기와 비교하여 지체되거나 오히려 후퇴했다. 한편으로 고용이나 임금 등과 같은 노동시장 또는 생산의 영역에서 양성 평등의 후퇴가 두드러진다. 중국 정부가 시장 원리의 추구로 인해 기업과 사회에서의 여성차별에 대해 충분히 통제·관리하는데 실패하였기 때문이다. 다른 한편, 경제체제의 전환에 걸맞는 사회적 재생산의 사회화의 창출에 실패함으로써 여성의 재생산 부담 또한 가중되었다. 맹아적인 형태로나마 존재했던 사회적 재생산의 사회화와 사회주의적 복지는 계속 발전해가지 못하고 단절되어, 개인주의적·시장주의적인 특성이 강한 사회복지제도와 육아보육제도로 대체되었다. 결국 개혁개방 시기 여성은 생산영역에서나 재생산영역에서나 상대적으로 더 큰 차별과 부담을 지게 되었다. 더욱이 이 두 부담은 서로 연계되어 악순환한다. "경제발전의 중국적인 모델은 여성의 착취에 의존한다"(뤼핀, 핀처, 2018: 253에서 재인용).

그렇다고 이러한 사실로부터 여성해방과 성 평등의 달성을 위한 해결책으로 계획경제시기로의 회귀가 도출되는 것은 아니다. 살펴보았듯이 계획경제시기 역시 여성문제와 관련하여 고유한 한계 내지 문제점을 보이고 있기 때문이다. 보다 근본적으로 고찰할 때, 사실 이 두 시기는 여성해방 및 양성 평등과 관련하여 동일한 문제점에 의해 제약된다. 이에 대해 살펴보자.

첫째, 이 두 시기 모두에서 여성해방과 양성 평등은 사실상 중국 정부가 추구하는 주요 목표가 아니다. 양 시기 모두에서 중국 정부의 우선적 목표는 경제성장이다. 여성해방과 양성 평등은 이 목표에 종속되어 추진된다. 이에 따를 때 여성해방이란 여성의 능력 개발을 통한 고용이다. 중국 정부는 이러한 여성해방정책을 통해 경제성장을 견인하고자 한다. 이런 측면에서 중국 정부는 여성해방과 성 평등을 경제주의적·도구적으로 이해한다.

둘째, 이 두 시기 모두에서 중국 정부는 여성화된 사회적 재생산에 대한 문제의식을 결하고 있다. 그 결과 전통적·가부장적 여성관, 곧 사적인 재생산노동자로서의 여성관과 단절하지 못하고 있다. 나아가 이로 인해 수평적·수직적 성별 분업구조와도 단절하지 못한다.

셋째, 계획경제시기와 마찬가지로 개혁개방시기에도 자율적인 '개인'으로서의 여성에 대한 문제의식이 미흡하다. 개혁개방시기에도 이는 여성운동을 비롯하여 여러 자율적인 사회운동을 사실상 탄압하는 중국 정부의 반민주적 태도의 원인의 하나로 보인다.

현재 중국의 시진핑 체제는 문화대혁명 이후 형성된 집단지도체제로부터 후퇴하여 "모든 조직은 당에 절대로 복종해야 한다"는 "당-국가체제"(이희옥, 2021: 24-5)를 선택하였다. 이는 사실상 1957년에 성립된 독재적인 '57체제'로의 복귀라고 할 수 있다. 불확실성과 불안정성의 시대에는 강력한 지도자가 과도기적 과제를 실현해야 한다는 것이다(이희옥, 2021: 25). 그 결과 디지털 기술까지 동원하여 감시와 통제를 강화하면서 노동자와 농민, 나아가 지식인들의 논쟁까지 탄압하고 있다(하남석, 2021: 89-92). 이러한 탄압은 여성해방과 양성 평등을 주장하는 페미니즘에 대해서도 예외가 아니다.

　　1982년부터 실시된 한 자녀 정책의 결과로 노동력 감소와 인구 고령화라는 위기를 맞이한 현재, 시진핑 체제는 여성의 생산 노동과 재생산 노동의 동시적 착취와 수탈의 강화를 통해 당면한 위기를 돌파하고자 한다. 또한 이를 위해 전통적인 의미의 가족이 안정적인 정부의 토대라는 관념을 강화하면서 유교의 성차별적 요소를 부활시켰다(핀처, 2018: 243). 나아가 시진핑 체제는 2015년 3월 6일과 7일에 베이징과 광저우, 항저우에서 활동한 페미니스트들을 조직적으로 체포하고[14] 미투 운동도 억압하는 등 페미니즘을 노골적으로 탄압하고 있다. 적대적인 서구 세력이 서구적 페미니즘을 이용하여, 여성에 대한 중국의 마르크스주의적 관점과 젠더 평등에 관한 국가의 기본정책을 공격한다는 것이다(핀처, 2018: 238).[15] 현재 중국 공산당은 "여성 정책에 관련된 간부들이 시진핑의 현명한 지도에 따라야 하며" 페미니즘처럼 "중국에 개입하려는 서구의 노력을 경계해야 한다"(같은 글)는 입장이다.

　　이러한 정황을 고려할 때 현재 중국에서 여성해방과 양성 평등의 진전을 위한 최대 걸림돌은 중국의 반민주적·독재적인 정치체제라고 할 수 있다. 현재 중국에서 독자적인 여성 세력화가 과연 가능할까? 이 세력이 노동운동을 비롯한 다양한 운동세력과 광범하게 연대하여 정치체제와 소통 또는 변혁하는 것이 가능할까? 이러한 물음과 함께 이 장을 끝맺는 이유는 지난 100여 년 동안 여성해방 및 양성 평등과 관련하여 중국 공산당이 갇혀 있는 잘못된 도그마 때문이다. 또한 이 도그마가 너무나 강고하여 아래로부터의 변혁을 통하지 않고서는 극복되지 않을 것으로 보이기 때문이다.

14　이에 대한 상세한 고찰을 위해서는 핀처, 2018, 1장을 참조하라.

15　이는 2017년 5월 중국 공산당의 공식 대변지인 인민일보 온라인 사이트에 중화전국여성연합회 부위원장이 게재한 성명서의 일부다(핀처, 2018: 243).

참고문헌

권정임. 2022. 「사회적 재생산 여성주의의 비판적 재구성. 계급, 무급 돌봄·가사노동에 대한 보상 및 기본소득을 중심으로」. 《마르크스주의 연구》, 제19권 4호, 116-148.

김미란. 2021. 「혁명과 젠더」. 「중국공산당 100년. 이해의 확장을 위해」 『중국공산당 100년의 변천 1921-2021』(이희옥·백승욱 엮음), 책과 함께.

김병철 외. 2012. 『중국 노동·사회보장체제의 변화와 남북한 통일 노동·사회보장체제에 대한 함의』. 남 북경제원.

박석진. 2019. 「중국 내 성별 임금격차 현황과 원인」 《국제노동브리프》(2019년 10월호).

박수범·유희정·조선수·김우철. 2013. 『한국과 중국의 성평등 현황 및 여성의 복지·고용정책 비교연구』. 대회경제정책연구원.

이영자. 2002. 「중국의 여성고용정책과 양성평등」. 《한국여성학》 18(2). 73-105.

이희옥. 2021. 「중국공산당 100년. 이해의 확장을 위해」. 『중국공산당 100년의 변천 1921-2021』(이희옥·백승욱 엮음), 책과 함께.

장융·핼러웨이. 2006. 『마오』(하). 황의방·이상근·오성환 역. 까치.

정준호. 2011. 「개혁개방 이후 중국의 양성평등정책 연구」. 《여성연구》(Vol. 81, NO. 2).

천성림. 2017. 「구국과 여권 사이에서-중국 페미니즘 100년사」. 《여성신문》 (2017.07.23.).

킨케이드, 샐리. 2018. 「중국 여성들의 삶은 얼마나 바뀌었는가?」(김지혜 역). 《마르크스 21》(28호).

핀처, 리타 홍. 2018. 『빅브라더에 맞서는 중국 여성들』. 윤승리 역. 산지니.

하남석. 2021. 「이론적 논쟁과 노선 투쟁」. 『중국공산당 100년의 변천 1921-2021』 (이희옥·백승욱 엮음), 책과 함께.

Bakker, I.·Gill, S. 2003. "Global Political Economy and Social Reproduction." Bakker, I.·Gill, S.(ed.) *Power, Production and Social Reproduction*. Palgrave Macmillan, 2003.

Bhattacharya, T. 2015. "How not to Skip Class: Social reproduction of Labor and the Global Working Class."(「계급을 지나치지 않는 방법. 노동의 사회적 재생산과 세계노동계급」. 고민지 역. 장대업 감수).《마르크스주의 연구》16권 4호. 2019.

Brenner, J.·Laslett, B. 1991. "Gender, Social Reproduction, and Women's Self-Organization: Considering the U.S. welfare State." *Gender & Society,* Vol. 5, No. 3, September.

Gao, J. "Chinese intelligence." M. H. Bond(ed.). *The Handbook of Chinese Psychology.* Oxford University.

Godement, F. 2000. *Models and Policies for Asian Social Policies.* A Report of UN Public Administration Network, UNPAN.

Li. J. et al. 2008. "China's New Social Security System in the Making: Problems and Prospects." *International Journal of Public Administration*(31).

Vogel, L. 1983. *Marxism and the Oppression of Women. Toward a Unitary Theory.* Brill. 2013.

Williamson, J. B. & Deitbaum, C. 2005. "Social Security Reform: Does Partial Privatization Make Sense for China?". *Journal of Aging Studies*(19).

@ @ @ @

제6장

이중적 타자의 '통합의 정치학' 비판[1]

왕더웨이(王德威)의 『시노폰 담론, 중국문학』(2018)에 대한 비판적 독해

임춘성(林春城, 『문화/과학』 편집자문위원)

왕더웨이(王德威)는 『시노폰 담론, 중국문학』의 내용을 만청(晚晴)소설이 보여주는 '억압된 근현대성', 혁명·계몽 담론과 대화로서의 '서정 담론', '포스트 유민(遺民) 글쓰기' 및 디아스포라 정치·시학, 사이노폰(Sinophone)[2] 연구라는 사이노폰 바람의 향방의 네 가지로 분류했다. 왕더웨이의 연구는 '20세기중국문학'[3]이 타자화시킨 만청문학의 억압된 근현

1 　이 장은 「'이중적 타자'의 '통합의 정치학'」(『중국현대문학』86호, 2018)을 토대로 대폭 수정 보완했다.

2 　이 글에서는 원발음을 존중해 '사이노폰'으로 표기한다. 하지만 기존 출판물에서 '시노폰'이라 표기한 것은 그대로 표기했다. 중국어권에서는 '華語語系'로 번역한다.

3 　첸리췬(錢理群) 등이 제기한 20세기중국문학이라는 기표는 '세계문학으로 나아

대성과 서정 담론 그리고 해외 화인문학을 복원시켜 이들을 '20세기중국
문학'과 대화시키고자 한다. 20세기중국문학의 역사에서 억압되고 탈구
되어 뒤늦게 드러난 '만청문학의 근현대성'과 혁명·계몽 담론에 억압된
'서정 담론'이 내부적 타자라면, 해외 화인들의 창작을 다루고 있는 '포
스트 유민 글쓰기'와 '사이노폰 문학'은 외부적 타자다. '사이노폰 문학'은
타이완계 미국인 왕더웨이가 미국 학계의 타자인 동시에 중화(인)민(공화)
국의 타자라는 '이중적 타자'의 위치(position)에서, 하버드대학 교수라는
상징자본을 등에 지고 본토를 통합하려는 야심 찬 기획이기도 하다.

가는 20세기의 중국문학'이라는 양적인 규정과, '네이션 영혼의 개조'라는 사상 계
몽적 주제를 가진 '반제반봉건 내셔널 문학'이라는 질적인 규정을 가지고 있다. 그들
에 의하면, 아편전쟁시기부터 서양을 학습하기 시작한 중국은 수많은 시행착오를 거
치면서 서양의 기술을 단순히 모방하던 단계에서 그들의 정치, 경제, 법률 등의 제도
를 답습하던 단계를 거쳐 19세기 말에 이르러서야 서양의 문학예술에 관심을 가지게
되었다. 1898년에 『천연론』이 출간되었고, 량치차오(梁啓超)의 「정치소설 번역 출
판 서문」과 추팅량(裘庭梁)의 「백화는 유신의 근본임을 논함」이 발표되면서 문학의
사회적 기능에 대한 본격적인 고찰이 시작되었으며, 이때부터 고대문학과 전면적인
'단절'이 시작되었다. 이러한 단절은 5·4시기에야 최종적으로 완성되었고 5·4시기는
'20세기중국문학'의 첫 번째 빛나는 고조기가 되었다. 이들의 논리는 기존의 진다이—
셴다이—당다이의 삼분법의 틀을 타파하면서 '20세기중국문학'을 나눌 수 없는 유기
적 총체로 파악하고는 그것을 공시적으로 고찰하고 있다. 그들은 1898년부터 1917년
까지를 '20세기중국문학'의 준비기로, 1917년부터 1949년까지를 '상편'으로, 그리고
1949년 이후를 '하편'으로 설정했다. 임춘성, 2013: 27~28쪽 참조.

1. 문학의 위기와 출로

문학은 고대부터 중국에서 독특한 지위를 가져왔다. 그것은 사철(史哲)과
어우러져 '인문(人文)'[4] 기록의 중요한 부분을 담당해왔고 조비(曹丕)가
『전론(典論)』「논문(論文)」에서 공식적으로 문학의 독립을 선언한 이후에
도 사철 및 정치·경제와 긴밀한 관계를 유지해왔다. 겸제천하(兼濟天下)
를 지향했던 지식인들은 대부분 문이재도(文以載道)의 관점에서 문학과
사회의 관계에 관심을 가졌다. 문이재도의 전통은 '근현대'[5] 지식인에게
도 면면히 이어져 문학은 격동기 대부분의 시간 동안 사회의 중심에 놓
여 있었다. 만청(晚晴) 문학혁명, 5·4 신문학운동, 좌익문학운동, 항전 문
학운동, 인성론 논쟁, 인문정신 논쟁 등이 그 유력한 증거라 할 수 있다.
그러나 제국주의와 싸우며 천신만고 끝에 건설한 '인민문학'은 선전·선
동 문학의 다른 이름인 '정치화된 국민문학(politicized national literature)'
이었다. '인민문학' 이념형은 중국공산당 창당 후 수많은 시행착오를 거
쳐「옌안 문예 연설」에서 '정치 우선'과 '인민을 위해 복무하라(爲人民服
務)'라는 구호로 정형화되어 사회주의 30년 내내 자유로운 문학의 창작

4　여기에서의 人文은 天文·地文과 어울리는 개념으로, 오늘날의 인문학 범주를
뛰어넘어, 인간의 손이 닿은 모든 것을 가리킨다.

5　대학원에서도 중국현대문학 강의가 제대로 수행되지 않았던 1980년대 말, 어렵
사리 구한 대륙판『중국현대문학사』를 복사해 세미나를 하면서 갈증을 달래던 필자
는 박사학위논문을 마칠 무렵, 한국의 '근대' 및 '현대'의 기의가 중국의 '근대(近代/
진다이)' 및 '현대(現代/셴다이)'와 다름을 인지했다. 게다가 1949년 이후를 가리키
는 중국의 '당대(當代/당다이)' 개념은 때론 '최근'의 의미로 사용되기도 했다. 이런
혼란을 피하고자 '서유럽의 modern'에 상응하는 '동아시아의 근현대'라는 개념을 사
용해왔다.

과 향유를 억압했다. 게다가 개혁개방 시기 들어 물밀듯 들이닥친 대중
문화의 물결은 문학을 주변화(marginalization)시켰고 문학의 위기를 조장
했다. 오랫동안 중국 담론계의 중심에 있었던 중국문학이 위기를 맞이한
셈이다.

　　문학 또는 문학연구가 위기를 맞은 것은 비단 어제오늘의 일이 아
니다. 위기를 타개하기 위한 노력은 대개 두 방향으로 진행되었다. 하나
는 문학연구 자체를 강화하는 것이고 다른 하나는 문학연구의 외연을 넓
혀 '학제적(interdisciplinary) 통섭(通攝) 연구'로 나아가는 것이다. 후자에
대해서는 이미 '문화연구', '여성연구', '지역연구', '영화연구', '도시연구',
'포스트식민연구', '번역연구' 그리고 '사이노폰 연구' 등 많은 시도와 성
과가 있으므로 여기에서 중복하지 않는다. 그렇다면 문학연구를 강화하
기 위해서는 무엇을 어떻게 할 것인가?

　　앞당겨 말하면, 문학연구의 강화는 문학연구'만'을 강화하는 것으로
성취되지 않는다. 이는 우선 문학 자체의 의미를 다시 검토하는 일부터
시작해야 한다. 한때 많은 청소년이 시집을 들고 다니던 시절이 있었고
그때의 문학은 삶과 직결되었다. 인생의 희로애락을 노래하고 이상과 꿈
을 추구하며 삶의 애환과 좌절을 노래했다. 그러므로 막심 고리키(Gorky,
Maxim)는 '문학은 인간학'이라는 대명제를 내세웠다. 고리키가 말한 '인
간'이란 특정한 생활환경 속에서 활동하는, 사상과 감정, 성격과 영혼을
가진 인간이다. 작가의 주요한 일은 바로 개성이 뚜렷한 살아 있는 사람
을 그려내는 것이며 이 같은 사람을 통해 특정 시대의 사회생활을 표상
하는 것이다. 그러므로 고대 중국에서 문학은 '문사철(文史哲)'의 으뜸이
었다. 승승장구할 때는 겸제천하하고 여의치 않을 때는 독선기신(獨善其
身)하던 전통 지식인들이, 정계에서 물러나 마음을 달래며 귀의한 곳이
바로 문학이었다. 그러므로 2천 년이 넘는 중국문학사는 당대 최고의 인

재들이 심혈을 기울인 작품들의 '성좌(constellation)'가 되었다. 그러나 작금의 문학연구는 사철을 끌어안지 못하고 사회과학에 끌려다니고 있다. 그도 아니면 그것들과 단절한 채 홀로 고독한 길을 걸어가며 자신과 문학을 게토화(ghettoization)하고 있다. 역사·철학 전공자들이 문학을 인문학 범주에서 밀어내려 하고, 최근 동향 파악이나 정세 분석에 소홀하다는 이유로 사회과학 전공자들이 문학연구를 안중에 두지 않고 문학 텍스트를 '보편적 논술의 특수한 사례나 재료'로 삼는 것은, 그들의 문학에 대한 몰지각에 기인한 것이지만, 문학연구가 자신의 본분을 다하지 못했기 때문이기도 하다. 특히 "20세기 중국 지식인이 직면한 최대의 책무는 제국주의의 멍에 아래에서 국민문학을 확립하는 일"(초우, 2005: 149)이었는데도 이 과정에 대한 공정한 이해 없이 근현대 중국(modern China)을 인식하려는 시도는 사상누각(沙上樓閣)이기 십상이다.

포스트학(postology) 또는 포스트주의(postism)가 주류가 되고 제4차 산업혁명이 진행되는 21세기에 문학의 존립 방식은 무엇일까? '문학이 인간학'이라는 명제에 동의한다면, 문학연구도 '사회의 공공 의제(agenda)'에 참여해야 한다. 충실한 텍스트 분석은 문학연구의 기초이지만, 텍스트 분석만으로 '문학과 사회의 관계' 연구 나아가 '사회의 공공 의제 참여'는 불가능하다. '문학과 사회의 관계'를 제대로 이해하기 위해서는 '문화적 과정'과 '정치·경제적 과정'의 복합적이고 역동적인 관계를 분석해야 한다. '사회의 공공 의제' 가운데 인문학자가 가장 취약한 분야는 '4차 산업혁명'이다. '4차 산업혁명'은 정보통신 기술(ICT)의 융합으로 이루어지는 차세대 산업혁명이다. 18세기 초기 산업혁명 이후 네 번째로 중요한 산업 시대에 접어들었다. 이 혁명의 핵심은 빅 데이터 분석, 인공지능, 로봇공학, 사물인터넷, 무인 항공기와 무인 자동차, 3D 인쇄, 나노

기술과 같은 7대 분야에서의 새로운 기술 혁신이다.[6] 이제 문학 연구자는 텍스트의 함닉(陷溺)에서 벗어나, 4차 산업혁명의 성과를 폭넓게 섭렵하고 역사·철학과 사회과학의 성과를 개괄적으로 수용함으로써, '무릇 문학은 국가를 경영하는 큰 사업이자 영원히 썩지 않는 성대한 일(蓋文章, 經國之大業, 不朽之盛事)'[7]이라는 본분을 되찾기 위해 분투해야 할 것이다.

2. '억압된 근현대성'과 서정 담론

왕더웨이의 『시노폰 담론, 중국문학』은 내적 역량 강화의 방향에서 문학의 위기를 극복하려는 노력의 기록이라 할 수 있다. 포스트학(postology) 또는 포스트주의(postism)가 주류가 되고 제4차 혁명이 진행되는 21세기의 시점에 '문학의 필요성'에 대해 왕더웨이는 다음과 같이 답한다. "문학이 문자·의미·서사가 발휘하는 역량을 빌어서 단순한 것을 복합적인 것으로 만들고 상상을 증폭시킴으로써, 겉으로 보기에는 고정 불변한 역사 상황 속에서도 량치차오가 말한 바 '불가사의한' 가능성을 창조해낼 수 있다."(왕더웨이, 2018: 92) 그리고 이것이 바로 "문학이 공공 의제(agenda)에 참여하는 방식"이라 확신하고 있다. 그는 명제 선언에 그치지 않고 대륙과 타이완뿐만 아니라 해외에서 중국어(漢語+華語)로 쓰인 문학 작품을 섭렵하며 공공 의제에 참여하고 있다. 그가 거론하는 주요 작가들의

6　〈제4차 산업 혁명〉 https://ko.wikipedia.org/wiki/%EC%A0%9C4%EC%B0%A8_%EC%82%B0%EC%97%85_%ED%98%81%EB%AA%85 (검색일자: 2022.08.02.)

7　曹조, 『전론(典論)』 「논문(論文)」.

계보는 『현대 중문소설 작가 22인―상·하』[8]에 망라되어 있다.

왕더웨이는 "만청이 없었다면 5·4가 어디에서 왔겠는가?(沒有晚淸, 何來五四?)"라는 문제의식에 기초해, "만청문학은 태평천국 전후부터 쉬안퉁(宣統)황제가 퇴위하기까지의 60년을 가리키는데 그 풍습과 유업이 5·4까지 지속적으로 드러났다"(王德威, 1998: 23)라는 주장을 펼친다. 앞당겨 말하면, 왕더웨이는 만청문학이 5·4문학에 의해 억압되었지만 양자가 긴밀한 연관성을 가지고 있다고 주장하고 있다. 왜냐하면 만청이 중국 근현대문학 흥기의 가장 중요한 단계이고 태평천국 이후 출현한 소설들에서 중국문학 근현대화의 각종 방식이 망라되어 있기 때문이다. 왕더웨이는 만청문학의 역사적 지위를 복원하기 위해 '20세기중국문학의 근현대성(modernity)'이라는 문제를 제기하면서 지금껏 우리가 중국 근현대문학 논술이라고 인정해온 5·4 지식인의 기준에서 벗어날 것을 주장했다. 만청소설은 5·4 기준에 의해 억압되고 압제된 대표적 장르이다. 그가 볼 때 20세기 중국문학의 근현대성은 계몽, 이성, 혁명 등의 맥락과 사소함, 퇴폐 또는 반동의 맥락이 있는데, 전자에 의해 억압된 후자도 20세기 중국문학의 근현대성을 구성하는 한 요소이므로 이를 탐색해서 복권시키는 것이 당연하다는 것이다. 이른바 '억압된 근현대성들(repressed modernities)'이다. 왕더웨이는 이를 세 가지 방향에서 접근하고 있다. 그

8　왕더웨이, 2014. 상권에 주톈원(朱天文), 왕안이(王安憶), 중샤오양(鍾曉陽), 쑤웨이전(蘇偉貞), 핑루(平路), 주톈신(朱天心), 쑤퉁(蘇童), 위화(余華), 리앙(李昂), 리루이(李銳), 예자오옌(葉兆言), 모옌(莫言) 등 12인, 하권에 스수칭(施叔青), 우허(舞鶴), 황비윈(黃碧雲), 아청(阿城), 장구이싱(張貴興), 리위(李渝), 황진수(黃錦樹), 뤄이쥔(駱以軍), 리융핑(李永平), 옌롄커(閻連科) 등 10인에 대한 평론이 수록되어 있다. 참고로, 王德威, 2002에는 리융핑과 옌롄커가 빠져 있다.

것은 곧 활력을 잃어버릴 중국문학 전통 내에서 만들어진 왕성한 창조력이었고, 작가의 사고를 조종하고 이른바 근현대적 심리와 이데올로기를 담론하는 기제였으며, 19세기 말 이래 줄곧 의식적·무의식적으로 문학 정전에서 배제된 일련의 중국소설을 가리켰다.(王德威, 2003: 39) 왕더웨이는 다른 글에서 이를 한 문학 전통에서 끊임없이 생장하는 창조력, 5·4 이래 문학 및 문학사 편찬의 자아 검열 및 억압 현상, 만청, 5·4 및 1930년대 이래 주류에 편입되지 못한 각종 문예 실험으로 조정했다.(王德威, 1998: 33) 이렇게 보면 '억압된 근현대성'은 중국 근현대문학사에서 '주변화(marginalization)'되고 '타자화(otherization)'된 현상이다.

　주변화되고 타자화된 '억압된 근현대성들'을 복원하기 위한 왕더웨이의 전략은 이렇다. 기존의 문학사에서 5·4 담론에 의해 가려진 만청문학의 근현대성을 고찰하기 위해서는 '근현대적 탈구(dislocation)'와 '뒤늦음(belatedness)'에 초점을 맞출 것을 주문하고 있다. 그리고 이런 논의들이 아직은 가설 단계임을 분명히 하고 있다. 이를 전제로 왕더웨이는 만청소설의 '억압된 근현대성들'의 네 층위를 다음과 같이 서술하고 있다. 만청 작가들이 퇴폐를 편애했고, 시학과 정치에 대한 복잡한 관점이 혁신 및 혁명 같은 일반 관념과 어긋났으며, 넘치는 정감이 그들이 지향했던 이상 및 이성과 정반대 방향으로 나아갔고, 모방(mimicry)에의 경도가 모의(模擬) 지향의 재현 체계 흥기를 촉진했다.(王德威, 2003: 40~41) 물론 '억압된'이라는 표현은 그것을 해방해야 한다는 전제를 하고 있다.

　왕더웨이는 한 걸음 더 나아가 억압되어온 만청문학의 해방을 주장하는 것에 그치지 않고 그것이 근현대문학의 기원[9]이었음을 밝히고 있

9　왕더웨이는 "만청소설이 중국 '근현대'문학의 전주에 그치지 않고 그 이전 가장 활발했던 단계였다"라고 주장했다. 王德威, 2003: 36頁.

다. 특히 '협사소설/환락가소설, 협의소설/의협·공안소설, 견책소설, 공상과학·기담소설' 등은 각각 '욕망, 정의, 가치, 진리'의 근현대성 담론에 대응하는 것으로 상정하고, 그것들이 소멸되지 않고 원앙호접파 소설, 신감각파 소설, 5·4 주류 작가의 작품 속에 보존되었다가 중국 당다이(當代)소설에서 다시 번성하게 되었다(왕더웨이, 2018: 7)라고 분석한다. 만청소설을 당다이소설과 연계시켜 독해하는 과정을 통해 왕더웨이는 다음과 같은 세 가지 명제를 주장한다. 첫째, "두 시기가 역사적, 환경, 정치적 동기, 또는 형식 실험 방면에서 표면적인 유사점이 있다"라는 것에 그치는 것이 아니라 "역사가 다시 말해질 가능성"(왕더웨이, 44)이 있다. 둘째, 두 시기 소설 사이에 "일종의 대화 관계를 구축함으로써 5·4 전범을 전복하고 그 대신 새로운 전범을 세우려고 하는 것"이 아니라, "서로 다른 시기와 서로 다른 장르 사이에서 끊임없이 주고받는 상호 작용을 강조하는 방법을 사용하고자 한다."(왕더웨이, 45) 셋째, 두 시기 소설을 비교·대조하는 연구는 "문학사 시기 구분론 가운데 신흥과 전통, 현대와 전현대 등 그런 인위적인 구분에 대해 재검토하도록 해줄 것이다."(왕더웨이, 46) 왕더웨이의 궁극적인 바람은 "이 두 시기에 내새되어 있는 대화와 교류에 주목하게끔 일깨워주고, 이로써 기존의 현대 시기의 시작과 마감의 좌표를 해방시켜 주고 싶다"라는 것이다. 이는 그가 도처에서 인용하고 있는 바흐친의 대화 이론에 근거한 것이다. 그는 20세기중국문학사 내에서 별개 영역으로 치부되었던 것들—만청소설과 5·4담론, 만청소설과 당다이소설, 계몽·혁명 담론과 서정 담론, 한어 문학과 화어 문학, 심지어 전통과 근현대 등—을 끊임없이 대화의 장으로 불러내고 있다.

20세기중국문학사에서 '억압된 근현대성들'의 핵심은 당연히 '서정(抒情)'이었고 이는 중국문학의 서정 전통과 연계되어 있다. 그러므로 왕더웨이가 만청소설과 함께 '서정' 담론의 복원을 주장하고 있는 것은 당연하다. 그는 "문학의 명제라는 각도에서 출발하여 19세기 말, 20세기 및 21세기 초에 이르는" '장기 백 년' 동안 "문학 상상의 역사적 상태를 검토해보고, 또한 문학 실천의 수행 중에 존재했던 갖가지 명제의 가능성을 검토"(왕더웨이, 89)하고자 한다. 그가 문학 실천 또는 문학 비평의 각도에서 지난 '장기 백 년'을 검토하며 얻은 결론은, 계몽과 구망(救亡) 또는 혁명과 계몽의 변증법적 관계에 '서정'을 추가함으로써 삼자의 대화 관계—보다 정확하게는 혁명·계몽과 서정의 변증법적 관계—를 복원하는 것이다. 그는 이를 위해 어원 추적부터 시작해 삼자/양자의 관계, 나아가 근현대와 고대의 대화 관계를 복원시키고자 한다. 그러므로 20세기중국문학이 그동안 명시적으로 소홀히 다뤘던 분야가 사실은 고대 전통을 계승했고 20세기에 들어와서도 루쉰, 왕궈웨이, 궈모뤄, 주광첸 등에 의해 암묵적으로 전승되었으며, 특히 1940~50년대에 서정의 사회적 역할에 대해 천착했던 선충원, 쑨리, 후펑, 후란청 등이 그 후계자임을 밝히고 있다. 나아가 마오쩌둥의 사(詞) 또한 중요한 예증으로 거론했다.

억압된 만청 소설의 근현대성과 서정 담론은 그동안 중국 근현대문학에서 소홀히 취급되어온 분야이기에, 그것들을 복원하자는 왕더웨이의 주장은 설득력이 있고 많은 이들의 공감을 얻고 있고 필자 또한 대체로 동의하는 편이다. 바꿔 말하면, 왕더웨이는 '20세기중국문학사'의 기점을 1850년대로 앞당겨 범주를 확대하고 있는 셈이다. 왕더웨이의 이런 시도는 '장기 20세기중국문학사'로 명명해도 좋을 것이다.

3. 포스트유민 글쓰기와 사이노폰 담론

만청소설과 서정 담론이 중국 근현대문학 타자화의 내부라면, 포스트유민 글쓰기와 사이노폰 문학은 그 외부다. 왕더웨이는 우선 '해외문학의 삼민주의론'으로 논의를 시작한다. 모두 알다시피 이는 쑨원(孫文)의 삼민주의를 패러디한 것으로, 삼민은 중국어 발음이 같은 이민(移民), 이민(夷民), 유민(遺民)을 가리킨다. 이민은 고향을 등지고 떠나 심신을 의탁할 세상을 찾는 것이고, 이민(夷民)은 이국의 통치를 받으면서 문화 정치의 자주적 권력을 상실하는 것이며, 유민은 하늘의 뜻을 어기고 새 나라에 저항하면서 예사롭지 않은 상황 속에서도 옛 나라에 대한 안타까움을 유지하는 것이다.(왕더웨이, 173) 이 세 가지는 각기 시간과 장소의 제약을 받으며, 어쩔 수 없는 그 출현의 인과 관계가 있다. 하지만 왕더웨이는 화어의 '이민', '이민(夷民)', '유민' 문학에 머물지 말고 '포스트유민'의 관점을 가져야 한다고 주장한다. 모두 알다시피 포스트(post)는 '후(後. after)'와 '탈(脫. de-)'의 상반된 의미를 접합(articulation)하고 있는 접두사다. 그러므로 포스트유민은 한편으로는 유민의 맥락을 계승하면서 그와는 다른 맥락을 창조하고 있는 것으로 이해할 수 있다. 왕더웨이의 말을 빌면, '포스트유민'은 기존의 유민 관념을 해체하면서 환기한다. 그리고 청에서 중화민국 다시 중화인민공화국이 되는 정치적 단절이 일어날 때마다 오히려 유민의 신분과 그 해석 방식이 한층 확장되고 복잡해졌다.

그는 포스트유민 담론을 사이노폰 담론과 연계시키는 징검다리로 화이(華夷)에 대한 새로운 해석을 추가하고 있다. 그는 중국 고대 역사에서 이(夷)에 부정적인 의미가 없었고 한족이 다른 종족을 일컫는 통칭이라는 전제 아래, 전통 화이론을 "끊임없이 상호 작용하는 담론"(왕더웨이, 11)으로 해석하고 있다. 앞당겨 말하면, 이는 원인과 결과를 전도시킨 것이다. 화이론은 결과적으로 '상호 작용 담론'의 가능성을 가지지만, 애초에 중화(中華)가 외이(外夷)를 대화상대로 설정한 것은 아니었음을 왕더웨이는 의도적으로 간과하고 있다. 화이의 상호 작용은 중화와 외이의 평화로운 문화 융합으로 이루어진 것이 아니라 대부분 전쟁과 침략에 의해 달성되었다. 물론 인류 생산도구의 발전을 무기가 선도해왔고 대부분의 문명 교류가 전쟁을 통해 진행되었지만, 한족이 외이 에스닉을 대화 상대로 설정했다는 왕더웨이의 화이론 해석은 견강부회(牽强附會)다. 다시 왕더웨이의 논술로 돌아가면, 전통적인 화이관이라는 갑옷을 입고 타지에 도착한 화인들은 처음에는 현지인들을 외이로 취급했지만, "뜻밖에도 타지에 있다 보니 처한 위치가 바뀌게 됨으로써(현지 사람의 눈에는) 화인 자신이 타자·외인·이족—즉 오랑캐가 되어 버렸다. 그러니 세월이 흐르고 흘러 다시 중원의 고국으로부터 상대적으로 타자와 외인이 되어버린 것은 더 말할 나위도 없다."(왕더웨이, 12) 왕더웨이의 입론의 출발점은 바로 이 지점이다. 타이완 출신의 미국인인 그는 미국 학계의 타자인 동시에 중화(인)민(공화)국의 타자라는 '이중적 타자'의 위치를 절감하면서, 미국 학계에는 '중화(인)민(공화)국' 문학을 배경으로 입지를 확대하고, 중국 양안 학계에는 '미국'의 담론 권력을 앞세워 자신의 영향력을 확대하고자 한다. 왕더웨이는 본인의 위치로 인해, 바꿔 말하면 해외에 있는 자신의 위치가 중국 내부자의 위치와 다르지 않았으면 하는 바람으로 인해, 전통적인 화이관을 의도적으로 왜곡하고 있는 셈이다.

사이노폰 문학(Sinophone literature)[10]이 참조하고 있는 앵글로폰(Anglophone), 프랑코폰(Francophone) 등의 문학은 "각 언어의 종주국 외

---

10 사이노폰 문학은 원래 스수메이(史書美)가 본격적으로 제기했다. 스수메이는 사이노폰 문학의 중화인민공화국의 '한어문학'과 대립시키면서, 사이노폰의 핵심 개념으로 '중국인다움(Chineseness) 비판'과 '디아스포라 반대(against diaspora)'를 설정했다. 그러나 왕더웨이는 사이노폰 문학을 궁극적으로 중국문학과 통합하는 개념으로 설정했다. 따라서 '중국인다움'과 '디아스포라'에 대해서도 긍정적으로 해석했다. 스수메이의 사이노폰 연구와 사이노폰 문학에 대해서는 임춘성, 2021 참조.

에 기타 세계 각지에서 종주국 언어로 글쓰기가 이루어지는 문학을 의미한다." "이들 언어 계통의 문학이 강렬한 식민 및 포스트식민의 변증법적 색채를 띠고 있으며, 모두 19세기 이래 제국주의와 자본주의의 힘이 특정 해외 지역을 점거한 후에 형성된 언어적 패권 및 그 결과"이다. 이런 문학은 "제국 문화의 잔류물"이 되고 "현지 작가에게 각인된 실어적 상처일 수도 있겠지만 동시에 일종의 새로운 유형의 창조가 될 수도 있다. 이방의, 같은 듯하면서도 같지 않은 모어적 글쓰기와 이질화된 포스트식민적 창작의 주체는 이처럼 잡다하고 불분명하며, 원 종주국 문학에 대한 조롱과 전복에 이르게 된다." 앵글로폰 등의 문학은 제국주의 종주국의 필요와 강요에 의해 식민지에 보급된 영어 등의 언어로 글을 쓰는 식민지 원주민의 문학을 가리키지만, 이들을 참조체계로 삼은 왕더웨이의 사이노폰 문학은 그와는 "상당히 다른 추세"를 가지고 있다. 왜냐하면 "19세기 이래 중국은 외부의 침략은 빈번했지만 전통적 의미에서의 식민 현상은 나타나지 않았다." 오히려 "정치적 내지 경제적인 요소로 인하여 백여 년 동안 수많은 화인이 해외로 이민을 했는데, 특히 동남아에서 그들은 각종 공동체를 이루면서 자각적인 언어 문화적 분위기를 형성"했고, 그들은 "중문 글쓰기를 문화 전승의 표상으로 삼았"던 것이다.(왕더웨이, 134~135) 요약하면, 앵글로폰 문학이 잉글랜드의 식민지 원주민이 강압에 의해 영어로 창작한 문학을 가리킨다면, 사이노폰 문학은 동남아로 이주한 중국인이 자각적으로 중국어로 창작한 문학을 가리키는 것이다. 그동안 이들의 중국어는 '화어'라 명명되었고, 20세기중국문학에서 배제되거나 방치되었다.

　　왕더웨이가 제창하는 사이노폰 문학에서 중국문학은 '중국어(화어) 세계 속의 중국', '중국 속의 중국어(화어) 세계'라는 두 가지 층위를 포괄하게 된다. 전자는 중국을 전 세계 중국어(화어)의 언어적 맥락 속에 놓고서 각 지역·공동체·국가가 '주체'에서 '주권' 문제에 이르기까지 서로 주고받는 상호 작용과 성쇠를 관찰하는 것이고 후자는 중국 내부의 중국어(한어) 및 기타 언어가 이루어내는 다양한 음과 복합적인 뜻을 가진 공동체에 대한 고찰을 강조하는 것으로, 주류 중국어(한어) 또한 단일한 언어가 아니라 '지역별로 제각각인 억양과 어휘'의 집합체라는 것이다. 따라서 소위 '표준'적인 중국의 소리는 끊임없이 도전을 받게 되어 있고 또한 끊임없이 응전하게 되어 있다.(왕더웨이, 12) 이렇게 볼 때 왕더웨이는 사이노폰 문학을 중국문학(Chinese literature. 漢語文學)과 해외문학(literature in Chinese. 華語文學)을 통합하는 하나의 변증법적 기점으로 간주함을 알 수 있다. 나아가 그는 사이노폰 문학이라는 관념이 서로 다른 진영의 통찰과 '비통찰'을 조화시킬 수 있다고 생각한다.

　　왕더웨이의 사이노폰 문학은 그 전사가 있다. 원래 '사이노폰'이란 개념은 스수메이의 『시각성과 정체성: 태평양을 횡단하는 사이노폰 접합』에서 최초로 제기되었고 그 이전에도 두 계열의 담론이 존재했었다. 하나는 내셔널리즘 계열로, 두웨이밍의 '문화중국(文化中國)', 왕경우의 '로컬적, 실천적 중국성(地方/實踐的中國性)' 리어우판의 '이동하는 중국성(遊走的中國性)', 왕링즈의 '중국과 거주지의 이중 지배 구조(中國/異國雙重統合性)' 등의 이론이 여기에 속한다. 다른 하나는 포스트식민주의 계열로, 레이 초우의 '반혈통적 중국성(反血緣中國性)', 이언 앙의 '중국어를 못하는 (반)중국성(不能言說中文的(反)中國性)', 하진의 '영어로의 망명(流亡到英語)' 등의 성찰이 여기에 속한다. 전자는 화인의 디아스포라적 상황을 인정하되 그 속에서 실낱처럼 이어지는 문명의 가닥을 찾아내고자 노력하고, 후자는 '정체성'의 정치에 의문을 제기하면서, 공동체를 실천 또는 상상하는 합리성이나 합법성으로서의 '중국'(혈연·언어·글쓰기·주권)을 해체하고자 하는데, 심지어 아예 뿌리 자체를 뽑아버리려고 시도하기도 한다.

4. 이중적 타자의 통합의 정치학

왕더웨이의 4가지 주장은, 한마디로 요약하면, 기존의 20세기중국문학에서 소홀히 취급했던 타자들을 되살리자는 것이다. 만청문학의 억압된 근현대성과 서정문학이 그 내부 타자라면, 포스트유민 글쓰기와 사이노폰 문학은 그 외부 타자다. 그는 이들을 새롭게 발굴해 20세기중국문학의 내연을 풍부하게 만듦으로써 '장기 20세기중국문학'의 가능성을 제시하는 동시에 '20세기중국문학'의 근간을 해체함으로써 지구적 차원에서의 사이노폰 문학을 제창하고 있다. 물론 그는 다음과 같은 당부도 잊지 않는다. "내가 희망하는 시노폰 문학 연구는 경솔하게 차이를 만들어 내거나 제거하는 것이 아니다. 간격을 확인하고, 기회를 발견하고, 가감을 관찰하는 것이다."(왕더웨이, 229) 그러나 우리는 그 지향의 궁극에는 지구적 차원에서 한인(漢人)과 화인(華人)을 아우른 중국인이 창작한, 한어(漢語)와 화어(華語)를 아우른 '중국어 문학'이 놓여 있음을 알 수 있다.

　　21세기 들어 중국근현대문학사는 새롭게 구성되고 있다. 이전의 관행이었던 5 · 4기점이 부정된 지 오래고 범위도 지속해서 확장되고 있다. 기점 면에서 첸리췬 등의 '20세기중국문학사'가 1898년을 기점으로 제시했고 판보췬은 1892년으로 앞당겼으며 옌자옌은 1890년으로 설정하고 있다. 왕더웨이에 따르면 1851년 태평천국(太平天國) 시기로 앞당겨진다. 문학사 범위도 지속해서 팽창하고 있다. 삼분법 시기의 셴다이문학사는 좌익문학사였지만, 첸리췬 · 천쓰허 등의 20세기중국문학사에서 우파문학을 복권시켰고 판보췬의 '두 날개 문학사'에서 통속문학을 복원시켰다. 여기까지는 이른바 '국가' 범위라 할 수 있다. 21세기 들어 중국근현대문학사는 자기 변신을 통해 초국적으로 팽창하고 있다. '중국문학'으로부터 '중국어(한어+화어)문학'으로 그리고 '중국인(한인+화인)문학'으

로 자기 변신하고 팽창하면서 재구성 단계에 들어섰다.(임춘성, 2013: 66)
괴테가 언급했던 세계문학은 이제 사이노폰 문학과 비(非)사이노폰 문학
으로 양분될지도 모르는 국면에 직면한 셈이다. 왕더웨이의 사이노폰 문
학은 주서우퉁(朱壽桐, 2010)의 한어신문학과 옌자옌(嚴家炎, 2010)의 20세
기중국문학을 통합하는 맥락을 가지고 있다. 좀 더 정확하게 말하자면,
중화(인)민(공화)국의 안과 밖에서 중국어(漢語+華語)로 창작하는 모든 중
국인(漢人+華人)의 작품을 '사이노폰 문학'의 기치 아래 하나로 통합하려
는 것이다.

　　한국의 문학비평계에서 미국을 포함한 서유럽문학과 교배한 한국
문학 평론가들이 담론 권력을 차지하고 있는 것과 비슷하게, 중국의 문
학비평계도 '지구화'를 꿈꾸면서 미국 비평계와의 동맹을 지향하는 흐름
이 있다. 일례로, 2008년 6월 우연히 참가했던 한 학술회의는 중국과 미
국의 학자들이 중국 '셴다이(現代)'문학 연구와 교학에 대해 의견을 나눈
의미심장한 자리였다. 이틀에 걸쳐 34명이 발표한 이 학술회의는 '방법
학', '진다이/셴다이/당다이 문학', '문화비평과 학제적 연구', '경전과 비
(非)경전의 대화와 교전(交戰)', '해외문학, 화어 계통 문학연구', '교재, 커
리큘럼, 교학방법', '종합토론' 등으로 나뉘어 진행되었다. 이 회의에는
주최측인 푸단대학의 천쓰허(陳思和)·롼메이젠(欒梅健), 상하이대학의 왕
샤오밍(王曉明)·왕광둥(王光東), 하버드대학의 데이비드 왕(David Der-wei
Wang. 중국명 王德威), 워싱턴대학의 링체이 천(Lingchei Letty Chen) 등이
참석했고, 그 외에 탕샤오빙(Tang Xiaobing, University of South California),
후터즈(Theodore Huters, University of California, Los Angeles) 등의 미국 학
자와 황쯔핑(黃子平, 香港浸會大學), 쉬쯔둥(許子東, 香港嶺南大學), 메이자링
(梅家玲, 臺灣大學) 등의 홍콩-타이완 학자들이 참가했다. 한국에서는 개인
차원에서 필자와 박재우(한국외대)가 참석했다. 중국 내 학자로는 푸단대

학과 상하이대학 교수들이 주류를 이루면서 판보췬(范伯群)·우푸후이(吳
福輝) 등 원로를 비롯해 각지의 많은 학자가 참가했다.(復旦大學中國語言文
學系·上海大學文學院外, 2008) 중국을 중심으로 미국의 학자까지 포함한 중
화권의 중국 셴다이문학 전공자들의 대회합은 '중미동맹'과 '중화대가족'
의 분위기를 띠었고, '중문학의 지구화'를 꿈꾸는 천쓰허와 미국 내 주류
담론 진입을 염두에 두는 왕더웨이가 진두(陣頭)에 자리하고 있다. 특히
왕더웨이는 하버드대학이라는 학벌자본을 등에 업고 중화(인)민(공화)국
에서 헤게모니를 행사하는 동시에 중화(인)민(공화)국의 중문 텍스트를
근거로 미국 내 주류 담론 진입을 지향하고 있다. 이에 대해서는 아래에
서 살펴보자.

5. 디아스포라의 유혹과 '가면 쓴 헤게모니'

레이 초우는 '디아스포라의 유혹에 맞서서(Against the Lures of Diaspora)',
'디아스포라 상황의 제3세계 지식인'(the "third world" intellectual in diaspo-
ra)의 문제에 초점을 맞춘다. 그녀는 '중국인다움'이 "가장 깊이 뿌리 박
힌 '유대'의 감정에 의해 작용하며, 심지어 사회적 소외를 감수하더라도
디아스포라 지식인(diasporic intellectuals)이 집단적으로 저항해야 하는
폭력의 근원에 있다"라고 쓰고 있다. "따라서 '디아스포라 글쓰기(writing
diaspora)'의 부분 목표는 중국과 홍콩 그리고 기타 등지에서 민주주의
와 인권을 위한 운동을 계속 지지하면서까지 '중국인다움'과 같은 자신
의 에스니시티에 대한 굴복을 궁극적인 기의로 간주하는 것을 배우지 않
는 것이다."(Chow, 1993: 25) 즉 혈연에 기초한 유대에 의해 야기된 '중국
인다움'이 디아스포라의 존재 기반이지만, 그것은 일종의 보편주의—한번

중국인은 국적과 관계없이 영원히 중국인이다—와 중심주의로 작용하면서 중화인민공화국 내의 모든 공민은 말할 것도 없고 해외 이주민—이른바 '화교' 또는 '화인'—까지도 중국 또는 중국인다움에 충성할 것을 강요한다는 점에서 폭력적이다. 그러므로 디아스포라 지식인은 이 모순적인 연대에 개입하고 저항할 수 있는 담론을 생산해야 한다고 단언한다. 그러나 현실에서 '디아스포라 상황의 제3세계 지식인'은 서유럽중심주의와 중국중심주의의 사이에서 표류하면서 헤게모니의 유혹을 받는다.

> '제3세계' 지식인들에게 디아스포라의 유혹은 이 **가면 쓴 헤게모니**에 있다. 내가 중국연구에서 남성주의적 입장이라 부르는 것과 마찬가지로, 계급투쟁과 젠더투쟁의 담론을 포함한 '소수자 담론'에 대한 제3세계 지식인의 의존은, 서양에서 자신을 '에스닉'과 '소수자'로 계속 정당화하는 반면, 국내에서 '에스닉'에 대한 그들의 부성애를 베일로 가린다. 그들의 손에서, 소수자 담론과 계급투쟁은, 특히 그들이 다른 나라, 다른 문화, 다른 성, 또는 다른 몸의 이름을 취할 때, 지식인들의 이익을 위한 담론 교환의 주요 기능이 되는 기표(signifiers)로 변한다.(Chow, 1993: 118. 강조-인용자)

초우는 중국인다움에 기반한 디아스포라를 보편주의와 중심주의에 충성을 강요한다는 점에서 폭력적이라고 비판하고 있다. 이는 스수메이의 '가치로서의 디아스포라' 비판[11]과 상통한다. 초우의 주장은 현존하는

11 　스수메이는 2017년 왕더웨이와의 대담에서 '역사로서의 디아스포라'와 '가치로서의 디아스포라' 개념을 제기했다. 스수메이에 따르면, "'역사로서의 디아스포라'는 매우 광범위한 것으로 모든 디아스포라 현상을 포함한다. '가치로서의 디아스포

상황을 다룬다는 면에서 스수메이가 '역사로서의 디아스포라'로 표현한 상황을 문제로 삼고 있다. 구체적으로 그녀는 '역사로서의 디아스포라 상황'에 놓인 제3세계 지식인의 이중적 정체성을 문제 삼는다. 알기 쉽게 미국에 이민 간 중국 지식인을 예로 들어보자. 초우는 '디아스포라 상황의 제3세계 지식인'이 미국 거주지에서는 자신의 소수자성을 강조하고, 출신지 중국에서는 거주지 미국의 헤게모니를 내세우는 양면성을 지적하고 있다. 여기에서 '가면 쓴 헤게모니(masked hegemony)'란, 미국과 같은 문화적 헤게모니 국가에서 "'제3세계' 여성문화를 포함한 '제3세계'

라'는 이러한 경험 속에서 추출한 이론 개념이다. 디아스포라가 가치가 되었을 때 이러한 가치관은 다른 사람에게 해를 입힐 수 있고, 이러한 디아스포라는 종결의 시간이 필요하다."(王德威·史書美, 2017: 83) 스수메이는 디아스포라를 인식 대상과 판단 대상으로 나누고 있다. 스수메이는 '역사로서의 디아스포라' 현실은 인정하지만 '가치로서의 디아스포라'는 "과거 또는 고국에 대한 무한한 함닉(陷溺)"으로, 다른 사람에게 해를 끼칠 수 있으므로 어느 시점에 종결해야 한다고 주장한다. 스수메이는 '가치로서의 디아스포라'의 예로, '대륙을 수복'하겠다는 국민당의 대륙 심리(心態. mentality)를 드는데, 그것은 "현재의 타이완에는 관심이 없고, 오로지 중국에만 관심을 가지는 것"(王德威·史書美, 2017: 83)이다. 대륙 심리의 극복은 타이베이 교외의 담수하(淡水河) 치수로 표현되었다. 그녀에 따르면, 국민당이든 민진당이든, 오염된 담수하를 깨끗하게 정리하는 것이 '가치로서의 디아스포라가 종결된 표현'이라는 것이다. 스수메이는 세계 각지의 화인 집단이 거주지에서 외래인으로 배척받는 것도 거주국 정부가 '가치로서의 디아스포라' 정책을 실행하기 때문이라 분석한다. 그녀에 따르면, '가치로서의 디아스포라'는 디아스포라 집단의 측면에서는 현지에 대한 책임이 모자라고, 다수자 입장에서는 배외적인 가치관이다. 그러나 우리가 봐야 할 것은 그 사람이 소속 사회에서 수행하는 특정한 역할과 정체성이다. 그러므로 스수메이의 맥락에서 '역사로서의 디아스포라'는 부인할 수 없는 현실이지만 디아스포라 현실을 과장하는 '가치로서의 디아스포라'는 조만간(早晚間) 종결해야 하는 이데올로기인 셈이다. 이상, 임춘성, 2021: 52~53쪽 참조.

문화에 대한 자기성찰 없는 후원은 국내에 틀어박혀 있는 사람들에 대한 디아스포라 상황의 지식인들의 헤게모니를 은폐하는 가면"(Chow, 1993: 118)이 된다는 맥락이다. '가면 쓴 헤게모니'를 운용하는 '디아스포라 상황의 제3세계 지식인'은 한편으로는 미국 내 담론지형에서(소수 에스닉의) 원천(original)을 활용해 주류 담론에 들어가려 하고, 다른 한편으로는 미국 담론의 헤게모니를 등에 업고 출신지에서의 영향력을 확대하려고 한다. 이는 또한 "중국 장(China field)에서 남성중심주의자의 입장이 서양에게는 여성으로, 중국 여성에게는 아버지로"(Chow, 1993: 107) 임하는 것과 유사하다. 이는 커다란 유혹이 아닐 수 없고, '디아스포라 상황의 제3세계 비판적 지식인'은 담론 권력 강화와 명망 확산에 도움을 줄 수 있는 이런 유혹을 거절해야 할 것이다.

이상을 종합하면, 왕더웨이는 중화(인)민(공화)국 바깥에서 '20세기중국문학'이 타자화시킨 만청(晚晴)문학의 억압된 근현대성과 서정 담론 그리고 해외 화인의 포스트유민 글쓰기와 사이노폰문학을 복원시켜 이들을 '20세기중국문학'과 대화시키고자 한다. 20세기중국문학의 역사에서 억압되고 탈구되어 뒤늦게 드러난 만청문학의 근현대성과 혁명·계몽 담론에 억압된 서정 담론이 내부적 타자라면, 해외 화인들의 창작을 다루고 있는 포스트유민 글쓰기와 사이노폰 문학은 외부적 타자다. 특히 '사이노폰 문학'은 타이완계 미국인 왕더웨이가 미국 학계의 타자인 동시에 중화(인)민(공화)국의 타자라는 '이중적 타자'의 위치(position)에서, 하버드대학 교수라는 상징자본을 등에 지고 본토를 통합하려는 야심 찬 기획이기도 하다. 그는 레이 초우가 말한 '디아스포라 유혹'에 빠져 제1세계인 미국에서는 소수자 코스프레를 하고, 중화(인)민(공화)국에서는 강자의 모습을 연출함으로써 '가면 쓴 헤게모니'를 적절하게 활용하는 제3세계 출신의 디아스포라 지식인의 이중적 모습을 보여주고 있다.

참고문헌

왕더웨이, 2014,『현대 중문소설 작가 22인—상·하』, 김혜준 옮김, 학고방.

왕더웨이, 2018,『시노폰 담론, 중국문학』, 김혜준 옮김, 학고방.

임춘성, 2013,『중국 근현대문학사 담론과 타자화』, 문학동네.

임춘성, 2021,「중국 근현대문학의 자발적 타자, 사이노폰 문학 」,『중국사회과학논총』3권 2호.

조비(曹丕),『전론(典論)』「논문(論文)」.

초우, 레이, 2005,『디아스포라의 지식인—현대 문화연구에서 개입의 전술』, 장수현·김우영 옮김, 이산.

復旦大學中國語言文學系·上海大學文學院外, 2008,『中國現代文學敎學方法與敎材國際學術硏討會(會議資料)』, 2008年6月20日~21日, 上海大學·復旦大學, 上海.

王德威, 1998,『如何現代, 怎樣文學?: 十九·二十世紀中文小說新論』, 臺北: 麥田出版, 1998.

王德威, 2002,『跨世紀風華: 當代小說20家』, 麥田出版.

王德威, 2003,「被压抑的现代性—晚清小说的重新评价」, 胡曉眞譯, 王曉明主編, 2003,『二十世紀中國文學史論(上)』, 上海, 東方出版中心,

王德威·史書美, 2017,「'華語語系與台灣'主題論壇」,『中國現代文學』32期.

Chow, Rey, 1993, *Writing Diaspora*: *Tactics of Intervention in Contemporary Cultural Studies*, Bloomington: Indiana University Press.

. . . .

제7장

퇴행하는 신자유주의 시대의 아시아 노동[1]

장대업(서강대학교 글로벌한국학과 교수)

1. 들어가며

우리는 신자유주의가 퇴행하는 시대에 살고 있다. 코로나19 팬데믹의 첫
해에 세계 경제는 마이너스 3.3%의 성장률을 기록했다. 세계 경제가 제2
차 세계대전 이후 최저치를 기록했던 2007~2008년 경제 위기의 부끄러
운 기록을 깨는 데는 불과 11년밖에 걸리지 않다. 팬데믹이 신자유주의
의 위기를 더욱 극적으로 만들었을 수도 있다. 그러나 신자유주의 세계
질서의 형태를 고려할 때 모든 원인을 팬데믹과 이로 인한 공급망 붕괴

---

[1] 이 장은 저자가 Asian Labour Review에 2022년 10월 출판한 Chang, D. 2022.
"Asian Labour Movements in the Age of Decaying Neoliberalism"을 번역, 수정,
확장한 것이다.

로 돌리기는 어렵다. 정치적으로나 경제적으로 미국의 영향력이 감소하는 가운데, 라이벌 강대국들은 처음에는 무역 전쟁(중국)을 통해, 이제는 실제 전쟁(러시아)을 통해 세계 정치경제에 대한 미국의 주도권에 도전하고 있다. 자본주의 발전의 교리로서의 신자유주의는 기후 변화로 대표되는 지구적 문제에 대처함에 있어서도 지극히 무기력했으며, 그 결과 '더 나은' 세상은 말할 것도 없고 그나마 있는 세상이 보존될 가능성마저 낮아지고 있다.

그렇다고 신자유주의가 사라지는 것은 아니다. 우리가 목격하고 있는 것은 자유, 좋은 거버넌스, 민주주의라는 수사를 통해 경제적, 정치적 장벽이 없는 세상에 대한 거짓 약속을 내세웠던, 미국의 패권 아래 구축되었던 '글로벌 신자유주의'의 종말이다. 이 특수한 신자유주의의 종말은 1970년대 대서양 경제권에서 엘리트의 권력을 회복하고 엘리트에게 무한한 금융 및 비즈니스 수익원을 보장하는 세계경제를 구축하기 위해 시작된 계급적 프로젝트로서의 신자유주의 종말과는 거리가 있다. 계급 프로젝트로서의 신자유주의는 제3세계의 발전에 대한 약속의 파기, 반복되는 경제 위기, 반세계화 운동의 글로벌 동맹 구축 등 많은 도전에 대처해야 했기 때문에 점차 글로벌 신자유주의가 되었거나 적어도 글로벌 신자유주의로 자신을 드러내려고 노력했다. 이러한 도전은 엘리트들의 소득 분배를 늘리기 위해 잉여 노동력을 쥐어짜는 공통의 목표를 가지고 있지만 서로 다른 경제 및 정치 세력 간에 어색하고, 궁극적으로는 일시적인 지구적 동맹을 형성하게한 특정한 역사적 조건이었다. 이 지구적 엘리트 동맹은 그러나, 그 동맹이 추구했던 세계 경제의 신자유주의적 발전의 바로 그 결과로 인해 무너지고 있다. 글로벌 신자유주의의 위기에 직면한 신자유주의는 이제 그 생존을 위해서 민주주의나 좋은 거버넌스와 같은 사치가 허용되지 않는 상황에서 본연의 모습을 되찾아가고 있다. 그 결과 글로벌 헤게모니를 놓고 경쟁하는 신흥 신자유주의 블록들 내부에서 신자유주의적 발전은 노골적으로 권위주의화되고 있다. 아시아 대륙의 노동운동을 위협하는 시민사회 공간의 축소는 독재적인 아시아의 통치자들이나 권위주의를 향해 아시아가 가진 불변의 친화력 때문이 아니라 신자유주의의 변화의 전 세계적인 추세에 따른 것이다. 찬란했던 글로벌 신자유주의의 잿더미에서 떠오른 신자유주의는 다수의 권력 중심들을 가지며 더 온전히 권위주의적이기 때문에 아시아 노동자들에게는 더 큰 장애물이다.

2. 신자유주의

자본주의 발전의 모든 교리는 탄생과, 전성기, 쇠퇴를 경험해왔다. 하지만 이들 모두가 최후를 경험한 것은 아니다. 이들 교리들이 더 이상 세상을 지배하지 못할지 모르지만 그들은 새로운 환경에 적응하기 위해 돌연변이를 일으키고, 그것이 통하지 않으면 바이러스의 일생처럼 나른 무언가에 통합되어 살아남을 수 있다. 세계 자본주의의 역사에는 이러한 예가 많이 있다. 예를 들어 케인즈주의는 적자지출과 완전고용의 선순환이 무너지면서 더 이상 2차 대전 이후의 호황을 유지할 수 없게 되자 1970년대에 이르러 가장 조롱받는 경제 발전의 이론이 되었다. 유럽과 북미에서 민주적으로 선출된 많은 정부들이 1970년대 후반부터 케인즈주의나 국가 개입을 요구하는 발전 교리와의 관계를 정리하고 새롭게 부상한 신자유주의를 수용하기 시작했다. 그러나 케인즈주의 정책과 경제발전과 자본축적에 대한 국가주의적 접근 방식은 용케 살아남았다. 케인즈주의 전성기 때보다 상대적으로 규모가 작아지긴 했지만, 복지 지출과 국가 부문을 완전히 폐기한 국가경제는 단 한 곳도 없었다. 국가개입은 자유시장 교리가 엘리트들의 이익을 위해 작동하지 않을 때마다 구세주로 다시 등장하고는 했다.

19세기의 자유주의는 더 극적인 인생을 누렸다. 19세기 말 자유주의는 20세기의 케인즈주의보다 훨씬 더 비참한 종말을 맞이했다. 노동의 상품화를 가속화하고 비화폐적 사회관계를 파괴함으로써 자본주의 경제를 주도했던 이 교리는 폴라니가 묘사했던 악마의 공장(satanic mills)을 탄생시킨 것 외에도, 두 차례의 세계대전, 공황, 식민주의 등 몇 가지 치명적인 결과를 야기했다. 그럼에도 불구하고 이 교리는 적절한 시기를 기다리다가 1970년대 전후 호황의 끝을 기회로 삼아 부활한 일부 강경 자유시장 이데올로그들 덕분에 국가주의적 발전주의와 케인즈주의의 시대적 도전에서 살아남을 수 있었다. 자유주의자들은 제2차 세계대전 이후 호황 속에서 생산된 부의 자신 몫이 줄어들고, 일반 노동인구의 몫은 늘어나는 현실에 깊은 좌절감을 느낀 글로벌 엘리트들의 수호자를 자칭하며 신자유주의라는 새로운 이름을 달고 화려하게 부활하였다. 신자유주의는 냉전 이후 세계에 대한 미국의 지정학적 지배와 예전의 제2, 제3세계의 정치적 근대화의 등대 역할을 한 자유민주주의 모델에 힘입어 1980년대부터 세계경제를 지배하기 시작했고, 1970년대 경제 침체로부터 세계경제의 완만한 회복을 이끌었다. 아마도 지금은 후회하고 있겠지만, 프랜시스 후쿠야마(Fukuyama, 1992)가 다른 경제, 사회, 정치 체제에 대한 자유시장과 자유민주주의의 돌이킬 수 없는 승리를 자신하며 '역사의 종말'을 선언했을 때, 신자유주의는 의심할 여지가 없는 권위로 자리매김한 것처럼 보였다.

3. 글로벌 신자유주의의 탄생

그러나 이 새로운 자본주의 발전의 교리가 누린 20세기 후반의 전성기에도 문제가 없지는 않았다. 첫째, 선진 자본주의 경제의 완만한 회복은 부유한 경제와 가난한 경제 모두에서 노동 인구의 희생을 통해서만 이루어졌다. 선진 자본주의 경제가 사용한 긴축과 고금리라는 신자유주의적 충격 요법은 노동자들의 노동 소득이 국내소득에서 차지하는 비중을 감소시켰고 개발도상국에서는 부채 부담을 증가시켰다. 사하라 사막 이남 아프리카와 남미의 재앙적인 부채 위기로 인해 이 지역 경제는 국제 금융 기관이 '제안한' 구조 조정 프로그램을 받아들일 수밖에 없었다. 그 결과, 1978년부터 1992년까지 전 세계 70여 개국이 다양한 종류의 566개 구조조정 프로그램을 수행해야만 했다(McMichael, 2012: 120). 이런 의미에서 '역사의 종말'은 제3세계 부채위기를 겪은 수억 명의 고통과 1980년대에 해당 지역이 경험한 발전의 '잃어버린 10년'을 가리는 연막에 불과했다.

게다가 역사의 종말이 선언된 지 5년도 채 지나지 않아 이 교리의 조기 사망이 예견되기 시작했다. 이러한 조짐은 아이러니하게도 1993년에 발표된 세계은행 보고서가 시장 친화적인 공공정책이 경제 기적을 일으키고 신자유주의적 구제책의 효과를 입증하고 있다고 찬양했던 '동아시아'에서 먼저 나왔다. 동아시아 국가들이 경쟁적으로 유럽과 미국이라는 동일한 수출시장을 겨냥한 수출 지향적 산업화를 추구하면서, 신자유주의 동아시아에는 과잉 생산능력이 쌓여갔고 이에 따라 개별 자본 간의 경쟁이 더욱 가열되는 결과가 초래되었다(Chang, 2009: 121-123). 이 상황을 돌파하기 위해 동아시아의 기업들은 급속히 자유화된 금융 시장을 통해 제공되는 단기 해외대출을 통한 신용 확장에 주로 의존해야 했다. 1997~1998년 아시아 경제위기와 IMF 구제금융에 따른 구조조정 프로그램은 아시아 경제가 보다 온전한 신자유주의적 발전으로 나아가는 전환점이 되었다. 인도네시아, 말레이시아, 태국, 한국 등의 국가에서 대규모 자본청산이 진행되었지만, 급격히 자유화되고 있던 동아시아가 맞이한 경제위기는 계속 다가올 신자유주의적 위기들에 대한 경고로 받아들여지지 않았다. 대신 이 위기는 신자유주의 열풍을 살아남은 동아시아 발전주의(또는 정실 자본주의)와 권위주의 국가의 위기로 간주되었고 이들은 이제 구조조정이라는 훈육을 통해 진정한 신자유주의로 거듭나면 되는 것이었다. 따라서 이 경제위기를 뒤따른 것은 세계경제의 신자유주의적 공고화였고, 그것은 글로벌 신자유주의의 출현과 2000년대 글로벌라이제이션 신화로 이어졌다. 국가주도의 산업화와 권위주의 정치로 유명한 동아시아의 호랑이 경제를 통합함으로써 신자유주의는 진정한 의미에서 글로벌 경제발전의 교리가 되었다. 또한 신자유주의는 이들 구조조정을 경험하고 있는 국가들에 자유민주주의로의 이행이라는 과제와 동시에 도입되어 신자유주의가 자유, 인권, 민주주의를 지향한다는 '글로벌 신자유주의 신화'를 만들어내기 시작했다.

몰론 모든 사람들이 이러한 신자유주의의 환상적인 이미지를 곧이곧대로 믿은 것은 아니었다. 신자유주의를 미국 제국주의의 연장 또는 전 세계 노동자계급과 빈민에 대한 공격으로 이해하는 글로벌 정의운동(Global Justice Movement)의 출현이 기다리고 있었다. 1999년 시애틀 전투는 신자유주의에 대해 북반구의 노동자 계급이 가진 불만이 멕시코의 사파티스타(Zapatista), 브라질의 무토지 노동자 운동(MST), 라 비아 캄페시나(La via Campensina)등 남반구에서 성장하는 반세계화 운동과 합쳐지는 새로운 양상을 보여주었다. 이러한 움직임은 2001년 신자유주의와 제국주의에 반대하는 세력들의 모임인 세계사회포럼(World Social Forum)

을 조직하기에 이르렀다. 한편 아시아에서는 다양한 반세계화 및 반신자유주의 단체들이 2005년 홍콩에서 열린 제6차 WTO 각료회의를 무산시키기 위해 힘을 모았다.

초기 신자유주의의 저조한 경제성장 성과와 전 세계적으로 부상하는 반신자유주의 동맹으로 인해 신자유주의는 빈곤, 거버넌스, 형평성 및 고용 등의 의제에 대한 관심을 기울이며 포용적인 모습을 보일 수밖에 없었다. 빈곤 퇴치, 민주주의, 법치, 환경적 지속 가능성 등이 2000년대 들어 신자유주의의 이른바 '좋은 거버넌스' 의제에 통합되면서 글로벌 신자유주의의 담론체계가 탄생하게 되었다. 한편, 1997~1998년 위기에서 동아시아의 회복을 이끌면서 신자유주의를 조기 사망의 위기에서 결정적으로 구해낸 장본인은 이 새로운 글로벌 신자유주의의 새롭고 낯선 참여자인 중국이었다. 중국은 수출지향적 산업화를 공격적으로 추진하고 이 부분에 수천만 명의 농촌 이주 노동자(농민공)를 공급함으로써 빠르게 신자유주의화되고 있던 동아시아 경제와 그 외 지역으로부터 자본을 끌어들였다. 아시아의 다른 개발도상국들의 국내경제가 긴축과 실업으로 어려움을 겪는 동안 중국 경제는 1998년부터 2007년까지 매년 10%씩 성장하며 이 지역의 경기 회복을 이끌었다. 주로 동아시아 선진국 출신의 초국적 기업(TNC)이 중국의 수출 드라이브에 중요한 역할을 했다. 예를 들어, 이들 초국적 기업은 2001년 중국 수출 제품의 48%, 총 산업 부가가치의 23%, 세수의 18%를 생산했다(UNCTAD, 2002: 56). 2001년 중국의 WTO 가입은 상징적이었는데 이제 다른 모든 아시아 경제가 충족해야 했던 글로벌 신자유주의의 가입 요건, 즉 지구적 자본을 위해 규제받지 않고 일회용품처럼 쓸 수 있는 노동력의 공급이라는 과제를 중국이 적극적으로 수행하게 되었기 때문이다. 국민소득에서 노동이 차지하는 비중이 감소하면서 소비력도 감소하고 있던 미국 노동계급을 위한 값싼 소비재를 생산하기 위해 중국 노동자들이 착취당하면서 글로벌 신자유주의는 완성된 것처럼 보였다. 즉, 중국이 주도한 수출 호황과 아시아 경제성장이 글로벌 신자유주의를 완성한 것이다.

4. 글로벌 신자유주의의 아시아 노동

신자유주의 발전 과정에서 많은 아시아 경제는 노동역설(a labour para-dox)을 경험했다(Chang, 2012: 26; Chang, 2015: 37). 이 역설은 글로벌 자본주의를 위해 상품을 생산하는 노동력의 폭발적인 양적 증가와 함께 아시아 경제가 성장했지만 20세기 '황금기'에 글로벌 자본주의의 중심부에서 형성되었던 산업노동자 계급과 유사한 형태의 표준화되고 응집성있는 노동계급이 형성되지 않았다는 사실을 의미한다. 대신, 아시아의 부상은 신자유주의적 스웻숍, 농지, 길거리에서 다양한 형태의 비공식 노동에 종사하는 분절된 노동계급의 고통에 의존했다(Chang, 2009b, Chang, 2015). 지역 내 노동의 평준화와 차별화에 대한 모순적인 경향이 이러한 역설을 낳았다. 생존을 위해 노동력 판매에 전적으로 또는 부분적으로 의존하는 아시아 인구는 신자유주의 세계화 과정에서 급격히 증가했다. 신자유주의 세계화 하에서의 자본의 시초축적은 아시아 개발도상국에서 사람들의 생계를 지탱해주던 토지, 공유지, 공동체소유의 지식과 기술, 생태계를 빼앗아 방대한 노동상비군을 창출했다. 선진국에서는 3차산업을 위한 노동이 지속적으로 확대되었고 특히 여성의 노동시장 참여가 증가했다. 이전에는 돌봄, 교육, 오락, 치유와 같이 공동체 및 공공영역에서 사람들이 함께 향유하던 비영리 서비스들이 임금노동에 의존하는 이윤지향적 비즈니스의 영역으로 편입되었다. 그 결과 동아시아에서만 지난 40년 동안 총 노동인구가 약 7억 6,400만 명에서 12억 명으로 증가했다.[2] 중국만 보더라도 1982년부터 2017년까지 4억 1,200만 명 이상의 비농업 노동자가 글로벌 자본주의 체제에 편입되었다(141,360,000명에서 561,316,000명).[3] 전 세계 노동 인구의 약 60%가 거주하는 아시아는 자본주의 노동을 생존의 근간으로 삼게 된 것이다.

그러나 새롭게 창출된 아시아 노동력은 2차대전 이후의 권위주의적 발전 과정에서 물려받았고 신자유주의에 의해 더욱 악화되버린 노동, 자본, 국가 간의 비대칭적 권력 관계라는 상황에 놓이게 되었다. 아시아 국가들은 자본 축적을 위한 '최상의 시장 조건을 확보하는' 것을 최우선 목표로 삼는 신자유주의 국가로 빠르게 변모했다(Harvey, 2006). 경제영역으로부터의 국가의 후퇴라는 신자유주의적 교리는 매우 선별적이고 불균등하게 실천되었다. 이들 국가는 산업의 선별적 육성, 금융 및 상품의 초국적 흐름에 대한 규제와 같은 영역에서는 확실히 덜 개입하게 되었지만 반대로 노동에 대해서는 지역 및 글로벌 자본을 위해 일반 노동자들에 대한 훈육을 지속함으로써 그들의 권위주의적 태도를 유지하거나 심지어 강화하기도 했다. 1980년대 말과 1990년대 조 민주화 과정에서 투쟁을 통해 다시 재건된 조직노동은 신자유주의적 발전의 시작에 맞서 대응 전략을 준비할 시간을 거의 가지지 못했다. 이러한 비대칭적 권력 관계로 인해 아시아 경제는 새로 창출된 자본주의 노동력을 비공식적인 혹

---

[2] 이곳에서 사용된 수치들은 동북아와 동남아 국가들에 대한 ILOSTAT의 통계들에 기반하여 작성된 것임.

[3] 1982년 수치의 출처는 ILO's Key Indicators of the Labour Market(KILM), http://www.ilo.org/global/statistics-and-databases/research-and-databases/kilm/lang--en/index.htm. 다른 모든 년도의 수치의 출처는 ILO database. https://ilostat.ilo.org/data

은 비정규 고용을 통해 복지나 고용보장 없이 착취할 수 있었고, 이것이 동아시아의 부상에서의 노동 역설이다.

다른 한편, 국경을 초월하는 일련의 위계적 노동체제인 초국적 노동체제(Transnational Labour Regimes: TLRs)로 인한 자본주의적 발전의 영토성의 변화도 이러한 아시아의 노동 역설을 촉진했다(Chang, 2022a; 2022b).[4] 초국적 노동체제는 초국적기업이 아시아 전역의 다양한 공동체를 지역 생산 네트워크에 통합하면서 해당지역의 노동체제 관리에 개입하고, 또 초국적 자본축적을 위해 국경을 초월하여 연결된 일련의 노동체제들을 관리하는 과정에서 생성되었다. 이 과정은 동아시아가 주도해왔는데, 2018년까지 신자유주의 세계화 30년 동안 동아시아로 유입된 외국인 직접투자(FDI)는 151억 달러에서 4,260억 달러로 약 28배 증가했다.[5] 중국으로 유입된 외국인 직접투자는 1989년 34억 달러에서 2018년 138억 달러로 약 40배 증가했다. 이 자본의 상당 부분은 동아시아의 신흥경제권에서 유입된다. 이러한 대규모 초국적 자본의 흐름은 자본과 노동의 초국적 결합의 중요성을 증가시킴으로써 자본관계의 영토성을 변화시켰다. 수출 산업에서 이러한 자본관계의 중요성이 커짐에 따라 초국적 행위자, 제도 및 동기가 노동체제를 구축하고 관리하는 데 점점 더 결정적인 역할을 하고 있다.

최근의 연구에 따르면(Chang, 2023), 이러한 초국적 노동체제에 직접적으로 종속된 동아시아의 노동자는 전체 노동체제에 큰 영향을 미칠

---

4 여기에서 노동 체제는 "직장과 사회 전반에서 노동과 자본의 관계를 규제하는 제도, 규칙 및 관행의 복합체"를 의미한다(Knutsen 외., 2015: 165).

5 모든 해외직접투자 규모의 출처는 UNCTADSTAT, https://unctadstat.unctad.org/EN/Index.html

수 있을 만큼 많으며 계속 증가하는 추세이다. 예를 들어 베트남에서만 약 100만 명에서 160만 명에 이르는 노동자들이 한국으로부터 진출한 초국적 기업에 고용되어있다(Chang, 2023: 15). 이 국가에서 전체 초국적 기업의 고용규모를 따지자면 약 379만 명에서 580만 명으로 추산되는데 이는 베트남 전체 비농업 노동자의 11.89%에서 18.19%에 이르는 규모 이다(Chang, 2023: 16). 동아시아 전체를 본다면 2018년 기준으로 한국의 초국적 투자가 보수적 추산으로 약 11.5백만 명을, 아시아 역내 초국적 투자가 약 2.75억 명, 아시아 각국으로 들어오는 전체 초국적 투자가 약 5.9억 명을 각각 고용하고 있는 것으로 추산된다(Chang, 2023: 19).

그 결과, 노동체제는 물리적으로 국가 경계 내에 위치함에도 불구 하고 더 이상 그 국가에 국한된 제도로 존재하지 않는다(Chang, 2022a; 2022b). 또한, 〈그림 1〉에서 보여주듯이 개별경제에서 초국화되고 있는 노동체제들은 글로벌 경쟁력을 강화하기 위해 여러 지역에서 활동을 조 정하는 다국적기업이 초국적으로 구축하는 생산지역간 위계구조 안으로

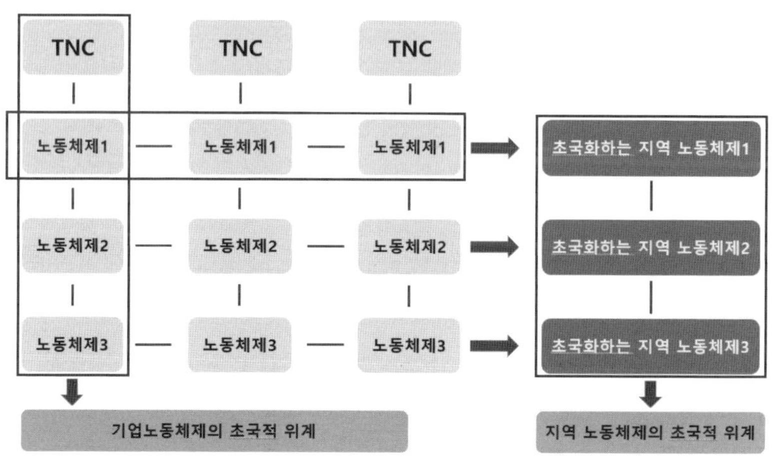

그림 1　초국적 노동체제의 구조

출처: Chang(2022a: 147)

다시 통합되고 있다. 초국적 노동체제는 아시아 개발도상국의 수백만 명의 노동자가 초국적 기업들과 그 하청업체들의 확장을 통해 고용된다는 점에서 노동을 평준화한다. 하지만 이러한 지역 노동체제들이 국경을 초월하여 초국적 노동체제에 통합되어 있음에도 불구하고 이들 노동체제들이 유사한 노동 기준과 노동권을 누리는 체제로 동질화되지는 않기 때문에 초국적 노동체제는 노동을 차별화한다. 초국적 노동체제를 구성하고 있는 지역의 노동체제들은 정규 근무 시간, 임금 및 초과 근무, 휴일 및 기타 휴가, 직장 복지, 연금, 노동조합 가입 및 단체 교섭권에 대해 서로 다른 기준을 보여준다. 특히 아시아의 작고 취약한 개발도상국에서 초국적 노동체제가 건설될 때, 그 결과는 임금과 노동 기준 향상 및 복지의 증진을 억누르는 압력의 증가로 귀결된다.

5. 글로벌 신자유주의의 분열

아시아의 노동역설이 노동조건 개선이나 생산되는 부에서 노동몫의 증가 없이 경제성장을 가져왔다는 점을 고려할 때, 신자유주의는 글로벌 신자유주의를 통해 원래의 목표를 달성하는 데 성공한 것으로 보인다. 글로벌 자본주의는 전 세계 곳곳으로 퍼져나갔고, 글로벌 엘리트들은 더 많은 이윤을 창출할 수 있는 시장과 쓰고 버릴 수 있는 노동력을 확보할 수 있게 되었다. 그러나 신자유주의의 진전은 결국 그 수단인 글로벌 신자유주의에 깊은 균열을 일으켰다. 2007~2009년의 글로벌 금융위기가 결정적인 순간이었다. 이 위기는 미국을 비롯한 선진 자본주의 경제에 심각한 침체를 가져왔을 뿐만 아니라, 글로벌 신자유주의의 중심부가 부채에 의존한 가계소비와 이러한 발전패턴에서 고도의 이윤을 취하는 기회주의적 금융자본을 통해 유지되어 왔다는 사실을 드러냈다.

다른 한편 이 위기는 선진국을 향한 수출에 의존해온 중국의 성장세가 불안정한 기반위에 건설되었다는 점도 폭로하였다. 주요 선진 자본주의 경제의 경기부진으로 인해 아시아의 많은 수출주도 경제들은 2009년까지 마이너스 또는 거의 제로에 가까운 성장률로 경기침체를 경험했다. 중국의 수출은 2009년 마이너스 16%의 성장률을 기록하면 바닥을 쳤다.[6] 중국은 수출로부터 얻어지는 수입의 급격한 감소와 2008년 중국 GDP의 약 3분의 1을 차지했던 수출 부문에서만 2천만 명의 실직을 포함 약 3천만 명의 일자리가 사라지는 상황에 직면했다(Ming, 2009: 3). 중국정부는 2008년 대규모 경기 부양책을 내놓았는데 여기에는 4조 위안의 정부 지출과 9조 위안의 국유 은행 저금리 대출이 포함되었으며, 이 중 대부분은 전국의 건설 산업과 시장에 투입되어 물리적 인프라를 구축하는 데 사용되었다. 이러한 경기 부양책은 일단은 효과가 있었던 것으로 보이는네, 건설부문의 일자리 창출로 수출산업의 일자리 손실이 성공적으로 보전되었을 뿐 아니라 글로벌 자본주의 경제에서 중국의 중요성이 위기 이후 이전보다 더 커졌기 때문이다. 국가주도 경기부양 이후 중국은 2010년에 이르러 세계에서 두 번째로 큰 경제 대국이 되었다. 구매력 평가 기준으로 중국의 GDP는 전 세계 GDP의 약 16.49%를 차지했으며, 2014년에는 전 세계 GDP 기여도가 15.80%에 불과했던 미국을 추월했다. 또한 중국은 2015년 전 세계 GDP의 약 17.07%를 생산하여 유럽연합을 추월했다(구매력 평가 기준).[7]

그 동안 중국은 -시장을 장악하기 위한 끝없는 경쟁 속에서 자본이

---

6 https://data.worldbank.org/indicator/NE.EXP.GNFS.CD?locations=CN

7 지역별 국내총생산 규모의 출처는 IMF World Economic Outlook database.

더 이상 수익성 있게 활용될 수 없을 때까지 생산능력을 경쟁적으로 축적하는- 자본의 전지구적 과잉축적의 더 중요한 원천이 되어왔다는 점에 주목하는 것이 중요하다. 글로벌 금융위기 이후에 중국의 경기회복은 중국 안팎의 과잉축적을 악화시키는 대가로 이루어졌으며, 이로 인해 산업 부문 전반에 걸쳐 과잉생산이 발생하고 2010년대에는 중국에서 소위 '뉴노멀(New Normal)'이 등장했다. 중국의 생산이 더 이상 이전만큼의 이윤을 창출하지 못하는 것이다. 글로벌 경기침체와 수출감소 문제를 개선하기 위한 대규모 부양책의 도입 이후 과잉생산의 여러 징후가 드러났기 때문에 중국의 과잉축적과 그로 인한 이윤율 하락은 더 이상 비밀이 아니다(Wang, 2014). 중국의 자본산출비율(output-capital ratio)은 2008년부터 하락하기 시작했지만(Li, 2017: 398), 사실상 이러한 과잉생산은 경제위기 이후의 중국이 실행한 조치 때문에 나타난 문제가 아니라 1990년대 이후 초고속 경제성장 과정에서 중국 내 자본이 과잉축적된 결과로 보아야 한다.

중국은 세계 신자유주의 경제에 중요한 일부가 되면서 동시에 세계적 과잉축적에 공헌자가 되기 시작했는데, 이러한 과잉축적은 시장 외부의 조건에 의해 유발된 비정상적인 현상이 아니라 자본주의 생산양식의 내재적 경향이다. 자본주의적 생산은 "자본가에 의한 노동력의 최대한의 착취"를 통해 사회적 필요를 위한 생산을 자본의 확장이라는 당면과제에 최대한 종속시킨다(Marx, 1990: 449). 이 역사적으로 특이한 형태의 종속은 과잉생산을 향한 지속적인 경향을 항상적인 특징으로 만들어 개별 자본에 대한 경쟁 압력을 증가시킨다. 이러한 장벽에도 불구하고 자본축적을 지속하는 것은 "자본주의 생산의 사회적 형태에 내재된 모순을 중단시킬 수 있는 자본의 능력"에 달려 있다(Clarke, 1990: 459). 개별 자본은 사회적으로 필요한 소비의 양에 생산을 맞춤으로써 이를 극복하는 것이 아니라 반대로 경쟁에서 우월한 지위를 차지할 수 있다는 전망 속에 새로운 생산 방식을 도입하고 노동강도를 높이고 노동일을 연장함으로써, 그래서 결국 점점 더 많은 상품을 시장에 내놓음으로써 모순을 극복하려고 한다(Clarke, 1994: 281). 신용의 확장은 이러한 일반적인 경향들을 우회하는 주요한 방법이기도 하다. 개별 자본은 신용확장을 통해 경쟁압력과 생산된 잉여가치를 당장 실현해야 하는 절박함이 부여하는 한계에 관계없이 생산수단과 기술을 혁신하고 새로운 욕구와 수요를 창출하며 세계시장을 확대할 수 있다. 그러나 신용확장은 개별 자본이 일시적으로 희생되는 것을 막을 수 있고 자본주의 생산이라는 사회적 형태의 모순이 즉각적으로 드러나는 것을 막을 수 있지만, 결국에는 자본의 과잉축적을 악화시킬 뿐이다. 자본주의의 사회적 생산양식에 내제된 근본적인 모순은 더 파괴적인 위기에서 드러날 수 밖에 없다.

중국은 두 차례의 경제위기들 사이(1998~2007년)에 높은 고정자본형성과 동아시아 선진국을 중심으로 한 외국인직접투자(FDI) 유입 증가를 바탕으로 수출중심, 투자주도의 성장을 추구하며 연평균 10% 이상의 성장률을 유지했다. 그러나 성장율에도 불구하고1990년대 이후 자본 생산성 하락과 유휴 생산능력 증가로 인해 중국의 총요소생산성(TFP)은 정체되어왔다(Gaulard, 2015). Pauls(2022)에 따르면 잉여가치율도 2005년에 정점에 도달했으며, 노동시간 연장이나 노동 강도 증가를 통해 노동자를 쥐어짜는 데 의존하던 중국의 축적체제는 2006년부터 소진 조짐을 보이기 시작했다. 글로벌 경제위기로 중국의 수출이 둔화된 이후 중국은 성장을 유지하기 위해 현지 수요를 늘리려고 노력했다. 내수는 주로 연해 지역을 중심으로 상승한 임금에 의해 부분적으로 유지되었지만, 더 중요하게는 지방 정부와 가계의 부채 증가를 야기한 신용확장을 통해 유지되었다. 가계부채는 2006년 GDP의 10%에서 2016년에는 40% 이상으로 가파르게 증가했다.[8] 따라서 중국경기의 하향 국면의 직접적인 원인은 미국발 경제위기로 보이지만, 이른바 뉴노멀은 1990년대 후반 아시아 경제위기 이후 중국이 주요하게 기여 해온 자본의 글로벌 과잉축적의 징후로 이해해야 한다. 실제로 중국의 수출산업은 과잉축적 문제를 해소하기 위한 방편으로 자본의 지리적 확장을 통한 '공간적 조정'을 도모하던 다른 동아시아 지역에서 과잉축적된 자본의 유력한 출구역할을 하고 있었다. 그러나 이들이 중국으로 이동한다고 해서 글로벌 과잉축적이 해소되는 것은 아니다. 이들이 시작한 중국의 수출호황은 "글로벌 생산과 소비 사이의 증가하는 격차를 메우기 위해 과도하게 부채를 증가시켜 미래의 막대한 구매력을 동원할 수 있는 미국의 임기응변적 능력"에 의해 유지되었기 때문에 이미 심각하게 진행되어온 글로벌 과잉축적을 일시적으로 볼 수 없게 가려주는 연막이었다고 할 수 있다(Hung, 2008: 152). 선진 자본주의 경제에서 부채에 의존하는 소비가 없었다면 중국의 수출산업은 수익률이 감소하는 침체국면으로의 전환을 더 일찍 경험했을 것이다.

더 주목할 지점은 중국이 글로벌 과잉축적의 한 축이 되는 동안, 자본축적을 위한 국가의 전폭적인 지원, 대기업(민간 또는 국유)으로의 부의 집중, 박탈당한 노동자계급, 해외 유출을 필요로 하는 대량의 자본 과잉축적 등 제국주의의 조건이 중국내부에서 성숙하면서 중국이 전지구적 제국주의 착취체제의 일부가 되었다는 점이다. 중국은 아리기(Arrighi, 2007) 등의 기대와 달리 다른 선진 자본주의 경제에서 발전한 제국주의적 조건과 구분되는 어떠한 반대 경향도 보여주지 않았으며 2000년대

<hr>

8   Bank of International Settlement Database "total credit to households" https://stats.bis.org/statx/srs/table/f3.1?p=20114&c=

들어서는 스스로 점점 더 야심 찬 제국주의 열강으로 변모해가고 있다. 중국은 과잉축적된 자본의 수익성 있는 해외출구를 심각하게 탐색하기 시작했는데(Harvey, 2017: 5), 1999년 공산당이 대외진출정책(going-out policy)을 공표하고 난 뒤 중국은 주변 아시아 국가들과 무역, 투자, 원조 협정을 체결하면서 빠르게 주요 해외 투자자가 되었다. 이 전략은 전 세계로 중국 자본을 확장하는 것뿐만 아니라 국제금융 및 원조 흐름의 기존 규범에 대한 은근하지만 확고한 도전, 미국의 힘에 대항하기 위한 브릭스 이니셔티브, 그리고 남중국해에서의 군사적 확장을 수반했다. 당연히 이는 미국의 아시아 태평양 패권에 대한 위협으로 받아들여졌고, 오바마 행정부가 2010년대 초 미국의 아시아로의 회귀 정책(Pivot to Asia)을 발표하도록 자극했다. 미국의 아시아 회귀에 대한 중국의 대응은 2014년까지 중국을 순자본 수출국으로 탈바꿈시킨 더욱 공격적인 해외 투자뿐이 아니었다. 더 중요한 것은 중국이 만성적인 과잉축적 문제를 해결하기 위한 '다각적인 공간적 조정'으로서 2012년 일대일로 사업(BRI: Belt and Road Initiative)를 출범시켰다는 점일 것이다(Carmony, Taylor and Zajontz, 2022: 59). 2017년 5월 베이징에서 열린 제1회 일대일로 국제협력 포럼 직후 2018년에 트럼프 행정부가 중국산 제품에 관세를 부과하면서 현재 진행 중인 미-중 무역전쟁이 시작된 것은 우연이 아니다.

결국 글로벌 신자유주의는 21세기에 들어 전 세계가 직면한 세 가지 가장 중요한 시대적 도전을 양산하면서 붕괴해갔다. 우선, 중국을 세계 경제의 중심 무대로 복귀시키고, 중국의 자본주의 성장과 과잉축적을 촉진했으며, 미국과 신흥 강대국 사이에 제국주의적 균열을 일으켰다는 점이다. 미-중 무역전쟁의 격화가 글로벌 신자유주의의 균열이 그나마 온화하게 발현하는 형태라고 한다면 러시아의 우크라이나 침공과 대만 해협에서의 돌이킬 수 없는 적대행위의 전개는 더 매서운 형태의 발현이다. 둘째, 글로벌 신자유주의는 기후위기를 가속화했다. 개발도상국들에서 벌어진 영구적인 시초축적의 전개는 지구의 물질대사에 돌이킬 수 없는 파괴를 가져왔고 기후 위기의 전개를 가속했다. 셋째, 개발도상국의 내륙에서 대규모 가축 농장과 현금 작물 농장을 건설하는 농식품 산업의 확대와 자본주도의 대규모 산림 벌채는 동물성 병원체를 인간 공동체로부터 격리시켜주었던 환경 복잡성을 파괴했고 동물 병원체가 발병 지역의 경계에서 인간 숙주에 뛰어들 수 있는 환경을 조성하여 COVID-19와 같은 동물성 전염병을 발생시켰다(Wallace et al., 2020). 전성기 시절 글로벌 신자유주의가 구축한 촘촘한 글로벌 생산망은 광범위한 교통망을 통해 이러한 배후 지역에서 발원한 전염병을 글로벌 생산 및 금융허브와 연결하고, 며칠 내에 글로벌 도시로 전달했다. 현재의 위기를 구성하는 이들 요소들은 요란한 수사를 지녔던 글로벌 신자유주의가 우리에게 남긴 유산들이다.

6. 아시아 노동운동의 새로운 의제

2010년대 이후 신자유주의 교리가 글로벌 신자유주의의 상처를 치유하고 회복시킬 수 없다는 것이 명백해지고있다. 글로벌 신자유주의의 붕괴는 우리가 신자유주의의 퇴행 시대에 살고 있다는 것을 의미한다. 신자유주의 교리에 대한 가시적인 대안이 보이지 않는 상황에서 글로벌 신자유주의의 후퇴는 '권위주의적 국가주의'를 부활시키며 모든 곳에서 민주주의를 약화시켰다(Bruff, 2014; Bruff and Tansel, 2019). 2006년 태국의 군사 쿠데타를 기점으로 노골적인 권위주의 정부가 민주정부를 대체하기 시작했고 2000년대 중반 이후 태국, 한국, 캄보디아, 인도, 중국 등 아시아 여러 곳에서 기존의 권위주의 정부들은 더욱 억압적인 모습을 보여왔다. 2010년대 중반에 이르면 대부분의 아시아 국가는 권위주의 또는 반권위주의 정부 아래 놓이게 된다. 2014년 캄보디아, 2016년 한국, 2019~2020년 홍콩, 현재 미얀마에서 벌어지고 있는 반권위주의 투쟁은 권위주의 국가가 지배 엘리트들이 신자유주의 질서를 재생산하는 최고의 수단이 되고 있는 추세를 보여준다. 2022년 필리핀 대선 결과는 아시아에서 권위주의의 부활을 상징적으로 보여줬는데, 전 독재자 페르디난드 마르코스(Ferdinand Marcos)의 아들과 최근 독재자 로드리고 두테르테(Rodrigo Duterte)의 딸이 각각 필리핀의 대통령과 부통령이 되었다. 이는 동아시아에 민주주의를 가져온 두 개의 세계사적 계기들, 즉 1980년대의 '제3의 민주화 물결'이나 1990년대의 신자유주의-민주주의 이중 전환과정이 모두 지극히 불완전했다는 것을 의미한다. 사실 권위주의화의 경향은 남반구에만 국한된 것이 아니다. 북반구의 부유한 국가들에서 진행된 탈민주주의(post-democracy)는 이들 국가에서 '국부'의 증진이 평범한 노동자들의 복지증진과 가졌던 연관성의 흔적을 지우고 있다.

권위주의적 신자유주의 세력들의 전례 없는 도전과 경쟁 속에서 아시아 노동운동이 살아남기 위한 최선의 전략은 무엇일까? 한 가지 확신할 수 있는 것은 동아시아 국가들 간의 민족주의적 충돌이나 아시아 경제 대국들의 제국주의적 팽창이 아니라 노동자들의 투쟁을 통해 아시아의 문제를 해결할 때 아시아의 더 나은 미래가 가능하다는 것이다. 이러한 전환기에 아시아의 노동운동이 이러한 역할을 수행하기 위해서는 주요 의제, 노동자의 주체성, 노동자 복지를 달성하기 위한 수단, 연대구축의 일반적 형태에 대해 다시 생각해보는 것이 시급하다.

이러한 재고에 있어 가장 중요한 전제 조건은 아마도 아시아의 노동운동이 '공장에서 일하는(남성) 생계부양자를 위한 더 많은 임금'이라는 19~20세기의 암묵적인 의제에서 의식적으로 벗어나야 한다는 점일 것이다. 이 낡은 의제를 계속 추구하는 것은 무엇보다 지난 40년간 신자유주의가 발전하는 동안 노동자의 주체성이 변화한 것을 무시할 위험이 있다. 글로벌 신자유주의는 재생산 부문의 여성 노동자, 다양한 형태의 불안정한 고용에 처한 비정규직 또는 비공식 노동자, 플랫폼 노동자, 국내외 이주 노동자, 계절 농업 노동자 등 새로운 주체들을 등장시켰다. 그러나 소수의 예외를 제외하고 아시아 전역의 기존 노동조합 연맹들은 이러한 주변부 노동자들의 주체성을 인정하고 활용하는 점에서 실망스러운 실적을 보였으며, 이들 새로운 노동주체가 권위주의 국가주의를 뒷받침하는 신흥 우파 포퓰리즘의 유혹에 취약한 집단이 되도록 방치하였다.

기존의 주류 노동운동이 답보상태에 있는 동안 새로운 노동주체들은 신자유주의 발전의 여러 사회 문제에 맞서는 다양한 형태의 행동에 나서고 있으며 이들의 투쟁에서 많은 대안적 가치와 제안이 제출되고 있다. 이들의 노동 투쟁은 농촌과 도시의 격차, 국적, 다양한 고용 상태, 위계적인 초국적 노동체제 등에 기반해 세워진 경계들을 이용해 아시아 노동자들을 갈라놓고자 하는 움직임에 동참하기보다는 종종 이 분열의 경계들을 해체하기 위해 노력했다. 다양한 경계를 해체하고 초월하고자 하는 사회운동은 포스트 글로벌 신자유주의 시대의 연대구축 형태에 대한 중요한 교훈을 준다. 글로벌 신자유주의 동맹은 신자유주의가 신자유주의 발전과정에서 발생하는 모순과 갈등에 대처할 수 없다는 무능력을 드러내면서 무너졌다. 그들의 동맹이 깨졌을 때 노동자들 사이의 연대는 어떻게 될까? 제국주의 라이벌들 사이에서 벌어진 1차 세계대전의 촉발과정에서 유럽 노동운동의 주인공들이 제국들의 충돌에 동참하기로 선택했던 비극적 전례를 따를까? 이러한 역사의 아시아적 재현을 막으려면 어떻게 해야 할까? 출발점은 국제연대가 각자의 국가개혁의 조력수

단으로만 고려되는, 국경선을 따라 구축된 현재의 국제 연대 인프라를
재구성하기 위해 노력하는 것이다. 평소에는 각기 개별적 사안에 매몰되
다가 명절이면 연대 메시지를 보내는 형태의 국제연대는 신자유주의 퇴
행기에 아시아 노동운동의 연대 형태로는 불충분하다. 기존의 아시아 혹
은 글로벌 노동운동의 연대를 위해 만들어졌던 이니셔티브를 재구성하
여 초국적 공통의제를 항시적인 국제연대를 통해 관철하려 하는 새로운
형태의 연대체를 건설할 수 있다. 또한 개별 국가의 개혁 의제보다 공통
의 투쟁을 우선순위에 놓는 새로운 초국적 활동가 및 조직 연합을 설립
할 수도 있을 것이다.

　　마지막, 하지만 덜 중요하지는 않은 과제는 아시아 노동운동이 더
분배적이고 더 정의로운 대안적 자본주의 발전에 대한 모색을 조금씩 넘
어서는 것이다. 글로벌 신자유주의의 짧은 전성기 동안 아시아 노동운동
은 자본과 국가에 양보를 요구하는 운동이 노동행동의 주요한 형태라고
생각하도록 길들여졌다. 우리가 얻을 수 있는 가장 중요한 양보는 더 높
은 임금이었다. 그러나 더 높은 임금을 노동운동의 궁극적 목표로 추구
하고 이를 중심으로 사회적 대화와 교섭체계 같은 제도를 구축하는 것
은 노동자의 궁극적 복지는 자본이 지불하는 임금에만 의존한다는 것을
전제한다. 자본주의에 대한 대안을 모색하는 노동운동에게는 노동력 상
품 판매에 대한 금전적 보상으로서의 임금이 생계유지와 복지 향상의 유
일한 수단이 되어서는 안 될 것이다. 오히려 임금은 더 나은 복지를 위해
사용할 수 있는 여러가지 자원 중 작은 부분으로 자리매김 되어야 한다.
노동자 복지는 국가를 통해 제공되는 복지에만 국한되어서는 안 된다.
오히려 공동체와 연대를 통해 제공되는 복지로 확대되어야 한다. 즉, 하
향식 양보를 요구하기보다 상향식 대안을 상상하기 시작해야 한다. 그래
야만 계급, 성별, 인종, 식민지주의적 위계에 기반한 성장 패러다임에서

노동이 스스로를 분리해 낼 수 있다. 최근 글로벌 신자유주의에서 권위주의적 신자유주의로의 퇴행적 전환에서 우리가 배울 수 있는 중요한 교훈은 아시아 노동자의 복지증진 방안을 찾기 위한 우리의 노력을 '체제 내부의 대안'으로 제한했을 때 보통 더 나은 대안이 아니라 더 나쁜 대안에 직면하는 경우가 많다는 것이다.

7. 결론

신자유주의의 퇴행적 국면은 신자유주의의 종말이 아닌 머리가 여럿 달린(many-headed) 신자유주의를 만들었다. 더 이상 글로벌 신자유주의라는 지구적 엘리트 동맹은 존재하지 않을지 모른다. 하지만 지구적 대결이 만들어내는 합종연횡 속에 형성되는 각각의 신자유주의 블록은 일관되게 신자유주의를 과거의 권위주의와 접합시키면서 권위주의적 신자유주의의 형태를 갖추고 있다. 이러한 상황은 아시아의 노동운동이 글로벌 신자유주의의 전성기에 담론적으로나마 획득했던 양질의 노동의 필요성과 노동권의 정당성이라는 사회적 합의조차 위협하고 있다. 사실 많은 경우 아시아 각국의 노동운동이 이러한 담론적 합의를 가질 수 있었던 것은 그들이 응집력있는 노동계급 위에 강력한 운동을 건설했기 때문이 아니라 글로벌 신자유주의의 화려한 수사를 아시아의 허약한 민주주주의들이 수용하며 따라갔기 때문이다. 이러한 담론적 성취 이면에서 응집력 없는 노동계급의 형성과정이 있었으며 비공식, 비정규 노동이 아시아의 부상에 핵심 노동력으로 등장하는 과정이 있었다. 이들 새롭게 만들어진 새로운 얼굴의 노동계급이 각각의 영역에서 권리를 쟁취하기 위한 고군분투를 해온 것은 희망적인 일이다. 그리고 담론적인 성취에 그치기는 했으나 노동권과 양질의 노동 처럼 국제규범화된 기준들은 새로운 세대의 노동자들의 권리 의식을 그 전세대 노동자들의 그것보다 높여놓은 것도 사실이다. 이제는 조직노동이 답해야 할 시기이다. 신자유주의 노동시장이 확산시키는 고용의 비정규화에 맞서고(Shin, 2010; Kalleberg, Hewison and Shin, 2021), 위로부터 압력을 가하는 초국적 자본과 노동체제에 맞서 캄보디아, 베트남, 미얀마에서 벌어진 분절된 노동계급들의 다양한 투쟁은 조직노동을 향해 연대의 구실과 계기를 충분히 마련해 주었다(Arnold, 2017; Buckley, 2022; Chan, 2013; Chang, 2022b; Le, 2023; Maung, 2023; Novianto, 2023; Pringle, 2015; Salmivaara, 2018, Tran, 2012). 이에 비교한다면 아시아 각국에서 거대 노총들의 움직임은 둔하고 무거운 것이었다. 신자유주의 퇴행기의 아시아 노동운동에게는 분절된 노동계급의 권리와 요구에 응답하는 새로운 조직노동운동에 대한 논의와 행동이 시급하다. 그리고 아시아 각지의 분절된 노동계급들을 서로 연결해주는 새로운 국제연대도 시급하다. 그러지 못할 때 직면할 수 있는 결과는 현존하는 노동조합들이 권위주의적 신자유주의의 희생양이 되는 것뿐만이 아니다. 더 심각한 것은 분절된 체 구성되는 노동계급의 구성원들이 바로 그 권위주의의 주요한 동력이 되어 국가 간, 신자유주의 블록 간의 대결에 동참하는 것이다.

참고문헌

Arnold, D. 2017. "Civil Society, Political Society and Politics of Disorder in Cambodia." *Political Geography* 60: 23-33.

Arrighi, G. 2007. *Adam Smith in Beijing, Lineages of the Twenty-First Century.* Verso.

Bruff, I. 2014. "The Rise of Authoritarian Neoliberalism." *Rethinking Marxism* 26(1): 113-129.

Bruff, I. and Tansel, C. B. 2019. "Authoritarian neoliberalism: trajectories of knowledge production and praxis." *Globalizations* 16(3): 233-244.

Buckley, J. 2021. *Vietnamese Labour Militancy: Capital-Labour Antagonisms and Self-organised Struggles.* Routledge.

Carmody, P., Taylor, I. and Zajontz, T. 2022. "China's spatial fix and 'debt diplomacy' in Africa: constraining belt or road to economic transformation?" *Canadian Journal of African Studies/Revue canadienne des études africaines* 56(1): 57-77.

Chan, C.K.C. 2013. "Contesting Class Organization: Migrant Workers' Strikes in China's Pearl River Delta, 1978–2010." *International Labor and Working Class History* 83(Spring): 112-136.

Chang, D. O. 2009. "Informalising Labour in Asia's Global Factory." *Journal of Contemporary Asia* 39(2): 161-179.

Chang, D. O. 2009. *Capitalist Development in Korea: Labour, Capital and the Myth of the Developmental State.* Routledge.

Chang, D. O. 2012. "The Neoliberal Rise of East Asia and Social Movements of Labour: Four Moments and a Challenge." *Interface: a journal for and about social movements* 4(2): 22-51.

Chang, D. O. 2015. "From Global Factory to Continent of Labour: Labour and Development in Asia." *Asian Labour Review* 1: 1-48.

Chang, D. O. 2022a. "The Continent of Labour and Uneven Development: The Making of Transnational Labour Regimes in East Asia." in Baglioni, E.,

Campling, L., Coe, N. M. and Smith, A. (eds.) *Labour Regimes and Global Production*. Agenda Publishing: 137-153.

Chang, D. O. 2022b. "Transnational Labour Regimes and Neo-liberal Development in Cambodia." *Journal of Contemporary Asia* 52(1): 45-70.

Chang, D. O. 2023. "Korean Capitalism and Transnational Labor Regimes in East Asia." A presentation made for Webinar Series of the Centre for Asian Studies in Africa, University of Pretoria, 22 February 2022.

Clarke, S. 1990. "The Marxist Theory of Overaccumulation and Crisis." *Science and Society* 54(4): 442-467.

Clarke, S. 1994. *Marx's Theory of Crisis*. Macmillan.

Fukuyama, F. 1992. *End of History and the Last Man*. Free Press.

Gaulard, M. 2015. "A Marxist Approach of the Middle-Income Trap in China." *World Review of Political Economy* 6(3): 298-319.

Harvey, D. 2006. *Spaces of Global Capitalism: Toward a Theory of Uneven Geographical Development*. Verso.

Harvey, D. 2017. *The Ways of the World*. Profile Books.

Hung, H.-f. 2008. "Rise of China and the global overaccumulation crisis." *Review of International Political Economy* 15(2): 149-179.

Kalleberg, A. L., Hewison, K. and Shin, K. -Y. 2021. *Precarious Asia: Global Capitalism and Work in Japan, South Korea, and Indonesia*. Stanford University Press.

Knutsen, H., Endresen, S., Bergene, A. and Jordhus-Lier, D. 2015. "Labor, Geography Of." *International Encyclopaedia of the Social & Behavioral Sciences* 2 (13): 163-168.

Le, T. 2023. "Mercedes in Two Years? Grab Workers's Mounting Discontent and Wildcat Strikes in Vietnam." *Asian Labour Review*. https://labourreview.org/grab-workers-in-vietnam/

Li, M. 2017. "Profit, Accumulation, and Crisis: Long-Term Movement of the Profit Rate in China, Japan, and the United States." *The Chinese*

Economy 50(6): 381-404.

Marx, K. 1990. *The Capital Vol. 1*. Penguin.

Maung, K. 2023. "Horizons of Lanor Organizing in Post-Coup Myanmar: Grab Riders on Strike." *Asian Labour Review*. https://labourreview.org/grab-in-myanmar/

McMichael, P. 2012. *Development and Social Change: A Global Perspective (Fifth Edition)*. Fine Forge Press.

Ming, Z. 2009. "The Impact of the Global Crisis on China and its Reactions." https://www.realinstitutoelcano.org/en/analyses/the-impact-of-the-global-crisis-on-china-and-its-reaction-ari/;

Novianto, A. "Resistance is Possible: Lives of Grab Workers in Indonesia." *Asian Labour Review*. https://labourreview.org/grab-in-indonesia/

Pauls, R. 2022. "Capitalist Accumulation, Contradictions and Crisis in China, 1995 – 2015." *Journal of Contemporary Asia* 52(2): 267-295.

Pringle, T. 2015. "Labour as an Agent of Change: The Case of China." In Pradella, L. and Marois, T. (eds.) *Polarising Development: Alternative to Neoliberalism and the Crisis*. Pluto Press: 192-202.

Salmivaara, A. 2018. "New Governance of Labour Rights: The Perspective of Cambodian Garment Workers' Struggles." *Globalizations* 15(3): 329-346.

Shin, K.-Y. 2010. "Globalisation and the Working Class in South Korea: Contestation, Fragmentation and Renewal." *Journal of Contemporary Asia* 40(2): 211-29.

UNCTAD. 2002, *World Investment Report 2002: Transnational Corporations and Export Competitiveness*. United Nations.

Wallace, R., Liebman, A., Chaves, L. F. and Wallace, R. 2020. "COVID-19 and Circuits of Capital." https://monthlyreview.org/2020/04/01/covid-19-and-circuits-of-capital/

Wang, Y. 2014. "China's Economic Challenges: Grappling With a 'New Normal'." *Global Asia* 9(4): 12-17.

동아시아 마르크스주의의 미래

제8장

21세기 일본 마르크스주의의 부흥

에하라 케이(江原慶, 도쿄공업대학 리버럴아츠 연구교육원 부교수)
사이토 고헤이(斎藤幸平, 도쿄대학 부교수)
사사키 류지(佐々木隆治, 릿쿄대학 경제학부 교수)

1. 서론

일본은 과거에 마르크스주의 연구의 선두주자로 여겨졌다. 그러나 최근 마르크스주의 연구뿐만 아니라 일본의 전반적인 연구 환경이 상당한 압박을 받고 있으며, 자연과학을 비롯한 많은 분야에서 일본의 국제적 위상이 하락하고 있다. 그 중에서도 특히 인문사회과학 분야가 소홀히 취급되는 경향이 있으며, 그 결과 일본의 인문사회과학에 가장 큰 영향을 미쳤던 마르크스주의 연구의 쇠퇴가 두드러지게 나타나고 있다.

하지만 진정한 학문적 탐구는 순간의 유행에 좌지우지되어서는 안 되며, 바로 침체기에 껍데기가 벗겨지고 그 진정한 가치가 발견된다. 지

금까지 일본의 마르크스 연구가 축적한 방대한 연구에는 수많은 시행착
오가 포함되어 있으며, 거기에는 배울 내용이 많다.

　　이러한 맥락에서 이 글은 일본 바깥의 독자들에게 일본 마르크스주
의 연구의 전반적 논의를 소개하는 것을 목표로 한다. 특히 마르크스주
의의 두 가지 중요한 흐름 즉, 우노 학파와 구루마 학파에 초점을 맞추고
자 한다. 제2차 세계대전 이후 비슷한 시기에 활동한 우노 고조와 구루
마 사메조가 제시한 독특한 해석은 후대에까지 영향을 미치고 있다.

2. 2001년 이전 일본 마르크스주의의 개요

마르크스주의의 주요 흐름이 일본 밖에서는 거의 알려지지 않았다는 가
정(아마도 영어로 번역된 몇 가지 저작을 제외하면)을 바탕으로, 2001년 이전
의 중요한 논의를 간략히 소개하는 것으로 시작할 것이다. 특징적으로
일본 마르크스주의자들은 대학교 교수직의 상당한 비중을 차지했고, 노
동운동 뿐만 아니라 학계에서도 헤게모니 담론을 형성하였다. 근대화 이
론으로 마르크스주의가 수행한 역할은 일본에서 마르크스주의가 인기를
얻은 이유 중 하나이다.

　　이는 마르크스의 자본론이 일본에 수입된 시기와 무관하지 않다.
최초의 자본론 번역은 1909년 아베 이소오(安部磯雄, 1865-1949)가《사회
신문》에 연재한 부분 번역본이다. 첫 번째 완역은 다카바타케 모토유키
(高畠素之, 1886-1928)가 1920년부터 1924년까지 연작으로 완성하였다.
이 시기는 청일전쟁(1894년)과 러일전쟁(1904년) 이후 제국주의 팽창과
동반된 일본의 본격적인 경제발전과 맞물려 있었다.

　　20세기 초 일본의 경제발전은 경제학 분야의 연구와 교육을 촉진하

였다. 예를 들어 도쿄대학에서는 1908년에 경제학과가 정치학과로부터 분리되었고, 1919년에 경제학부가 설립되었다. 이 무렵 일본 전역의 상업중심지에 상업계 고등학교가 설립되었다. 당연히 많은 경제학자들이 양성될 필요가 있었다(天野郁夫, 1978).

마르크스의 이론적 틀은 경제학 교육에 활용되었다. 대표적으로 가와카미 하지메(河上肇, 1879~1946)는 1908년부터 1928년까지 20년간 교토대학교 경제학부에서 '정치경제학의 원리' 과목으로 『자본론』 3권을 강의했다. 이렇게 마르크스 경제학은 대학 수업의 기본 이론 과목으로 뿌리를 내렸다.

전쟁 이전 일본에서 가장 중요한 논쟁 중 하나는 일본 자본주의 논쟁이다. 사회주의 사상이 완전히 불법화되고, 심지어 『자본론』의 소지까지 금지되면서 체포된 유명 마르크스주의자들은 마르크스주의 사상을 포기하고 '전향'할 것을 강요당했다. 당시 일본 공산당 내에서 중요한 역할을 담당했던 가와카미조차 1933년 전향해 버리면서 일본 공산주의자들 사이에서 큰 놀라움을 선사했다. 그는 마르크스에 대한 부르주아적 해석뿐만 아니라 노농파(勞農派)라는 또 다른 주요 마르크스주의 흐름에 대해서도 비판하면서 토론에 적극적으로 참여했다. 노농파에서는 야마카와 히토시(山川均, 1880-1958) 와 사키사카 이츠로(向坂逸郎, 1897-1985)가 중요한 공헌을 하였다.[1] 반면에 일본 공산당의 멤버들은 노로 에이타로(野呂栄太郎, 1900-1934)와 야마다 모리타로(山田盛太郎, 1897-1980)가 시작한 강좌파(講座派)에 속해있었다.[2] 강좌파는 먼저 부르주아적, 민주주

---

1 '노농'이라는 용어는 동일한 제목의 잡지에서 유래됨.

2 '강좌'라는 용어는 1932~33년 출간된 『일본 자본주의 발달사 강좌』라는 총 7권의 연속 단행본에서 유래되었다. 이 단행본들은 이와나미 쇼텐에서 출판되었으며,

의적 혁명을 통해 일본 제국의 반봉건적 성격을 극복하기 위해서 일본의
2단계 사회주의 혁명의 필요성을 주장했는데, 특히 이는(가와카미에 의해
일본어로 번역된) 공산주의 인터내셔널의 1932년 테제와 조응하는 견해였
다. 노농파는 메이지 유신을 일부 미완성인 면이 있더라도 부르주아 혁
명으로 간주하였고, 즉각적인 사회주의 혁명이 가능하다고 주장하였다.[3]
일본 자본주의의 현 주소를 이해하기 위해 두 학파는 자신들의 『자본론』
의 독해를 발전시켰다. 비마르크스주의자들에 맞서, 마르크스주의 저자
들이 이론적 차원에서 마르크스 정치경제학의 논리적 일관성을 옹호했
던 이전의 논쟁과는 달리, 새로운 논쟁은 마르크스주의의 다양한 흐름
사이에서 이루어졌으며, 그 초점은 혁명으로 가는 어떤 전략적 경로가
올바른 것인지 결정하기 위해 『자본론』의 이론틀을 실제로 적용하는 것
으로 옮겨갔다.

흥미롭게도 이 논쟁은 『자본론』 3권에서 마르크스의 지대론에 대한
독특한 관심을 불러일으켰다. '지대'는 자본주의적 농업을 결정하는 중
요한 범주로 인식되어, 일본 자본주의 발전의 실제 단계를 판단하는 데
유용했다. 주요 기준은 지주가 경제외적인 수단을 통해 지대를 획득하
는지 여부였다. 강좌파는 지주와 소작인의 관계가 '자유로운' 경제적 상

이른바 1932년 테제(일본의 정세와 일본 공산당의 임무에 대한 테제)를 정교화하는
것을 목표로 하였다.

3 메이지 유신은 1868년 천황제를 복귀시킨 사건이다. 이에 정치, 경제, 사회적 전
환이 동반되었고, 20세기 초 근대화된 일본 사회의 토대를 구성하였다. 러시아와는
달리, 이 논쟁은 비서구국가에서 마르크스의 역사법칙을 적용하는 것에 대한 논의가
아니었다. 일본 마르크스주의자들은 그것의 타당성을 수용하였고, 그보다는 사회주
의 혁명의 필수적 조건인 부르주아 혁명을 일본 사회가 이미 경험했는지에 대해 논
쟁하였다.

호 작용이 아니라 '경제 외적 강제'에 기반한다고 주장했다. 노농파는 일본에 봉건적 요소가 남아 있다는 사실을 부정하지 않았다. 그러나 사키사카는 자본주의가 봉건제의 유산을 발전의 원동력으로 삼으면서 동시에 봉건제를 해체했기 때문에 이러한 사실은 자본주의의 본질과 모순되지 않는다고 주장했다. 따라서 사키사카에 따르면 봉건적 유산을 단순히 일본 사회의 변하지 않는 특성으로 취급하는 대신 그 역학을 분석할 필요가 있다. 이런 의미에서 전쟁 이전 일본의 지대는 반(半)봉건적 범주에 속하지 않는다. 그것은 '자본주의'도 '봉건제'도 아닌, 자본주의로의 이행 과정에서의 '전(前)자본주의적' 범주였는데, 그 근본적 특성이 이미 비경제적 압력이 아닌 시장의 가치 논리에 의해 결정되었기 때문이다. 이 논쟁은 전쟁 전 일본의 여러 마르크스주의 학파들 사이에서 가장 유명한 논쟁이다. 그러나 1937-38년의 인민전선 사건(Popular Front Incident)으로 노농파 멤버들이 대거 체포되면서 논쟁의 지속은 불가능해졌다.[4]

위에서 언급했듯이 일본은 유럽과 미국에 비해 근대화가 상대적으로 늦게 시작되었다. 그 결과로서 역사의 선형적 진보로 정의되는 전통적 마르크스주의의 '역사 유물론'이 포스트 자본주의의 필요성이 아닌 근대화의 필요성을 옹호하는 이론으로 받아들여졌다.[5] 따라서 제2차 세계대전 이전의 많은 지식인과 좌익 운동가들은 사실상 일본 사회의 후진적이고 전근대적인 성격을 극복하는 것을 주요 과제로 여겼다. 이러한 경향은 최근까지도 계속되었다. 사회주의는 원래 근대성 자체의 모순

4　인민전선사건은 또다른 일본 좌익 탄압 사건으로 이어졌다. 400명이 넘는 활동가와 지식인들이 일본 공산당의 당원이 아님에도 불구하고 인민전선을 건설하려 시도했다는 혐의로 체포되었다. 강좌파의 멤버들은 이미 1936년에 체포되었다.

5　일본에서 『자본론』 번역의 역사에 관해서는 斎藤幸平·佐々木隆治(2017)을 참조하시오.

을 철폐하기 위해 노력하는 것이나, 이러한 일본의 특수한 맥락에서 근대성과 사회주의는 다양한 사회 및 정치 운동에서 큰 어려움없이 공존했다(後藤道夫, 2006). 1960년대에 일본공산당과 새로운 좌파 운동이 제기한 스탈린주의에 대한 비판조차도 개인의 자율성과 독립이라는 근대적 이상을 어느 정도는 지지했는데, 스탈린주의에 대한 관용이 '일본의 후진성'과 그에 따른 개인의 권리 무시에서 비롯된 것으로 보였기 때문이다.

이러한 일본 내 마르크스주의와 모더니즘의 양립은 제2차 세계대전 이후 대학 내에서 마르크스주의의 위상을 더욱 강화하는 데 도움이 되었다. 1945년 이후 마르크스주의는 일본 학계에서 지배적인 위치를 차지하게 되었다. 공산주의자들이 전쟁 전 파시스트 정권에 굴복하지 않고 국가기구의 가혹한 탄압과 잔혹함에도 불구하고 저항을 계속했다는 사실은 마르크스주의를 전후 일본의 지적자유와 자율성의 상징으로 만들기에 충분했다. 마르크스주의의 영향력은 사회과학과 인문학의 거의 모든 분야로 확산되었지만 철학과 경제학에서 가장 큰 영향력을 발휘했다.

1) 철학

'유물론'과 '변증법'과 같은 전통적인 주제 외에도 마르크스의 소외론과 물상화론을 면밀히 검토하는 끈질긴 논쟁이 이어졌다. 한편으로 전통적인 좌파 학자들은 마르크스의 유물론과 변증법을 분석하는 데 많은 시간을 할애했지만, 그들의 해석은 대부분 스탈린주의의 변증법적 유물론을 약간의 수정만 가한 채 앵무새처럼 되풀이했을 뿐 실패로 끝났다. 물론 오늘날 학계에서 이들의 주장이 거의 받아들여지지 않는 것은 당연한 일이다. 다른 한편으로 소외와 물상화의 문제는 1960년대에 특정 맥락에서 독특한 논쟁을 불러일으켰다. 스탈린주의에 대한 비판으로 일부 일본 마르크스주의자들은 '휴머니즘 마르크스주의'의 외피를 쓰고 마르크스주의적 소외론을 정교화했지만, 그들의 해석은 허버트 마르쿠제나 에리히 프롬과 같은 서구 휴머니즘 마르크스주의자들의 해석과 근본적으로 다른 것을 제공하지는 못했다. 1960년대에 히로마쓰 와타루(廣松涉, 1933-1994)는 스탈린주의의 결과로부터 청년기 마르크스를 구출하려는 이러한 휴머니즘적 시도를 비판하면서 '소외 대 물상화'라는 인기있는 도식을 만들어냈다. 마르크스가 『독일 이데올로기』에서 소외라는 오래된 문제의식을 버렸다는 그의 주장은 언뜻 알튀세르의 인식론적 단절(coupure épistemologique)에 대한 주장과 비슷해 보이지만, 전자를 후자로 환원할 수는 없다.

알튀세르는 『자본을 읽자』에서 자본론에 대한 구조주의적 해석을 통해 스탈린주의와 휴머니즘 모두를 극복하려 한 반면, 히로마쓰는 『독일 이데올로기』에서 마르크스가 주체-객체 이분법이라는 근대 철학 패러다임을 극복하고 사회적 관계의 우위에 기초한 새로운 존재론적 철학 패러다임을 정립했다고 주장했다. 마르크스 철학의 새로운 주체성에 대한 히로마쓰의 이해는 후설(Husserl)의 초월론적 상호주관성 철학(transcendental philosophy of intersubjectivity)에 가깝다. 히로마쓰는 마르크스가 포이어바흐의 영향을 받아 파리 수고에서 발전시킨 소외론을 포기하면서 근대 주체-객체 철학에서 벗어나는 결정적인 순간을 『독일 이데올로기』에서 발견한다. 히로마쓰에 따르면 마르크스는 1845년 마침내 새로운 상호주관적 패러다임을 사용하여 물상화론을 정교화했다. 히로마쓰는 파리 수고에서 마르크스의 소외론이 개별 주체와 독립된 실체와 본질, 즉 유적존재(Gattungswesen)로서의 인간을 전제한다고 사고한다. 히로마쓰가 "슈티르너 쇼크"라고 불렀던 것은 마르크스로 하여금 그러한 초월적인 역사의 메타-주체를 포기하도록 만들었다.

이에 반해 물상화론은 '관계성'을 특징으로 한다. 이 새로운 패러다임에 따르면 개인의 지각, 사고, 행동은 개인이 사회적 실천을 통해 무의식적으로 만들어내는 상호주관적인 물질적, 사회적 관계에 의해 초월적으로 조건화된다. 히로마쓰는 『자본론』의 물신숭배 절에 나오는 유명한 문장을 인용하면서 이러한 사회적 관계가 스스로를 준물질적이고 소외인 힘으로 '물상화'하여 개인이 특정한 방식으로 사고하고 행동하도록 강요한다고 주장한다. 히로마쓰의 해석은 지극히 인식론적이며 마르크스의 물상화(reification)와 물신숭배(fetishism)를 전혀 구분하지 않기 때문에 오늘날의 관점에서 마르크스에 대한 정확한 해석으로 받아들여질 수 없다. 그러나 그의 독특한 문체와 사상의 독창성은 과거 많은 지식인과 신좌파 운동가들을 매료시켰다. 그는 도쿄대학 교수로 재직하며 자신의 이론 학파를 형성하고, 제자들을 통해 지속적인 영향력을 행사할 수 있었으며, 그의 사상은 그의 이른 죽음에도 불구하고 오늘날까지도 반향을 불러일으키고 있다.

1970년대에 인기를 끌었던 마르크스주의의 '시민사회'(bürgerliche Gesellschaft) 이론은 위에서 언급한 모더니스트 마르크스주의의 변형을 나타낸다. 이 그룹의 가장 중요한 인물인 히라타 기요아키(平田淸明, 1922~1995)는 좌파 집단 내 관료주의와 개인의 자율성 억압을 비판하면서, 자본주의 이전에 존재하다가 전유법칙의 반전을 통해 자본주의에 편입된 시민사회 안에서의 개별성이 사회주의 건설을 가능케하는 주체의 자율성과 독립성의 토대를 마련한다고 주장했다. 그러나 화폐와 상품 소유자가 누리는 자유와 자율성에 대한 이러한 과대 평가는 과거에 "단순 상품 생산자로만 구성된 사회"가 존재했으며 당시 개인은 더 자유롭고 평등했다는 엥겔스의 잘못된 주장에서 비롯된 것임은 분명하다. 오늘날 일본에서는 엥겔스의 주장이 거의 받아들여지지 않고 있으며, 신자유주의의 출현으로 이런 유형의 마르크스주의의 이론적 기반이 완전히 붕괴되었다.

포스트 마르크스주의는 1980년대 이후 일본에서 인기를 얻었다. 그 중에서도 안토니오 네그리와 루이 알튀세르가 인기를 끌었고, 그들의 저작은 거의 모두 일본어로 번역되었다. 그럼에도도 불구하고 일본 포스트 마르크스주의자들의 해석은 대부분 탈근대 이론을 단순 모방한 것이며, 마르크스 자신의 텍스트에 대한 다소 형식적인 적용으로 마르크스 이론의 새로운 측면을 설득력 있고, 진정으로 비판적 방식으로 드러내는 데 성공하지 못했다.

2) 경제학

전후 경제학 분야에서 마르크스주의에 대한 연구는 세 개의 큰 학파와 두 개의 무시할 수 없는 접근법을 낳았다.

첫 번째 학파는 20세기 자본주의의 특징을 독점 자본주의로 강조했다. 이는 『자본론』이 19세기의 경쟁 자본주의를 묘사했고, 자본 축적이 더욱 지속되면서 독점이 등장했고 독점 자본이 지배적인 자본주의 단계로 진입했다는 시나리오에 근거한 것이다. 이는 예컨대, 미국의 바란과 스위지(Baran & Sweezy, 1966)가 유명한 저서인 『독점자본』에서 전개한 주장과 겹치며, 20세기 동안 전 세계적으로 공식 마르크스주의의 역사 인식으로 널리 여겨졌던 것과 거의 일치하는 것이다(高須賀義博 編, 1978; 鶴田満彦 · 長島誠一 編, 2015).

두 번째 학파는 유럽 자본주의 국가에 비해 후진적인 일본의 모습을 "봉건적 잔재"로 비판적으로 바라보며 유럽의 "시민 사회"를 바탕으로 사회주의가 더욱 발전할 것으로 기대했다. 국가의 역할을 강조한 소비에트 사회주의와 달리 개인의 자유와 기회의 평등 등 근대적 이념의 역할이 강조되었고, 국가는 사회 규제자의 역할에 머무르는 것으로 간주되었다. 이 접근 방식은 결국 프랑스 조절 학파와 합쳐졌고, 이후 포스트 케

인즈주의 거시경제학 및 제도 경제학과 섞이게 되었다(平田淸明, 1983).[6]

세 번째 학파는 19세기 말 이후 자본주의의 역사적 발전을 '순수 자본주의 이론'으로서의 자본론의 독창적 재구성에 기초하여 불순화(不純化)의 과정으로 간주했다. 이는 우노 고조(宇野弘蔵, 1897~1977)에 의해 처음 제시되었다.[7] 이 그룹은 자본주의의 역사를 이러한 방식으로 일그러진 과정으로 파악함으로써 첫 번째 학파('독점 자본주의' 학파)가 가정한 획일적인 역사 이해에서 누락된 요소들을 '불순물'의 증거로 파악하려고 했다. 이러한 '불순물' 요소에는 전후 국제통화체제와 복지국가의 형성이 포함되었다(宇野弘蔵, 1973).

이러한 요소들은 두 번째 학파('시민사회' 학파)에서도 파악되었지만, 그들의 이론적 기반은 대체로 『자본론』에서 다른 종류의 경제학으로 옮겨갔다. 반면에 세 번째 학파(우노 학파)는 '순수 자본주의' 이론으로서 원리론의 영역을 확보함으로써 마르크스 경제학의 이론 체계를 유지하면서도 실제 자본주의의 제도적 발전을 검토하는 방법론을 추구했다.[8]

일본의 마르크스주의 경제학 연구를 이해하려면 이 세 학파가 상호 비판하는 과정에서 양적, 질적으로 풍부한 연구를 축적해 왔다는 사실을 인식하는 것이 중요하다. 마르크스의 흔적을 거의 찾아볼 수 없는 포스트 케인스주의와 제도경제학에 대한 연구도 많지만, 일본에서는 그 기

---

6 시민사회 학파와 포스트 케인스주의와의 밀접한 연관성에 대해서는 다음 문헌을 참조할 수 있다(鍋島直樹, 2020).

7 우노의 원리론은 다음 문헌(宇野弘蔵, 2016)을 참조, 우노의 자본주의 발전의 역사관은 다음 문헌(宇野弘蔵, 1962, 1971)을 참조할 수 있다.

8 우노학파의 순수자본주의론의 완성형 버젼은 다음 문헌에서 확인할 수 있다(山口重克, 1985).

원을 유연하고 다양한 배경을 가진 마르크스주의 연구에서 찾을 수 있는 경우가 많다.

또한, 오늘날 일본에서 마르크스주의 연구가 부흥하는 데 크게 기여한 두 가지 중요한 접근법을 언급하지 않을 수 없다.

먼저, 구루마 사메조(久留間鮫造, 1893-1982)와 오타니 데이노스케(大谷禎之介, 1934-2019)로 대표되는 마르크스주의자 그룹은 마르크스의 텍스트를 엄밀하고 정확하게 독해하는 작업을 수행했다. 이들은 다른 마르크스주의 경제학자들과 달리 마르크스의 사상을 체계적으로 이해하기 위해서는 독일어 원전을 읽는 것이 중요하다는 것을 인식했다. 무엇보다도 그들은 마르크스의 가치 형태, 물신숭배, 위기, 어소시에이션에 대한 이론에 대한 이해를 발전시켰는데, 이에 대해서는 나중에 다시 설명할 것이다. 또한, 구루마(Kuruma, 1973)가 편집한『마르크스경제학 렉시콘(Lexikon)』과『자본론』제2권 및 제3권에 대한 오타니의 연구도 특별한 관심을 기울일 필요가 있다. 이들의 공헌은 최근 마르크스연구 부흥의 기초를 제공하기 때문에 여기서 강조할 필요가 있다.

둘째, 모리시마 미치오(森嶋通夫, 1923~2004)와 오키시오 노부오(置塩信雄, 1927~2003)는 마르크스주의 경제학의 수학적 계보를 대표한다. 이들은 현대 경제학의 세계관과 방법론을 수용하고 마르크스의 정치경제학 **비판**을 오늘날 현대 경제학의 관점에서 유효한 경제학으로 전환하기 위해 노력했다. 이러한 수학적 접근은 신고전주의 경제학의 방법에 따라 부당한 불평등의 존재를 논리적으로 도출함으로써 신자유주의의 이념적 측면을 밝히려는 최근의 시도로 발전해 왔다. 이러한 불평등에는 자본과 노동이라는 전통적인 계급관계뿐만 아니라 성별, 인종 등 다양한 집단 간의 관계도 포함되며 이들은 마르크스의 교리를 상당 부분 수리모형화했기 때문에 사회 운동에 큰 영향을 미치지는 않았다.[9] 그럼에도 불구하고 그들의 이론은 국제적으로 높은 명성을 얻었고 학계에서 영향력을 확대했다.

위와 같은 접근 방식의 다양성은 일본이 20세기 마르크스주의 연구의 중심적 위치에 자리매김할 수 있었던 이유를 설명한다.

3. 21세기의 일본 마르크스주의

다른 나라에서 그랬던 것처럼 소련의 붕괴는 일본 마르크스주의에도 큰 영향을 미쳤다. 상당수의 기존 마르크스주의자들이 마르크스주의를 떠났다. 마르크스주의의 전통에 남아 있더라도 그들은 종종 학계에서 여전히 폭넓게 수용될 수 있었던 수리적 마르크스주의 경제학으로 옮겨갔다. 이들은 자본주의 극복의 필요성을 더이상 주장하지 않고 이제는 '공정한' 시장과 보다 평등한 부의(재)분배 실현의 필요성만을 주장하는 시장 사회주의를 옹호할 뿐이다. 헤겔의 변증법에 대한 포스트모던 철학계의 광범위한 비판은 자본주의와 자유민주주의의 승리로 역사가 종말을 맞이한 것으로 간주되면서 더욱 심화되었다. 그 결과 마르크스주의 역사관도 경제 결정론으로 간주되며 폐기되었다. 따라서 시장 사회주의로의 전향과 마찬가지로 일부 마르크스주의 철학자들은 청년기 마르크스가 쓴 텍스트로 돌아갔고 마르크스의 철학을 자유주의 또는 칸트주의 규범 이론으로 축소시켰다.

---

9 다음 문헌들은 일본의 분석 마르크스주의 연구의 개요를 파악하는데 유용하다 (吉原直毅, 2008; 金子創, 2022).

그럼에도 불구하고 현 일본 사회 내에서 마르크스에 대한 관심은 확실히 되살아났으며, 심지어 "마르크스 르네상스"라고도 할 수 있는 상황이다. 특히 사이토 고헤이의 『인류세의 자본론』은 공산주의로의 이행의 필요성을 명시적으로 언급했음에도 불구하고 50만 부 가까이 판매되었다. 이러한 성공은 고이즈미 준이치로 총리가 도입한 신자유주의 개혁 이후 경제적 불평등이 확대된 것뿐만 아니라 기후 위기가 심화되었기 때문이기도 하다. 동시에 사이토의 연구는 경제학과 철학 모두에서 최근 일본 마르크스주의의 발전에 크게 의존하고 있다는 점에 주목할 필요가 있다.

1) 경제학

위의 세 가지 주요 학파는 20세기 말부터 한계에 직면했다. 첫 번째 학파(독점자본주의 학파)는 기본적으로 전 세계의 정통 마르크스주의에 대응되고, 두 번째 학파(시민사회 학파)는 조절학파 등과 합쳐진 반면, 세 번째 학파인 우노 학파는 일본에 기원한다고 볼 수 있다. 따라서 아래에서는 먼저 마르크스주의 경제학 분야에서 우노주의적 최근 연구들에 초점을 맞추고자 한다.

소련의 붕괴는 일본의 마르크스주의 학계에 짙은 그림자를 드리웠지만, 우노 학파가 직면한 도전은 소련의 붕괴 그 자체가 아니라 당시 자본주의 자체의 변화였다.

위에서 살펴본 바와 같이 우노 학파는 '불순화' 경향을 인식하는 것이 특징인데, 여기서 복지국가와 같은 비시장적 제도의 발전은 이런 추세의 연장으로, 심지어 혁명없이 탈자본주의로 향하는 추세의 연장으로 간주되었다. 이는 국가와 국제기구가 실제로 시장의 기능을 조정하고 시장과 규제가 균형을 유지하던 시대에 현실적으로 보였다. 우노 학파의 원리론인 '순수 자본주의이론'은 종종 『자본론』의 해석에 상당한 변화를 가져왔지만, 이러한 현실적인 역사 이해는 고도성장기(1950년대와 1960년대)와 안정적 성장기(1970년대와 1980년대)에 일본에서 폭넓은 지지를 받을 수 있는 토대를 제공했다.

그러나 1990년대 이후 경제 성장이 둔화되고 경제 성장에 기반한 복지 국가 체제가 오작동을 일으키기 시작하면서 우노 학파의 현실적 설명력은 급속히 사라졌다. 신자유주의 이데올로기가 일본을 장악하면서 국가는 시장에 개입하고 규제하는 주체가 아니라 규제 완화를 주도하고 새로운 경쟁 시장을 창출하는 기관으로 인식되기 시작했다.

거의 동시에 세계 경제도 변화를 겪었다. 선진 자본주의 국가의 국제 통화 시스템이 금-달러 표준을 중심으로 한 관리 통화 시스템에서 금의 가치에 기반하지 않고 사실상 통제를 받지 않는 변동 환율 시스템으로 전환되었다. 또한 1990년대 이후에는 과거 냉전 체제 하에서 억압받던 개발도상국들 사이에서 신흥 시장이 등장했다. 이는 오랫동안 서유럽, 북미, 일본에 국한되어 있던 자본주의 발전이 전 세계로 확산되는 세계화의 도래였다.

이러한 변화가 국가와 기타 조직에 의한 시장 경쟁에 대한 개입과 규제를 강화하는 '불순화' 경향으로 간주되지는 않는다. 우노가 한때 '독점 자본주의'를 향한 자본주의의 획일적 발전이라는 대한 정통적 역사 이해를 비판했던 것처럼, 20세기 말 이후의 신자유주의와 세계화는 '불순화'에 대한 통상적인 우노주의적 해석으로 환원될 수 없다(小幡道昭, 2012; 江原慶, 2018). 우노 학파의 방법론은 20세기 말 이후의 새로운 변화를 해독하기 위해 혁신되어야 했다.

우노주의적 방법론은 현실을 분석하는 기준으로 원리론을 정립하고, 원리론에서 벗어난 부분을 해석하는 실증 분석을 수행하는 두 단계

로 구성된다. 전자는 "순수 자본주의 이론"으로, 후자는 "불순화"로 제시
되었다. 이 방법론을 전체적으로 재구성하는 방법은 여전히 탐구되고 있
지만 오늘날 가장 많이 논의되는 것은 순수 자본주의이론의 비판적 재구
성이다.[10]

우노의 '순수 자본주의 이론'은 『자본론』을 자본주의의 자기완결적
이고 단일 이미지로 재구성했다. 예를 들어, 『자본론』 특히 제1권에서 사
람들은 자본 축적 과정에서의 궁핍화 법칙과 그로 인한 자본주의의 붕
괴에 주목했다. 이에 반해 우노의 원리론은 자본주의 경제를 자본 축적
이 경기 순환을 가져오고 계속 확장되는 시스템으로 묘사했다. 우노는
이를 기준으로 삼아 만성적인 불황을 경험하고 경제적 이해관계의 충돌
로 군사적 대립에 빠진 자본주의 발전의 실제 과정을 연구했다(宇野弘蔵.
2010).

만약 역사적 반전이 일회성 이벤트였다면 고정불변의 이론적 모델
도 충분했을 것이나. 기준이 고정되어 있기 때문에 빈진을 묘사할 수 있
다. 하지만 두 번 이상의 반전이 있었다면 다양한 변화를 설명할 수 있는
이론이 필요하다. 요컨대, 고정불변의 단일 모델 대신 변동성을 고려한
모델이 필요하다.

원리론 내에서 자본주의의 변화 가능성을 논의하는 새로운 방법론
은 오바타 미치아키(小幡道昭)가 제안한 복층성 접근법(polymorphic ap-
proach)으로 분류된다(小幡道昭, 2009, 2012; 江原慶, 2017). 화폐론은 다양한

10　자본주의 발전의 역사적 이해는 다음 문헌을 참조할 수 있다(河村哲二, 2016).
우노학파에 대한 비판적 재검토를 주도하는 연구그룹으로 「마르크스경제학의 현대
적 과제」연구회(SGCIME)가 있다(SGCIME編, 2016).

분야 중에서도 가장 뜨거운 주제이다.[11]

'순수 자본주의 이론'에서는 화폐가 금화로 수렴한다고 가정한다. 이러한 이해는 1980년대 이후 금과의 연결이 완전히 끊어졌기 때문에 낡은 마르크스 경제학의 한계를 전형적으로 드러낸다. '불순화' 이론을 고수하는 학자들은 심지어 불태환 지폐의 확대가 탈자본주의의 증거라고 제안하기도 했다(Sekine, 2016; 岡本英男, 2021). 이는 자본주의를 연구하는 도구로서 마르크스 경제학을 포기하는 것과 같다.

'복층성 접근법'은 자본주의가 원칙적으로 금속화폐뿐만 아니라 은행 시스템에 기반한 신용화폐도 선택할 수 있음을 보여줌으로써 화폐의 유연한 개념을 이론화하는 데 유용하다고 여겨진다. 이와 같이 세계화된 현대사회를 자본주의적 경제이자, 그 진화된 형태로서 분석할 수 있는 원리론을 재구성하려는 다양한 시도가 이루어 지고 있다.[12]

2) 철학

철학에서는 MEGA를 기반으로 마르크스를 다시 읽고 정통 마르크스주의의 교리에서 벗어나 정치 경제학에 대한 마르크스의 비판을 재평가하는 새로운 경향이 있다. MEGA는 마르크스와 엥겔스의 전집이다. 구루마 사메조의 제자인 오타니 데이노스케가 MEGA 프로젝트의 편집위원

---

11 다른 연구분야로는 노동과정론의 문헌들을 참조할 수 있다(小幡道昭, 2001; 江原慶, 2018). 경기변동론 또한 많은 논의가 존재하며 다음 문헌을 참조할 수 있다(小幡道昭, 2014; 江原慶, 2018; 宮澤和敏, 2021).

12 다음 문헌을 참조하시오
(小幡道昭, 2013; 泉正樹, 2019; 泉正樹 · 結城剛志, 2016; 江原慶, 2021; 結城剛志, 2021; 海大汎, 2021).

회에 참여하고 있으며, 도쿄와 도호쿠의 팀이『자본론』의 경제학 원고 (MEGA II/11, 12, 13)와 마르크스의 발췌 노트(MEGA IV/18, 19)를 포함한 여러 권을 편집했다.

구루마의 전통과 밀접한 관련이 있는 사사키 류지와 다이라코 토모나가(平子友長)는 MEGA를 기반으로 마르크스의 '물질'이론을 발전시켰다. 이들은『자본론』제1권이 출간된 이후 마르크스가 '물질'(Stoff)의 세계에 더 많은 관심을 갖게 되었다고 믿는다. 물질은 가치 논리에 의해 포섭되어 경제적 '형태 규정'(Formbestimmungen)에 따라 변형되지만, 동시에 그것에 저항하기도 한다. 이 개념에 초점을 맞춘 마르크스의 자본주의 비판을 재해석하는 것이 바로 오늘날 우리의 주요 관심사이다.

마르크스의 이론은 이전에 "형태"에 대한 분석으로 간주되었다. 히로마쓰의 관계성과 가치형태론에 대한 많은 논쟁은 이러한 독해 방식의 우위를 확인시켜 준다. 과거의 소외론은 물질 세계의 한 차원, 즉 인간과 그들의 삶만을 다루었다. 그러나 마르크스의 "실용적이고 비판적인" 실천을 총체적으로 이해한다면 그의 사상은 소외론의 범위를 훨씬 뛰어넘는 물질에 초점을 맞추고 있다. 농화학에 대한 그의 노트, 인류학 분야의 다양한 역사적 사실, 신문의 방대한 스크랩을 훑어 보는 것만으로도 정치경제학 이외의 마르크스의 관심사가 얼마나 넓은지 알게되면 누구나 놀랄 것이다. 따라서 형태에 대한 마르크스의 분석을 완전히 이해하려면 형태와 물질 간 관계에 대한 지속적이고 동시적인 검토가 필요하다. 마르크스는 형태와 물질 사이의 모순과 불일치를 드러내기 위해 화폐, 자본, 임금 노동 등 다양한 형태의 자본주의 논리를 분석한다. 마르크스의 『자본론』이 상품에 관한 장, 특히 가치형태론에서 의지와 욕망의 차원을 의도적이고 집요하게 배제하는 이유는 그의 설명이 사적 노동에 기초하여 사회 내에서 필연적으로 나타나는 형태의 무의식적 논리를 밝히는 것을 목표로 하기 때문이다. 가치 형태의 무의식적 논리는 사적 노동이 사회적으로 지배적인 노동 형태인 한, 다양한 '물질적' 차원을 관통한다.

그러나 이 논리에 의해 세계가 포섭되면 필연적으로 고유한 논리를 가진 물질과의 다양한 불협화음이 발생한다. 형태의 논리가 무의식적으로 개인의 다양한 실천을 결정하는 물상화된 관계 속에서 공유재산은 사유재산이 되고 인간의 욕망은 자본에 의해 변질된다. 인격의 물상화, 물상화된 사물의 의인화 속에서 자동화된 주체로서의 자본이 등장하여 물질 세계를 근본적으로 변형하고 재구성하는 독립적인 힘을 발휘한다. 그 운동에서 자본은 오직 한 차원, 즉 가치의 유일한 원천인 '추상적 인간 노동'이라는 물질 세계의 요소만을 반영한다. 이 논리에 따르면 자본은 세계를 대자적으로 수용하고, 인간을 자본에 종속시킴으로써 인간을 물상화된 사물의 단순한 의인화로 변환시킨다. 자본의 운동은 가치 논리에 따라 다양한 물질적 차원을 포괄하고 변형하기 시작한다.[13] 자본의 논리를 통한 물질 세계의 변화는 조만간 인간과 자연 사이의 '물질대사'(Stoffwechsel)의 역학관계에 다양한 모순과 부조화를 야기한다.

사사키는 마르크스가 노동자의 상태와 기술 문제에 대한 다양한 구체적인 보고서를 열심히 읽었다는 사실을 지적하며 자신의 주장을 뒷받침한다. 사사키는 '노동일'과 '기계와 대공업'장에서 소홀히 다루어진 구절들을 면밀히 분석하여 자본에 의한 형식적, 실질적 포섭으로 인한 물질 세계의 변화에 초점을 맞추고 있다. 그는 논리적 측면에만 초점을 맞추고 자본주의에 대한 마르크스의 체계적 비판에서 이러한 구체적인 묘

---

13 마르크스의 자본주의 비판에서 '물질(소재)'과 '물질적' 개념이 왜 중요한 의미를 갖는지는 본고의 마지막 절에서 상술한다. 추가적으로는 다음 문헌의 3장을 참조할 수 있다(佐々木隆治. 2016).

사의 중요성을 무시하는 새로운 변증법(New Dialectics)에 의한 헤겔주의적『자본론』읽기를 비판한다. 대신 사사키는 이러한 구체적인 설명이 가치 논리와 물질 논리 사이의 모순을 이해하는 데 열쇠를 제공하기 때문에 마르크스의 텍스트를 이해하는 데 훨씬 더 중요하다고 주장한다.

물질대사의 교란은 자연에서도 발생하여 자연안에서 "균열"을 만든다. 자본의 형식적, 실질적 포섭은 오직 가치화, 즉 잉여가치 생산을 위해서만 존재하기 때문에 자본의 형식적 논리가 물질 세계를 변형시키면서 물질 세계와의 불협화음이 커진다. 사이토 고헤이가 생태계의 파괴가 우리 사회의 불협화음을 가장 잘 보여주는 사례 중 하나라고 강조하는 것도 바로 이 때문이다. 이는 마르크스가 말년에 자연과학에 대한 관심이 높아진 것에서도 확인할 수 있다. 사이토는『자본론』제1권 출간 이후 마르크스가 다양한 주제에 대해 많은 메모와 발췌노트를 남겼다는 사실을 담고있는『MEGA』제4부에 실린 자연과학에 관한 그의 노트를 조사했다. 그 주제들이 일반적인 의미에서 정치경제학의 범위를 넘어서는 것으로 보이기 때문에 마르크스가 단순히『자본론』2권과 3권의 완성을 위해 작성했다고 간주하기는 어렵다. 실제로 농화학, 광물학, 식물학 및 지질학에 관한 방대한 노트는 그의 관심사가 얼마나 광범위했는지 확인시켜준다(Saito, 2017).

마르크스의 물질대사의 균열 이론에 대한 사이토의 관심은 마르크스의 말년, 특히『자본론』제1권 출간 이후 마르크스의 이론적 발전에 대한 다이라코의 최근 연구와 유사성을 나타낸다. 다이라코는 마르크스의 후기 저작에서 이론적 단절을 시사한다. 그는 특히 1868년 마르크스가 게오르그 루트비히 폰 마우러로부터 발췌한 내용을 중심으로 마르크스의 역사 이해에서 이론적 전환점을 발견했다고 주장한다(Tairako, 2010a, 2010b). 다이라코에 따르면 마우러의 이론에 대한 마르크스의 통찰이 깊어지면서 그는 서구 자본주의 생산양식에서의 어소시에이션의 형성뿐만 아니라 비서구 국가의 공동체적 요소도 혁명적 잠재력으로 인해 중요하게 여기게 되었다. 이런 의미에서 마르크스는『그룬트리세』에서 자본주의에서 생산력의 발전에 대한 긍정적인 견해를 보여주는 예시로 언급되는 '자본의 문명화 작용'이라는 개념을 포기했다. 실제로 러시아 혁명가 베라 자술리치에게 보낸 편지의 일부 문장은 다이라코의 가설을 긍정하는 것으로 보인다. 앞으로 MEGA의 새로운 볼륨이 추가로 출간되면 노년기 마르크스에 대한 연구가 더욱 활성화될 것으로 기대된다.

이는 마르크스의 포스트 자본주의 전망에 영향을 미쳤다. 사이토는 마르크스가 왜 자연과학과 자본주의 이전/비서구 사회를 동시에 연구했는지에 대해 질문할 필요가 있다고 주장한다. 물질대사에 대한 그의 강한 관심은 공동체와 지속가능성이 밀접하게 연결되어 있다는 확신을 갖게 했다. 마르크스는 전자본주의 사회의 지속 가능성의 원천은 정상 상태의 경제(steady-state economy)에서 비롯되며, 서구 사회가 고차원적 단계의 고대 공동체로 '회귀'해야 한다고 주장하기도 했다. 사이토는 이러한 주장을 바탕으로 마르크스가 말년에 탈성장 공산주의(degrowth communism)를 포스트 자본주의의 새로운 비전으로 인식하게 되었다고 주장한다(齋藤幸平, 2020).

앞서 말했듯이 사이토의 책은 일본에서 베스트셀러가 되었지만 그의 아이디어는 제로베이스에서 갑자기 떠오른 것이 아니다. 사사키는 마르크스의 정치경제학 비판에서 물질의 차원을 체계적으로 발전시켰다. 마르크스가 특히 노년기에 이러한 차원에 진지하게 관심을 가졌음을 MEGA는 뒷받침했다. 다이라코에 따르면, 마르크스의 관심이 심화되면서 자본주의에 대한 생태학적 비판과 다자적이고 비(非)유럽중심적인 역사 개념으로 특징지어지는 이론적 전환이 발생하였다. 사이토는 마르크

스의 포스트 자본주의 전망이 탈성장 공산주의로 급진적으로 변화했다
고 주장함으로써 다이라코의 해석을 한 단계 더 발전시켰다. 이러한 비
전은 기후 위기가 심화됨에 따라 주목받고 있으며, 이런 의미에서 마르
크스는 인류세에서 그 어느 때보다 시대적으로 유효하다.

번역: 권오빔(정치경세학연구소 프닉스 연구위원)

참고문헌

SGCIME編. 2016. 『グローバル資本主義と段階論(マルクス経済学の現代的課題 第II集第2巻)』. 御茶の水書房.

天野郁夫. 1978. 『旧制専門学校』. 日経新書.

江原慶. 2017. 「変わりゆくマルクス経済学」, 『東京大学経済学論集』第81巻第4号.

江原慶. 2018. 「帝国主義論の盛衰」, 『歴史と経済』. 第241号.

江原慶. 2018. 『資本主義的市場と恐慌の理論』. 日本経済評論社.

江原慶. 2021. 「資本による貨幣の変容」, 『季刊経済理論』第58巻第3号.

後藤道夫. 2006. 『戦後思想ヘゲモニーの終焉と新福祉国家構想』. 旬報社.

海大汎. 2021. 『貨幣の原理・信用の原理』. 社会評論社.

平田清明編. 1983. 『経済原論』. 青林書院新社.

泉正樹. 2019. 「商品貨幣論の現代的展開」, 『季刊経済理論』. 第55巻第4号.

泉正樹・結城剛志. 2016. 「貨幣・信用論をめぐる研究状況」, 『埼玉大学社会科学論集』第146 , 7合併号.

金子創. 2022. 「格差と規範の政治経済学」, 『歴史と経済』第255号 ,

河村哲二. 2016. 「グローバル資本主義の段階論的解明」, 『季刊経済理論』第53巻第1号.

宮澤和敏. 2021. 『資本主義動態の理論』. 桜井書店.

鍋島直樹. 2020. 『現代の政治経済学』. ナカニシヤ出版.

小幡道昭. 2001. 「資本主義的生産の理論」, 『東京大学経済学論集』第67巻第1号, 江原慶. 2018. 『資本主義的市場と恐慌の理論』. 日本経済評論社.

小幡道昭. 2009. 『経済原論』. 東京大学出版会.

小幡道昭. 2012. 『マルクス経済学方法論批判』. 御茶の水書房.

小幡道昭. 2013. 『価値論批判』. 弘文堂.

小幡道昭. 2014. 『労働市場と景気循環』. 東京大学出版会.

岡本英男. 2021. 「現代資本主義と貨幣」, 『東北学院大学経済学論集』第194 , 5合併号.

齋藤幸平. 2020. 『人新世の「資本論」』. 集英社.

斎藤幸平・佐々木隆治. 2017. 「日本における『資本論』翻訳史」, 『マルクス研究会年誌』第1号.

佐々木隆治. 2016.『カール・マルクス「資本主義」と闘った社会思想家』. 筑摩書房.

高須賀義博 編. 1978.『独占資本主義論の展望』. 東洋経済新報社 ,

鶴田満彦・長島誠一 編. 2015.『マルクス経済学と現代資本主義』. 桜井書店.

宇野弘蔵(監修). 1973-5.『講座　帝国主義の研究』全6巻. 青木書店.

宇野弘蔵. 1962.『経済学方法論』. 東京大学出版会.

宇野弘蔵. 1971.『経済政策論　改訂版』. 弘文堂.

宇野弘蔵. 2016.『経済原論』. 岩波文庫

八木紀一郎. 2006.『社会経済学』. 名古屋大学出版会.

山口重克. 1985.『経済原論講義』. 東京大学出版会.

吉原直毅. 2008.『労働搾取の厚生理論序説』. 岩波書店.

結城剛志. 2021.「ポスト資本主義と貨幣」,『神奈川大学評論』第99号.

Baran, P and Sweezy, P. 1966. *Monopoly Capital*. Monthly Review Press.

Sekine, T. 2016. "An Essay on Transition away from Capitalism" in Kozo Un-o(ed), *The Types of Economic Policies under Capitalism*. Brill.

Saito, K. 2017. *Karl Marx's Ecosocialism: Capital, Nature and an Unfinished Critique of Political Economy*. Monthly Review Press.

Tairako, T. 2010a. "Neue Wende der Geschichtsauffassung von Marx nach 1868 – Seine Auseinandersetzung mit Maurer" in Hamid Reza Yose-fi, Hermann-Josef Scheidgen, and Henk Oosterling(ed.), *Von der Hermeneutik zur interkulturellen Philosophie. Festschrift für Heinz Kimmerle zum 80 Geburtstag*. Bautz Verlag, pp.195-210

Tairako, T. 2010b. "Neue Akzende von Marx' Forschungen nach 1868 – Ex-zerpte aus den Werken von Georg Ludwig von Maurer" in *Beiträge zur Marx-Engels Forschung* Neue Folge 2010, pp. 157-172.

제9장

혐오에 맞서는 동아시아 연대가 필요한 이유: 량영성(梁英聖)과 재일조선인 시민권 문제[1]

한상원(충북대학교 철학과 부교수)

1. 들어가며

전 세계가 코로나19의 대유행에 맞서고 있는 가운데, 일본에서는 사이타마(埼玉)시가 3월 10일 마스크를 배포하면서 조선학교 유치원을 제외해 커다란 반발을 낳았다. 유치원에 다니는 어린 아이들마저도 인종주의적

1　이 글은 건국대학교 인문학연구원에서 발간되는 〈통일인문학〉 81집에 실린 서평 '혐오에 맞서는 동아시아 연대가 필요한 이유 : 혐오표현은 왜 재일조선인을 겨냥하는가'와 웹진 〈ⓒ시대와 철학〉에 실린 글 "'차별철폐 동아시아 연대를 만들어갑시다 – 반인종주의정보센터(ARIC) 대표, 재일조선인 3세 량영성(梁英聖)씨 인터뷰"를 중심으로 재구성된 것이다.

으로 차별하는 이러한 조치는 이미 예고된 것이나 다름없었다. 2019년 10월 일본 아베 정부는 유치원과 보육원 무상화를 시행하는 가운데 조선학교 유치원만 시행대상에서 제외한 것이다. 0-5세의 영유아들에게도 '조선적'이라는 낙인을 찍고 차별하는 이런 차별이 정부의 이름으로 행해지는 상황에서, 재일조선인에 대한 인종주의적 차별의 뿌리와 해결책을 모색하는 이 책의 내용은 우리에게 많은 것을 시사한다.

일제 치하에 국가를 상실하고 일본으로 건너간 재일조선인들은 일본제국의 신민으로 편입되었으나 내지인과 외지인을 분리하는 호적제도상 아무런 권리도 없는 차별받는 2등 신민이었다. 이러한 상황에서 패전 직후인 1945년 12월에는 재일조선인들에 대한 참정권마저 정지되며, 1947년 5월 2일 외국인등록령이 시행되어 그들을 '외국인'으로 대우하면서 본격적으로 차별이 시작된다. 재일조선인들에 대한 '외국인 등록' 과정에서 일본 정부는 재일조선인의 국적을 일방적으로 '조선'으로 기입한다. 당시에는 아직 대한민국과 조선민주주의인민공화국이 수립되기 전이므로, 일본 정부에 의해 '조선적'이라는 명칭과 표시가 만들어진 것이다.

재일조선인의 신분은 최종적으로는 1952년 일본과 연합국간의 샌프란시스코 강화조약 이후 결정된다. 이 조약이 발효되는 4월 28일 대만인과 조선인은 일본 국적을 최종적으로 상실했다. 그러나 일본 내 거주하는 조선인들의 신분을 별도로 규정해야 했기에, 일본 정부는 법률 126조를 제정해 '특별영주권'이라는 이름으로 재일조선인의 재류를 허가한다. 말자하면 이 조항은 재일조선인들을 '역사적 특수성으로 인해 일본에 머물러도 되지만 일본인은 아니며, 어떠한 권리도 누릴 수 없는 무국적자'로 규정하는 셈이다. 이것은 실질적으로는 소수자인 재일조선인에게 '거주권' 이외에는 어떠한 권리도 부여하지 않는 차별이다. 그러나 재특회(재일 특권을 용납하지 않는 시민 모임)와 같은 극우단체가 보기에, 이는 무국적자가 갖는 '특권'을 의미했다. 즉 재일조선인에게 부여되는 '특별' 영주권은 이들이 마치 '특별한' 대우를 받고 있는 양 착각하게 만드는 효과를 산출했다. 그러나 외국인일 뿐 아니라 무국적자로서 조선인들은 국가에 의한 조직적 차별에 직면한 삶을 살아가고 있다. 조선인 학교는 아직도 일본정부에 의해 정식학교로 인가되지 않았는데, 이 역시 무국적자에 대한 차별이다. 그러나 이것 역시 극우 인종주의자들이 보기에는 '무허가 학교에 대한 특혜'로 간주되고 있다. 재일조선인은 어떠한 권리도 누리지 못한 채, 그들의 차별받는 존재 자체가 특혜라는, 있을 수 없는 비난에 내몰린 처지를 살아가고 있는 것이다.

『혐오표현은 왜 재일조선인을 겨냥하는가』의 저자 량영성(梁英聖)은 1982년 도쿄에서 태어나 조선학교에 다닌 재일조선인 3세다. 현재 히토쓰바시 대학(一橋大学) 언어사회연구 박사과정생이기도 한 그는, 재특회의 조선인에 대한 혐오표현(헤이트 스피치)가 고조되고 이에 대항하는 카운터스 운동이 등장한 2013년 반인종주의정보센터(ARIC)를 세워 40여 명의 활동가들과 함께 '캠퍼스 내 헤이트워치 감시' 등의 활발한 활동을 하고 있다. 필자는 2020년 2월 일본 도쿄도 후추(府中)시에서 저자를 만나 인터뷰를 진행했는데, 여기서 그는 ARIC 구성원은 다양하며, 주로는 일본사람이 많지만 아프리카, 스페인, 한국 등지에서 온 유학생들도 있으며, 재일조선인들도 상당수가 활동하고 있다고 밝혔다. 다음은 필자가 량영성 씨와 진행한 인터뷰 내용이다.

2. 인터뷰: "차별철폐 동아시아 연대를 만들어갑시다"

질문 일본의 '헤이트 스피치 금지법'과 반인종주의 운동을 소개해주

십시오. 한국에서도 혐오발언 문제가 심각하고 이를 규제해야 하는
가 하는 논쟁이 진행 중인데, 일본의 헤이트 스피치 규제법안에 대해
관심이 많습니다.

답변   제 생각에 2016년에 제정된 일본의 헤이트 스피치 해소법은
문제가 많은 법입니다. 한국이 참고한다면 미국이나 유럽의 50년 전
에 기본적으로 차별을 정의한 이념법, 금지법을 참고해야 할 것이라
고 생각합니다.

일본은 선진국가들 중에서도 독특한 국가인데, 미국, 유럽 등 다른 선
진국가들에서는 네이션의 중요한 요소로서 인권의 진보적 가치를 두
지요. 프랑스는 군주를 처벌하기도 했지요. 하지만 일본이라면 혁명
이나 민주화 운동이 한 번도 사회를 바꿔본 적이 없습니다. 그래서
인종주의와 관련해서도 근본적 규범이 존재하지 않는 것입니다.

헤이트 스피치가 이렇게까지 창궐하는데 일본 정부가 어떠한 대처도
하고 있지 않은 것도 그래서입니다. 하지만 예컨대 프랑스는 루이 국
왕을 죽이고 인권을 천명하는 공화주의 국가를 만들었습니다. 미국
은 영국 식민지로부터 독립했고, 노예해방 내전을 벌였고, 공민권운
동도 있었지요. 그러다 보니 이런 국가들에서는 '역시 차별은 안 된
다'는 규범이 존재하는 것입니다.

그러한 규범이 일본에는 없습니다. 한국의 경우에는 일본 제국주의
에 반대하는 투쟁과 그 이후의 독재정권 타도하는 투쟁 등을 거치면
서, 이것이 내셔널리즘, 네이션이라는 한계는 있으나, 인권 개념을 국
가가 보장하지 않으면 안 되는 것으로 이어지지 않았을까 싶습니다.

일본은 현재 전후 처음으로 재특회 등등 풀뿌리 극우 운동 등이 형성
되는 상황입니다. 이것은 중요한 문제입니다. 독일의 경우, 국가가 나

치즘을 부정하기 때문에 네오나치 운동은 반국가적인 경향을 가질 수밖에 없습니다. 반면 일본은 천황제가 여전히 존재하고, 전쟁 책임을 거의 지지 않고 있습니다. 반(反)차별 정책도 만들지 않았습니다. 1952년 샌프란시스코 조약이 발효되면서 조선인들의 국적도 박탈했습니다. 사실 이런 나라에서는 극우운동이 성립하기가 어렵습니다. 지금 보신 것처럼 국가가 이미 차별을 하기 때문이죠. 이런 상황에서 지난 10년간 극우가 발흥했습니다. 이것이 심각한 문제입니다.

아까의 질문으로 다시 돌아가 보겠습니다. 결론부터 말하자면 한국이 일본의 2016 헤이트 스피치법을 참고로 하지 않는 편이 좋겠습니다. 악법입니다. 한국이 참고하려면 차라리 두 가지 측면이 중요하다고 봅니다. 하나는 '원칙적 측면'으로 기본적 차별금지법을 가능한 한 보편적인 것으로 만듦으로써 '이념법'을 제정하는 것입니다. 다른 하나는 '긴급적 측면'인데요. 당면한 차별을 멈추려면 어떻게 할 것인가 하는 물음입니다.

한국 상황을 잘 알지는 못합니다만, 동아시아가 처한 수준에서 EU가 제정한 것과 같은 차별금지법을 한국, 대만 등이 아시아의 선진국으로서 만들어주기를 바랍니다. 중장기적으로 그렇게 해주긴 바라고 있습니다.

질문 상당히 문제가 많지만, 어쨌건 재특회를 규제하려는 법인데…

답변 규제하려는 법이 아닙니다. 최근에는 재특회 자체가 문제라기보다도, 사쿠라이 마코토(재특회 전 회장)가 일본제일당 만들어서 선거 활동을 하고 있습니다. 재특회는 일본에서 평판이 나빠져서 옛날보다 인기가 없습니다. 옛 중심인물들이 재특회를 버리고 선거 활동을 통해서 차별적인 활동을 하는데, 그에 대해 일본 정부는 재특회에 대해서도, 일본제일당에 대해서 모두 방치하고 있습니다.

질문 실질적으로는 규제하지 않는다, 그럼 일본 정부가 이걸 도입한 이유는 '보여주기식'인 건가요?

답변 재일조선인에 대한 헤이트 스피치는 특히 2009년부터 2011년 사이가 절정이었습니다. 교토의 조선고교 습격 사건, 필리핀인들의 자녀인 당시 14세 소녀 노리코 강제소환 촉구 시위 등 '습격형' 헤이트 스피치가 심각해졌지만, 매스컴은 이를 거의 보도하지 않았습니다. 2016년에 해당 법안이 만들어진 것은 직접적으로는 2013년 2월 처음으로 〈아사히신문〉이 '헤이트 스피치'라는 용어를 사용하여 재특회 데모를 비판한 데서 기인합니다. 이것이 2013~2014년 사이 급속도로 문제시되어 2014년 즈음부터 야당이 인종차별금지법을 만들려 했습니다. 2015년 법안이 제출됐고, 결과적으론 아베 정권이 제정한 셈이죠. 그러나 실은 헤이트 스피치가 2013년부터 큰 사회적 문제가 된 것은 역사적 사건입니다. 그 최대 이유는 카운터(대항) 운동의 존재였습니다.

종래 일본의 반차별운동은 기본적으로 자이니치 또는 피차별인종이나 소수자 당사자들이 그들의 조직이나 개인 차원에서 차별에 반대한다는 목소리를 내는 타입이었는데요. 사회운동은 그러한 운동을 지원하는 것을 목표로 합니다. 즉 올드타입 운동은 '피해자를 케어'하는 운동이었으나 반면 카운터 운동은 '가해자를 억압하여 차별을 그만두게 한다'는 방식으로 전환됩니다. 이것은 획기적인 것이었습니다. 피해자가(신분상 불이익 등으로) 차마 목소리를 내지 못하는 어쩔 수 없는 상황이라 할지라도, 그러한 '가해' 자체가 범죄이자 악이라는 것을 공개적으로 선언하는 운동이었던 것입니다.

이러한 카운터 운동의 대대적인 성장이 〈아사히신문〉에 의해 보도가 되면서 2013년에 '사회악'으로서의 차별이 최초로 가시화된 것입니다. 정리하자면, 카운터 운동이 먼저 있고 나서, 그것을 보도하는 매스컴이 나오고, 그것이 또 사회문제화되어 겨우 야당이 법안제정에 나선 것입니다.

아베 정부는 야당에게 헤게모니를 주지 않으려 하면서도, 이 법안의 내용을 가능한 무력화하기 위해 2016년 법안을 제한된 범위 내에서 통과시킵니다. 차별받는 피해자의 범위를 '본국 외 출신자'로만 한정을 두어, 오키나와 출신자를 배제하는 효과를 냅니다. 또 구체적인 처벌 조항도 없습니다. 가장 중요한 것은 일본 정부가 의지가 없다는 것이죠. 차별이 발생해도 그에 반대하는 행동을 취하지 않습니다.

어쨌거나 일본에서 차별금지법을 만들어낸 것은 한세는 있지만 분명 운동의 성과이기는 합니다. 카운터 운동에 참여한 시민들은 특히 도쿄나 관동지역의 경우에는 축구와 록 음악 등 서브컬처의 영향을 받았습니다. 그리고 서구의 '안티파(Antifa)' 문화를 활용하기도 합니다. 그건 그것대로 좋은데 다만 문제가 있다면, 미국이나 독일의 안티파는 되지 못한 것이죠. 독일은 실제로 네오나치 집회를 저지하는 행동이 가능합니다. 반면 일본은 실질적인 극우 집회 저지는 불가능합니다. 사람 수가 적고 그런 역사가 없기 때문입니다.

그런 의미에서 카운터 운동을 '카운터' 운동 이상으로 하는 것, 즉 카운터 운동을 발전시키는 한편 운동을 래디컬화하는 제3의 사회운동을 제안하고 싶습니다.

질문 한국에서도 일본과 비슷한 시기 일베 등 극우 사이트의 혐오 표현이 사회적 문제가 되면서 이를 규제할 것인가를 둘러싸고, '표현의 자유' 규제 논쟁이 제기되기도 했습니다. 학술적으로도 혐오 표현 규제에 반대하는 주디스 버틀러와 규제에 찬성하는 제레미 월드론의 저서가 나란히 번역되면서 논쟁이 촉발되기도 했지요. 반차별 운동에 참여하시는 선생께서는 이러한 논쟁을 어떻게 보십니까?

답변 그 나라의 역사나 사회에 따라서 차별금지방식은 다양할 수 있다고 생각합니다. 독일 차별금지법 제정이 2006년으로 늦어진 이유는 이미 형법상 민중선동죄가 있었고, 역사교육을 통해 충분한 시민교육을 하고 있었으며, 국가에 의한 진상규명이 이미 존재했기 때문입니다. 독일에 반인종주의 법안 자체는 존재하지 않았지만, 가해자 나치 전범 처벌과 같은 개별 이슈들에 대해서는 투쟁이 존재했고 승리해왔습니다.

미국 같은 경우는 1964년의 공민권이 포괄적 차별금지를 규정합니다. 인종, 성, 연령, 장애 등이 포함되고, 흥미로운 것은 예비역을 차별금지 범주에 넣었다는 것인데, 이는 당시의 베트남전 반대운동을 억압하는 효과를 노린 것이었죠. 그 이후 블랙팬서당에 대한 학살과 탄압이 벌어지면서, 표현의 자유가 중요하다는 사고가 사회운동 쪽에도 널리 퍼지게 됩니다.

결국(역사부정이나 혐오 표현을 처벌하는 독일식 모델과 표현의 자유를 중시하는 미국식 모델 중 어떤 것이 바람직한가에 대한) 이러한 논쟁 중에, 어느 쪽이 좋은가를 추상적으로 사고할 수는 없는 것 같습니다.

버틀러의 책 『혐오 발언』에 대해서도 한마디 하고 싶습니다. 일본에서 버틀러를 좋아하는 분들이 실천에는 관심이 없는 경우가 많습니다. 일본 연구자들은 버틀러가 헤이트 스피치 규제를 거부한다고 생각하지만, 잘 읽어보면 버틀러는 '국가가 하는 것은 반대하지만 대학이 하는 스피치 규제는 찬성'합니다. 버틀러는 Gesetz[법률]를 통한 규제는 반대하지만, Recht[법/권리]를 대학, 기업, 지역사회에서 수행하는 것을 부정하지 않습니다.

마르크스가 얘기했듯 근대사회의 물상화는 공동체를 분열시킵니다. 사적 노동으로부터 사회 총노동을 성립시켜야 하는 모순이 노동생산물을 상품으로 물상화 시키므로, 인간도 부르주아/공민으로 분열시킵니다. 따라서 '시장의 인격', '부르주아'로서의 권리에 대해 대항하면서, 국가 구성원의 공적인 인권 주체(공민)에도 반대하는 의미에서 시민권(Citizenship) 개념이 필요합니다. 일본, 한국에는 이 개념이 부재한 것 같습니다.

다시 말해, 상품 계약 주체도 아니고, 원자화된 물상화의 인격화로 승인된 국가의 구성원도 아닌, 공동체적 시민성의 자발적 연대, 결합, 투쟁 속에 형성되는 시민성이 필요합니다.

따라서 혐오 발언을 규제한다면, 어떤 차원으로부터인지가 중요하다고 생각합니다. 시장 차원에서의 규제인지, 국가적 강제의 차원인지도 구분해야 하지만, 궁극적으로는 사회적, 자율적 규제, 즉 어소시에이션에 의한 규제가 필요하며, 운동 속에 반차별 규범을 국가가 시행하도록 만들고, 사회가 국가를 흡수하는 것이 필요하다고 생각합니다. 이를 구체적으로 설명해보겠습니다. 아까도 설명했듯이, 일본형 반차별 운동의 특징은 피해당사자의 입에 의존하는 것입니다. 즉 어떤 행동이 차별로 됨은 피해자가 그것을 차별이라고 발언해야만 성립되는 것입니다. 이는 차별의 진의를 피해자에게 떠넘기는 방식이었습니다. 고립감, 두려움 등으로 피해자가 '그것은 차별이다'라고 공개 발언하지 못하면, 제3자는 나서지 말라는 이데올로기가 작동했습니다.

푸코의 말을 빌리자면, 무엇이 차별이고 차별이 아닌지에 대한 '진리'가 피해자의 '고백'에만 의존하는 것입니다. 이것은 시민권(citizenship)이 아닙니다. 그것은 피해자조차 '자신의 손실을 항의하는 시장의 부르주아적 주체'로 규정하는 부르주아적 인권(시장에서 물상화된 인격) 개념일 뿐입니다. 이것이 일본이라는 기업사회의 비밀입니다. 반면 시민권(citizenship)에 근거하여 차별에 반대한다는 것은, 가해자에게 가해자의 책임을 지게 하며, 가해자가 가진 자연권[표현의 자유]을 억제한다는 것, 그것이 포인트입니다. 기존의 일본형 반차별운동은 피해자의 입을 통한 발설로 차별을 규정하기 때문에 가해자의 자연권 억제까지는 나아가지 못하였습니다. 결과적으로는 피해자가 얼마나 요구하든지 간에, 가해자의 자발적 반성을 요구하는 것뿐, 그가 '차별할 자유'를 빼앗는다는 논리는 없었습니다.

이것은 푸코가 말한(자유주의적 통치성 속에서) '인권의 공리주의'의 논리를 보여줍니다. 인권 개념을 공리주의적인 도구로 쓰는 발상, 다시 말해 정의를 오직 '게임의 룰'로만 이해하는 인권 개념 말입니다. 그것은 오로지 시장에서의 공정경쟁 외에 어떤 규범도 인정하지 않는 사고로 이어집니다. '평등'의 기준이 존재하지 않는 것입니다. 일본에서는 '동일노동 동일임금' 규범이 없습니다. 노동에서의 차별이 당연한 것이 되는 것이죠. 이것도 일본형 기업사회의 문제를 보여줍니다.

질문 한국의 진보진영조차 재일조선인 문제에 대해 큰 관심을 기울이지 않고 있습니다. 일본의 반인종주의 활동가로서 한국의 시민사회에 전달하고 싶은 메시지가 있습니까?

답변 일본의 헤이트 스피치나 재일조선인 인권문제는 일본만의 문제가 아니며, 한국만의 문제도 아닙니다. 아시아 차원의 문제라고 생각합니다. EU와 비교했을 때 아시아에는 지역 차원에서 전쟁이나 분쟁을 방지할 수 있는 국제관계가 없습니다. 현재의 국가 간 관계를 생각해본다면 일본의 위안부 부정이라던가 역사적 사실에 대한 부정 등이 국제적인 영토문제와 결부되어 지역분쟁을 일으킬 수밖에 없는 상황입니다. 따라서 차별금지정책은 전후 세계에서는 반파시즘과 차별금지를 보장하여 국제평화 유지에 기여할 것입니다. EU의 기반에 있는 것은 '반차별=반파시즘'이라는 규범을 통한 평화 유지입니다. 일본의 전쟁 책임 문제도 일본 정부가 이를 거부하는 상황에서, 차라리 아시아 수준에서 차별금지를 국제적인 룰로 만들면 어떨까 싶습니다. 각각의 나라에서 시민권의 원칙을 성립하는 것이 가능하다면, 예컨대 위안부라는 역사적 사실 부정은 '차별금지'로써 억제할 수 있습니다. 위안부 부정 그 자체가 역사부정일 뿐만 아니라, 성차별을 선동하고 있으며 나아가 계급차별을 선동하고 있습니다.

비유를 해보겠습니다. 삼층집을 짓는다면 먼저 토대가 필요합니다. 제가 생각하기에 지금 역사갈등 문제를 직접 푸는 건 토대 없이 삼층집을 세우는 것과 같아요. 좀 먼 길이라고 보일 수도 있겠지만, 기본적으로 차별금지정책을 시행하고, 시민권의 원리를 각국에서 제정해서 아시아 각국의 공통언어로 '차별반대'를 제정하지 않으면 역사 문제를 말할 공통언어가 존재하지 않게 됩니다.

혐오는 국내 소수자의 문제만으로 보일 수 있습니다. 한국 여성차별(미소지니) 살인의 억제 등 긴급한 과제이기에 그것을 위해 혐오 표현의 규제가 필요한 것도 사실입니다. 나아가 이를 국제적인 파시즘 억제 전략으로 확대하여 차별금지법을 먼저 한국, 대만에 만들어놓는 것도 중요합니다.

역사부정이나 파시즘화를 넘어서는 동아시아의 관계를 사유하는데, 역사를 인식하는 패러다임의 측면이 아니라 차별금지라는 시민권의 관점에서 출발해야 다른 길이 보일 것입니다. 이것은 운동의 전략 차원에서 말씀드리는 것입니다. 동아시아에서는 민족주의를 넘어서는 공통언어로서 '시민권(citizenship)'과 '반차별'이 필요합니다. 반파시즘 위안부 문제 등에도 필요할 뿐만 아니라, 독도 문제 등 영토문제에도 민족주의 논리로만 반대하게 된다면 극우에 대한 비판을 제대로 할 수 없게 됩니다. 극우에 반대하는 데 있어서 '인권'은 소소해 보이면서도 가장 중요한 요소일 수밖에 없습니다. 시민권(citizenship)으로써 차별반대 논리, 이것을 지침으로 싸워나가야 할 것입니다. 일본 정부는 다가오는 올림픽에서 욱일기 응원을 허가했습니다. 그렇다면 이에 어떻게 반대할 것인가는 또 다른 문제로 제기됩니다. 이에 대해서는 서경석 교수의 방식, 즉 역사 언어로 비판할 수도 있을 것입니다. 그것은 그것대로 틀리지는 않지만, 약점을 말한다면 역사적으로 엄밀히 따질 때 지금의 히노마루(일본 국기)도 문제 삼아야 한다는 점에 있습니다.

저는 욱일기가 문제 되는 것도 차별금지 문제라고 봅니다. 실제로 10년 전부터 가두 연설방식의 헤이트 스피치에서 욱일기가 문제시되고 있는데, 역사적 이야기를 전혀 하지 않더라도 이 10년간에 걸친 '차별=욱일기'라는 연관 증거가 존재합니다. 따라서 '차별'의 상징으로 하켄크로이츠가 있는 것처럼 욱일기도 차별의 상징으로 규정할 근거가 있는 것입니다. 따라서 단지 역사 문제만이 아니라 현재 차별의 상징으로 욱일기를 금지하자고 주장하면 됩니다.

이처럼 역사 문제를 현실적으로 존재하는 차별의 논리로 풀어서 얘

기합시다. 그게 아마 일본이 가장 싫어하는 방식일 것입니다. 또 한국 내 극우 반대 논리로도 써먹을 수 있습니다. 이영훈의 책 『반일종족주의』를 보면 한국 뉴라이트 특징은 민족주의 비판에 있는 듯합니다. 한국에서는 민족주의가 오히려 좌파에 의해 점령되었기 때문이겠지요. 극우는 아마도 시장원리에 근거하는 것 같습니다. 경제 성장 같은 것들 말입니다. 식민지 시기를 정당화하는 것도 경제, 독재정치 정당화도 경제입니다. 따라서 한국 뉴라이트를 비판할 때도 역사만으로는 한계가 있을 것입니다. 완전히 극우를 구석으로 몰아넣는 것이 어려운 이유는 뉴라이트가 '자본주의' 경제 논리에 근거를 두고 있기 때문입니다. 따라서 자본주의에 근거한 뉴라이트를 논박하려면 역시 시장을 넘어서는 논리, 시민권이라는 논거가 중요할 듯싶습니다.

3. 재일조선인의 삶과 혐오

저자는 필자와의 인터뷰에서 일본 내 소수자들인 재일조선인들에게 조선학교가 갖는 의미에 대해서도 설명했는데, 그는 남한에서 갖고 있는 흔한 편견과 달리, 역사적으로 조선학교는 재일조선인이 만들었으며 북조선이 만든 게 아니라는 사실을 강조했다. 그에 따르면, 조선학교는 기본적으로 재일조선인들의 공동체적 성격을 갖고 있다. 일본의 학교에서는 조선어를 배울 수도 없고, 아시아침략의 역사도 배울 수 없으며, 재일조선인의 존재에 대한 역사적 배경을 교과서에서 공부하는 것도 불가능하다. 심지어 일본 내 만연한 차별로 인해, 재일조선인은 자신을 재일조선인이라고 말할 수조차 없는 경우가 대부분이다. 소수자들끼리 스스로 안심하고 어울릴 수 있는 공동체가 존재하지 않는 이러한 상황에서 조선인 아이들의 목숨과 심신을 지키기 위해서는 자신들이 스스로 학교를 운영할 수밖에 없는 것이다.

다만 역사적으로 한국전쟁 이후 분단에 의하여 재일조선인 중 많은 사람들이 북조선을 지지했고 조선학교를 운영하고 있는 활동가들이 총련 쪽에 속하는 경우가 있는 것은 사실이다. 저자는 이에 대해, 총련의 북조선 지지는 분명한 사실이지만, 그렇다고 해서 조선학교 교육과정에서 북조선이 절대적 존재로 그려지는 것도 아니며, 오히려 조선학교의 의미는 재일조선인이 자신들의 언어로 교육받으면서, 조선의 식민화와 분단, 한국전쟁 이후의 상황 등을 비롯한 역사적 상황에 의해 특수하게 형성된 자신들의 정체성을 이해하기 위한 소수자 집단의 자치학교, 자치 커뮤니티에 있다고 설명한다.

4. 혐오에 맞서는 소수자 정치

그의 책 『혐오표현은 왜 재일조선인을 겨냥하는가』의 '한국어판 머리말'에서 저자는 자신이 몸담고 있는 이러한 소수자적 정체성과 관련된 일화들을 들려준다. 그는 2000년대 초 자신을 뺀 가족 전원이 한국국적을 습득했음에도 본인은 끝까지 저항하면서 조선적(사실상 무국적)을 유지하는 이유에 대해 이렇게 적는다. "국적을 가지지 않으면 인권을 허용할 수 없다는 국민국가의 논리에 나는 저항하고 싶다."(량영성, 2018: 12) 아렌트가 말했듯이 근대 국민국가에서 '인권'이란 사실상 '국적을 가진 자들의 권리'로 환원되고 있다는 사실을 재일조선인들은 몸소 증명하고 있다. 따라서 '조선적'을 유지하는 것 자체만으로도 이러한 국민국가의 차별 논리에 저항하고 있는 셈이다. 또 그는 일본 내 극우와 인종주의에 저항하는 운동은 일본 내에서만으로는 한계가 있다고 보고, 각국이 국경을 넘어 평등하고 차별 없는 사회를 만드는 것이 일본 내의 싸움에도 도움을 줄 것으로 보고 있다. 그래서 그는 한국이 조속히 차별금지법을 제정해 줄 것을 기대하면서, "이 책이 아직 눈에 보이지 않는 차별과 싸우는 사람들의 실천적 무기가 되기를 바란다"(량영성, 2018: 18)는 포부를 밝히고 있다.

이 책의 주요 주장을 살펴보자. 저자는 먼저, 인종주의적 차별이 무엇인지를 규명하기 위해서는 반인종주의(반민족차별)라는 사회적 규범이 정립되어야 한다는 사실을 주장한다. "인종주의는 반인종주의 규범이라는 기준이 성립해야 비로소 '보이게' 되는 특징이 있다."(량영성, 2018: 79) 이는 마치 성희롱의 경우, 반성희롱 규범이 자리잡기 전에는 그것이 성희롱으로 인식되지 않는 것과 비슷하다. 실제로 한국에서도 몇 년 전만 해도 직장 상사들이 부하직원의 외모에 대해 평가하는 것을 '성희롱'으로 규정하는 분위기는 존재하지 않았다. 반면 미투 운동 이후에는 직접적인 물리적 접촉이 없더라도 상대의 외모에 대해 지적 또는 평가하는 것만으로도 성희롱이라는 인식이 지배적인 것으로 자리잡았다. 이러한 맥락에서 저자는 반인종주의와 같은 반차별 규범이 사회적으로 뿌리내리는 것이 중요하다고 본다.

그러나 일본 내 이러한 사회적 규범이 존재하지 않았기 때문에 일본 정부는 재특회를 비롯한 헤이트 스피치 세력의 성장을 사실상 묵인하였다. 이러한 헤이트 스피치 혹은 혐오표현의 위험성은, 반인종주의라는 사회적 규범이 존재하지 않는 사회에서 그것이 직접적인 물리적 폭력으로 이어지며, 경찰과 같은 국가기구조차 그러한 폭력을 사실상 방조한다는 점에서 드러난다. 예컨대 2009년 12월 4일 교토 조선학교 습격사건의 경우, 재특회와 주권회복을 도모하는 모임 회원 11명이 조선인 초등학교에 난입해 물리적인 폭력과 함께 스피커로 차별적인 욕설을 가했다. 경찰은 신고를 받고도 30분간 이들의 난입을 방조했다. 이러한 재일조선인들과 조선인 학교에 대한 폭력은 긴 역사를 가지고 있다. 조선학교 여학생의 치마나 저고리를 찢는 행위, 조선학교 학생들에 대한 집단적인 구타와 폭행 등은 언제나 재일조선인들을 괴롭혔던 자연발생적 인종주의 폭력이었다.

저자는 개인들 사이에 존재하는 자연발생적이고 미시적인 혐오가 제노사이드와 같은 폭력으로 이어질 때에는 항상 국가의 역할이 중요했다고 밝힌다. "혐오표현이 제노사이드로 이어진 경우를 보면 항상 '위로부터의 차별선동'이 결정적인 역할을 했다."(량영성, 2018: 93) 국가에 의해 제도적으로 시행되는 '위로부터의 차별선동'은 개인들의 일상적인 혐오나 차별에 도덕적 정당성을 부여하여, 더욱 강력한 힘을 발휘한다. 6000명 이상이 잔학하게 살해된 간토(관동) 대지진 당시 학살의 경우, 조선인이 폭탄을 소지했고 방화에 가담했다는 유언비어를 내무성이 사실로 공인하는 등, 국가에 의해 조선인이 '적'으로 규정된 상황에서 국가의 묵인 하에 자경단에 의한 직접적이고 조직적인 살인이 저질러졌다. 이처럼 사실상 국가에 의해 정당화되는 인종폭력의 발생을 막기 위해서는 '위로부터의 차별선동'이 불가능한 사회적 조건을 만들어내야 한다.

나아가 저자는 인종주의를 개인 간의 심리현상으로 환원하지 않고, 그 사회의 근본적인 경제적 구조나 상황과의 연관성을 설명하려 한다. 예컨대 저자는 신자유주의와 인종주의의 상관관계를 주장한다. "시장 경쟁 외에서 얻는 복지와 권리를 '부정하고', '교활한 것'으로 간주하는 신자유주의"는 소수자의 권리를 용납하지 않는 사회적 분위기를 만들어내며, 마찬가지로 조선학교에 대한 보조금 삭제에 명분을 제공한다. 이러한 "신자유주의적 인종주의" 하에서는 소수자에 대한 보호조치는 "특권"

으로 간주되고 마는 것이다(량영성, 2018: 214).

사회의 경제구조와 인종주의의 연관성에 대한 저자의 설명은 '일본형 기업사회'에 대한 비판으로 이어진다. 저자가 말하는 기업사회란, 기업의 경쟁원리가 시민사회 전체를 지배하는 기업 중심 사회를 말한다. 일본형 기업사회는 근본적으로 노동조합의 힘을 약화시켰으며, 이로 인해 차별을 내포하는 고용형태가 당연한 것으로 간주되는 사회적 분위기를 낳았다. 예컨대 일본에서는 동일한 경력 있더라도 남성과 여성 임금의 차별이 존재하는데, 이러한 고용에서의 차별은 사회적인 남성과 여성의 지위에 영향을 미친다. 이러한 사회적 분위기에서는 인종주의적 차별 역시 당연한 것으로 간주된다. "차별을 내포하는 일본형 고용체제가 사회적 규범이 되고, 더구나 그것이 사회통합에 의해 강력한 안전장치가 된 것은 반차별운동에 결정적으로 부정적인 영향을 미쳤다."(량영성, 2018: 273)

일본과 달리 유럽이나 미국은 1960-70년대 인권운동의 성과로 인종주의를 비롯한 차별에 반대하는 사회적 규범이 성립되었다. 여기에는 1960년 독일 민중선동죄 신설, 1964년 미국의 공민권법, 1965년 영국 인종관계법, 1965년 유엔의 인종차별철폐 국제조약, 1972년 프랑스 반인종주의법 등이 포함된다. 저자는 이를 '반인종주의 1.0'이라고 명명한다. 나아가 유럽과 미국에서는 70년대 이후 다시 더욱 정교하고 포괄적인 차별금지법 입법이 추진되고 있는데, 이는 '반인종주의 2.0'을 수립하는 과정으로 이해될 수 있다. 반면 '반인종주의 1.0'조차 수립되지 않은 일본에서는 여전히 '위로부터의 차별선동'이 가능한 상황이다. 북한의 일본인 납치문제, 핵개발이나 미사일 실험 등의 보도가 나오면 매스컴과 정치권은 북한에 대한 악마화에 나서는데, 이러한 사회적 분위기는 재일조선인에 대한 차별로 이어진다. 예컨대 연평도 포격 이후, 일본 민주당

정권은 고교 무상화법을 도입하면서 조선학교를 적용대상에서 제외해버렸다. 이처럼 '위로부터의 차별선동'은 그것이 낳은 사회적 분위기에 상응하는 재일조선인에 대한 테러행위로 이어지기 일쑤다. 지금도 조선학교 학생들은 대학입학 자격 없는데, 이처럼 국가에 의한 조선인들의 제도적인 차별은 사회적으로 '조선인은 차별해도 좋다'고 허가해주는 것과 같은 효과를 내고 있다.

나아가 일본정부와 일본우익의 역사부정도 인종주의를 강화한다. 특히 재특회의 등장은 역사부정과 인종주의가 어떻게 결합되어 있는가를 보여준다. 재일조선인이라는 존재의 역사적 특수성을 고려할 때, 역사부정은 이들의 존재 자체에 대한 부정적 인식에 기여할 수밖에 없다. 즉 식민지배와 한반도 분단이라는 역사적 맥락을 고려하지 않으면, 이들의 존재를 '특권'으로 보는 논리가 힘을 얻게 된다.

이에 어떻게 맞설 것인가? 이론적 분석에 머물지 않고 현실적인 '전략'의 수준에서 고민하는 저자는 기본적인 반인종주의 규범('반인종주의 1.0')을 제정하여 역사 왜곡에 대처하는 방식을 제안한다. 일본 정부와 우익세력의 역사부정에 역사로 맞서는 방식에는 한계가 있기 때문이다. 실제로 오늘날 일본 정부와 우익 세력의 노력으로 인해 많은 경우 일본의 평범한 시민들은 일본의 과거사에 대해 무지하거나 무관심한 상태다. 그러한 상황에서 '역사적 사실들'을 제시하면서 역사 왜곡에 맞서는 것은 쉽지 않은 싸움으로 이어질 수 있다. 다수의 시민들에 이에 무관심할 수 있기 때문이다. 그러나 역사왜곡에 대해 반인종주의 등의 반차별 규범으로 대항하게 되면, '역사는 잘 모르지만 그것은 이상하다'라는 시민들의 반응을 이끌어낼 수 있다. 즉 '역사는 잘 모르지만 차별은 안 된다고 생각한다'라는 시민들의 여론을 이끌어내고, 이를 토대로 정부와 우익에 맞서는 것이 역사왜곡에 대응하는 가장 현실적인 논리가 될 수 있다. 실

제로 카운터 운동의 성장 이후 재특회의 헤이트 스피치가 일본 시민사회
에서 고립된 이유에도 이와 같은 사정이 작동했다고 볼 수 있다.

5. 나가며: 연대의 가능성?

필자의 개인적 경험도 저자의 상황인식과 일치한다. 필자는 지난 2월 요
코하마 大岡地区センター(오오오카 치쿠센터)의 한국어 강좌 수강생들과
일본 내 헤이트 스피치 문제, 한일관계 등에 대한 간담회를 진행했다. 수
강생들은 한국에 관심을 가진 평범한 중노년 시민들이었다. 따라서 그들
은 평균적인 일본인들에 비해 한국의 상황이나 한일관계 등에 대해 높은
관심을 가지고 있었다. 그럼에도 적지 않은 수강생들은 역사 문제를 자
신들과 거리가 먼, '아버지에게 어렸을 때 들은 옛날 이야기'로 간주하고
있었고, 과거에 일본이 잘못을 저지른 것은 맞지만, 지금 시점에서 과거
사가 한일 갈등의 쟁점이 되는 것을 이해할 수 없다는 반응을 보였다. 그
러나 이들은 공통적으로 헤이트 스피치 문제나 외국인 차별에 대해서는
매우 비판적인 태도를 보였다. 이러한 사실이 보여주는 바는 무엇인가?
첫째, 이 수강생들이 대부분 50대 이상의 연령대임을 고려할 때, 더 젊은
세대들에게서 과거사 문제는 훨씬 더 공감을 이끌어내기 어려운 주제일
것임이 분명하다. 둘째, 그럼에도 이들 대부분이 헤이트 스피치와 같은
'외국인 혐오와 차별'에 대해서는 분명히 반대의사를 보이는 것은, '차별
반대'가 많은 시민들에게 공감을 형성할 수 있는 쟁점이라는 것을 시사
한다.

그러나 아직까지 일본에서도 반인종주의 규범을 수립하는 것은 어
려운 일이다. 특히 이를 추동할 시민사회의 운동역량이 부족하기 때문이

다. 저자는 대만과 한국 같이 일본에 비해 강한 시민사회의 운동이 존재하는 나라에서 먼저 차별금지법을 제정하는 것이 일본의 운동진영에 도움을 줄 것으로 전망한다. 그렇다면 한국에서 차별금지법의 제정은 단지 한국 내에서의 차별 규제만을 의미하는 것이 아니라 더 넓은 의미를 갖는다고 볼 수 있다. 차별금지법 제정을 통해 그러한 흐름을 확장해 동아시아에서의 반차별 규범 성립으로 이끌어낼 경우, 일본에서 일상적인 차별, 혐오, 폭력에 직면한 재일조선인을 보호하며 역사왜곡에 대해서도 맞설 수 있는 것이다. 이렇듯 저자는 일본 내에서의 상황뿐만 아니라 동아시아적인 스케일에서의 운동들 사이의 연대와 시너지 효과에 대해서도 고민하고 있다. 그리고 그러한 고민은 마찬가지로 차별과 혐오 맞서 싸우는, 그리고 단순한 민족주의를 넘어서 역사부정에 대항해야 할 한국의 시민사회에도 중요한 의미를 갖는다 하겠다.

참고문헌

량영성. 2018. 『혐오표현은 왜 재일조선인을 겨냥하는가』. 김선미 옮김. 산처럼.

한상원. 2020. "차별철폐 동아시아 연대를 만들어갑시다 – 반인종주의정보센터(ARIC) 대표, 재일조선인 3세 량영성(梁英聖)씨 인터뷰", 웹진 〈ⓒ시대와 철학〉. 2020.03.03. http://ephilosophy.kr/han/53087/

제10장

기후정의와 한국 기후운동에 대한 마르크스주의적 고찰[1]

김현강(뒤셀도르프대학교 디자인철학 및 미학 교수)

I. 들어가는 말

이 장에서 필자는 기후정의와 마르크스주의의 연관성을 살펴보고 이와 관련하여 한국의 기후운동을 고찰해 보고자 한다. 우선 필자는 기후정의와 마르크스주의가 어떤 연관을 맺고 있는지 질문한다. 마르크스주의가 정의에 관한 이론이 아니라는 것은 일반적으로 알려져 있는 사실이다. 마르크스는 그의 이론적 작업에서 정의에 대한 문제를 다루지 않았으며 나아가 정의에 관한 논리가 그의 이론에서 중요하지 않다고 분명히 밝힌 바 있다. 그럼에도 불구하고 정의 개념 일반과 기후정의 개념이 마르크

1   이 연구는 2023년 대한민국 교육부와 한국연구재단의 지원을 받아 수행된 연구 (NRF-2021S1A3A2A02096299)이다.

스주의와 맺고 있는 연관관계를 탐구하는 것은 기후정의 운동의 과제와 성과를 연구하기 위해 반드시 필요한 작업이라고 볼 수 있다. 기후정의는 1970년대 미국의 시민운동권에서 출발한 환경정의 운동과 기반을 공유하며, 따라서 환경정의 운동의 일부라고 일반적으로 규정된다. 기후정의가 환경정의의 일부라고 바라보는 관점은 환경정의가 환경과 생태계에 관련된 모든 측면들을 다루는 반면, 기후정의는 그중 기후와 관련된 측면만을 다루기 때문에 그 범위가 제한되어 있다고 본다. 이러한 일반적인 견해와는 달리 필자는 기후정의를 환경정의의 일부로서 바라보는 관점의 타당성을 검토해 보고, 환경정의에서 기후정의로의 이행의 철학적, 정치적 의미를 탐구해 보고자 한다. 마지막으로 필자는 기후정의 및 마르크스주의와 관련하여 한국의 기후운동을 고찰한다.

2. 마르크스주의와 정의 개념

아래에서는 우선 정의 개념의 일반적인 의미를 간단히 정리해 보고 마르크스의 사상에서 정의 개념이 가지는 의미를 고찰해 보기로 한다. 정의 개념은 고전철학 이래로 인간의 덕성 중 하나로서 윤리학 영역의 일부로서 다루어져 왔으며, 이후 중요한 사회적, 정치적, 법철학적 개념으로 자리 잡았다. 오늘날 정의 개념은 윤리와 법률 및 정치 철학 모두에서 중심적인 위치를 차지한다. 서양 철학자들은 정의를 대인관계를 질서화하고 안정된 정치사회를 구축하고 유지하기 위한 모든 미덕들 중 가장 근본적인 것으로 간주한다. 현대의 존 롤스(John Rawls)는 저서 〈정의론〉에서 정의를 "사회 제도의 첫 번째 덕목"(Rawls, 1971: 3)이라고 규정한 바 있다.

정의라는 단어는 권리 또는 법을 의미하는 라틴어 'jus'에서 유래한다. 옥스포드 영어사전은 "정의로운" 사람을 "도덕적으로 옳은 일을 하며" "모든 사람에게 공정하게 줄" 의향이 있는 사람으로 정의하며, "공정하다"라는 단어의 동일어로 간주한다. 그러나 철학자들은 정의의 본질을 보다 구체적으로 탐구하고 인격의 도덕적 덕목과 정치 사회의 바람직한 자질, 그리고 그것이 윤리적, 사회적 의사 결정에 어떻게 적용되는지를 고려하고자 했다. 중요한 정의 개념으로는 보수적 정의와 이상적 정의, 교정적 정의와 분배적 정의, 절차적 정의와 실체적 정의, 비교적 정의와 비비교적 정의 등이 있다. 공리주의, 계약주의, 평등주의적 접근법들이 가장 대표적인 정의 이론들로 간주된다. 웨인 포멀로(Wayne P. Pomerleau)는 서양철학사에서 가장 유명한 정의 개념들을 다음과 같이 간략하게 정리해서 설명한다.

플라톤에게 정의는 각 부분이 적절한 역할을 수행하고 다른 부분의 적절한 기능을 방해하지 않는 합리적인 질서를 확립하는 미덕이다. 아리스토텔레스는 정의는 공정한 분배와 불평등한 것의 수정을 포함하는 공정성과 함께 합법적이고 공정한 것에 있다고 본다. 아우구스티누스에게 정의의 기본 덕목은 우리가 모든 사람들에게 합당한 것을 주기 위해 노력할 것을 요구한다. 아퀴나스에게 정의는 비례 분배와 상호 거래를 포함하는 반대되는 종류의 불의 사이의 합리적인 수단이다. 홉스는 정의가 시민 사회에 필요한 인위적인 미덕이며 사회 계약의 자발적인 합의의 기능이라고 믿었다. 흄에게 정의는 본질적으로 재산을 보호함으로써 공공 사업에 봉사한다. 칸트에게 그것은 다른 사람들의 권리를 침해하지 않는 한, 그들의 자발적인 행동을 방해하지 않음으로써 다른 사람들의 자유, 자율성, 그리고 존엄성을 존중하는 미덕이다. 밀은 정의는 인간의 자유를 육성하고 보호하는 데 도움이 되는 가장 중요한 사회적 공익의 집합적 이름이라고 본다. 롤스는 사회

구성원 모두의 기본적인 권리와 의무에 관한 최대의 평등한 자유의 관점에서 정의를 분석했고, 사회 경제적 불평등은 동등한 기회와 모두에게 유익한 결과의 관점에서 도덕적 정당성을 요구한다(Pomerleau 2023).

마르크스는 자신의 이론적 작업에서 정의 개념에 대해서 별로 고려하지 않았으며, 심지어는 정의 개념은 자신의 이론에서 중요하지 않다고 주장하기도 했다. 그 까닭은 마르크스는 결코 자본주의를 도덕적으로 판단하고 비판하고자 한 것이 아니었기 때문이다. 대신 마르크스는 자본주의가 자신의 내재적 한계에 부딪혀 필연적으로 좌초하리라는 것을 학문적으로 증명하고자 했다. 마르크스에 따르면 분배적 정의나 형평성을 추구하는 것만으로는 자본주의 사회의 근본적 지배관계를 극복하지 못한다. 보다 공정한 임금 제도를 통해서 분배의 형평성을 추구하는 것은 노동자들을 자본주의 임금 체계에서 자유롭게 하지 못하기 때문이다. 공평한 임금제도도 자본주의 체계의 틀 내에서 이루어지는 것이기 때문에 자본주의를 벗어나는 근본적 변화를 가져오지 못한다. 마르크스는 공정한 분배를 위해서는 사적 소유체계와 임금 노동 자체를 철폐하는 것이 필수적이라고 보았다. 사회정의에 대한 마르크스의 관점은 노동 성과의 공정한 분배에 대한 요구와 관련된 논쟁에서 분명히 드러난다. 오늘날 사민당의 전신인 독일 사회주의 노동당은 1875년 노동 성과의 공정한 분배를 정당의 핵심적 강령으로 채택한다. 고타 강령으로 알려진 이 제안에 대해 비판하며 마르크스는 다음과 같이 말한다.

'공정한' 분배란 무엇인가? 부르주아지는 오늘날의 분배가 '공정'하다고 주장하지 않는가? 그리고 실제로 유일하게 '공정한' 분배란 오늘날의 생산양식을 기반으로 하는 분배가 아닌가? 경제적 관계가 법률 개념으로서 규정되는 것인가 아니면 그 반대로 법적 관계가 경제적 관계에서 근원하는 것인가(Marx, 1962: 18)?

지금까지의 발전을 고려하지 않더라도 소위 분배에 대해서 이야기하고 초점을 분배에 두는 것은 실수이다. 소비 수단의 매번마다의 분배는 단지 생산조건 자체의 분배의 결과일 뿐이다. 그러나 생산조건 자체의 분배는 생산양식 자체의 한 특성이다(Marx, 1962: 22).

마르크스는 이른바 "속류 사회주의"가 "부르주아지 경제학자들로부터 분배가 생산양식으로부터 독립적인 것으로 고찰되고 취급되어야 한다는 관점을 받아들여 사회주의를 주로 분배를 중심으로 하는 것으로 규정했다"(Marx, 1962: 22)고 비판했다. 마르크스에게 사회정의의 문제는 윤리적 판단의 문제가 아니라 체제의 문제, 즉 생산양식의 문제이다. 마르크스는 각각의 생산양식에 고유한 정의 개념이 있다고 보았다. 즉, 자본주의 생산양식에 고유한 정의 개념이 있고 사회주의 생산양식에 고유한 정의 개념이 있다는 것이다. 그러므로 이러한 정의 개념은 체계 내부의 정의 개념이라고 할 수 있다. 이와는 구분되게 체계 자체의 정의 여부를 묻는 정의 개념도 존재한다. 첫번째 정의 개념이 체계의 내부에 머무르는 정의 개념이라면, 두번째 정의 개념은 체계 자체의 틀을 문제시하는 정의 개념이라고 할 수 있다. 마르크스의 사상에서 이러한 두번째 정의 개념은 명시적으로 나타나지 않고 단지 암묵적인 사상의 기반을 형성할 따름이다.

이처럼 마르크스가 사회적 정의 개념을 중요시하지는 않았지만 마르크스의 사상에서 정의의 차원이 중요한 역할을 하지 않는다고 볼 수는 없다. 그의 사상의 핵심은 바로 사회적 불의를 근본적으로 비판하고 공정성에 기초한 새로운 사회질서를 구축하는 데 있기 때문이다. 이런 의미에서 볼 때 마르크스의 사상에 나타난 정의 개념은 기존 체계의 내부에 존재하는 내재적인 이론적 개념이 아니라 기존 체계의 틀을 부정하고 새로운 체계를 수립하는 것과 관련된, 초월적이며 실천적인 개념이다. 그러므로 마르크스의 정의 개념은 부정적 개념이며 헤겔의 "부정의 부정" 개념에 해당된다. 그 개념은 마르크스의 사상 내에서 명시적으로 규정되지는 않지만 그 개념을 중심으로 마르크스 사상 전체가 구조화되는 텅 빈 중심이다.

비록 마르크스가 정의 개념을 명시적으로 규정하지는 않았지만 그의 노동가치론과 잉여가치론에는 정의 개념이 암시적으로 내포되어 있다. 마르크스는 상품의 경제적 가치가 무엇에 의해 결정되는가 하는 질문에 가격은 그 상품의 객관적 가치의 표현이라고 답변한다. 그리고 이러한 상품의 객관적 가치는 상품 생산에 투여된 노동량에 상응한다고 본다. 상품의 가치는 이처럼 노동자의 노동에 의해 비로소 생산되지만 그 노동은 정당하게 보상받지 않는다. 그래서 자본가의 이윤에는 지불되지 않은 노동자들의 노동이 포함되어 있고, 이러한 지불되지 않은 노동이 잉여가치를 형성한다. 이런 의미에서 자본의 이윤은 기본적으로 노동자의 착취에 기반하며, 따라서 불의에 기반한다고 볼 수 있다. 그러므로 마르크스의 정의 개념은 기본적으로 노동적, 계급적 정의 개념이다. 마르크스의 노동가치론은 리카르도와 밀 등의 자유주의 경제론자들의 견해와 맥락을 같이 한다. 그러나 상품의 가치를 결정하는 노동시간은 결코 그 상품의 제작을 위해 투여된 직접적인 노동 시간을 의미하는 것이 아니다. 그것은 오히려 제품 속에 포함된 노동시간의 총체, 즉 제품 모델의 제작에서부터 천연자원 추출, 에너지 획득, 기계 제조, 공장 건설, 노동자 교육과정 등을 위해 투여된 모든 시간을 총괄하는 개념이다. 마르크스는 이렇게 총괄적인 노동시간을 사회적으로 필수적인 평균 노동시간이라고 규정한다. 전체적으로 볼 때 마르크스는 노동가치론을 노동력 착취 이론으로 발전시키고, 이러한 착취는 노동자들에게 임금을 더 많이 주는 것으로 해결되는 것이 아니라 임금 노동 자체를 철폐하여야 비로소 가능하다고 결론짓는다.

그러나 마르크스의 사상에는 이와 같은 노동적, 계급적 정의 개념 이외에도 또 다른 정의 개념이 등장하는데, 이 개념은 유토피아적 정의 개념이라고 볼 수 있다. 계급적 정의 개념이 자본주의 사회의 비판에 근거한다면 유토피아적 정의 개념은 자본주의를 극복한 새로운 사회질서에서 가능한 정의 개념이다. 유토피아적 정의는 생산의 일반적인 풍요로움이 실현된 높은 단계의 코뮤니즘에서 비로소 실현될 수 있는, 미래 사회의 정의 개념이다. 마르크스는 이 단계에서는 "누구나 자신의 능력에 따라(생산하고), 누구나 자신의 필요에 따라(분배 받는다)"(Marx, 1994: 321)라고 표현한다. 이렇게 볼 때 마르크스는 결코 개인의 능력과 필요를 부차적으로 여기고 만인의 평등만을 주장한 사상가는 아니었다. 진정한 공평성은 모든 것을 양적으로 똑같이 나누는 것에 있지 않고 자신의 능력에 따라 생산하고 자신의 필요에 따라 분배 받는 데에 있다. 그러므로 마르크스의 정의 개념은 양적인 형평성에 기반하는 것이 아니라 질적인 형평성에 기반하는 것이다. 이러한 마르크스의 정의 개념은 양적인 형평성에 기반하는 루소의 정의 개념과는 상반된다. 루소는 개인의 필요라는 차원을 고려하지 않고 사회 구성원 모두가 소박하고 필요를 줄이는 삶을 사는 것을 이상으로 참았다. 이와는 달리 마르크스는 개인의 풍요로운 삶을 이상으로 삼았으며, 이를 위한 기술 발전의 역할을 강조했다. 결론적으로 마르크스의 사상에는 높은 단계의 정의 개념이 암묵적으로 내포되어 있지만, 정치철학 또는 법철학의 일부로서의 정의 개념은 그의 관심사가 아니었다. 정의 개념에 대한 그의 견해는 "권리[와 정의]는 사회의 경제적 구조 그리고 이것이 결정하는 문화적 발전보다도 결코 더 높지 않다"(Marx, 1994: 321)라는 표현에서 분명히 드러난다. 즉, 마르크스에게 는 경제적 구조가 결정적인 문제이며 정의 문제는 이차적이다.

마르크스주의와 기후정의는 기후정의가 결코 사회정의와 분리될 수 없다는 기본전제에서 출발할 때 상호 관련을 맺는다. 김민정에 의하 면 "기후정의의 관점은 기후변화를 사회구조적인 문제로 인식하고, 기후변화로 발생하는 사회 영향에 대해 사회정의를 토대한 대응체계의 필 요성을 제시한다"(김민정, 2020: 3). 홍덕화는 "기후정의는 기후불의를 비 판하며 대안적인 전환의 방향을 모색하는 담론이자 사회운동이다"(홍덕 화, 2020: 9)라고 규정한다. 그리고 김민정에 따르면 "기후정의는 자기조 정의 시장(self-regulating market)이 낳은 기후위기에 맞선 사회의 자기보 호 기제이다"(김민정, 2020: 2). 위에서 살펴본 바와 같이 비록 마르크스가 정의 개념을 중요시하지는 않았지만 그의 사상의 목표가 사회적 불평등 의 제거와 억압의 해소에 있다는 점에서 정의의 차원은 그의 사상의 기 반을 이룬다고 보아야 할 것이다. 이런 측면에서 마르크스주의와 기후정 의를 사회정의 및 생산적 정의 관점에서 관련시키는 것이 가능하다고 볼 수 있다.

마르크스의 가치론이 생산에서 노동의 역할만을 강조하고 자연의 역할을 배제하거나 또는 과소평가하기 때문에 그의 가치론은 근본적으 로 반생태적이라고 주장하는 다수의 학자들이 있다(Benton, 1989; Grund-man, 1991). 그러나 최근 존 벨라미 포스터(John Bellamy Foster), 폴 버켓 (Paul Burkett), 고헤이 사이토(Kohei Saito) 등의 학자들은 마르크스가 노 동은 항상 자연과 관련되어 있으며, 따라서 "부는 필요-만족적 인간-자 연 물질대사를 포함하며, 가치는 이러한 물질적 과정의 특정한 사회적 형태"(Burkett, 1996: 333)라고 보았다는 새로운 해석을 내놓고 있다. 그러므로 마르크스의 사상과 생태학은 상호 무관한 것이 아니라 내적 관련을 맺고 있다는 것이다.

3. 환경정의에서 기후정의로

미국 EPA의 한 보고서에 따르면 환경정의는 "현재의 환경보호나 규제정책의 맥락에서 인종, 민족, 경제적 지위에 불구하고 개인, 단체, 지역사회를 환경적 위험으로부터 동등하게 보호하는 것"이다(Rhodes, 2003: 17). 이은기는 환경정의론이 다루는 가장 뚜렷한 테마로 의사결정과정에서의 공정성에 초점을 맞추는 절차적 정의와 자원배분 규범에 초점을 맞추는 배분적 정의를 지적한다(이은기, 2012: 326). 그리고 그러한 맥락에서 환경정의는 공리주의, 계약론, 평등주의를 결합시킨 개념이 될 수 있을 것이라고 말한다. 로버트 쿤(Robert Kuehn)에 의하면 환경정의는 분배적 정의, 절차적 정의와 교정적 정의, 사회적 정의로 구분 가능하다(Kuehn, 2000: 10681-10703). 그에 따르면 분배적 정의는 생산으로 인한 환경적 부담과 환경적 이익 간의 공평한 분배를 의미한다. 절차적 정의는 개인과 집단이 모두 공정하게 의사결정 과정에 참여할 수 있어야 하며, 공중의 의견이 실질적으로 정책에 반영돼야 한다는 것을 뜻한다. 교정적 정의는 환경피해를 야기한 자가 그 피해를 배상하고 오염을 제거할 의무를 지는 등 환경적 제재에 있어서의 공정성을 의미한다. 그리고 사회적 정의는 사회 구성원 모두를 위한 공정한 사회질서의 이념을 의미한다. 이외의 다른 학자들도 환경정의를 일반적으로 분배적 정의와 관련시킨다. 피터 웬즈(Peter Wenz)는 환경정의를 다음과 같이 규정한다.

환경정의는 주로 분배적 정의 이론에 관한 것입니다. 환경 문제의 맥락에 집중하는 데는 세 가지 이유가 있습니다. … [첫째], 우리는 때때로 우리가 인식하는 것보다 더 많이 환경에 참여하고 있고, 더 많은 자기 인식은 신중한 행동을 촉진할 수 있습니다. 둘째, 분배적 정의에 대한 이론은 일부 다른 관심 분야와 마찬가지로 환경 분야와 자주 관련되지 않았습니다. 셋째, 그리고 가장 중요한 것은 환경문제는 같은 사회에 사는 사람들 사이의 관계 뿐만 아니라 다른 사회에 사는 사람들 사이의 관계, 현재와 미래의 사람들 사이의 관계, 인간과 인간이 아닌 동물들 사이의 관계를 포함합니다. 그리고 일반적으로 사람들과 생물권 사이에 환경 문제는 독특하게도 세계적이기 때문에 … 분배적 정의 이론은 환경 문제에 적용될 때 그들의 포괄성에 대해 가장 철저하게 테스트됩니다(Wenz, 2008: 259).

그럼에도 불구하고 다수의 학자들이 환경정의가 사회정의와 관련되며, 같은 사회에 사는 사람들 사이의 관계 뿐만 아니라 다른 사회에 사는 사람들, 즉 지구 사회 전체와 나아가 세대 간의 관계, 인간과 자연 간의 관계 등을 포함한다는 점을 강조한다. 로버트 벌러드(Robert Bullard)는 이렇게 말한다. "문제의 핵심은 주류 환경 운동이 사회적 불평등과 사회 권력의 불균형이 환경 악화, 자원 고갈, 오염, 심지어 인구 과잉의 핵심이라는 사실을 충분히 해결하지 못했다는 것이다. 환경 위기는 사회정의 없이는 효과적으로 해결될 수 없다"(Bullard, 2008: 272).

이와는 다른 관점으로 마르크스적 환경정의론을 구성하고자 하는 최병두의 주목할 만한 연구가 있다. 그는 마르크스주의적 환경정의론은 단지 분배적 정의 패러다임으로 해석될 수 없으며 생산적 정의의 패러다임으로 해석되어야 한다고 주장한다(최병두 2000: 209). "물질적 재화 또는 환경적 조건들(자연적 쾌적성이나 오염을 포함하여)의 잘못 분배는 생산조직이 먼저 전환하지 않고서는 치유될 수 없다고 주장될 수 있다. 달리 말해서, 분배는 생산이 먼저 변경되지 않고는 변화될 수 없으며, 따라서 우리는 '생산적 정의가 우선'임을 요구해야 한다"(최병두 2000: 226). 최병두는 생산 개념을 마르크스가 구상한 것처럼 자연과 인간 간의 물질대사라고 이해한다.

> 여기서 생산은 노동과정, 또는 맑스가 '물질대사'라고 칭한 것, 즉 인간과 자연 간의 관계를 매개하고, 조절하고, 통제하는 것으로 이해되어야 한다. 즉 생산은 자연이 사회에 의해 매개되고, 사회는 자연에 의해 매개되며, 이에 따라 자연이 인간화되고 인간이 자연화되는 과정이라고 할 수 있다. 따라서 생산적 정의는 자연과 인간 간의 정의로운 관계를 의미하며, 이는 다시 인간들 간의 정의로운 관계를 함의하며, 그 역도 성립한다(최병두 2000: 226).

최병두는 "생산적 정의는 만약 적절히 이해된다면 사회의 모든 측면들에서의 정의를 담고 있다"(최병두 2000: 227)고 주장하지만, "생산적 정의를 위한 주장은 분배적 정의의 유의성을 부정하는 것으로 이해되어서는 안된다"(최병두 2000: 228)라는 점도 함께 강조한다. 그러나 마르크스 자신은 인간과 자연 간의 관계에서 정의로운 생산이 무엇인가에 대해 이해할 수 있는 근거를 분명히 제시하지 않았다. 최병두는 "누구나 자신의 능력에 따라, 누구나 자신의 필요에 따라"(Marx, 1994: 321)라는 마르크스의 슬로건이 분배적 정의와 생산적 정의 양자 모두에 적용될 수 있는 원칙을 함의하는 것으로 이해되어야 한다고 본다(최병두 2000: 229). 그는 생산적 정의 개념을 다음과 같이 규정한다.

맑스의 변증법적 생태학은 자연의 인간화와 인간의 자연화로 요약되며, 이러한 변증법적 상호 과정을 가능하게 하는 매체로서 노동을 강조한다. 노동을 통해 인간은 외적 자연에 행동을 가하고 이를 변형시키면서 또한 동시에 그 자신의 본성을 변화시킨다. … 정의롭고 공평한 노동(즉 타자로부터 그리고 자연으로부터 소외되지 않는 노동, 상호인정적이며 공동체적 노동)은 단순히 자연세계의 물질을 자원화해 인간의 필요를 충족시킨다는 점에서 나아가, 자연적 인간에 내재되어 있는 역량을 실현시킴으로써 자아발전을 가능하게 한다(최병두, 2018: 154-155).

환경정의 운동이 미국의 시민권 운동에서 비롯하는 것과는 달리, 기후정의 운동은 국제사회에서의 선진국과 후진국 간의 기후 불평등에 대한 의식에서 비롯한다. 북반구의 선진국들과 남반구의 후진국들 간의 격차, 한 사회 내에서의 빈부 간의 격차, 세대 간의 격차, 여성과 남성 및 인종들 간의 격차 등 다양한 주제들이 기후정의 운동 안에 통합된다. 이에 따라 글로벌한 자본주의에 대한 비판이 처음부터 기후정의 개념의 기반을 형성한다. 그래서 기후정의는 분배적 정의이론에 기초하는 환경정의와는 달리 마르크스주의적인 생산적 정의이론에 기반을 두는 경향을 보인다. 또한 마르크스주의에 기반하지 않는 기후정의 이론들의 경우에도 기후문제를 근본적인 차원에서 사회구조적 문제로 규정하는 경향을 보인다(박병도, 2013: 62).

김민정은 기후정의에 관한 그의 논문에서 기후정의를 구성하는 다양한 정의를 다섯 가지로 구분하여 교정적 정의, 분배적 정의, 생산적 정의, 절차적 정의, 승인적 정의 개념을 소개한다. 그리고 최병두의 마르크스주의적 해석에 따라 그 중에서 특히 생산적 정의의 관점을 강조한다.

통상적으로 분배적 정의는 각자가 자신의 몫을 공정하게 누릴 수 있는 것이고, 절차적 정의는 공정한 절차를 통한 과정의 공평성이다. 교정적 정의는 불공정한 것에 대한 대응을 공정하게 처리하는 것을 의미한다. 생산적 정의는 생산 영역에서의 정당한 생산을 진행할 수 있도록 하는 것이다. 승인적 정의는 인간관계 및 인간과 자연과의 관계에서 상호 인정을 구축하는 작업이다(김민정, 2020: 4).

김민정에 따르면 "생산적 정의는 직접 생산자가 자연을 합리적으로 통제하면서 소외되지 않은 노동을 통한 인간 욕구가 실현한 상태를 의미한다. 이는 기존의 생산 방식을 전면적으로 새롭게 구성하여, 생산적 정의를 형성할 수 있는 물질적 조건의 전환을 의미한다"(김민정, 2020: 8). 나아가 김민정은 기후정의의 분석을 위한 마르크스주의의 장점을 다음과 같이 설명한다.

마르크스주의는 기후정의를 일면적 차원에서 분석하는 것이 아니라 여러 측면의 기후정의를 종합적으로 설명하고, 생산적 정의와 분배적 정의, 절차적 정의, 교정적 정의, 승인적 정의가 독립적이면서도 전체적인 맥락에서는 어떻게 연결되었는가를 분석할 수 있는 강점이 있다. 또한 기후적응정책을 수립할 때 각 정의 실현을 구현하는 것은 결국에는 생산적 정의의 재정립을 요청한다는 측면에서 생산양식의 관점을 기후정의의 출발선에 서게 한다(김민정, 2020: 17).

김민정은 "마르크스는 사회 불평등의 원인이 유통영역인 소득불평등에 있지 않고 생산수단의 소유 여부에 따른 자본주의 사적 소유 관계가 불평등의 출발점이라는 점을 명확하게 제시해준다"고 강조한다(김민정, 2020: 10). 따라서 "기후 불의를 발생시킨 계급 구조를 주목한 것은 마르크스주의의 강점이다"(김민정, 2020: 10–11). 요컨대 마르크스의 장점은 첫째 여러 측면의 기후정의를 종합적으로 전체적인 맥락 속에서 종합적으로 분석하고, 둘째 특히 그중 생산적 정의의 근본적 의미를 강조하며, 셋째 기후 불의 발생의 근원을 계급 구조에서 찾는다는 점에 있다.

이상에서 살펴본 바와 같이 환경정의는 주로 분배적 정의와, 기후정의는 주로 생산적 정의와 함께 거론된다는 점에서 차이가 나타나지만, 두 개념 모두 사회정의에 기반한다는 공통점 또한 나타난다. 분배적 정의가 주로 공리주의, 계약론, 평등주의 등에 근거하는 반면, 보다 근본적인 차원에서 생산적 정의를 강조하는 이론들은 마르크스주의에 기반한다. 로버트 쿤이 지적하는 것처럼 분배적 정의의 궁극적인 목표는 "환경 위험적 요소의 공평한 분배를 통해 사회 전체에서 위해성 요소를 감소시키는" 데에 있다(Kuehn, 2000: 10684). 반면 생산적 정의는 구조적 차원에서 사회 생산관계 자체의 변화에 주목한다. 나아가 환경정의는 국가의 경계 내에서, 그리고 기후정의는 국제적인 차원에서 논의되는 경향이 있다.

그러나 환경정의가 환경과 생태계에 관련된 모든 측면들을 다루는 반면, 기후정의는 그중 기후와 관련된 측면만을 다루기 때문에 그 범위가 제한되어 있다는 관점은 몇 가지 의문을 제시한다. 우선 기후정의는 단지 기후에만 관련되는 것이 아니라 기후 변화에 수반되는 모든 변화들, 즉 종들의 멸종, 인류 생존의 위기, 국제적 차원에서의 선진국과 후진국, 남반구와 북반구 간의 불평등, 사회 계급 간의 불평등, 양성 간의 불평등, 인종적 불평등, 세대간 불평등 등을 모두 포괄하는 총괄적 개념이다. 나아가 환경정의에서 기후정의로의 전환은 환경문제가 더 이상 우리 바깥에 있는 문제가 아니라는 인식의 전환과 관련이 있다. 환경 개념은 기본적으로 내부와 외부, 주체와 객체 간의 구분을 전제로 한다. 환경이 단순히 우리의 외부에 존재하는 객관적 현실이 아니라 우리의 존재를 가능하게 하는 조건이라는 의식이 형성될 때 환경 개념은 생태계 개념으로 전환된다. 생태계 개념에서 주체와 객체 간의 이분법은 극복되고 주체는 더 이상 객체로부터 분리될 수 없는, 생태계의 일부로 나타난다. 생태계 개념은 이처럼 유기론적 총체성을 근간으로 하는 통상적인 개념 이외에도 "자연 없는 생태계"(Morton, 2009) 개념처럼 유기론적 총체성 및 자연 개념 자체를 부정하는 개념도 있다. 티모시 모턴(Timothy Morton)에 따르면 자연 그 자체는 없고 오직 자연과 인간 간의 복합적인 얽힘만이 있을 뿐이다. 요컨대 환경 개념이 여전히 주체와 객체의 이분법에 근거한다면 기후 개념은 주체와 객체의 분리가 더 이상 불가능한, 생태계적 지각에 기반하는 개념이다. 기후 개념은 더 이상 우리 밖에 있는 객체적 현실이 아니라 우리 삶으로부터 떼어놓을 수 없는 "초객체적" 현실로 나타난다.

"초객체(hyperobject)" 개념은 모턴이 지구온난화, 방사성 플라토늄 등과 같이 시공간적 특성을 초월하여 시간과 공간에 매우 다량으로 분포된 물체를 설명하기 위해 도입한 개념이다. 초객체는 다음과 같은 다섯 가지 특성을 지닌다.

1. "점성"(Morton, 2013: 27): 초객체는 물체가 아무리 저항하려고 해도 그들이 만지는 다른 물체에 달라붙는다.

2. "비국소성"(Morton, 2013: 38): 초객체는 시간과 공간에 대규모로 분산되어 있기 때문에 그 전체성은 특정한 국소적 표현에서 실현될 수 없다.

3. "일시적 파동"(Morton, 2013: 55): 초객체는 인간이 경험하는 시간과는 완전히 다른, 파동적인 시간성을 지닌다. 그것은 시공간이 고정적이고, 구체적이며, 일관적이라는 생각을 반박한다.

4. "단계성"(Morton, 2013: 69): 초객체는 다른 물체가 일반적으로 인식할 수 있는 것보다 더 높은 차원의 공간을 차지한다.

5. "상호 객관성"(Morton, 2013: 81): 초객체는 둘 이상의 개체 간의 관계에 의해 형성된다.

초객체 개념은 그 개념의 외연이 불분명하고 그 개념을 명확하게 정의하는 것이 불가능하다는 점 등의 문제점이 있다. 또한 더 근본적인 차원에서 그 개념은 물질적 객체 자체를 부정하는 비유물론적 관념이라는 문제점도 지닌다. 그럼에도 초객체 개념은 환경이 더 이상 우리 바깥에 있지 않다는 인식론적 전환을 나타내는 개념이라는 점에서 의미가 있다. 즉 환경 문제에서 기후 문제로의 전환은 단지 한 객체에서 다른 객체로의, 또는 한 주제에서 다른 주제로의 전환이 아니라 존재론적 패러다임 자체의 전환과 관련된다는 점이다.

다음으로는 기후정의에서 주체의 문제는 어떻게 이해되고 있는지 주목해 보기로 한다. 데이비드 우젤과 노라 래첼은 기후변화 대응에 있어서 노동조합 및 노동운동의 역할을 다음과 같이 요약한다.

> 우선 기후변화는 노동운동을 세계적 범위에서 함께 모을 수 있는 잠재력을 지닌 지구적 위협이다. 둘째, 노동조합은 세계에서 가장 큰 민주적으로 조직된 제도이자 전통적으로 노동권의 가장 강력한 수호자로, 지구화의 부정적 영향에 맞설 잠재적으로 최적의 지위에 있다. 셋째, 노동조합은 '글로컬한' 조직이며, 따라서 자신들의 '글로컬한' 맞상대인 초국적 기업들에 맞설 수 있는 태세를 갖추고 있다"(우젤·래첼, 2019: 419).

김민정 또한 우젤과 래첼의 견해에 따르며 생산적 정의를 실현시킬 주체로 생산 부문에 존재하는 노동조합에 주목한다. 요컨대 마르크스주의적 관점에서 볼 때 기후정의의 실현을 위한 주체는 노동조합이다. 기후변화가 노동운동을 세계적 범위에서 함께 모을 수 있는 잠재력을 지닌 지구적 위협이라는 적절한 진단에도 불구하고, 노동조합이 세계자본주의와 기후 위기에 동시에 맞설 능력이 있는지에 대해서는 토론의 여지가 있다. 오늘날 노동조합은 기본적으로 노동조건의 개선을 요구하는 이익집단으로 나타난다. 이에 따라 일자리 위기와 환경 위기 또는 기후 위기가 충돌할 경우 노동조합은 일자리 지키기를 우선적 관심으로 삼는 경향이 있다. 나아가 노동조합의 위기는 초국적 기업의 축적된 자본을 기반으로 하는 기술의 발전에 인해 더욱 심화된다. 특히 디지털화와 인공지능을 기반으로 하는 첨단 기술은 생체권력의 뒤를 잇는 심리권력, 통제권력으로 새로이 등장하고 있으며, 민주화 세력을 억압하는 효율적인 장치로 기능하고 있다. 중국의 경우 통제권력의 배후에 있는 것은 초국적 기업만이 아니라 억압적인 국가이다. 정보의 조작 및 통제, 무의식까지 다다르는 심리권력의 지배라는 측면에 있어 초국적 기업과 첨단 기술로 무장한 독재국의 차이는 미미하다고 볼 수 있다. 눈에 보이지 않는 심리권력, 통제권력에 대한 대응이라는 측면에서 노동조합의 투쟁에는 한계가 있다. 또한 근본적인 사회 구조적 측면에서 오늘날 계급투쟁의 전선이 변화하고 있다는 점을 지적할 수 있다. 부르주아지 대 프롤레타리아트라는 고전적 계급 차이는 유효성을 잃고 있다. 신자유주의는 중산층의 위기와 프레카리아트의 등장을 동시에 초래했다. 비정규직 노동자, 난민, 슬럼 거주자 등을 포함하는 프레카리아트의 등장으로 해서 정치투쟁의 전선을 계급투쟁이 아닌 속하는 자와 속하지 않는 자 간의 투쟁으로 파악하는 이론들이 등장하고 있다. 이같이 변화한 정치적 상황에서 노동조합의 역할은 글로벌 자본주의에 맞서는 투쟁에서 다른 소외 집단들과의 연대에서 주축을 이루는 데 있다고 볼 수 있을 것이다. 노동조합은 민주적으로 조직된 제도이며 민주화 투쟁의 오랜 전통을 지니고 있다는 장점이 있다. 이런 장점을 바탕으로 환경운동, 기후운동, 여성운동, 반식민주의 운동, 반인종주의 운동 등과 연대를 할 필요가 있다. 이는 경제의 우선성을 기반으로 다른 영역들과의 연대가 필요하다는 인식에 기초한다. 이러한 연대에는 일면적인 경제결정론을 넘어선다는 의미가 있다. 그리고 이는 근본적으로 마르크스주의와 경제결정론의 부정이 공유 가능한지에 대한 물음을 포함한다.

4. 경제결정론을 넘어서

경제의 우선성에 대한 마르크스의 이론은 일면적인 경제결정론이 아니라는 해석들이 새로이 나타나고 있다. 이러한 해석들은 주로 후기 마르크스의 사상에 주목한다. 마르첼로 무스토(Marcello Musto)는 말년의 마르크스가 청년기의 경제결정론적 역사관을 극복하고 다선적인 개방된 역사관으로 나아갔다고 주장한다. 그에 따르면 말년의 마르크스는 "경제결정론의 함정에서 확실히 탈출"했으며 "인간 역사에서 각 단계들 사이의 순서는 불변이라는 경직적 도식"과 "사회 변화를 오직 경제적 변혁에만 연결시키려는 모든 시도를 일축했다"(무스토, 2018: 44-45). 그러므로 "말년의 마르크스는 결코 유럽중심적이거나 경제학적이거나 혹은 계급 갈등에만 집착하는 그런 사람이 아니었다"(무스토, 2018: 11). 무스토는 후기의 마르크스가 복합성과 개방성을 인정하는 새로운 역사관에 근거해 이전과는 다른 사회주의로의 접근 가능성을 고려했다고 주장한다. 그에 따르면 "말년의 마르크스는 자본주의 체제에 대한 지속적인 비판을 위해서는 새로운 정치적 갈등, 새로운 주제와 지리적 영역에 대한 연구가 기본적"이라고 생각했는데, 이는 그가 "다양한 국가들의 특수성을 받아들이고, 자신이 이전에 개발했던 것과는 상이한 사회주의로의 접근 가능성을 고려하게 만들었다"는 것이다(무스토, 2018: 11-12).

또한 사이토 고헤이는 초기 마르크스는 물론이고 중기 마르크스의 생태사회주의도 생산력 지상주의에서 완전히 벗어나지 못했던 것과는 달리, 후기의 마르크스는 생산력 지상주의와 결별하고 "정상형(定常型, steady-state) 경제에 근거한 지속 가능성과 평등이 자본주의에 저항할 거점이 되어 미래 사회의 기초가 되리라고 결론을 내렸다"고 주장한다(사이토, 2021: 194). 사이토에 의하면 마르크스의 정치경제학은 우리가 생태학적 위기를 자본주의의 모순으로 이해할 수 있게 해 주지만 그것은 경제결정론이 아니다. 오히려 마르크스는 혁명적 주체성의 중심적 역할을 강조한다.

> 마르크스는 이러한 환경의 비합리적인 파괴와 자본에 의해 만들어진 소외의 경험에서 자유롭고 지속 가능한 인간 개발을 실현하기 위해 생산양식의 근본적인 변화를 의식적으로 요구하는 새로운 혁명적 주체성을 구축할 수 있는 기회를 발견했다. 이런 의미에서 마르크스의 생태학은 결정론적이지도 종말론적이지도 않다. 오히려, 그의 물질대사 이론은 더 지속 가능한 사회적 물질대사를 보장하기 위해 자본의 사물화된 힘을 억제하고 인간과 자연 사이의 관계를 변화시키는 전략적 중요성을 강조한다(Saito, 2017: 20-21).

이러한 새로운 해석들은 경제 우선성에 바탕을 두되 경제결정론은 아닌 개방적인 이론을 구상하는 시도들이다. 이로 인해 경제를 기반으로 하되 정치, 문화, 기술, 생태계 등 다른 다양한 영역들을 통합하는 다층적인 이론이 가능해질 수 있다. 마르크스는 "역사적 조건의 특수성, 시간의 경과가 제공하는 다양한 가능성들, 그리고 실제를 형성하고 변화를 달성하는 데 있어서 그 중심에 있는 인간의 개입을 강조했다"(무스토, 2018: 45)라고 무스토가 주장한 것처럼, 이러한 해석은 결정론 저편에 놓여있는 인간의 실천의 중요성을 강조한다.

후기 마르크스에 주목하는 무스토나 사이토와는 달리 존 벨라미 포스터는 마르크스가 에피쿠로스와 데모크리토스의 유물론적 철학을 비교 분석한 그의 박사논문에서 이미 에피쿠로스의 비결정론적 철학을 옹호하고 있다는 점을 지적한다.

마르크스가 자연을 이해한 것처럼 자연에 대한 유물론적 개념이 그의 시대에 자주 이해되었듯이 메커니즘(즉, 기계론적 유물론)에서와 같이 엄격하고 기계적인 결정론을 반드시 의미하지는 않았다는 것을 이해하는 것이 중요하다. 유물론에 대한 마르크스의 자신의 접근은 그의 박사논문의 주제인 고대 그리스 철학자 에피쿠로스의 작업에 의해 상당한 정도로 영감을 받았다. 러셀의 말에 따르면, 에피쿠로스는 "유물론자였지만 결정론자는 아니었다." 그의 철학은 사물의 본질에 대한 유물론적 관점이 어떻게 인간의 자유에 대한 개념을 위한 필수적인 기초를 제공하는지 보여주는 데 전념했다(Foster, 2000: 2).

포스터에 의하면 에피쿠로스는 "인간의 자유와 변증법적 관점을 구현하는 비환원주의적, 비기계적, 비결정론적 사상가"이다(Foster, 2000: 255). 그는 "기계론적 물리학의 결정론과 관념론적 철학의 목적론 모두에 맞서 싸운 사상가"이며, "우연과 자유의 여지를 허용하기 위해 플라톤뿐만 아니라 데모크리토스에도 대항한" 바 있다(Foster, 2000: 255). 포스터는 마르크스가 에피쿠로스의 비결정론적 유물론의 깊은 영향을 받았다는 점, 그리고 이 이론을 헤겔, 정치 경제학, 프랑스 사회주의, 19세기

진화론을 포함하는 그의 더 큰 변증법적 종합 내에서 흡수하고 변형시켰다는 점을 지적한다(Foster, 2000: 256). 요컨대 포스터에 따르면 마르크스는 후기에 이르러 비로소 결정론적 관점을 극복한 것이 아니라 초기부터 이미 비결정론적 사상의 영향을 받았고, 따라서 그의 변증법적 유물론의 근간을 이루는 것은 비결정론이다. 이러한 비결정론적 유물론은 "인간과 자연 사이의 진화하는 물질적 상호관계"(Foster, 2000: 11)에 기반한다. 마르크스는 이 상호관계를 "물질대사 관계"라고 부른다. 포스터에 의하면 이 관계는 결코 결정론적으로 파악될 수 없으며 오히려 상호적, 개방적인 "공진화"의 관계로 파악되어야 한다(Foster, 2000: 11).

권정임 또한 마르크스의 이론이 비결정론적인 측면을 가지며, 또한 "비결정론에 기초하는 '생태적 합리성'의 문제를 '사회형태' 및 이에 기초한 인간과 자연 간의 관계에 대한 문제로 확장"(권정임, 2010: 59)한다는 점을 지적한다. 즉 비결정론은 생태사회론으로 가는 길을 열어 준다. 권정임은 "인간과 자연 긴의 이 세로운 관계가 무엇보다 '비결정론에 입각한 생태적 합리성'에 기초하여 창출되어야 할 필요성"(권정임, 2010: 59)이 있다고 본다. 그에 의하면 "맑스는 '결정론적인 자연'과 '비결성론적인 인간' 또는 '정신'이라는 당대 철학의 이원론을 일관된 '비결정론'적 사유방식을 통해 해체하여, 프리고진, 버틀란피 등이 대변하는 현대 자연과학적인 비결정론적이고 일원론적인 현실관을 선취한다"(권정임, 2010: 72).

나아가 권정임은 "결국 맑스 이론이 시사하는 생태합리성이 근대적인 결정론적 사유방식의 한계를 완전히 극복하기 위해서는, 무엇보다 '토대/상부구조' 은유를 폐기할 필요가 있다. 이 때 맑스의 현실연구의 출발점, 곧 '경제'는 전체현실을 '결정하는 영역'이 아니라 현실연구의 한 중요한 영역이라는 위상을 획득할 것이다"(권정임, 2010: 76)라는 결론을 내린다. 권정임은 생태사회론의 대상이 단순한 물리적 대상이 아니라

"인간과 자연의 통일체로서의 사회"라고 주장하며, "생태사회론이 기초해야 할 비결정론적 합리성이 무엇보다 사회관계 또는 사회경제적 관계와 관련해야 함"을 강조한다(권정임, 2010: 81). 그는 "비결정론적 합리성"을 "전체론에 기초하며 "예비의 원칙"에 의해 보완되는, 특정한 대상에 대한 가능한 최대의 합리적 조절"(권정임, 2010: 82)로 정의한다.

> 비결정론적 합리성이란, 사회를 구성하는 다양한 규모의 모든 조직들, 궁극적으로 모든 개인들 간에 효과적인 되먹임(feed-back) 연결망이 형성되어 '계획'과 이에 대한 '사전적인 검토' 및 '사후적인 정정'이 사회의 모든 규모에서 부단하게 수행되는 기제를 동반하며 또한 이를 통해 작동한다고 할 수 있다. 이는 결국 계획의 수립자와 정정자 또는 보완자 및 집행자가 사실상 일치하여 '모든 개인'이 되는 직접민주주의를 의미한다. 이 때 이처럼 특정한 계획이 다양한 규모, 다양한 영역의 조직에 의해 수립되고 검토되며 보완·정정된다는 것은, 중후기 맑스 이론의 또 하나의 결정론적 편향, 곧 경제결정론적 편향의 극복을 의미하는 것이기도 하다(권정임, 2010: 83).

이상의 이론들을 종합해 볼 때 마르크스의 사상에 경제결정론과 생산력 지상주의를 넘어 생태사회로의 이행을 가능하게 하는 사상적 단초가 존재한다고 볼 수 있다. 마르크스의 사상은 단순한 기계적 또는 결정론적 유물론이 아니라 비환원주의적, 비기계적, 비결정론적이며, 인간과 자연의 개방적인 공진화적 상호관계에 기반한다. 그러나 이러한 상호관계는 역사의 공백에서 발생하는 것이 아니라 역사 속에서, 그리고 사회적 생산관계 속에서 매개되어 전개된다. 그러므로 마르크스의 사상과 생태이론, 환경정의, 기후정의 이론 등을 연결시키는 것이 가능하다.

5. 한국의 기후운동

한국의 기후운동에 대한 아래의 분석은 김민정의 연구 논문 "한국 기후
운동의 실상"을 주로 참조한다. 김민정에 따르면 1990년대 말부터 등장
한 한국 기후운동은 초기에는 청년생태주의자 KEY, 환경정의 기후정의
청년단, 에너지시민연대 등 일부 선도적인 환경운동 단체에 국한되었다.
그러나 2000년대 후반에 이르러서는 소수 활동가의 차원을 넘어서 사회
운동 단체로까지 확대되었다(김민정, 2015: 126). 2000년대 중반부터 시민
사회단체를 중심으로 기후 변화대응운동이 형성되는 흐름과 함께 2011
년 기후정의 관점을 반영한 기후정의연대가 출범했다. 2011년 기후정
의연대에는 급진 사회운동 조직인 사회진보연대, 노동자연대, 사회당과
보건의료단체연합, 비아캄페시나 동남동아시아 등이 참여했다(김민정,
2015: 127).

김민정은 기후정의의 개념을 "사회 통념상 기후정의"와 "급진적 기
후정의"로 구분하며 다음과 같이 설명한다.

전반적으로 기후 활동가들은 개념적으로 기후 정의를 가해자와 피해자 구
도에서 기후 변화 문제를 접근한다. 이러한 접근을 사회 '통념'상 기후 정
의로 본다. 사회 통념상 기후 정의란 정의를 불의와 불공정의 입장에서 바
라보는 관점이다. 이는 기후 변화로 인해 피해를 받는 집단과 그렇지 않은
집단과의 불평등을 주목하며 기후 변화 해결을 위한 비용 부담에서도 차이
가 발생할 수 있음을 강조하는 것이다. … 사회운동단체는 기후 정의는 체
제의 문제와 연관된 사회구조적인 문제로 접근한다. 이러한 접근 방식을
'급진적' 기후 정의로 본다(김민정, 2015: 129-130).

사회 통념상 기후 정의는 기후 변화로 발생한 기후 피해자와 기후 불평등을 강조하고 기후 형평성을 시정하기 위한 제도 개선과 공평한 정책을 제안한다. 급진적 기후 정의는 기후 불평등이 사회 구조에서 발생한다는 점을 주목하면서 기후 문제를 단지 이상 기후현상이 아닌 자본주의체제의 모순과 연결시킨다. 이러한 구분에 따라 운동단체를 분류하면 사회 통념상 기후 정의를 주목하는 곳은 환경운동연합, 기후변화행동연구소, 녹색연합 등이다. 반면 급진적 기후 정의를 주장하는 단체는 에너지기후정책연구소, 노동자연대, 사회진보연대 등이다. 에너지정의행동은 급진적 기후 정의를 인지하고 있으나 정의를 현실에 적용할 때에는 사회 통념상 기후 정의에 착목하고 있는 것으로 보인다(김민정, 2015: 143).

나아가 김민정은 한국 기후운동을 "개혁주의"와 "좌파 개혁주의 경향성", "변혁주의"로 구분한다.

개혁주의는 기후 변화를 해결하고자 하는 대안으로 법안 개정, 정책 제시 등을 통한 실용적 대안을 제시한다. 반면 변혁주의는 기후 변화를 사회 구조, 사회적 관계에서 파악하고 아래로부터의 직접 행동을 통한 사회 전환을 제시한다. 이러한 사회운동 전략에 따라 개혁주의는 사회 통념상 기후 정의와 시장 규제를 실용적인 측면에서 수용하고 수세적인 기준으로 온실가스 감축 목표를 주장하지만 변혁주의는 급진적 기후 정의론에 기반을 두어 직접 규제를 통한 전면적인 온실가스 감축을 요구한다. 개혁주의와 변혁주의 사이에서 좌파 개혁주의는 변혁주의를 원론적으로는 주장하고 있으나 정책제시와 기후운동의 연대 차원에서 부득이하게 개혁적 수단의 급진화를 주장한다. 좌파 개혁주의는 일부 환경단체에서 수용하는 듯하다. … 결론적으로 현재 한국의 기후운동은 변혁주의 세력보다는 개혁주의 성향이 강하다(김민정, 2015: 148).

기후정의의 문제를 체제의 문제와 관련된 사회 구조적인 문제로 접근하는 것은 사회운동 단체들이다. 급진적 기후정의 운동가로 볼 수 있는 이진우는 일부 환경단체가 지닌 기후 변화에 관한 관점을 비판하며 다음과 같이 말한다. "기후 변화를 알려야 한다는 것은 동의하지만 그것에 대한 환경단체들이 전략을 잘못 세웠다. … 기후 변화 문제는 사회문제, 약자의 생존권 문제이다. 인류, 인간과 밀접한 관계이므로 생활과 괴리시켜서는 안 된다"(김민정, 2015: 130). 이처럼 이진우는 기후정의를 사회체제의 문제와 연결해야 한다고 주장한다. 기후운동가 구준모는 배출권 거래제를 비판하며 다음과 같이 말한다.

기후 정의운동이 기후 변화를 바라보는 관점으로, 단순히 온실가스를 많이 배출하는 것이 단지 환경문제가 아니라 산업구조, 지구적인 불평등, 세계적인 자본주의 구조 속에서 발생하는 문제이다. 기후 정의는 정의로운 변화가 가능하려면 현재 발생하고 있는 자본주의 시스템 자체, 세계질서 자체를 변화시켜야 한다는 전망 속에서 합의된 이념이다. … 오히려 배출권 거래제는 기후 변화라는 어떤 이슈를 가지고 기존의 권력관계와 사회 시스템을 강화하는 잘못된 해결책이라고 볼 수 있다(김민정, 2015: 138).

이상에서 살펴본 바와 같이 한국의 기후운동에는 단순히 불의와 불공정의 측면을 강조하는 기후정의 개념과 사회구조적 문제를 지적하는 급진적 기후정의 개념이 공존하고 있다. 사회 통념상 기후정의는 주로 개혁주의와, 급진적 기후정의는 주로 변혁주의와 함께 나타난다. 마르크스주의적 관점에서 볼 때 법안 개정, 정책 제시 등을 통한 실용적 대안을 제시하는 데 머무르는 개혁주의적 기후운동은 한계가 분명하다. 반면 급진적 기후정의 개념에 기반하는 변혁주의적 기후운동은 환경과 기후 문제가 산업구조 및 글로벌 자본주의 구조 내에서 발생한다는 점을 분명히 지적한다. 그러나 한국의 주요한 환경단체들은 사회 통념상 기후정의를 수용했다고 김민정이 지적하는 것처럼, 한국 사회에서 변혁주의 기후운동은 소수에 불과하다. 그래서 대부분의 경우 국제적 기후 불평등, 부국과 빈국 간의 환경 불평등 차원에서 기후정의를 논의하는 데에 머물러 있다. 그러므로 변혁주의적 기후운동은 개혁주의적 기후 운동의 한계를 지적하며 사회구조적 차원의 전환 없이 근본적인 기후 문제의 해결책은 없다는 점을 분명히 드러내 주어야 한다. 또한 기후정의의 문제는 단순히 분배적 정의의 차원에서 해소될 수 있는 것이 아니라 생산적 정의의 차원에서 근본적인 해결책을 찾아야 한다는 점을 지적해야 한다. 나아가 노동운동과 농민운동, 여성운동 등과 같은 사회운동과 기후 정의운동과의 연대 방식에 관한 문제도 기후운동의 주요한 과제로 남아있다.

6. 나가는 말

이 논문은 비록 마르크스가 정의 개념을 중요시하지는 않았지만 그럼에도 마르크스의 사상에서 정의 개념이 중요한 역할을 했으며, 나아가 그의 사상의 핵심은 바로 사회적 불의를 근본적으로 비판하고 공정성에 기초한 새로운 사회질서를 구축하는 데 있다는 점을 보여주고자 했다. 그러므로 마르크스의 정의 개념은 기존 체계의 내부에 존재하는 내재적인 이론적 개념이 아니라 기존 체계의 틀을 부정하고 새로운 체계를 수립하는 것과 관련된, 초월적이며 실천적인 개념이다. 마르크스의 목표는 자본주의를 그것이 불의하다는 것을 이유로 해서 비판하는 것이 아니라 자본주의가 자신의 고유한 모순에 의해서 붕괴하리라는 점을 학문적으로 보여주는 것에 있었다. 마르크스는 당대의 유토피아적 사회주의를 학문적인 사회주의로 전환시키고자 했다. 그러므로 그의 사상은 윤리학 또는 법철학에 근거하는 것이 아니라 정치경제학 및 역사철학에 근거한다. 마르크스의 역사철학적 사상은 기본적으로 헤겔의 역사철학에서 영향을 받았다. 헤겔은 인간의 역사가 내재적 법칙성에 따라 전개되며 이 내재적 법칙성은 절대 정신의 실현 과정이라고 보았다. 마르크스는 이러한 절대 정신의 실현 과정을 유물론적으로 해석하여 구체적 인간들이 물질적 필요로부터 해방되는 과정으로 파악했다. 이러한 마르크스의 역사관은 기본적으로 역사 낙관론이라고 볼 수 있다. 자본주의가 내재적 모순으로 인해 필연적으로 붕괴하리라는 마르크스의 전망은 역사 자체가 인류를 정의로 이끌 것이라는 낙관적인 기대에 기반한다. 이러한 낙관론은 당시를 지배하던 진보에 대한 신념과 관련된다. 마르크스의 당시 서구 세계는 인류의 기술과 경제, 문화의 발달이 영구적으로 진보할 것이라고 보는 낙관적인 세계관이 지배적이었다. 그 시대는 계몽주의, 근대 과학의 성과, 산업혁명, 프랑스 혁명 등 등을 겪으면서 역사의 진보에 대한 신념을 굳혔기 때문이다. 그러나 후기 마르크스는 산업화와 자본주의 생산의 폐해 및 생태계의 파괴를 관찰하며 역사 전개의 과정이 일방적인 진보의 과정만은 아니라고 파악한다. 후기 마르크스는 오히려 역사를 우연과 복합성을 동반하는 열린 과정으로 파악한다. 헤겔의 절대 정신 개념과 마르크스의 진보적 역사관이 오늘날 모든 지식은 부분적이고 "상황적인 지식"(도나 해러웨이Donna Haraway)일 뿐이라는 인식으로 전환하는 길목에 놓여 있는 것이 생태계의 위기와 기후전환의 위기이다. 그러므로 역사를 우연과 복합성을 동반하는 개방적 과정, 그리고 자연과의 상호적 물질대사과정으로 파악하되 낙관주의를 저버리지 않는 후기 마르크스의 사상에서 기후위기 시대의 극복 가능성을 찾아보는 작업은 의미가 있다. 그리고 우리가 아직도 낙관적일 수 있는 이유는 역사의 진보에 대한 경제결정론적 신념 때문이 아니라 역사 속에서 존재하며 역사에로 개입하는 주체가 있기 때문이다.

참고문헌

권정임. 2010. 「비결정론과 생태적 합리성 – 비결정론에 대한 맑스의 생태사회론의 양가성 비판과 변형」. 《환경철학》, 9, 55-89.

김민정. 2015. 「한국 기후운동의 실상: 기후 활동가를 중심으로」. 《마르크스주의 연구》, 12(3), 123-151.

김민정. 2020. 「마르크스주의와 기후정의(climate justice)」. 《한국사회경제학회 학술대회 자료집》, 2020년 공동학술대회 발표집, 2-19.

래첼, 노라·데이비드 우젤. 2019. 「지역적 장소와 지구적 공간: 국경을 넘는 연대와 환경의 문제」. 노라 래첼·데이비드 우젤 엮음. 『녹색 노동조합은 가능하다』. 김현우 옮김. 이매진.

무스토, 마르셀로. 2018. 『마르크스의 마지막 투쟁: 1881-1883년의 지적 여정』. 강성훈·문혜림 옮김. 산지니.

박병도. 2013. 「기후변화 취약성과 기후정의」. 《환경법연구》, 35(2), 61-94.

사이토, 고헤이. 2021. 『지속 불가능 자본주의』. 김영현 옮김. 다다서재.

이은기. 2012. 「기후변화와 환경정의 – 지속가능한 지구의 미래를 위한 선순환구조의 모색」. 《환경법연구》, 34(3).

최병두. 1997. 「도덕성과 정의에 관한 맑스의 개념: 환경정의를 위한 함의」. 《문예미학》, 문예미학회.

최병두. 2000. 「자연·노동·정의: 맑스적 환경정의론」. 《공간과 사회》, 13(1), 206-245.

최병두. 2018. 『초국적 이주와 환대의 지리학』. 푸른길.

홍덕화. 2020. 「기후불평등에서 체제 전환으로: 기후정의 담론의 확장과 전환 담론의 급진화」. ECO, 24(1), 7-50.

Benton, Ted. 1989. "Marxism and Natural Limits." *New Left Review*. 178.

Bullard, Robert. 2008. "Confronting Environmental Racism." in Carolyn Merchant(ed.). *Ecology*. Second Edition. Humanity Books.

Burkett, Paul. 1996. "Value, Capital and Nature: Some Ecological Implications of Marx's Critique of Political Economy." *Science and Society*. 60.

Foster, John Bellamy. 2000. *Marx's Ecology: Materialism and Nature*. Monthly

Review Press.

Grundmann, Reiner. 1991. *Marxism and Ecology*. Clarendon Press.

Kuehn, Robert. 2000. "A Taxonomy of Environmental Justice." *Environmental Law Report*. Vol. 30.

Marx, Karl. 1962. Randglossen zum Programm der deutschen Arbeiterpartei. in *Karl Marx, Friedrich Engels. Werke*. Band 19. Berlin.

Marx, Karl. 1994. *Selected Writings*. Hackett Publishing.

Marx, Karl. 2009. *Ecology without Nature: Rethinking Environmental Aesthetics*. Harvard University Press.

Morton, Timothy. 2013. *Hyperobjetcs: Philosophy and Ecology after the End of the World*. University of Minnesota Press.

Pomerleau, Wayne P. 2023. "Western Theories of Justice." https://iep.utm.edu/justwest/#SH6b. (검색일: 2023.4.26.)

Rhodes, Edwardo Lao. 2003. *Environmental Justice in America. A New Paradigm*. Indiana University Press.

Rawls, John. 1971. *A Theory of Justice: Original Edition*. Harvard University Press.

Saito, Kohei. 2017. *Karl Marx's Ecosocialism: Capitalism, Nature, and the Unfinished Critique of Political Economy*. Monthly Review Press.

Wenz, Peter. 2008. "The Importance of Environmental Justice." in Carolyn Merchant(ed.). *Ecology*. Second Edition. Humanity Books.